汽车电控喷油器性能仿真与结构优化

张振东 尹从勃 著

科学出版社
北京

内 容 简 介

汽车电控喷油器是汽车系统中的复杂机电部件,其工作过程涉及机械动力学、电磁学和流体力学等多个方面,而以性能仿真与试验为基础进行结构参数优化是提升电控喷油器性能的有效手段。本书针对低压进气道喷射喷油器和缸内直喷喷油器进行介绍,主要内容包括电控喷油器的动态工作过程机理分析、电控喷油器的电磁特性仿真与优化、电控喷油器的内部流场及喷雾过程分析、电控喷油器多参数耦合仿真及多目标优化、电控喷油器样品试制及性能检测技术、新型加热式 GDI 喷油器以及金属注射成形技术在电控喷油器上的应用等。

本书可作为车辆、动力和机械等专业研究生和高年级本科生的参考书,也可供相关专业的高校教师、工程技术人员和科技工作者参考。

图书在版编目（CIP）数据

汽车电控喷油器性能仿真与结构优化/张振东,尹从勃著. —北京：科学出版社,2018.1

ISBN 978-7-03-055190-0

Ⅰ.①汽… Ⅱ.①张… ②尹… Ⅲ.①汽车–电子控制装置–喷油器–计算机仿真 Ⅳ.①U464.136

中国版本图书馆 CIP 数据核字（2017）第 270561 号

责任编辑：朱英彪　赵晓廷 / 责任校对：桂伟利
责任印制：张　伟 / 封面设计：蓝正设计

科学出版社 出版
北京东黄城根北街16号
邮政编码：100717
http://www.sciencep.com

北京凌奇印刷有限责任公司 印刷
科学出版社发行　各地新华书店经销

*

2018 年 1 月第 一 版　开本：720×1000　B5
2021 年 4 月第四次印刷　印张：16 1/2
字数：332 000
定价：118.00 元
（如有印装质量问题，我社负责调换）

前　　言

开展汽车关键零部件的自主研发对于提升我国汽车工业的技术水平和国际竞争力具有重要的意义。电控喷油器是汽车发动机电喷系统中技术难度最大的关键部件，其工作性能直接影响发动机缸内混合气的形成质量和燃烧过程，进而对发动机的动力性、经济性和排放性能产生重要影响。汽车电控喷油器的工作过程涉及电磁学、机械动力学和流体动力学等多个学科，不同物理场的参数交叉耦合，使得汽车电控喷油器成为工作过程中十分复杂的一个机-电-液系统。许多汽车工业发达国家针对汽车电控喷油器开展了长期研究，在喷油器理论分析、性能仿真、结构设计、加工制造和性能评价等方面积累了丰富的经验，并对汽车电控喷油器的核心技术实现了垄断。近年来，我国一些汽车零部件企业也针对汽车电控喷油器开展了一些技术攻关工作，但由于缺乏系统的理论指导和必要的技术支撑，基本上处于对国外样品的仿制阶段，尚未形成汽车电控喷油器的自主研发能力。

本书的核心内容是作者近 20 年来在汽车电控喷油器性能仿真、结构设计与优化、产品开发以及性能检测等方面研究工作的成果结晶。本书的撰写基于 2010 年完成的浙江省重大科技专项基金项目"电控汽油喷射器 EAP06 产业化开发"（2007C11136）、2011 年完成的教育部高等学校博士学科点专项科研基金项目"电控汽油喷射器喷雾特性仿真与试验研究"（200802520001）以及 2016 年完成的国家自然科学基金项目"GDI 多孔汽油喷射器喷射过程多场参数分步耦合研究"（51275309）等的研究成果，并结合了与浙江冯仕特电喷技术有限公司、瑞安市正捷电喷技术有限公司等汽车电控喷油器生产企业开展的"汽车发动机电磁喷油器研制"、"高性能汽车电控喷油器研发"和"汽车 GDI 喷油器关键技术研究"等产学研合作项目的研究成果。本书也参考了国内外有关技术资料，比较全面地总结了有关电控喷油器的基本理论和设计方法，系统阐述电控喷油器系统建模、参数优化、特性试验以及样品加工中的关键理论和技术问题。

本书共 10 章，第 1 章主要介绍汽车电控喷油器的技术发展和研究概况。第 2 章以数字模型为基础分析汽车电控喷油器的动态工作过程机理。第 3 章针对低压电控喷油器进行二维、三维电磁场仿真及磁路结构优化。第 4 章从低压电控喷油器内部流道结构模型出发，通过仿真研究内部流动和喷雾过程的变化特性。第 5 章针对低压电控喷油器开发流量特性及动态响应特性测试系统。第 6 章建立 GDI 喷油器工作过程的数学模型，从电-磁、电-磁-热和热-流等多个方面对 GDI 喷油器的工作过程参数进行耦合研究。第 7 章以 MOSA 算法和正交试验为核心对 GDI 喷油器的结构参数进行多目标优化。第 8 章对 GDI 喷油器进行样品试制，并从温度特性、动态响应、流量特性和喷雾特性方面进行测试评价。第 9 章分析加热型 GDI 喷油器的工作机理和性能特点。第 10 章分析 MIM 技术的特点及其在汽车电控喷油器磁路结构方面的实际应用。

  本书撰写过程中，博士生谢乃流、孔祥栋以及硕士生王双在内容整理和图片修正等方面给予了很大帮助，沈凯博士后也提出了很多宝贵意见，在此一并表示由衷的感谢。

  由于本书涉及内容较多，限于作者水平，书中难免存在不妥之处，敬请读者批评、指正。

作 者

2017 年 9 月

目 录

前言
第1章 汽车电控喷油技术的发展状况 ··· 1
  1.1 电控汽油喷射系统发展概况 ··· 1
  1.2 汽油机电控喷油器的分类和研究概况 ································· 4
    1.2.1 汽油机电控喷油器的分类 ······································ 4
    1.2.2 国内外研究现状 ·· 11
  参考文献 ··· 16
第2章 PFI喷油器动态工作过程机理 ·· 21
  2.1 电控喷油器的典型结构 ··· 21
    2.1.1 Bosch电控喷油器 ·· 21
    2.1.2 Delphi电控喷油器 ·· 23
  2.2 磁路结构材料配置 ··· 24
  2.3 电控喷油器的性能要求 ··· 28
  2.4 工作特性数学模型 ··· 28
  2.5 动态响应过程分析 ··· 36
  2.6 动态响应规律分析 ··· 40
  2.7 磁性材料影响分析 ··· 47
  2.8 本章小结 ··· 49
  参考文献 ··· 50
第3章 PFI喷油器电磁场分析与优化 ·· 52
  3.1 电磁场有限元分析基础理论 ··· 52
  3.2 二维模型的建立 ··· 54
  3.3 电磁场仿真结果对比分析 ··· 55
  3.4 三维电磁场仿真分析 ··· 57
  3.5 电磁场单参数仿真分析 ··· 62
  3.6 多参数优化 ··· 66
  3.7 本章小结 ··· 73
  参考文献 ··· 73

第4章 PFI喷油器内部流场及喷雾过程分析 ··· 76
4.1 流体力学基本方程 ··· 76
4.2 几何模型与数值求解 ··· 80
4.3 内部流动计算结果与分析 ··· 81
4.4 喷射雾化的数学模型 ··· 92
4.5 模拟结果及分析 ··· 97
4.6 本章小结 ··· 106
参考文献 ··· 106

第5章 PFI喷油器综合测试系统设计 ··· 108
5.1 测试系统方案 ··· 108
5.2 系统硬件 ··· 109
5.3 系统电路 ··· 111
5.4 信号处理 ··· 119
5.5 本章小结 ··· 120
参考文献 ··· 120

第6章 GDI喷油器工作过程建模及耦合仿真 ··· 121
6.1 GDI喷油器的结构模型及性能要求 ··· 121
6.2 GDI喷油器子系统模型 ··· 123
6.2.1 机械运动子系统 ··· 123
6.2.2 电路子系统 ··· 123
6.2.3 磁路子系统 ··· 124
6.2.4 电磁损耗子系统 ··· 126
6.2.5 热力学子系统 ··· 127
6.2.6 内部流动子系统模型 ··· 128
6.2.7 喷雾子系统 ··· 130
6.3 电磁场耦合研究 ··· 133
6.3.1 电磁场有限元理论 ··· 133
6.3.2 电磁场有限元仿真分析 ··· 134
6.4 电-磁-热耦合研究 ··· 144
6.4.1 电-磁-热耦合理论 ··· 144
6.4.2 电-磁-热耦合仿真分析 ··· 145
6.5 热-流耦合研究 ··· 150
6.5.1 热-流耦合理论 ··· 150
6.5.2 喷孔流动分析 ··· 153

  6.5.3 喷雾特性分析 ·· 158
 6.6 本章小结 ·· 161
 参考文献 ·· 161
第7章 GDI喷油器结构参数多目标分步优化 ····································· 163
 7.1 GDI喷油器的优化目标及优化策略 ·· 163
 7.2 磁路结构多目标优化模型 ·· 165
 7.3 基于MOSA算法的磁路结构优化 ·· 170
  7.3.1 MOSA算法求解原理 ·· 170
  7.3.2 MOSA优化算法实现 ·· 172
 7.4 磁路结构优化结果分析 ··· 176
  7.4.1 动态响应特性分析 ·· 176
  7.4.2 电磁特性分析 ·· 177
  7.4.3 温度特性分析 ·· 179
 7.5 基于正交试验法的喷孔结构优化 ·· 181
  7.5.1 喷孔结构对孔内流动的影响 ··· 181
  7.5.2 喷孔结构对喷雾特性的影响 ··· 185
 7.6 正交试验设计 ··· 188
  7.6.1 喷孔内部流动对比分析 ··· 193
  7.6.2 喷雾特性对比分析 ·· 195
 7.7 本章小结 ·· 199
 参考文献 ·· 199
第8章 GDI喷油器样品试制及试验研究 ·· 200
 8.1 GDI喷油器样品试制 ·· 200
  8.1.1 关键材料选型 ·· 200
  8.1.2 关键零部件加工 ··· 201
  8.1.3 装配及焊接技术 ··· 203
 8.2 温度特性 ·· 206
  8.2.1 温度特性测试原理 ·· 206
  8.2.2 GDI喷油器温升影响因素分析 ·· 207
 8.3 动态响应特性 ··· 211
  8.3.1 测试装置及测试原理 ·· 212
  8.3.2 动态响应特性测试结果分析 ··· 213
 8.4 流量特性 ·· 215
  8.4.1 流量特性测试系统 ·· 215

8.4.2　流量特性测试结果分析 216
　8.5　喷雾特性 218
　　8.5.1　喷雾形态测试系统及结果分析 218
　　8.5.2　喷雾贯穿距离分析 219
　8.6　本章小结 224
　参考文献 224

第9章　加热型GDI喷油器 225
　9.1　加热型GDI喷油器的结构及驱动方法 226
　　9.1.1　加热型GDI喷油器的结构和工作原理 226
　　9.1.2　喷孔的几何形状和分布 226
　　9.1.3　驱动电路 227
　9.2　热分析 228
　　9.2.1　能量损耗模型 228
　　9.2.2　热力学模型 229
　　9.2.3　热模拟 230
　9.3　试验条件和燃料特性 234
　9.4　喷雾可视化特性 236
　　9.4.1　试验系统 236
　　9.4.2　喷雾特性分析 237
　9.5　本章小结 243
　参考文献 244

第10章　金属注射成形技术在喷油器上的应用 246
　10.1　MIM技术 246
　10.2　MIM技术在电控汽油喷油器中的应用 247
　10.3　汽油机电控喷油器零件性能分析 248
　　10.3.1　退火后的软磁特性分析 248
　　10.3.2　理化性能分析 249
　10.4　电控汽油喷油器性能对比分析 249
　　10.4.1　材料特性测试 249
　　10.4.2　基本参数设定 250
　　10.4.3　电磁性能仿真验证 251
　　10.4.4　试验结果对比分析 253
　10.5　本章小结 254
　参考文献 255

第1章 汽车电控喷油技术的发展状况

1.1 电控汽油喷射系统发展概况

汽车工业的百年发展历程,其主要目标就是提高动力性、经济性,减少排放,降低噪声和提高舒适性。随着汽车数量的增加,汽车污染物的排放已经成为影响人类生活环境的重要因素,降低汽车污染物的排放已经成为世界各国汽车工业发展的主题[1]。与此同时,石化资源的日益匮乏,导致石油价格持续飙升,这也要求新型的发动机具有更高的工作效率[2]。

汽油发动机燃油喷射系统的发展主要分为三个阶段[3,4]:机械化油器式、低压进气道喷射(port fuel injection,PFI)、缸内直接喷射(gasoline direct injection,GDI),如图1-1所示。

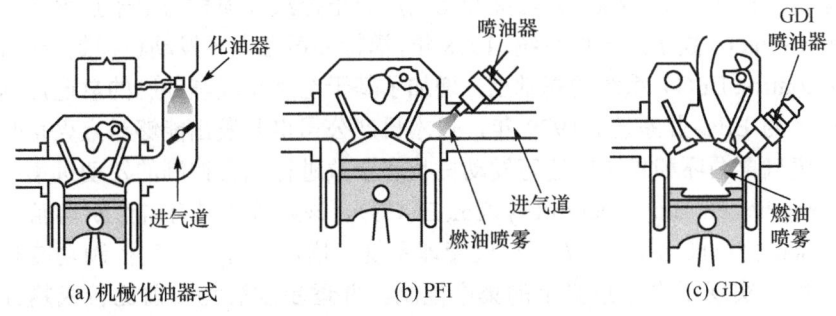

(a) 机械化油器式　　　　(b) PFI　　　　(c) GDI

图 1-1　不同燃油喷射系统混合气形成方式

机械化油器式喷射系统在汽油机不同的工况下无法精确控制空燃比,三元催化转化器无法在该类型的发动机上应用,因此这种发动机的效率低、污染物排放量大,到20世纪80年代逐渐被低压电控燃油喷射系统所取代。低压电控燃油喷射系统可以根据不同工况下进气量的大小调整喷油量,并且可以通过氧传感器对喷油量进行闭环控制,使空燃比保持在14.7(理论空燃比)附近,从而满足三元催化器最高转化效率的要求,因此可在使发动机具备较高燃烧效率的同时,有效降低污染物的排放。

低压进气道喷射技术最早可追溯到20世纪30年代,1934年莱特兄弟在飞机发动机的进气管内安装了机械式汽油喷射系统。20世纪50年代,机械式汽油喷射系统开始用于梅赛德斯-奔驰公司生产的 300SL 轿车发动机上。美国 Bendix 公司在 1957 年提出了电控汽油喷射的最初设想，并开始试制。这个系统不同于机械式汽油喷射系统，主要由电动燃料泵、电控喷油器、进气压力传感器和电子控制装置组成。该系统通过改变电控喷油器的喷射时间控制和调整混合气的浓度，先将电子控制单元的传感器信号转换成一个相应的燃料喷射脉冲宽度，然后将脉冲信号放大以驱动电控喷油器的电磁线圈，在线圈等电磁部件产生的电磁力作用下，喷油器的针阀开启，燃料喷入进气道中。由于当时的电子技术仍然比较落后，锗晶体管的价格高、可靠性差等，这套系统并未付诸实用[5-7]。

20 世纪 50 年代以后，随着汽车的日益增多，汽车的排放问题越来越受到重视。德国博世（Bosch）公司在购得 Bendix 公司电控汽油喷射系统的专利后，经过努力于 1967 年推出了 D 型（D-Jetronic，为速度-密度型）电控汽油喷射系统，并装配在大众公司的轿车上向美国出口。其燃油经济性、废气净化率及动力性等均优于化油器式发动机，但其缺点是由于采用进气管压力信号作为控制喷油量的主要输入参数，在汽车紧急制动、下坡节气门关闭以及大气状态有较大变化时，会出现加速不良的现象。1973 年后经改进，以吸入的空气质量作为控制喷油量的主要依据，开发出后来广泛使用的 L 型（L-Jetronic，为质量-流量型）电控汽油喷射系统。1979 年，Bosch 公司又开始生产集电控汽油喷射与电子点火于一体的 M 型（Motronic）数字式电控系统。1978 年，福特公司在电子发动机控制（electronic engine control, EEC）系统的基础上，增加了基于空燃比反馈控制的怠速控制等技术，取名为 EEC-Ⅱ系统。1979 年，日本日产公司也开发出能够对点火正时、空燃比、废气再循环和怠速转速等发动机状态参数进行综合控制的发动机集中控制系统（engine centralized control system, ECCS），该系统还具有自诊断功能。90 年代，Bosch 公司推出了 ME7 汽油机管理系统，增加了许多车辆控制功能和系统的透明度，实现了真正意义上的集中控制，并逐步发展为目前比较成熟且得到广泛应用的汽油机电子控制系统[8-10]。

尽管低压电控燃油喷射系统与传统的机械化油器式喷射系统相比具有很多优势，但还是无法很好满足人们对汽车性能、排放和燃油经济性等方面的更高要求[11]，因此催生了对于缸内直喷技术的广泛研究。20 世纪 90 年代，电控缸内直喷系统逐渐在汽车发动机上得到应用。进气道喷射式电控汽油喷射系统结构和缸内直喷系统主要部件分别如图 1-2 和图 1-3 所示。国内外研究发现，缸内直喷系统具备进一步改善发动机的动力性、经济性和排放性的潜力。汽油缸内直喷系统在实际应用中的后处理技术复杂且成本非常高，使得汽油缸内直喷的优势一度没有得到充分发挥。但随着全球排放法规日趋严格、缸内直喷技术日益成熟及汽车发动机小型化、高速化和高效化的要求日益提高，高压缸内直接喷射方式成为目前研究的重点，并在逐渐取代低压电控燃油喷射技术[12]。

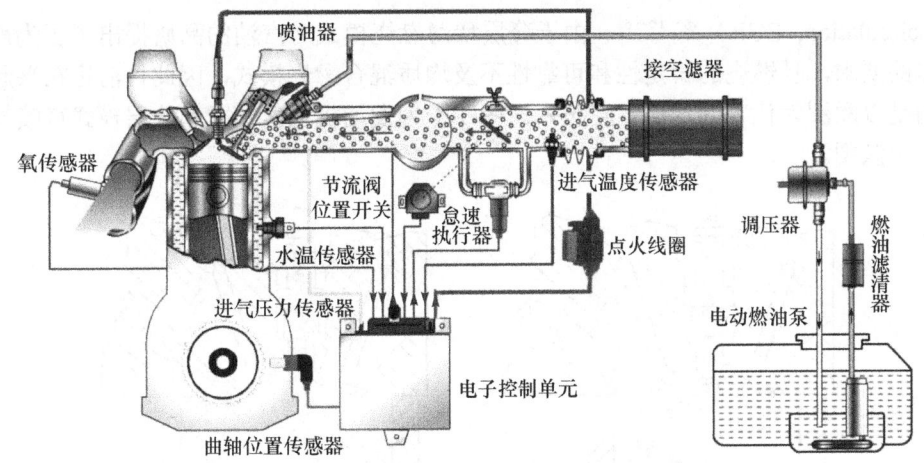

图 1-2 进气道喷射式电控汽油喷射系统结构简图

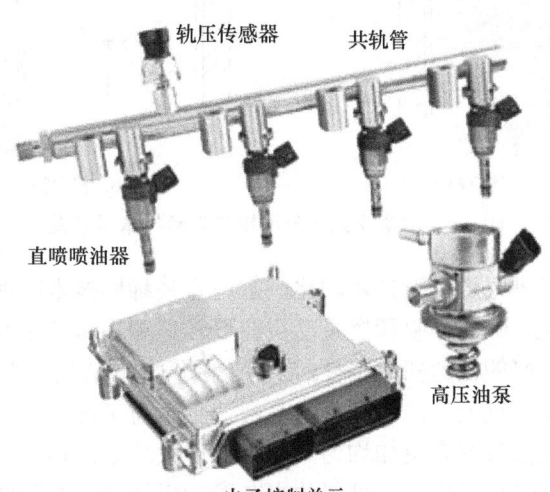

图 1-3 汽油缸内直喷系统的主要部件

汽油缸内直喷技术已成为目前最具代表性的三大汽油机技术之一[13,14]，配备缸内直喷系统的汽油机具有转速高、质量轻、部分负荷特性高、燃油经济性好的优点。GDI 发动机燃油喷射控制策略主要分为两种模式：第一种是以日本为代表的分层稀薄燃烧模式，该模式可以降低发动机部分负荷工况的泵气损失，燃油在压缩行程喷入气缸，可以有效提高燃油经济性，但由于采用非理论空燃比燃烧，降低了三元催化器的转化效率，使排放的废气中氮氧化物含量较高[15]；第二种是以欧美为代表的均质混合燃烧模式，该模式采用接近理论空燃比的混合气进行均质燃烧，燃油在进气行程喷入气缸，汽油的蒸发作用能够降低混合气温度，压缩行程能够减少热损失，且有利于提高燃烧稳定性和废气再循环（exhaust gas recirculation，EGR）率[16-18]。由于分层稀薄燃烧模式对汽油的品质提出了更为严格的要求，且燃烧的稳定性和可靠性不及均质混合燃烧模式，因此目前正在兴起的是以欧洲为代表的均质直喷技术。图1-4为发动机均质模式和分层模式直喷技术示意图。

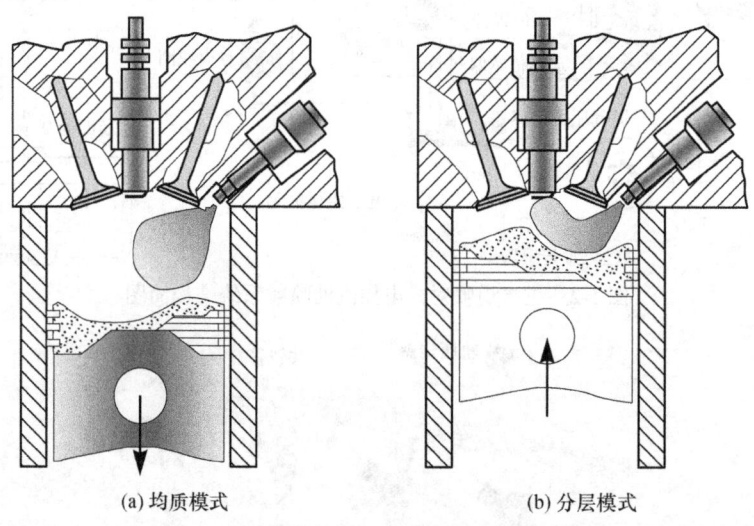

图1-4　均质模式和分层模式直喷技术示意图

与传统的多点进气道喷射技术相比，缸内直喷稀燃技术在理论上具有许多独特的优点[19]。首先，缸内直喷稀燃发动机在低转速和小负荷工况可以只消耗很少的燃油就能达到良好的低速扭矩特性，有利于降低燃油消耗，减少碳氢化合物HC排放；其次，在发动机处于急加速或者高转速全负荷工况时，缸内直喷可以提高燃油喷射速率，使油气混合更加均匀，容易实现大功率高扭矩的均质加浓燃烧。综上所述，缸内直喷技术作为一种新的汽车发动机技术，在降低污染物排放、提高燃油经济性、改善汽车动力性方面有着广阔的发展前景，对于缓解能源危机和环境污染问题能起到很大的作用。

1.2　汽油机电控喷油器的分类和研究概况

1.2.1　汽油机电控喷油器的分类

电控喷油器是发动机电控汽油喷射系统中的最终执行元件，其性能直接影响发动机的性能。电控喷油器由于其特殊的结构，能够精确控制燃油喷射量并形成良好的喷雾状态，可为气缸中混合气的充分燃烧做好准备，有利于提高发动机的经济性、动力性和排放性能。电控喷油器工作环境极其恶劣、工作强度高、工况复杂，因此需要具有较大的动态流量范围、优良的抗堵塞和抗污染能力,以及良好的雾化性能。电控喷油器所应具备的工作性能,决定了它是精度非常高的精密耦件。目前,常用的电控喷油器有低压喷油器和 GDI 喷油器,下面详细进行介绍。

1. 低压电控喷油器

为了满足汽油机燃油喷射的特殊要求,不少国外公司先后开发了多种类型的低压电控喷油器,按其结构特点可分为轴针式、片阀式和球阀式等;按其线圈电阻的大小又可分为低电阻型喷油器(阻值为 2~3Ω)和高电阻型喷油器(阻值为 13~17Ω)。

1)轴针式电控喷油器

轴针式电控喷油器是最早出现并投入使用的电控喷油器。如图 1-5 所示,它主要由电磁线圈、衔铁、轴针、喷孔和密封锥面等组成,其中衔铁与轴针焊接成一体。当电子控制单元(electronic control unit,ECU)没有发出喷油脉冲时,电磁线圈上没有电流,在弹簧力的作用下喷油器的轴针被压在喷油器出口处的密封锥形阀座上,此时喷油器处于关闭状态。当 ECU 发出喷油脉冲时,电磁线圈迅速通电,线圈上产生电感,进而由涡流电场产生磁场,喷油器中的衔铁在电磁力的作用下克服弹簧力、自身重力和液压力的作用向上抬起,轴针离开锥面阀座,燃油喷出。为了使汽油得到更好的雾化,通常将喷油口加工成锥形孔,从而扩大燃油的雾化角。喷油器必须具有较快的响应速度,才能精确控制燃油喷射量,一般情况下电控喷油器的开启时间为 1~1.5ms,落座时间为 0.3~0.8ms。轴针式电控喷油器由于轴针自身重量较大,其开启和关闭时的加速度要小于片阀式和球阀式电控喷油器,因此其动态响应特性相对较差。

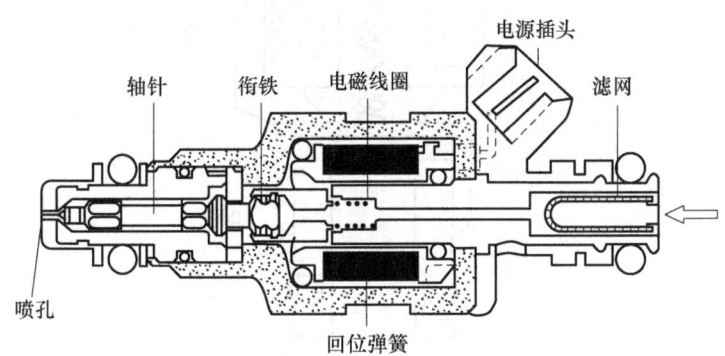

图 1-5 轴针式电控喷油嘴的结构形式

2)片阀式电控喷油器

片阀式电控喷油器的主要特点是质量轻、结构简单、抗阻塞能力强,最早由英国卢卡斯（Lucas）电气公司研制开发，结构如图1-6所示。片阀式电控喷油器主要由质量较轻的弹性阀片和孔式阀座等组成，故具有较强的抗阻塞能力和较大的动态流动范围。当ECU没有发出喷油脉冲时，喷油器处于关闭状态，阀片在螺旋弹簧力和液压力的作用下被压紧在阀座上。当ECU发出喷油脉冲时，电流通过喷油器电磁线圈，产生磁场，阀片在电磁力的作用下克服弹簧力和液压力离开孔式阀座，此时喷油器开始喷油。当喷油脉冲结束时，线圈中的电流迅速减小，电磁力不断衰减；当弹簧力与衔铁重力之和大于电磁力时，阀片在弹簧力的作用下逐渐与孔式阀座贴合，燃油喷射结束。片阀式电控喷油器与轴针式电控喷油器在结构上的差异导致二者的喷油特性存在较大不同。由于阀片相对于轴针其质量较小，片阀式电控喷油器的动态响应速度更快；相对于轴针式电控喷油器，片阀式电控喷油器的衔铁端面面积更大，在阀片开启和落座期间受到不断变化的液压力作用，喷油量波动较大，不利于喷油器精确计量燃油喷射量。

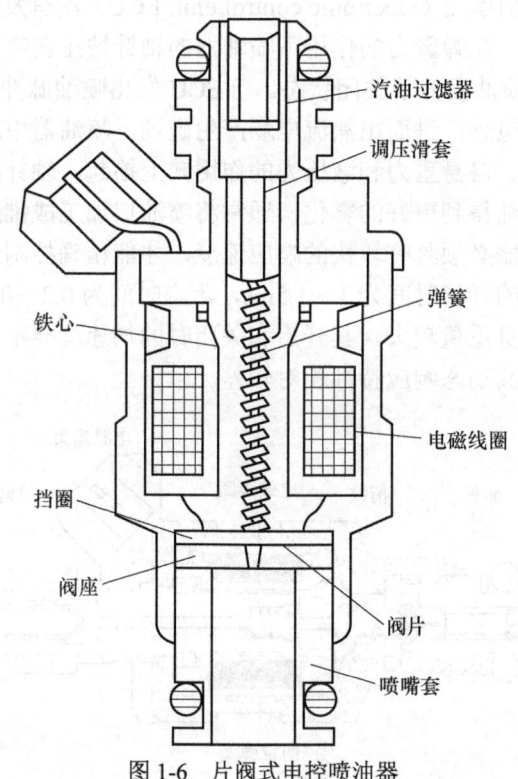

图1-6　片阀式电控喷油器

3）球阀式电控喷油器

球阀式电控喷油器与轴针式电控喷油器的结构原理基本相同，主要区别在于球阀式电控喷油器采用钢球与阀座锥面配合形成密封面，而轴针式电控喷油器采用轴针锥面与阀座锥面配合，从而形成密封面。球阀式电控喷油器如图1-7所示，主要由钢球、衔铁、阀座和铁心等部件组成，钢球和衔铁采用激光焊接的方式结合成一体构成衔铁组件，由于衔铁组件内部一般为空心导杆结构，其质量通常只有轴针式电控喷油器阀针质量的一半左右，有利于提高喷油器的动态响应速度。另外，相对于轴针式电控喷油器，球阀式电控喷油器中的钢球与阀座锥面结合具有自动定心作用，可更好地保证其密封性。球阀式电控喷油器具有结构简单、控制精确、密封性好、性能稳定等优点，在进气道喷射电喷汽油机上得到广泛应用。

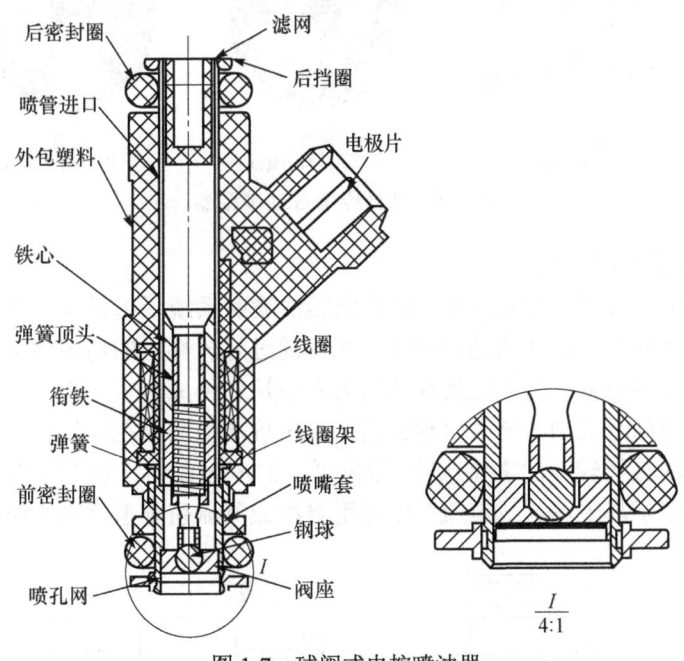

图1-7 球阀式电控喷油器

2. GDI 喷油器

GDI 喷油器的结构与低压电控喷油器存在较大差异，目前缸内直喷喷油器大致可分为狭缝式喷油器、异形喷油器、高压旋流喷油器、多孔喷油器、外开轴针式喷油器、空气辅助雾化喷油器和压电陶瓷喷油器等类型[20]。

1）狭缝式喷油器

狭缝式喷油器最早由日本丰田公司开发，主要在第二代 D-4 发动机上应用。异形喷油器由日本日立公司开发，其特点是能够形成非对称喷雾形状，适用于喷油器燃烧室周边斜置的场合。随着发动机技术的发展，这些喷油器的雾化效果、燃油喷射精度及安装的灵活性都不及高压旋流喷油器和多孔喷油器，因此逐渐被淘汰，部分传统 GDI 喷油器如图1-8所示。

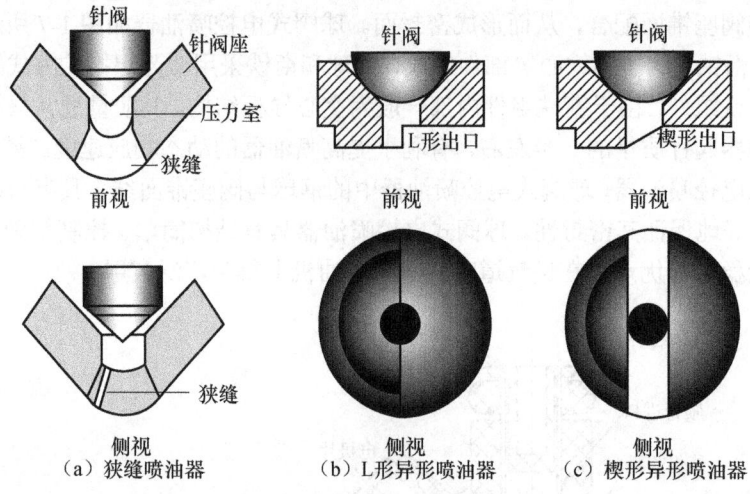

图 1-8 部分传统 GDI 喷油器

2)高压旋流喷油器

高压旋流喷油器是早期 GDI 发动机燃油喷射系统采用最多的喷油器形式之一[21]。如图 1-9 所示,在喷油器的喷口端,通过导流环上的切向槽来形成喷孔出口燃油切向速度分量,将高压燃油的压力有效地转换成旋转力矩,该方法能在促进燃油雾化的同时限制喷雾的贯穿距离。高压旋流喷油器在较低的燃油压力下就可以形成液滴直径较小的雾化颗粒,因此在 GDI 发动机上得到了非常广泛的应用,主要适用于基于涡流或滚流的壁面引导型或气流引导型燃烧系统。

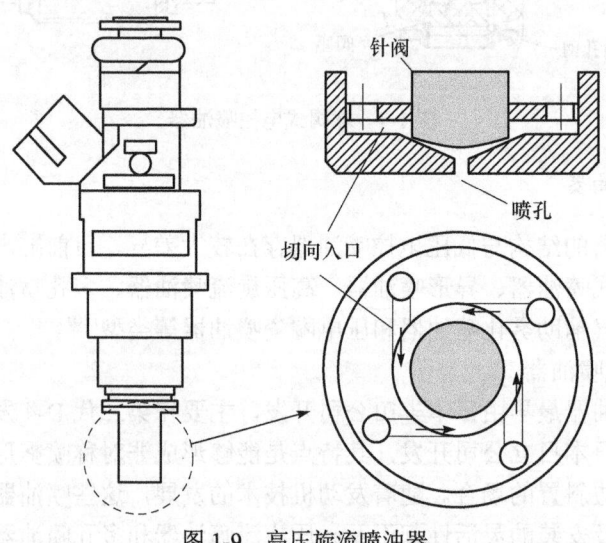

图 1-9 高压旋流喷油器

3）外开轴针式喷油器

为了满足喷雾引导燃烧模式的要求，一种外开轴针式喷油器逐渐在高压 GDI 发动机上得到应用，其结构如图 1-10 所示[22]。该喷油器能满足更高的燃油压力要求（高达 20MPa），形成的空心锥状喷雾由多条非连续的细小油线组成，油线的结构和数量保持稳定，因此它能够精确控制发动机每个工作循环的喷油量。由于该型喷油器采用轴针外开的喷射方式，其抗污染能力强，但是其喷雾形态为中心轴对称，因此应用范围受到限制。

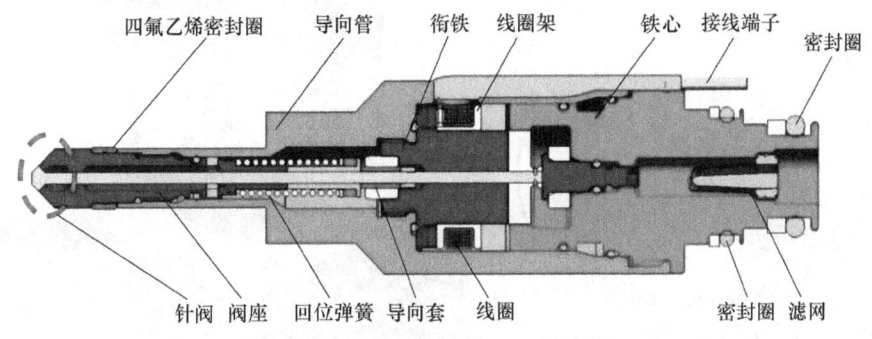

图 1-10　外开轴针式 GDI 喷油器

4）双流体空气辅助雾化喷油器

双流体空气辅助雾化喷射喷油器主要用于空气辅助雾化汽油喷射系统。目前国外有两种典型的空气辅助雾化喷射系统：一种是澳大利亚 Orbital 公司的空气辅助雾化直接喷射（air assisted direct injection, AADI）系统；另一种是福特汽车公司的空气辅助燃油喷射（air-assisted fuel ejection, AFE）系统。双流体空气辅助雾化喷油器由 PFI 低压燃油喷油器和空气辅助喷油器两部分组成。AADI 喷油器能使喷雾颗粒直径减小至 10μm 以下，90%的喷雾颗粒直径小于 25μm，能实现燃油的"软喷雾"，可有效避免燃油喷射过程中形成的壁湿现象，但由于需要在发动机上加装一套供气系统，目前在汽车上应用较少，主要用于小型航空发动机，其结构如图 1-11 所示[23]。

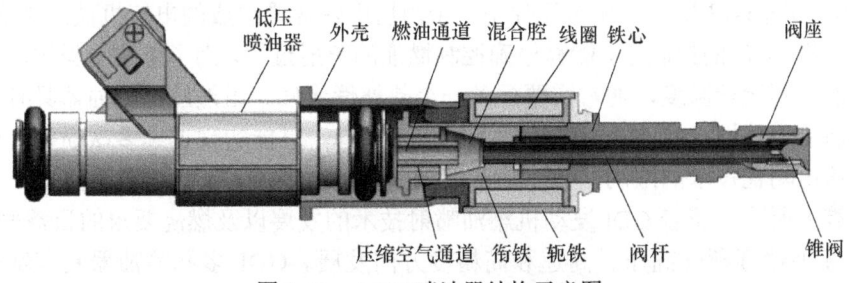

图 1-11　AADI 喷油器结构示意图

5）多孔喷油器

近年来，随着加工技术的发展，GDI 多孔喷油器得到广泛关注，由于其具有雾化效果好、布置灵活等优点，能有效改善混合气的形成质量，目前已逐渐取代了传统的 GDI 喷油器，其喷孔分布及结构如图 1-12 所示。GDI 多孔喷油器通常采用 6~10 孔非对称布置，喷孔的分布主要与发动机的缸盖结构、火花塞位置、进气门位置和燃烧室结构等有关。

 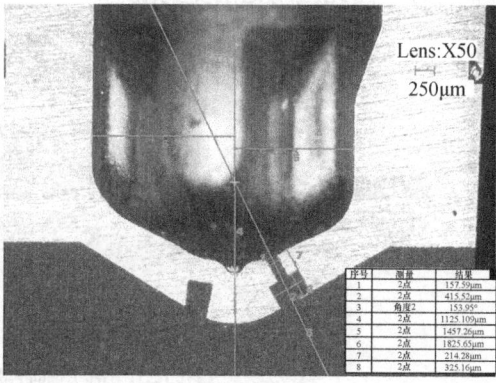

(a) 喷孔分布　　　　　　　　　(b) 喷孔结构

图 1-12　GDI 多孔喷油器喷孔分布及喷孔结构

6）压电陶瓷喷油器

2005 年，Bosch 公司与 Siemens 公司同时攻克了压电陶瓷在汽油和柴油喷射系统中的应用难题，荣获德国总统颁发的旨在奖励创新和先进技术的"Zukunftspreis"奖[24]。与传统电磁式喷油器相比，该喷油器具有动态响应快、动态响应与燃油压力无关、喷雾动量和喷油精度高的优点，可以实现连续多次喷射，因此采用压电式喷油器的直喷汽油机能够利用喷雾引导燃烧的分层燃烧技术，有效降低燃油消耗量[25]，但是该技术理论体系及工艺尚不成熟，目前产品性能还不够稳定，且成本高。

压电陶瓷式 GDI 喷油器主要由喷油器部件、压电模块和热补偿模块三部分组成[26]，如图 1-13 所示。压电元件是一个由压电陶瓷堆组成的电气机械式转换器，在发动机 ECU 的控制下，能够精确控制燃油的喷射过程。为了能够承受阀门开启过程的不同运行温度，通常需要配备一个热补偿元件。虽然压电喷油器具有良好的动态响应特性，针阀升程和速度可以自由选择，且能实现连续多次喷射，但由于受压电陶瓷技术的限制，其热稳定性较差，目前该技术还处于摸索阶段。

综上所述，随着 GDI 发动机燃油喷射技术的发展以及燃烧要求的日益严格，GDI 喷油器逐渐向高压、高速和高精度方向发展。GDI 多孔喷油器具有结构简单、性能稳定、布置灵活和成本低等优点，已成为目前研究的热点。

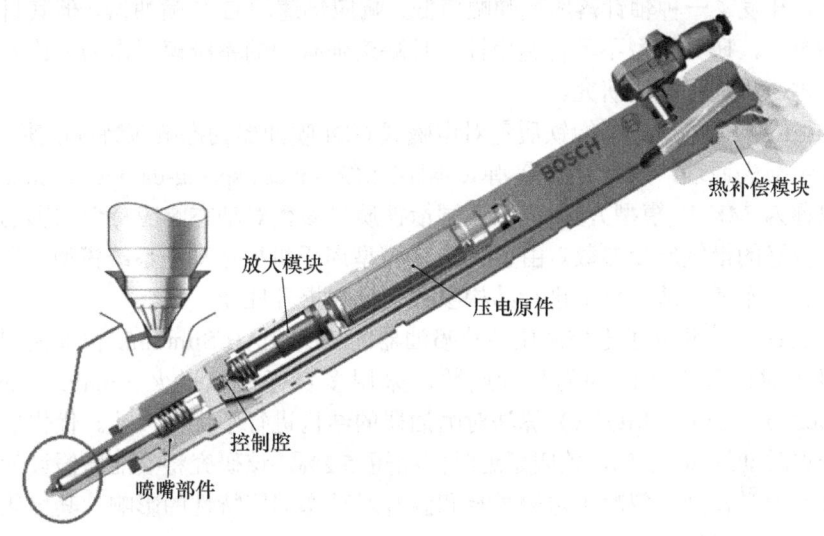

图 1-13　压电陶瓷式 GDI 喷油器

1.2.2　国内外研究现状

现代汽油机对喷油器的结构紧凑性、动态响应特性和燃油雾化特性提出了更为严格的要求。目前，国内外专家主要围绕汽车发动机喷油器的燃油喷射过程、电磁场优化、喷孔内部燃油流动、喷雾分析及部件结构优化等方面开展了一些研究工作。

1. 动态响应特性

Hu 等[27]将电控喷油器简化为上部的滤清器、中间的针阀总成和下部的喷孔三部分，建立了一个模拟动态响应过程的计算模型，分析了流动损失、压力波动、电磁力和弹簧反力对动态响应的影响规律。但其研究的实质是将瞬态非线性动力学问题转化为一个准稳态线性动力学问题，因此计算精度较差，只能进行定性分析。

Payri 等[28]以 AMESIM 仿真软件平台为基础，建立了高压共轨喷油器工作过程的一维仿真模型，研究了在喷射不同燃油情况下喷油器的动态响应特性、喷油规律和针阀运动规律，并通过试验对仿真结果进行了验证。由于一维仿真计算对实际喷油器的工作过程进行了降维处理，虽然计算效率较高，但是计算结果与实验结果之间的吻合度较差。

为了精确控制 GDI 喷油器的燃油喷射量、提高动态响应速度和降低轴针落座反弹幅值，Abe 等[29]在试验分析的基础上对喷油器的衔铁轴针组件结构进行了优化设计，开发了一种轴针落座反弹幅值低、响应迅速的 GDI 喷油器。但其目标对象较为单一，研究模型不具备通用性，且缺乏强有力的系统模型作为理论支撑，因此需进一步加强理论研究。

Passarini 等[30]研究了衔铁质量对电磁式 GDI 喷油器动态响应特性的影响，并基于能量损失原理，建立了质量-弹簧-阻尼系统（mass-spring-damper system）模型（也称为 MKsB 模型），研究了不同衔铁质量参数对动态响应特性的影响，并取得了较好的衔铁质量参数。由于 MKsB 模型属于机械运动子系统模型，且目标参数较少，不适合从整体上进行结构参数优化和提升性能。

熊庆辉等[31]建立了电控高压共轨喷油器的 MATLAB/Simulink 仿真模型，以开启延迟时间和关闭时间为目标函数，采用多目标模拟退火（multi objective simulated annealing, MOSA）算法对喷油器的结构进行了优化设计。优化后针阀开启延迟时间缩短 6.7%，关闭延迟时间缩短 5.2%。该研究将喷油器假设为理想的系统动力学模型，忽略了电磁损耗和温升对动态响应特性的影响，其优化结果不一定是全局最优解。

上述研究多是在理论基础上建立喷油器的一维动态模型，将物理模型进行了简化处理，忽略了电磁损耗、温度特性等参数对动态响应特性的影响，且优化目标和优化参数较少，因此其研究结论具有一定的局限性，只能用于定性分析，难以从整体上对其动态响应进行定量分析与预测。

2. 流动及喷雾特性

为了研究轴针升程和喷孔结构对孔内流动的影响，Nouri 等[32]和 He 等[33]分别设计了透明喷嘴，并采用同步高速摄影对孔内的空穴现象和湍流强度进行试验研究，实现了孔内复杂流动状态的可视化，为孔内流动模型的建立和仿真结果的对比分析提供了参考依据。

Salvador 等[34,35]分别采用 RNGκ-ε 和 LES（large eddy simulation）算法研究了喷孔内部流动模型，在不同算法模型的基础上，对喷孔内部空穴现象和湍流强度进行了仿真计算，并验证了算法的可行性，为喷孔内部流动状态的预测提供了理论基础。丁红元等[36]在双流体法的基础上应用线性空化模型对喷油器的内部流动形态进行了模拟，研究了喷油器内空化流动的发展规律，总结并比较了几种判断空化流动的方法，但该研究只是将双流体法、线性空穴模型和标准κ-ε进行组合运算，且缺少直观的试验研究。Befrui 等[37]采用 VOF-LES（volume of fluid-large eddy simulation）算法对内部流场和近端初始喷雾场进行了研究，但其内部流场并未包含空穴模型，因此还不是真正的内部流动与外部喷雾的直接耦合。

Shervani-Tabar 等[38]采用 FIRE 软件研究了喷油器的空穴现象对喷雾特性的影

响,并选择离散液滴模型(discrete droplet model, DDM)作为喷雾流动模型,选择 WAVE 模型作为燃油破碎模型,研究了不同 R/D 下的喷孔空穴现象和喷雾特性,建立了空穴现象与喷雾特性之间的耦合关系。Serras-Pereira 等[39]试制了真实尺寸的 GDI 多孔透明喷嘴,实现了不同燃料的空穴、初次破碎和闪急沸腾的同步试验分析,为研究流动-喷雾的直接耦合理论和仿真分析提供了参考依据。

Payri 等[40]通过对真实尺寸喷油器进行试验研究,分析了不同喷孔结构对喷孔内部流动和外部喷雾场的影响,并总结出喷孔结构对空穴系数、出口轴向速度、液相稳流长度等经验公式,具有一定的开创意义。黄魏迪等[41]、李治龙[42]采用同步辐射高能 X 射线断层扫描技术对喷油器内部几何结构进行精密测量,并建立了高精度三维模型,研究了喷雾贯穿距离与喷油器内部几何参数之间的关系,在此基础上,将喷孔倒角系数引入日本学者广安博之的喷雾贯穿距预测公式中,得到了多孔喷油器喷雾贯穿距的预测公式。

上述研究表明,国内外专家采用理论建模或试验分析的方法,从不同的角度对喷油器内部流场和喷雾场进行分析,取得了较为丰富的成果。但是由于割裂了流场与其他物理场之间的相互作用关系,降低了理论分析和仿真计算的精度。

3. 电磁特性

Watanabe 等[43]借助二维电磁场有限元仿真分析方法,对电控喷油器的磁路结构进行了优化,并在综合性能有所提高的前提下,实现喷油器的小型化设计,但是该研究只是进行了稳态参数对比分析,并未建立瞬态计算模型。

Cvetkovic 等[44]借助理论建模及有限元仿真研究了磁路结构、材料特性、气隙约束条件、电流源条件和柱塞阻尼系数等对高速电磁阀性能的影响规律,初步实现了电-磁-机械运动的耦合。该研究虽然建立了瞬态计算模型,但其将电流源参数设定为稳定的脉冲宽度调制(pulse width modulation, PWM)信号,且将三物理场模型简化为两物理场模型,因此不适合 GDI 喷油器的 Boost 电路驱动模式。

Li 等[45]采用三维电磁场有限元仿真方法研究了不同材料特性和弹簧预压力对航空发动机用高速强力喷油器静态与动态特性的影响,由于缺少对磁路结构的变参数分析,尚未实现磁路结构的多目标优化。

Ricco 等[46]在电磁场理论的基础上结合 ANSYS 软件,采用棱边单元法对高压共轨喷油器磁路结构进行仿真优化设计,分析了不同材料、线圈匝数和气隙厚度对电磁力的影响规律,虽然该研究考虑了磁路结构的变参数分析,但是所选参数点较少,且未建立系统优化评价指标。

娄路亮等[47]和严登俊等[48]针对当前电磁场有限元仿真理论存在的效率低、通用性不强、时间步长不确定等缺点进行了理论分析,并采用经验公式法、磁路分割法和有限元法对直流螺线管式电磁铁的电磁吸力进行对比分析,提出了一种运动边界节点无须一一对齐、时间步长由空间步长决定的新的有限元方法。该方法的新颖之处在于提高了瞬态电磁场的计算精度和效率，为 GDI 喷油器的瞬态电磁场分析提供了参考依据。

梁振光[49]借助 Visual Basic 和 MATLAB 等软件，结合电磁场有限元分析理论，建立了二维电磁场有限元计算模型，并开发了一套二维电磁阀有限元分析软件，虽然该软件并不适合三维瞬态分析，但为电-磁耦合的接口设计提供了参考思路。

上述研究借助商业电磁仿真分析软件或自主开发软件，采用稳态或将瞬态离散为稳态的方法对喷油器或电磁阀进行分析，研究了电-磁转化机理、外部参数和内部参数对电磁特性的影响规律。不足之处在于，研究的参数较少，对磁路结构的优化方法缺乏系统的研究，且忽略了电磁损耗、温升变化和传热效应等影响，难以从整体上进行磁路优化和性能预测。

4. 热-流耦合理论

Aleiferis 等[50]借助高速摄影技术，研究了燃油温度为 20℃、50℃、90℃、120℃和 180℃时标准汽油和多种生物燃料对 GDI 喷油器的雾化颗粒、喷雾形态和贯穿距离的影响，总结了燃油温度对饱和蒸气压、初始沸点、密度、黏度和表面张力等物性参数的影响规律，并研究了不同燃油温度条件下的喷雾特性，为实现热-流耦合提供了研究方法。但由于忽略了热传递的影响，将瞬态温度场简化为稳态温度场，具有一定的局限性。

Su 等[51]为了揭示燃油温度和大气环境温度对喷油器喷雾性能的影响，采用 KIVA-3V 软件分析了不同燃油温度和大气环境温度对大豆甲酯油的喷雾贯穿距离、索特平均直径和燃油蒸发速率的影响规律。Payri 等[52]建立了对喷油器本体和环境温度精确可控的测试系统，采用经典的喷雾测试系统研究了喷油器本体温度和燃油温度对燃油蒸发、喷雾与火焰剥离长度的关系，根据理论和试验结果建立了喷油器本体温度、环境温度与燃油蒸发率、雾化特性和燃烧反应速率之间的物理模型。Shuai 等[53]基于 KIVA-3V 软件中的拉格朗日液滴（Lagran gian-droplet）模型和欧拉流体（Eulerian-fluid）模型研究了低温条件下不同喷雾模型对喷雾仿真精度的影响，并通过改善喷雾降低了计算量，为喷油器喷雾特性的快速模拟提供了一种新方法。以上方法均是在考虑环境温度变化的条件下进行热-流分析，忽略了本体热源的产生和传热特性对流动与喷雾的影响。

Trost 等[54]采用激光诱导荧光法对 DISI 喷油器不同温度下的喷雾形成过程及燃油蒸发速率等进行了研究，揭示了温度对燃油喷雾性能的影响以及燃油蒸发对缸内气体温度的影响。Araneo 等[55]通过可视化装置和 PDA 测试系统对不同背压与喷油温度下高压旋流喷油器的喷雾几何形态和喷雾颗粒直径进行了测试，结果表明，随着温度升高，燃油的闪沸增强，喷雾角度增大，喷雾颗粒直径显著减小。

佘金平等[56]在 KIVA-3A 软件平台的基础上，研究了在定容室喷雾条件下不同燃油温度对喷雾气液相贯穿距离、气相总体积数和气相混合气燃空当量比分布的影响。范鹏[57]在分析柴油物性参数的基础上，探讨雷诺数、空化数、韦伯数和奥内佐格（Oh）数随温度与燃油压力的变化规律，利用计算流体力学（computational fluid dynamic, CFD）软件对三个燃油压力和四个温度点的喷孔内部流动进行了仿真计算，结果表明随温度升高喷孔内空穴程度增大，质量流量减小，湍流强度减弱。

上述学者主要研究了喷油器外部环境温度对流动及喷雾特性的影响，为 GDI 喷油器的热-流耦合分析奠定了理论基础。但在 GDI 喷油器工作过程中，本体温升上升较快，不同驱动策略下的饱和温升不同，燃油吸热量也不同，因此采用稳态热-流耦合方法难以对喷雾特性进行准确预测，需要建立瞬态电-磁-热-流耦合模型。

5. 多场参数协同优化方法

多个物理场相互叠加的问题称为多物理场耦合问题。对于比较复杂的多物理场耦合问题，通常采用数学模型的数值解法。随着高速计算机技术和数值方法理论的发展，多物理场耦合及多学科的协同优化成为一种发展趋势。

钟掘等针对现代大型复杂机电系统提出了多参数全局耦合分析及并行设计的基本思想，建立了全局耦合分析与设计的基本理论框架[58,59]。

Dadzis 等[60]针对大晶体硅在磁场中的熔体流动、定向固化、界面形状和物质传输等方面进行了非定常三维多物理场耦合计算，揭示了在磁场作用下熔体流动引起大晶体硅界面局部振荡的本质。

Gu 等[61]采用多物理场数值模拟的方法对 GCr15 轴承钢线材热轧过程中的组织演变进行了有限元仿真计算，分析了热、机械和微结构的多场耦合关系。

在多场参数耦合优化方面，王艾伦等[62]运用键合图和功率拓扑键合图建立了高速轧机的全局耦合动力学模型，为复杂机电系统的动力学建模分析提供了一种可供借鉴的方法。

罗剑等[63]针对压电式合成射流器提出了一种基于多域耦合分析的全流场计算模型，并进行了数值模拟，提高了仿真精度。

Kropik 等[64]对非线性结构的电磁作动器采用高阶有限元模型进行优化设计，并借助 COMSOL Multiphysics 多物理场耦合软件，首先采用两个确定性优化算法评估几种不同电磁作动器的配置以确定合适的优化设计方法，然后采用多目标遗传算法，对电磁作动器的超平稳静态特性进行参数优化设计。

胡素云等[65]采用自适应尺度混沌优化算法对喷油器磁路结构参数进行了优化设计，研究了其静态吸附特性和动态响应特性，使电流为 10A 时，能满足电磁阀的正常开启,当工作气隙为 50μm 时,能缩短静态响应时间。由于该研究采用一维模型,且所涉及的参数较少,具有一定的局限性。

熊庆辉等[66]分别采用 MOSA 算法和 NSGA-II(non-dominated sorting genetic algorithm with elite strategy,带精英策略的非支配排序遗传算法)算法对高压喷油器结构进行了一维优化设计,以动态响应时间为目标函数,对磁路结构进行了优化分析,在一定程度上改善了动态响应特性,但是由于仿真过程中并未对体积、功率比等其他约束条件进行研究,其适用范围受到一定的限制。

上述研究将多物理场耦合理论及协同优化算法引入不同的工程领域,为全面细致地分析多物理场工作过程奠定了基础,具有开创意义。

参 考 文 献

[1] Ng H K. Advances in Internal Combustion Engines and Fuel Technologies[M]. Croatia: InTech Open,2013.

[2] Alkidas A C. Combustion advancements in gasoline engines[J]. Energy Conversion and Management, 2007, 48(11):2751-2761.

[3] Çelik M B. Performance improvement and emission reduction in small engine with low efficiency[J]. Journal of the Energy Institute, 2007, 80(3):215-229.

[4] Spicher U, Kölmel A, Kubach H, et al. Combustion in spark ignition engines with direct injection[C]. SAE World Congress, Detroit, 2000.

[5] Degrace L G, Bata G T. The bendix DEKA^{TM} fuel injector series—Design and performance[C]. SAE International Congress and Exposition, Detroit, 1985.

[6] Peter O W, Robert M G. Comparison of single and duel spray fuel injectors during cold start of a PFI spark ignition engine using visualization of liquid fuel films and pool fires[C]. SAE Powertrain & Fluid Systems Conference & Exhibition, San Antonio, 2005.

[7] 陈雅华. 电子控制汽油喷射发动机的发展历程及现状[J]. 北京石油化工学院学报, 2001, 3: 73-75.

[8] 马凡华, 蒋德明, 何文华, 等. 电控汽油喷射发动机的发展与研究[J]. 车用发动机, 1994, 2: 1-4.

[9] 孙业保, 张付军, 黄英. 电控汽油喷射系统的原理及发展情况[J]. 电子科技导报, 1995, 10: 12-15.

[10] 傅春阳. 车用电控汽油喷油系统的现状与发展[J]. 湖南交通科技, 1995, 21(4):38-42.

[11] Alger T, Hall M, Matthews R D. Effects of swirl and tumble on in-cylinder fuel distribution in a central injected DISI engine[C]. SAE World Congress, Detroit, 2000.

[12] Günter P M, Christian S, Rüdiger T. Combustion Engines Development[M]. Berlin: Springer,

2012.

[13] 夏淑敏, 邱先文, 赵新顺, 等. 车用汽油机缸内直喷技术的研究现状与展望[J]. 农业机械学报, 2003, 34(5):168-171.

[14] Muñoz R H, Han Z, Vanderwege B A, et al. Effect of compression ratio on stratified-charge direct-injection gasoline combustion[C]. SAE World Congress & Exhibition, Detroit, 2005.

[15] 李明. 直喷汽油机稀薄燃烧与氮氧化物排放控制研究[D]. 天津: 天津大学, 2009.

[16] Kleeberg H, Dean T, Lang O, et al. Future potential and development methods for high output turbocharged direct injected gasoline engines[C]. SAE World Congress & Exhibition, Detroit, 2006.

[17] Kume T, Lwamoto Y, Lida K, et al. Combustion control technologies for direct injection SI engine[C]. International Congress & Exposition, Detroit, 1996.

[18] Richard S. Introduction to Internal Combustion Engines[M]. London: Macmillan Education, 1992.

[19] 李骏. 发动机节能减排先进技术[M]. 北京: 北京理工大学出版社, 2011.

[20] 郑艳. 气助雾化喷嘴结构对煤油雾化影响的CFD研究[D]. 南京: 南京航空航天大学, 2012.

[21] 王燕军, 帅石金, 雷小呼. 汽油高压旋流喷雾的数值模拟和试验研究[J]. 汽车工程, 2004, 26(6):632-634.

[22] 董全. 交叉孔和外开式喷油器喷雾特性的测量研究[D]. 大连: 大连理工大学, 2012.

[23] 程强, 张振东, 谢乃流. 气助式直接喷射喷油器动态喷雾场数值模拟及试验[J]. 航空动力学报, 2013, 28(11):2430-2439.

[24] Hummel K, Boecking F, Gro B J, et al. Bosch 第三代轿车用压电直接控制式喷油器共轨喷油系统[J]. 国外内燃机, 2005, 28(1):25-32.

[25] Ferrari A, Mittica A, Spessa E. Benefits of hydraulic layout over driving system in piezo-injectors and proposal of a new-concept CR injector with an integrated Minirail[J]. Applied Energy, 2013,103 (3):243-255.

[26] Wikowski P, Jaworski P, Teodorczyk A. Comparison of breakup models in simulation of spray development in direct injection SI engine[J]. Journal of KONES Powertrain and Transport, 2010, 17(4):123-130.

[27] Hu Q, Wu S F, Stottler S, et al. Modelling of dynamic responses of an automotive fuel rail system, Part I: Injector[J]. Journal of Sound and Vibration, 2001, 245(5):801-814.

[28] Payri R, Salvador F J, Martí-Aldaraví P, et al. Using one-dimensional modeling to analyse the influence of the use of biodiesels on the dynamic behavior of solenoid-operated injectors in common rail systems: Detailed injection system model[J]. Energy Conversion and Management, 2012, 54:90-99.

[29] Abe M, Maekawa N, Yasukawa Y, et al. Quick response fuel injector for direct-injection

gasoline engines[J]. ASME Internal Combustion Engine Division Fall Technical Conference, 2011, 134(6):749-754.

[30] Passarini L C, Nakajima P R. Development of a high-speed solenoid valve: An investigation of the importance of the armature mass on the dynamic response[J]. Journal of the Brazilian Society of Mechanical Sciences and Engineering, 2003, 24(4): 329-335.

[31] 熊庆辉, 张幽彤. 基于 MOSA 算法的高压共轨喷油器多目标仿真优化设计[J]. 农业机械学报, 2011, 42(1):27-30.

[32] Nouri J M, Mitroglou N, Yan Y, et al. Internal flow and cavitation in a multi-hole injector for gasoline direct-injection engines[C]. SAE World Congress & Exhibition, Detroit, 2007.

[33] He Z X, Zhong W J, Wang Q, et al. Effect of nozzle geometrical and dynamic factors on cavitating and turbulent flow in a diesel multi-hole injector nozzle[J]. International Journal of Thermal Sciences, 2013, 70:132-143.

[34] Salvador F J, Martínez-López J, Caballer M, et al. Study of the influence of the needle lift on the internal flow and cavitation phenomenon in diesel injector nozzles by CFD using RANS methods[J]. Energy Conversion and Management, 2013, 66:246-256.

[35] Salvador F J, Martínez-López J, Romero J V, et al. Computational study of the cavitation phenomenon and its interaction with the turbulence developed in diesel injector nozzles by large eddy simulation (LES)[J]. Mathematical and Computer Modelling, 2013, 57(11): 1656-1662.

[36] 丁红元, 刘芬, 黄荣华, 等. 直喷汽油机多孔喷油器喷嘴内部流动数值模拟[J]. 农业机械学报, 2013, 44(3):6-11.

[37] Befrui B, Corbinelli G, Spiekermann P, et al. Large eddy simulation of GDI single-hole flow and near-field spray[C]. SAE World Congress & Exhibition, Detroit, 2012.

[38] Shervani-Tabar M T, Parsa S, Ghorbani M. Numerical study on the effect of the cavitation phenomenon on the characteristics of fuel spray[J]. Mathematical and Computer Modelling, 2012, 56(2):105-117.

[39] Serras-Pereira J, Romunde Z V, Aleiferis P G. Cavitation, primary break-up and flash boiling of gasoline, iso-octane and n-pentane with a real-size optical direct-injection nozzle[J]. Fuel, 2010, 89:2592-2607.

[40] Payri R, Salvador F J, Gimeno J, et al. Study of cavitation phenomenon using different fuels in a transparent nozzle by hydraulic characterization and visualization[J]. Experimental Thermal and Fluid Science, 2013, 44(8):235-244.

[41] 黄魏迪, 吴志军, 李治龙, 等. 柴油机喷嘴内部几何结构的喷雾贯穿距模型[J]. 内燃机学报, 2012, 30(2):124-128.

[42] 李治龙, 吴志军, 高原, 等. 基于同步辐射高能 X 射线的喷油器喷嘴内部几何结构及尺寸

的测量[J]. 吉林大学学报(工学版), 2011, 41(1):127-132.

[43] Watanabe H, Ichise S, Nagaoka T. Development of compact and high performance fuel injector using electromagnetic field simulation[C]. Small Engine Technology Conference & Exposition, Bangkok, 2005.

[44] Cvetkovic D, Cosic I, Subic A. Improved performance of the electromagnetic fuel injector solenoid actuator using a modelling gapproach[J]. International Journal of Applied Electromagnetics and Mechanics, 2008, 27(5):251-273.

[45] Li L Y, Zhang C M, Baoquan K, et al. Design of giant magnetostrictive actuator for fuel injector[C]. IEEE Vehicle Power and Propulsion Conference (VPPC), Harbin, 2008.

[46] Ricco M, Matthaeis S D, Olabi A G. Simulation of the magnetic properties for common rail electro-injector[J]. Journal of Materials Processing Technology, 2004, (155/156):1611-1615.

[47] 娄路亮, 王海洲. 电磁阀设计中电磁力的工程计算方法[J]. 导弹与航天运载技术, 2007, 287(1):40-45.

[48] 严登俊, 刘瑞芳, 胡敏强. 处理电磁场有限元运动问题的新方法[J]. 中国电机工程学报, 2003, 23(8):163-167.

[49] 梁振光. 电磁阀电磁场有限元计算软件[J]. 电机与控制学报, 2005, 9(3):280-286.

[50] Aleiferis P G, Romunde Z R V. An analysis of spray development with iso-octane, n-pentane, gasoline, ethanol and n-butanol from a multi-hole injector under hot fuel conditions[J]. Fuel, 2013, 105(7):143-168.

[51] Su H P, Kim H J, Suh H K, et al. Experimental and numerical analysis of spray-atomization characteristics of biodiesel fuel in various fuel and ambient temperatures conditions[J]. International Journal of Heat and Fluid Flow, 2009, 30:960-970.

[52] Payri R, Jose M, García-Oliver, et al. Fuel temperature influence on diesel sprays in inert and reacting conditions[J]. Applied Thermal Engineering, 2012, 35(5):185-195.

[53] Shuai S, Abani N, Yoshikawa T, et al. Evaluation of the effects of injection timing and rate-shape on diesel low temperature combustion using advanced CFD modeling[J]. Fuel, 2009, 88(2):1235-1244.

[54] Trost J, Zigan L, Leipertz A. Quantitative vapor temperature imaging in DISI-sprays at elevated pressures and temperatures using two-line excitation laser-induced fluorescence[J]. Proceedings of the Combustion Institute, 2013, 34(1):3645-3652.

[55] Araneo L, Brunello G, Coghe A, et al. Effects of fuel temperature and ambient pressure on a GDI swirled injector spray[C]. CEC/SAE Spring Fuels & Lubricants Meeting & Exposition, Paris, 2000.

[56] 佘金平, 张煜盛, 张辉亚, 等. 燃油温度对喷雾特性的影响研究[J]. 内燃机工程, 2011, 32(5):37-43.

[57] 范鹏. 柴油温度对柴油机喷嘴孔内流动特性影响研究[D]. 杭州: 浙江大学, 2012.

[58] 钟掘, 陈先霖. 复杂机电系统耦合与解耦设计——现代机电系统设计理论的探讨[J]. 中国机械工程, 1999, 10(9):1501-1504.

[59] 王艾伦, 钟掘. 复杂机电系统的全局耦合建模方法及仿真研究[J]. 机械工程学报, 2003, 29(4):1-5.

[60] Dadzis K, Ehrig J, Niemietz K, et al. Non-isothermal model experiments and numerical simulations for directional solidification of multicrystalline silicon in a traveling magnetic field[J]. Journal of Crystal Growth, 2013, 372(3):145-156.

[61] Gu S D, Zhang L W, Yue C X. Multi-field coupled numerical simulation of microstructure evolution during the hot rolling process of GCr15 steel rod[J]. Computational Materials Science, 2011, 50:1951-1957.

[62] 王艾伦, 刘云. 复杂机电系统动力学相似分析的键合图法[J]. 机械工程学报, 2010, 46(1):74-78.

[63] 罗剑, 苑伟政, 邓进军. 压电式微型合成射流多域耦合数值模拟[J]. 航空学报, 2009, 30(7):1181-1186.

[64] Kropík P, Šroubová L, Hamar R. Higher-order finite element modeling and optimization of actuator with non-linear materials[J]. Computing, 2013, 95(1):487-499.

[65] 胡素云, 鄂加强, 左青松, 等. 基于自适应变尺度混沌优化的柴油机高速电磁阀特性仿真[J]. 中南大学学报(自然科学版), 2012, 43(4):1325-1330.

[66] 熊庆辉, 张幽彤, 王定标, 等. 基于NSGA-Ⅱ算法的高压共轨喷油器优化设计[J]. 北京理工大学学报, 2010, 30(10):1160-1164.

第 2 章 PFI 喷油器动态工作过程机理

进气道喷射（PFI）喷油器的结构简图如图 2-1 所示，主要由电磁线圈、铁心、衔铁组件、轭铁、阀座和回位弹簧等部分组成，当电磁线圈通电时，由铁心、轭铁、衔铁、滑动间隙和工作行程间隙等形成电磁回路，并对衔铁组件产生电磁吸力，当电磁吸力大于弹簧预压力时，衔铁组件被铁心吸起，衔铁组件离开阀座锥面，具有一定压力的燃油从喷孔喷出；电磁线圈断电后，电磁吸力不断下降，当电磁吸力小于弹簧力时，衔铁组件向下运动落座，关闭阀座，燃油停止喷出，完成一次喷油过程。

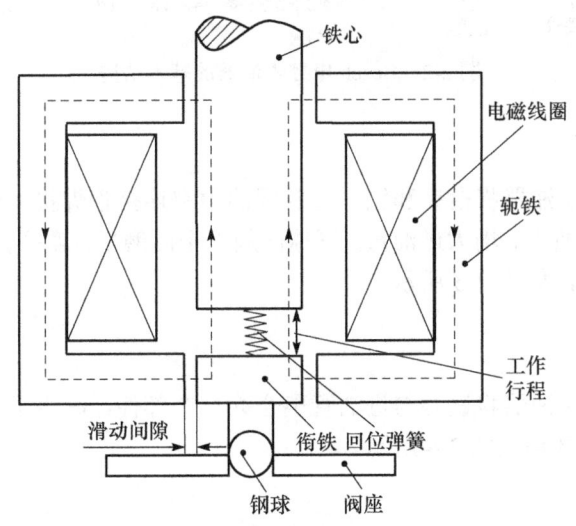

图 2-1　PFI 喷油器的基本结构示意图

2.1　电控喷油器的典型结构

电控喷油器的主要生产厂商如 Bosch、Delphi 和 Denso 等公司开发了一系列的汽油机用电控喷油器，包括电磁式和直喷式，这些电控喷油器具有相同的工作原理，但具体结构各有不同，各具特点。

2.1.1　Bosch 电控喷油器

图 2-2 所示为 Bosch 电控喷油器的基本结构[1]，其显著特点是钢球、连接管和衔铁分别加工，通过激光焊接组成一个衔铁组件，铁心和进油管直接作为一个

整体加工，导流管末端的斜坡设计能保证大部分磁力线通过衔铁，仅有很少部分磁力线形成短路，由于形成短路的导流管很薄，很快会达到磁饱和，不会对电控喷油器的电磁性能造成较大的不利影响。

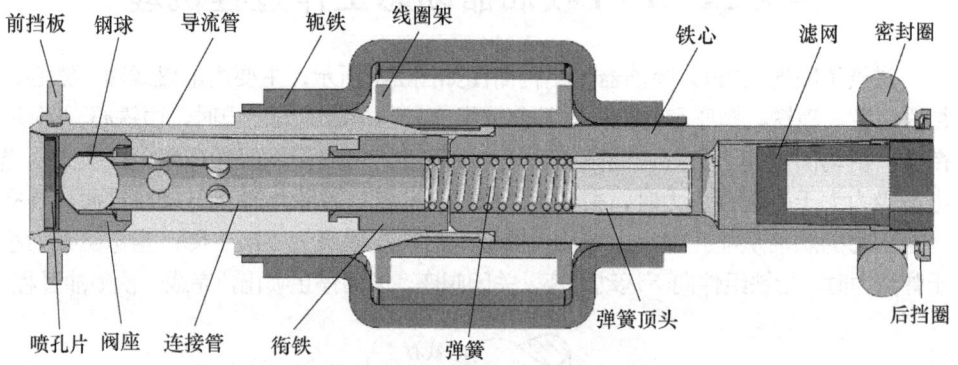

图 2-2　Bosch 电控喷油器的基本结构

1. 衔铁组件

Bosch 电控喷油器将衔铁和钢球与卷圆的中空连接管焊接，形成衔铁组件，为减小衔铁组件质量、增大进油量，钢球四周五个面磨平，连接管上布孔并留槽，便于燃油的流通，如图 2-3 所示。

2. 铁心

Bosch 电控喷油器将铁心与进油管整合为一个部件，减少了加工工序，提高了加工效率，其结构如图 2-4 所示。

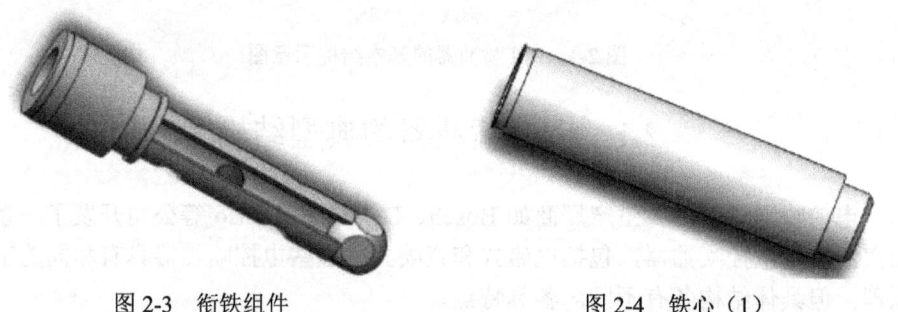

图 2-3　衔铁组件　　　　　　　　图 2-4　铁心（1）

3. 轭铁

轭铁是电控喷油器磁路的重要组成部分，起到加强磁场的作用。Bosch 电控喷油器的轭铁为两片式结构，可采用冲压的方式进行加工，如图 2-5 所示。

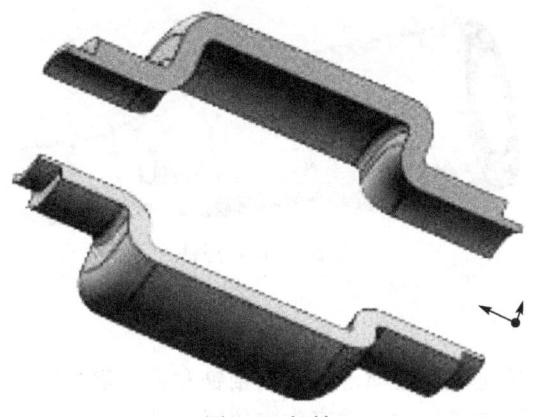

图 2-5 轭铁

2.1.2 Delphi 电控喷油器

图 2-6 所示为 Delphi 电控喷油器的基本结构，其特点是把衔铁和钢球直接焊接成一体，形成衔铁组件。与 Bosch 电控喷油器相比，Delphi 电控喷油器的衔铁组件结构更紧凑、加工也更方便[2]。

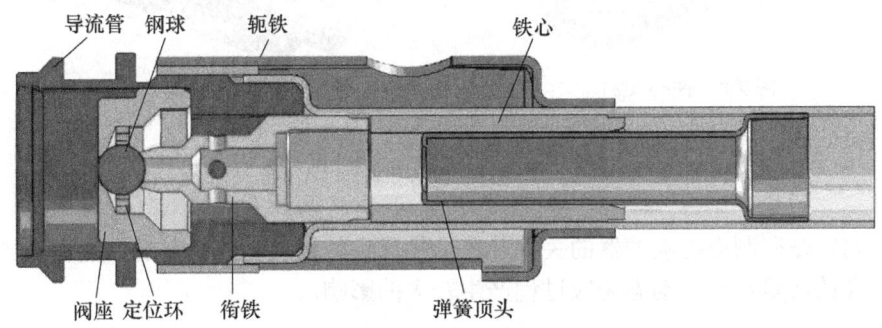

图 2-6 Delphi 电控喷油器的基本结构

1. 衔铁组件

衔铁组件由衔铁与钢球焊接而成，是电控喷油器的运动部件，其结构参数对电控喷油器的动态响应特性具有重要的影响。为减小衔铁组件质量、增大进油量，钢球四周五个面磨平，衔铁根部两侧铣出两个出油孔，如图 2-7 所示。

2. 铁心

与 Bosch 电控喷油器不同，Delphi 电控喷油器的铁心采用独立设计，不再与进油管一体，便于铁心的准确定位，其结构如图 2-8 所示。

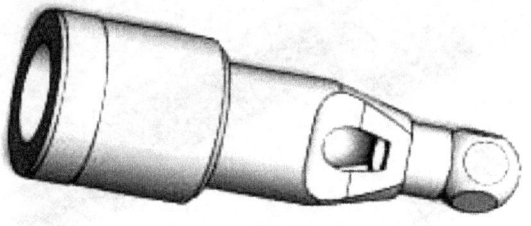

图 2-7 衔铁组件

3. 轭铁

轭铁的主要作用是与电控喷油器上的衔铁和铁心等共同构成磁路结构，起到强化磁场的作用。通过磁场对衔铁产生电磁吸力从而带动整个衔铁组件的运动，其结构如图 2-9 所示。

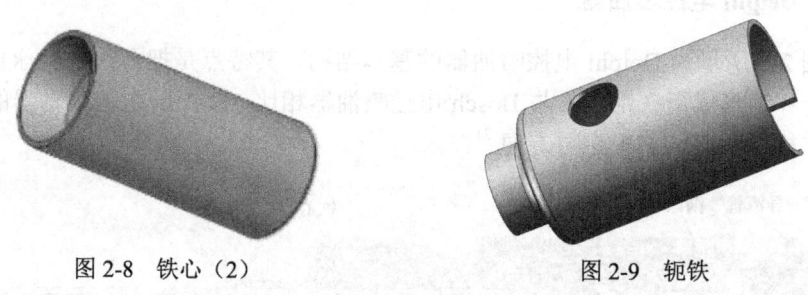

图 2-8 铁心（2）   图 2-9 轭铁

2.2 磁路结构材料配置

材料是研制电控喷油器的关键，在结构已定的情况下，材料的性能会对电控喷油器的流量特性、动态响应过程产生较大的影响。

1. 电磁材料简介

物质具有很多基本属性，磁性就是其中之一。形形色色的物质在外界磁场的作用下，在一定程度上都会呈现出磁性。因此，物质可以根据磁性的表现来分类，如分为抗磁性材料、顺磁性材料和亚磁性材料等。电控喷油器磁路部件所用材料属于金属磁性材料，要求具有较强的磁性，以满足电控喷油器的工作特性要求。

在磁性材料中，可按磁性的强弱来划分。磁性较强的材料通常称为强磁性材料，又称磁性材料。如果按照其磁性特性来划分，材料的磁性有软硬之分，介于两者之间的磁性材料称为半硬磁材料，一般钢铁材料就属于这类磁性材料。

此外，软磁材料应用也很广泛且种类很多。例如，在电磁阀中经常使用软磁材料，电工用的纯铁、硅钢片等也都属于软磁材料。软磁材料最明显的特点是最大磁导率高。通常这类材料具有很低的矫顽力,很容易受到外磁场的作用,即使外界磁场不大也能产生较高的磁感应强度,外界磁场撤销后,它的磁性基本不耗散,其磁损耗很小,磁滞现象不显著。

铁磁材料的一个特性是在受到微弱的磁场作用时也会被磁化,且磁化程度很强烈。铁磁质元素(铁、镍、钴)是过渡金属元素,原子中有着较强的原子磁矩。这些原子磁矩能在一个小的区域内相互作用,取得一致的排列方向,形成自发磁化的小区域——磁畴。磁畴是铁磁材料所特有的,每个磁畴内约有1015个原子。其磁矩取向一致,具有很强的磁性。各个磁畴的自发磁化取向并不一致,因此它们之间的相互作用被抵消,对外不显示磁性。而为了使其显示出较强的磁性,必须有外磁场作用在磁铁物质上,这样其内部的磁畴将迅速变成与外磁场一致的方向。通常把外磁场作用下磁畴改变方向的过程,称为铁磁质被磁化的过程。当其磁化时,磁场力克服阻力做功。当磁畴壁的位移和磁矩改变时,各个不同方向的磁畴汇集到与外磁场方向接近的方向上。需要克服的阻力越小,磁化过程就越容易实现。磁化过程中磁畴的变化过程如图2-10所示。

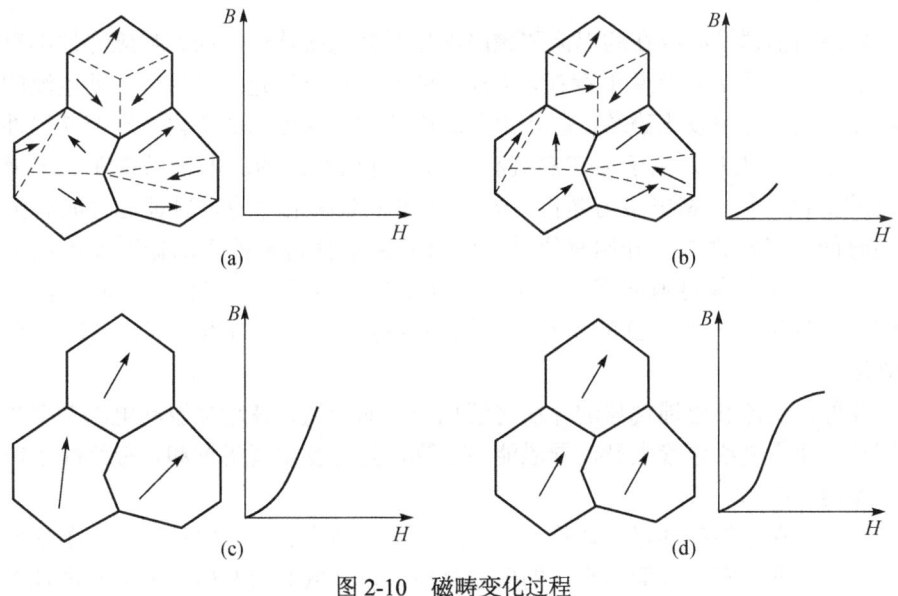

图 2-10　磁畴变化过程

2. 软磁材料的性能参数

软磁材料的主要性能参数介绍如下。

饱和磁感应强度 B_s:饱和磁感应强度的大小取决于磁性材料的成分,其物理状态是磁性材料内部磁化矢量的整齐排列。

剩余磁感应强度 B_r：它是磁性材料磁滞回线上的特征参数，表示磁场强度 H 回到 0 时的磁感应强度 B 值。

矩形比：即剩余磁感应强度与饱和磁感应强度之比，B_r/B_s。

矫顽力 H_c：表示材料磁化的难易程度，其性能取决于材料的成分和缺陷（杂质、应力等）。

相对磁导率 μ_c：它是磁滞回线上任何点所对应的 B 与 H 的比值，与器件工作状态密切相关。

居里温度 T_c：铁磁材料在磁化过程中，磁化强度随温度升高而下降，当温度达到一定值时，自发磁化消失，物质性能转变为顺磁性。该临界温度称为居里温度，它确定了磁性器件工作的上限温度。

损耗 P_{loss}：包括磁滞损耗 P_h 和涡流损耗 P_{eddy} 两部分，即 $P_{loss} = P_h + P_{eddy}$，降低磁滞损耗 P_h 的方法是降低矫顽力 H_c；降低涡流损耗 P_{eddy} 的方法是减薄磁性材料的厚度 $t_{material}$ 及提高材料的电阻率 ρ_0。

3. 磁性材料对电控喷油器性能的影响

电控喷油器铁心存在的涡流和磁滞现象对其电磁特性与动态响应特性都有较大影响[3,4]。由于磁滞现象的存在，电控喷油器电磁场的建立滞后于驱动电流的变化；而涡流也会激发出磁场，阻止由驱动电流产生的磁场的变化。当衔铁组件处于开启上升阶段时，由于存在涡流和磁滞，电控喷油器的电磁场将滞后于激励电流的变化，使动态电磁力缓慢上升，增加了衔铁组件的开启延迟时间和上升运动时间；当衔铁组件开始复位时，涡流和磁滞使得电控喷油器磁场释放速度变缓，电磁力不能迅速回零，加长了衔铁组件的复位运动时间。因此，涡流和磁滞现象导致电控喷油器的动态响应性能降低，增加了对电控喷油器精确控制的难度。

此外，涡流和磁滞现象的存在将消耗一定的能量，在增加驱动电路功率损耗的同时，使得铁心温度上升，导磁能力下降，且容易出现磁饱和，最终减小电控喷油器的电磁力。

因此，在电控喷油器设计阶段，需选择电阻率大、涡流路径短、导磁性好、矫顽力小（即磁滞回线面积小）的磁路材料，以降低涡流和磁滞现象对电控喷油器特性的影响。

4. 磁性材料的选取原则

电控喷油器铁心的材料一般选取软磁材料，其优点是矫顽力小，且磁导率高。通常，相对磁导率越高，对电磁铁尺寸的要求就越小。磁性材料的特性用磁感应强度和磁场强度之间的关系曲线表示，材料的成分、加工方法、工作频率、热处理方式和切割方向等因素影响它的曲线形状，且表现出比较显著的非线性特性。磁性材料的特性曲线由线性部、膝部和饱和部组成，把磁感应强度工作值设定在线性部和膝部之间，能提高电磁铁的响应。现阶段比较常用的软磁材料有电工纯钢、硅钢、坡莫合金和特种粉末冶金等。但它们的使用场合不同，电工纯钢被用在整体结构中，且其涡流和磁滞损耗偏大，磁导率低，其优点是饱和磁感应强度可达到 1.9 特斯拉（T）。坡莫合金的磁导率虽高，但它的饱和磁感应强度低，且受工艺因素的影响非常大，当使用坡莫合金时，要对其进行真空冶炼、多辊轧机冷轧、高纯度氢气或高真空退火，并且制定严格的工艺要求。国内对特种粉末冶金材料正处在研究阶段。硅钢带是含硅量在 5% 以下的铁硅合金，通常硅的含量为 2.3%～3.6%，在铁中加硅，不但可增加铁的电阻率，降低涡流和磁滞损耗，而且能够提高磁导率，当在硅钢带表面敷绝缘层时，可将饱和磁感应强度提高到 1.5T 以上，并可经受 700°C 以上的去应力退火。

  磁学性能受材料应力的影响非常大，由于在机械加工过程中，合金内部会产生应力，受应力的影响，磁导率会下降，且损耗加大。另外，即使合金在压力、振动等作用下没有发生塑性变形，其使用性能也会在一定程度上受到损害。磁学性能下降的程度受外力的大小和合金本身的特性两方面的影响。一般来说，外力对高导磁合金的影响非常大。为了消除或减小磁性材料因机械加工或其他原因而产生的应力，一般对其进行退火处理，对其进行热处理，增大了晶粒，从而提高材料的磁学性能。通常把氢气或真空作为退火处理的介质，通过热处理且保温一定的时间，其内部的杂质获得了足够高的动能，可运动到金属表面，与氢气产生化学反应被带走，从而改善了磁学性能；通过对其进行真空处理，与金属离子形成化合物的气体原子也一起被带走。总之，为了消除加工硬化和应力，促使再结晶以获得更大的晶粒，必须对其进行热处理，以提高材料的磁学性能。

  材料是研制电控喷油器的关键，汽车电控喷油器工作在具有腐蚀性的汽油环境中，在外加交变磁场作用下，需具备能承受至少 2 亿次交变载荷的能力。因此，电控喷油器的磁性材料必须满足以下要求：

（1）具有一定的强度。

（2）具有较优良的磁性性能，且磁性能稳定。

（3）由于在汽油环境中工作，应具有耐腐蚀性能。

（4）承受交变载荷，具有良好的抗疲劳性能。

（5）具有一定的软磁性能，由于电控喷油器为电磁控制元件，其磁性材料要求具备磁导率高、矫顽力低、剩磁小等性能。

2.3 电控喷油器的性能要求

作为电喷汽油机供油系统的关键执行部件，电控喷油器应具备以下特性[5-10]。

1. 足够的电磁力

在电控汽油喷射系统中，电控喷油器衔铁组件的上侧面受到弹簧预紧力和燃油压力的作用。弹簧预紧力的增加有利于衔铁组件迅速回位以关闭阀门、阻断燃油，这就要求电控喷油器具有足够大的电磁力，以保证阀门能够快速开启。同时，电控喷油器的工作条件十分复杂、恶劣，为提高其连续工作的稳定性、可靠性及抵抗外界干扰的能力，还必须具备充足的电磁力储备。

2. 快速响应特性

电控喷油器的动态响应时间是指从线圈收到通/断电信号到衔铁组件完全开启/关闭这一过程所经历的延迟时间，它是电控喷油器中电、磁、机、液等诸多因素综合作用的结果。快速响应特性是衡量电控喷油器工作性能的一个重要指标，直接影响汽油机电控单元对整个燃油喷射过程的控制精度和空燃比控制效果。

3. 高稳定性和可靠性

电控燃油喷射系统要求电控喷油器能够在复杂、恶劣的工作条件下，连续、长时间地以较高的频率精准开启和关闭。这决定了电控喷油器必须具有非常高的稳定性和可靠性，包括动态响应特性和结构上的稳定与可靠。

4. 可靠的密封性

良好的密封性是保证电控汽油喷射系统正常工作的前提，也是进一步提升燃油压力的基础。

5. 结构紧凑

能够方便地满足发动机整体设计时的喷油器安装要求。

2.4 工作特性数学模型

汽车发动机的小型化、高速化，要求电控喷油器具有更为宽广的流量直线性及良好的动态响应性能。电控喷油器在本质上是一种电磁阀，其性能分为静态特性和动态特性。动态特性是指电控喷油器工作过程中包括线圈电流、衔铁组件位移和电磁力等物理量的动态响应过程。电控喷油器的工作过程是一个复杂的电、磁、机、液相互耦合作用的非线性过程，影响其动态性能的因素有很多，包括电磁结构参数、电磁部件磁性材料特性、驱动控制方法以及工作条件（如温度、液体压力等），因此需要建立电控喷油器工作过程的数学模型，从理论上确定其动态响应特性与主要结构参数之间的关联性，为电控喷油器的结构优化设计和动态性能预测提供理论依据。电控喷油器的静态电磁特性是指其在稳态过程中（即电路参数稳定不变的情况下）得到的电磁吸力特性，主要指电控喷油器的衔铁处组件处于一定大小的工作气隙且保持静止时，维持线圈激励电流不变的情况下得到的电磁力的极限值，它仅与电磁部件本身的结构参数和磁性材料的特性有关，而与电控喷油器的工作条件如弹簧预紧力大小等无关[11-13]。它反映了电控喷油器本身的电磁特性，揭示了电控喷油器工作的最大潜力，是表征喷油器工作能力的重要性能之一[14]。

1. 磁路磁阻计算

电控喷油器电磁组件的结构示意图如图 2-11 所示，如果忽略漏磁磁通的影响，其等效磁路如图2-12所示。

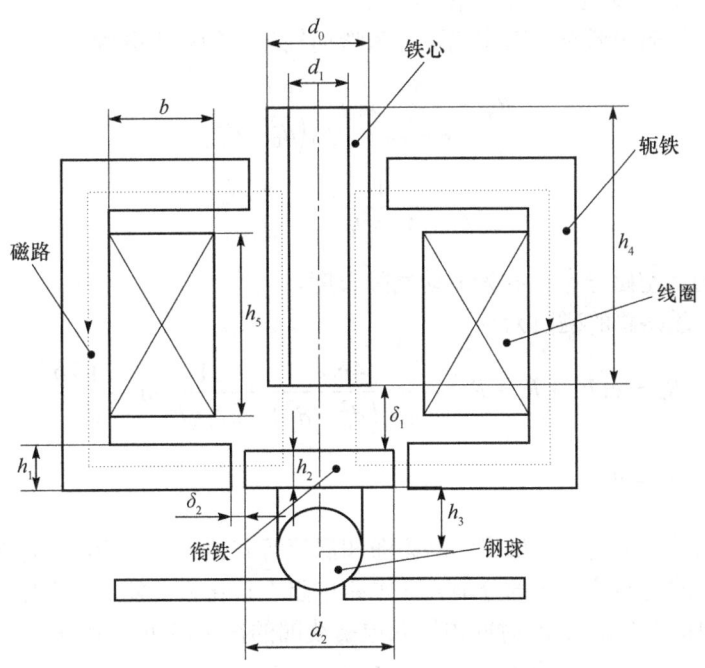

图 2-11 电控喷油器电磁组件结构示意图

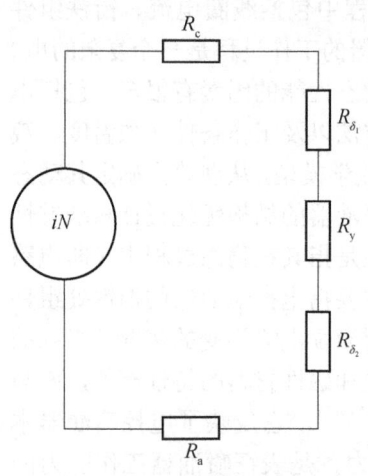

图 2-12 电控喷油器等效磁路

在电控喷油器中,铁心和衔铁的磁导率远高于空气的磁导率。若忽略漏磁磁通的影响,则磁路的总磁阻 R_m 可表示如下[15,16]:

$$R_m = e(R_y + R_a + R_c) + R_\delta \quad (2\text{-}1)$$

式中,气隙磁阻 R_δ 包括工作气隙磁阻 R_{δ_1} 和滑动气隙磁阻 R_{δ_2};e 为轭铁、衔铁和铁心的磁阻系数;R_y 为磁力线经过轭铁部分的磁阻,R_a 为经过衔铁部分的磁阻,R_c 为经过铁心部分的磁阻。在衔铁组件还未完全开启时,经过轭铁、衔铁和铁心三部分磁体的磁阻相对于气隙磁阻可以忽略不计,取 $e=0$;当衔铁组件完全开启时,这三部分磁体的磁通密度很容易达到饱和,此时的磁导率变得很小,磁阻不可忽略,取 $e=1$。

工作气隙截面积 S_{gap} 为

$$S_{\text{gap}} = \frac{\pi}{4}\left(d_0^2 - d_1^2\right) \quad (2\text{-}2)$$

式中,d_0 和 d_1 分别为铁心的外径和内径。

在不计扩散磁通时,工作气隙 δ_1 和滑动气隙 δ_2 的磁阻分别为

$$R_{\delta_1} = \frac{\delta_1}{\mu_0 S_{\text{gap}}} = \frac{4\delta_1}{\pi\mu_0\left(d_0^2 - d_1^2\right)} \quad (2\text{-}3)$$

$$R_{\delta_2} = \frac{1}{2\pi\mu_0 h_1}\ln\frac{d_0 + 2\delta_2}{d_0} \quad (2\text{-}4)$$

式中,μ_0 为真空磁导率;h_1 为滑动气隙长度。

综上,磁路总的磁阻为

$$R_m = e(R_y + R_a + R_c) + \frac{4\delta_1}{\pi\mu_0\left(d_0^2 - d_1^2\right)} + \frac{1}{2\pi\mu_0 h_1}\ln\frac{d_0 + 2\delta_2}{d_0} \quad (2\text{-}5)$$

2. 电磁力计算

根据能量守恒定律,如果忽略磁滞和涡流等其他因素的影响,电控喷油器驱动电源输出的电能除了一部分消耗在电路电阻上转化为热能,其余则为输入电磁线圈的净电能[17,18]。在 dt 时间内输入电磁线圈的净电能可表示为

$$dW_e = u_{\text{coil}} i dt - i^2(R + R_1)dt = \left[u_{\text{coil}} - i(R + R_1)\right]i dt = iLdi = id\psi \quad (2\text{-}6)$$

式中，u_{coil} 为电磁线圈驱动电压；i 为线圈电流；R 为电磁线圈电阻；R_1 为驱动电路附件电阻；L 为电磁线圈电感；ψ 为线圈总磁链。

根据能量守恒定律，输入电磁线圈的净电能 W_e 的增量应该等于电控喷油器磁场能 W_m 的增量与机械能 W_j 的变化量之和，则有

$$dW_e = dW_m + dW_j \tag{2-7}$$

对于单匝线圈回路，由虚位移定理可知，若电磁力在一个虚位移 $d\delta_1$ 方向上做功，系统机械能的变化就是电磁力 F_m 做的功，则有

$$dW_j = F_m d\delta_1 \tag{2-8}$$

由式（2-6）～式（2-8）可得

$$dW_m = id\psi - F_m d\delta_1 \tag{2-9}$$

而磁场能 W_m 为

$$W_m = W_m(\psi, \delta_1) = \int_0^\psi i d\psi \tag{2-10}$$

由式（2-10）则有

$$dW_m = \frac{\partial W_m}{\partial \psi} d\psi + \frac{\partial W_m}{\partial \delta_1} d\delta_1 \tag{2-11}$$

比较式（2-9）和式（2-11），可得

$$i = \frac{\partial W_m}{\partial \psi} \tag{2-12}$$

$$F_m = -\frac{\partial W_m}{\partial \delta_1} \tag{2-13}$$

根据等效磁路图 2-12，有

$$U_m = iN = \phi \left[e(R_y + R_a + R_c) + R_\delta \right] \tag{2-14}$$

式中，U_m 为磁路的磁势；N 为线圈匝数；ϕ 为磁通量。

由式（2-10）和式（2-14），可知

$$W_m = \int_0^\psi i d\psi = \int_0^\phi iN d\phi = \int_0^\phi \left[e(R_y + R_a + R_c) + R_\delta \right] d\phi \tag{2-15}$$

由式（2-13）和式（2-15）可得静态电磁力 F_m 为

$$\begin{aligned} F_m &= -\frac{\partial W_m}{\partial \delta_1} = -\frac{\partial}{\partial \delta_1} \int_0^\phi \left[e(R_y + R_a + R_c) + R_\delta \right] d\phi \\ &= -\frac{\partial}{\partial \delta_1} \left[\int_0^\phi R_{\delta_1} d\phi + \int_0^\phi R_{\delta_2} d\phi + \int_0^\phi e(R_y + R_a + R_c) d\phi \right] \end{aligned} \tag{2-16}$$

式(2-16)中,后两项微分为0,因此综合式(2-3)和式(2-4)有

$$F_m = -\frac{\partial}{\partial \delta_1} \int_0^\phi \phi R_{\delta_1} \mathrm{d}\phi = -\frac{\phi^2}{2\mu_0 S} \tag{2-17}$$

若 $F_m<0$,则电磁力的方向是使工作气隙减小的方向。

电控喷油器是电、磁、机、液共同作用的耦合体,根据电控喷油器的功能和机理,可将其分为电路、磁路、机械和液压四个子系统[19-21]。电控喷油器的工作过程是各个子系统共同作用的结果,各子系统之间的相互关系如图 2-13 所示。

3. 电路子系统

对电控喷油器驱动电路进行一些简化,可得到电路子系统的等效电路,如图 2-14 所示。由于驱动电路只是给喷油器电磁线圈提供电源,同时忽略铁心中的涡流,则电磁线圈两端的电压平衡方程为[22-24]

$$U_0 = i(t)(R_1 + R) + \frac{\mathrm{d}\psi}{\mathrm{d}t} = i(t)(R_1 + R) + (L_1 + L)\frac{\mathrm{d}i(t)}{\mathrm{d}t} \tag{2-18}$$

式中,U_0 为电磁线圈两端电压;L_1 为驱动电路附加电感。

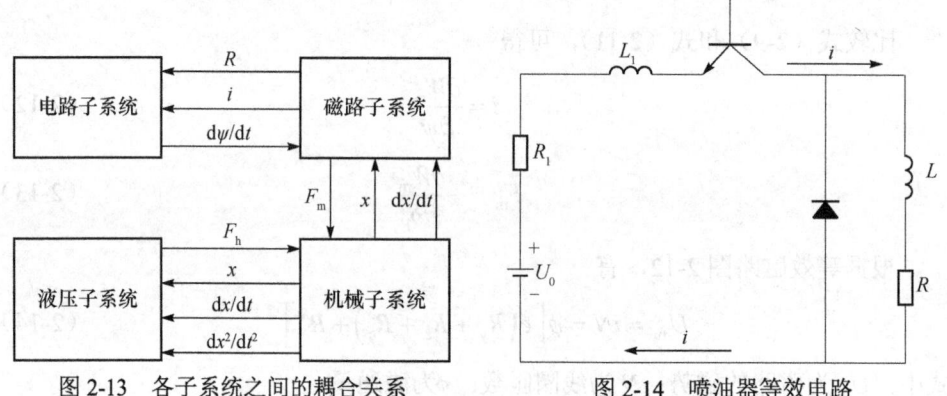

图 2-13 各子系统之间的耦合关系　　图 2-14 喷油器等效电路

为讨论方便,本书不考虑驱动回路的附加电阻 R_1 和附加电感 L_1,只考虑电磁线圈的电阻 R 和线圈电感 L,则电控喷油器开启过程的电压平衡方程可表示为

$$U_0 = i(t)R + L\frac{\mathrm{d}i(t)}{\mathrm{d}t} \tag{2-19}$$

式中,$L = \frac{\sigma_1 N^2}{R_m}$,$\sigma_1$ 为漏磁系数,这里取为1。

在电控喷油器关闭过程(衔铁组件的复位阶段),电磁线圈断电,线圈中的电

流由线圈储存的电感产生,电路中的二极管导通,此时电路方程为

$$i(t)R + L\frac{\mathrm{d}i(t)}{\mathrm{d}t} = 0 \qquad (2\text{-}20)$$

4. 磁路子系统

相对于电路子系统,磁路子系统的作用是实现电能向磁场能的转换,产生对衔铁组件的吸力而使之运动。因此,对该子系统分析的关键是如何计算产生的电磁力。如图 2-12 所示,在电控喷油器开启过程中,假设衔铁组件位移为 Δx,则工作气隙为 $(\delta_1 - \Delta x)$,此时工作气隙磁阻为

$$R_{\delta_1 x} = \frac{\delta_1 - \Delta x}{\mu_0 S} \qquad (2\text{-}21)$$

磁路总磁阻为

$$R_{mx} = e(R_y + R_a + R_c) + \frac{\delta_1 - \Delta x}{\mu_0 S} + R_{\delta_2} \qquad (2\text{-}22)$$

由基尔霍夫磁路定理,可得

$$U_0 = (R + R_e)i + L\frac{\mathrm{d}i}{\mathrm{d}t} \qquad (2\text{-}23)$$

式中,R_e 为驱动电路的等效电阻。

由磁路欧姆定律,可得

$$iN = \phi_x R_{mx} \qquad (2\text{-}24)$$

电磁力为

$$F_{mx} = -\frac{\phi_x^2}{2\mu_0 S} \qquad (2\text{-}25)$$

式中,F_{mx} 为衔铁组件运动过程中所受电磁力。

该磁路子系统模型经过一定的简化,以便于系统建模过程中分析与说明问题。实际上磁路瞬态模型的建立非常复杂,需要综合考虑磁性材料的磁滞、涡流以及磁化过程中的非线性等诸多因素的影响,这些将在后面章节中进行分析。

5. 机械子系统

根据电控喷油器工作时衔铁组件的受力和运动情况,可将其运动过程分为三个阶段[25,26]。

(1) 开启过程:在电控喷油器线圈通电之前,在弹簧预紧力和燃油压力的作用下,电控喷油器处于关闭状态。一旦电控单元向喷油器驱动电路发出喷油指令,

线圈通电后即产生电磁力。当作用在衔铁组件上的电磁力大于弹簧预紧力与其他运动阻力之和时,衔铁组件开始向上运动,直到完全开启。在该过程中,衔铁组件的运动方程为

$$m\ddot{x} = F_m - F_{spring} - F_{fuel} - F_f - mg \qquad (2\text{-}26)$$

式中,m 为衔铁组件的质量;g 为重力加速度;$\ddot{x}$ 为衔铁组件的加速度,以开启方向为正方向;F_{spring} 为衔铁组件所受弹簧力;F_{fuel} 为衔铁组件所受液体压力;F_f 为衔铁组件所受摩擦力。

(2)完全开启阶段:当衔铁组件达到满行程以后,电控喷油器处于完全开启的状态。衔铁组件在理论上处于静止状态。此时,该组件的受力平衡方程为

$$F_m - F_{spring} - F_{fuel} - mg = 0 \qquad (2\text{-}27)$$

(3)关闭过程:当电控单元发出喷油结束指令时,线圈断电,电磁力将很快减小到零,衔铁组件在弹簧力和燃油压力的作用下开始复位。在该过程中,衔铁组件的运动方程为

$$m\ddot{x} = F_{spring} + F_{fuel} - F_f + mg \qquad (2\text{-}28)$$

由于衔铁组件在机械运动过程中所受到的摩擦力非常小,一般在进行定性分析时可忽略不计。

6. 液压子系统

在图 2-15 中,实线为试验得到的喷油器没有燃油时的衔铁组件的升程曲线,虚线为喷油器有燃油时的升程曲线,从两者的差异来看,液体力对衔铁组件的动态特性影响很大。如果仍使用静力法进行计算,衔铁组件所受的液体力将被忽略,计算结果会与实际情况发生较大偏差。

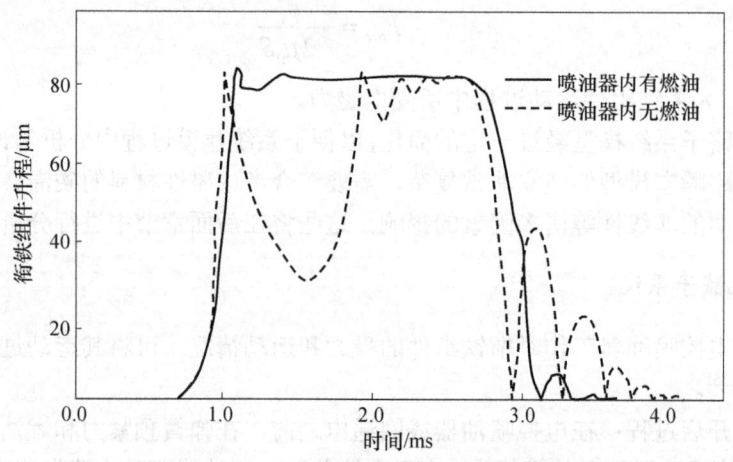

图 2-15 衔铁组件升程对比曲线

第 2 章　PFI 喷油器动态工作过程机理

燃油经喷油器的流动是一种可压缩的非稳态流动（尤其在衔铁组件开启和关闭时刻），在喷油器的喷孔处油压具有急剧的变化，流动较为复杂。在建立液压子系统模型时，根据实际情况进行如下假设：液体管路轴向尺寸比径向尺寸大很多；液体的轴向流动效应比径向流动效应大很多。

经上述假设，喷油器燃油入口处至阀座前的流动为一元变截面管流，其连续方程为

$$\frac{\partial p_{in}}{\partial l_a} + u_{in}\frac{\partial p_{in}}{\partial l_a} + \rho_f\frac{\partial u_{in}}{\partial l_a} + \frac{\rho_f u_{in}}{F}\frac{dF}{dl_a} = 0 \tag{2-29}$$

式中，u_{in} 为燃油入口速度；ρ_f 为燃油密度；p_{in} 为喷油器入口处燃油压力；l_a 为流管长度。

忽略摩擦力的动量方程为

$$\frac{\partial u_{in}}{\partial t} + u_{in}\frac{\partial u_{in}}{\partial l_a} + \frac{1}{\rho_f}\frac{\partial p_{in}}{\partial l_a} = 0 \tag{2-30}$$

音速方程为

$$dp_{in} = a^2 d\rho_f \tag{2-31}$$

式中，a 为音速。

在喷油器进油口处的边界条件为

$$p_{in} = p_{tot} \tag{2-32}$$

式中，p_{tot} 为燃油静态总压。

在喷油器钢球与阀座密封端面的锥环状流通通道上的流动，假定是不可压流动，该处的拟稳定流动可用 Reynold 方程表示，即

$$6\upsilon\frac{\partial}{\partial y}(Ur_0 h_v) + 12\upsilon r_0\frac{\partial h_v}{\partial t} = \frac{\partial}{\partial y}\left(\frac{\partial p_{in}}{\partial y}r_0 h_v^3\right) \tag{2-33}$$

式中，h_v 为衔铁组件升程在锥面法向上的分量；U 为衔铁组件速度在锥面切向分量；r_0 为平均半径；y 为锥面母线方向；υ 为拟稳定流动系数。

将式（2-33）积分两次，得

$$p_{in}(y) = 6\eta H_1\int_0^y \frac{e_x n}{h_v^2}\left(\int_0^y r_0 dy\right)dy + 12\eta H_1\int_0^y \frac{e_x n}{r_0 h_v^3}\left(\int_0^y r_0 dy\right)dy - \frac{6\eta}{\pi}u_1 A_1\int_0^y \frac{dy}{r_0 h_v^3} + p_1 \tag{2-34}$$

式中，e_x 为针阀切面方向的流动剪切力；H_1 为针阀切面方向的压力系数。

再加上沿流线的伯努利方程

$$p_{in}(y) + \frac{1}{2}\rho_f u_{in}^2(y) = p_1 + \frac{1}{2}\rho_f u_1^2 \tag{2-35}$$

和连续方程

$$A(y) \times u_{in}(y) = A_1 u_1 \qquad (2\text{-}36)$$

可得到喷孔边界条件。

当衔铁组件的位移为 x 时,作用在衔铁组件上的液体力 F_{fuel} 视为流体压力和剪切力之和,即

$$F_{fuel} = F_p + F_s \qquad (2\text{-}37)$$

式中,F_p 为流体压力,$F_p = \iint_S pne_s \mathrm{d}S$;$F_s$ 为剪切合力,$F_s = \iint_S \tau te_s \mathrm{d}S$。

计算过程中,取 F_p 为常数,且开启过程中 F_s=0,全开和关闭阶段定义为常数。

2.5 动态响应过程分析

电控喷油器的动态工作过程可分为从电磁线圈通电开始到衔铁组件达到最大行程时的开启过程、衔铁组件保持开启状态的全开过程以及线圈断电到衔铁组件完全落座的关闭过程。电控喷油器的工作电流变化曲线可用来表征衔铁组件的位移变化特性,具体可分为开启迟滞阶段、衔铁上升阶段、阀门全开阶段、关闭迟滞阶段和衔铁复位阶段,如图 2-16 所示。

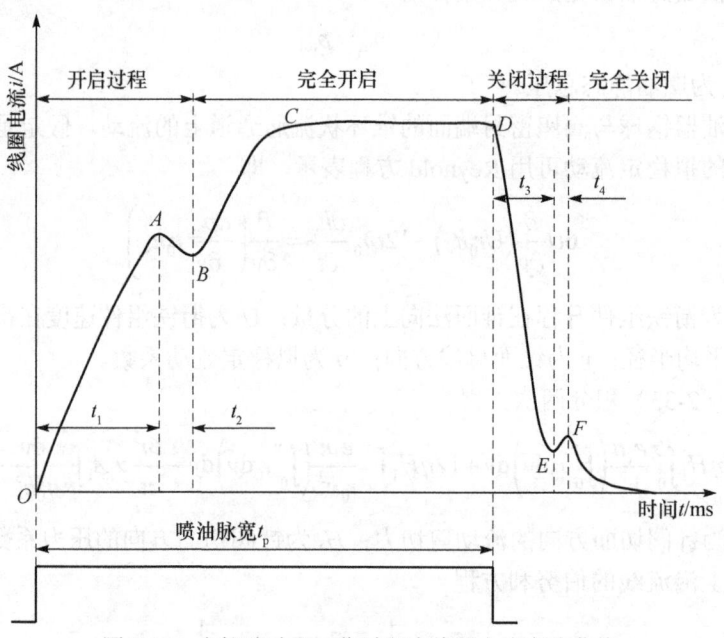

图 2-16 电控喷油器工作过程中线圈电流变化曲线

1. 开启迟滞阶段

在图 2-16 中的 O 点电磁线圈收到驱动电压控制信号，线圈内的磁通量逐渐增大，衔铁组件所受电磁力增大并克服弹簧预紧力、燃油压力和自身重力。由于此时钢球还没有动，即工作气隙不变，电感为一常数。因此，由方程（2-19）及初始条件（$t=0$，$i=0$）可解得

$$i(t) = \frac{U_0\left(1 - e^{-Rt/L_{OA}}\right)}{R} \qquad (2\text{-}38)$$

在 A 点，当 $t=t_1$ 时，$\phi_x=\phi_A$，$i=i_A$，由式（2-38）可得到 OA 阶段的持续时间，即

$$t_1 = \frac{L_{OA}}{R}\ln\left(1 - \frac{Ri_A}{U_0}\right) \qquad (2\text{-}39)$$

在 A 点，若忽略衔铁组件的质量 m、液体力 F_{fuel} 和轭铁磁阻，由 $F_m = F_{\text{spring}} = \dfrac{\phi_A^2}{2\mu_0 S}$，以及 $L_A = \dfrac{N^2}{R_m}$、$R_{mA} = \dfrac{4\delta_1}{\pi\mu_0\left(d_0^2 - d_1^2\right)} + \dfrac{1}{2\pi\mu_0 h_1}\ln\dfrac{d_0 + 2\delta_2}{d_0}$ 可得

$$i_A = \frac{\phi_A R_{mA}}{N} = \frac{\sqrt{\left(d_0^2 - d_1^2\right)F_s}}{2h_1 N\sqrt{2\pi\mu_0}}\left(\frac{8\delta_1 h_1}{d_0^2 - d_1^2} + \ln\frac{d_0 + 2\delta_2}{d_0}\right) \qquad (2\text{-}40)$$

将 L_A、i_A、R 的值代入式（2-39），得

$$t_1 = -\frac{\pi\mu_0 h_1 N\left(d_0^2 - d_1^2\right)d_x^2}{2\rho_x\left(k_2 d_0 + \dfrac{d_x}{2}\cdot\sqrt{\dfrac{\pi N}{\beta_0 f_c}}\right)\cdot\left[8\delta_1\cdot h_1 + \left(d_0^2 - d_1^2\right)\ln\dfrac{d_0 + 2\delta_2}{d_0}\right]}$$

$$\times \ln\left[1 - \left(k_2 d_0 + \frac{d_x}{2}\cdot\sqrt{\frac{\pi N}{\beta_0 f_c}}\right)\frac{\sqrt{2}\rho_x\sqrt{\left(d_0^2 - d_1^2\right)F_s}}{\sqrt{\pi\mu_0}h_1 U_0 d_x^2}\left(\frac{8\delta_1 h_1}{d_0^2 - d_1^2} + \ln\frac{d_0 + 2\delta_2}{d_0}\right)\right] \qquad (2\text{-}41)$$

式中，d_x 为电磁线圈线径；ρ_x 为线圈导线的电阻率；k_2 为线圈内径与铁心外径的比值；β_0 为线圈高度与厚度的比值；f_c 为线圈填充系数。

2. 衔铁组件上升阶段

在 AB 阶段，衔铁组件以很大的加速度上升，工作气隙变小，回路中的电感发生变化，电流也随之发生微变，并引起喷油器内部流体的不稳定流动，直到碰到铁心的下端面。此时，线圈的电压平衡方程为

$$U_0 = i(t)R + N\frac{\mathrm{d}\phi}{\mathrm{d}t} \qquad (2\text{-}42)$$

忽略电流的变化，即取 $i_B = i_A$。又当 $t_2=0$ 时，$\phi_B = \phi_A$，由式（2-42）求得

$$\phi_B = \phi_A + \frac{1}{N}(U_0 - i_A R)t \qquad (2\text{-}43)$$

联立式（2-24）~式（2-26）及式（2-43），可得衔铁组件的运动方程为

$$\ddot{x} = \frac{(U_0 - i_A R)^2}{2\mu_0 m S N^2} t_2^2 + \frac{\phi_A (U_0 - i_A R)}{\mu_0 m S N} t + \frac{\phi_A^2}{2\mu_0 m S} - \frac{F_{\text{spring}} + F_f + mg}{m} \qquad (2\text{-}44)$$

结合初始条件 $t=0$ 时，$x=0$ 和 $\dot{x}=0$，以及行程 h，可以求出衔铁组件开启运动时间 t_2 满足式（2-45）：

$$h = \frac{(U_0 - i_A R)^2}{24\mu_0 m S N^2} t_2^4 + \frac{\phi_A (U_0 - i_A R)}{6\mu_0 m S N} t_2^3 + \left(\frac{\phi_A^2}{4\mu_0 m S} - \frac{F_{\text{spring}} + F_f + mg}{2m} \right) t_2^2 \qquad (2\text{-}45)$$

至此，便计算出电控喷油器的开启响应时间，即开启迟滞时间与钢球上升运动时间之和：

$$t_{\text{open}} = t_1 + t_2 \qquad (2\text{-}46)$$

3. 衔铁组件全开阶段

当衔铁组件达到最大升程时，线圈电流从 i_B 逐渐增大到饱和电流 i_C，并持续到线圈驱动电压断开（图 2-16 中的 D 点）。所经历的时间为

$$t_0 = t_p - t_1 - t_2 \qquad (2\text{-}47)$$

此过程中，$i_C = i_D = \dfrac{U_0}{R}$。

4. 关闭迟滞阶段

当电控喷油器电磁线圈的驱动电压被切断时（图 2-16 中的 D 点），由于电感的存在，电流逐渐减小，工作气隙磁通也由稳定值开始下降，当所产生的电磁吸力不足以克服弹簧力等作用力时（图 2-16 中的 E 点），衔铁组件将准备复位。这一阶段称为电控喷油器的关闭迟滞阶段。

如图 2-17 所示，电磁线圈的电压平衡方程为

$$i(t)(R + R_D) + N \frac{d\phi}{dt} = 0 \qquad (2\text{-}48)$$

将式（2-48）移项并积分，得

$$t_3 = -\frac{NS}{(R + R_D)} \int_{B_D}^{B_E} \frac{1}{i} dB \qquad (2\text{-}49)$$

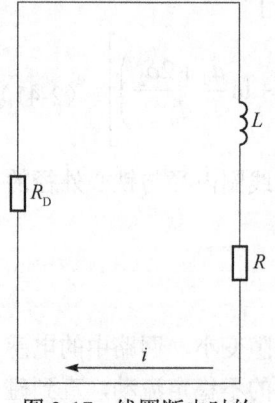

图 2-17 线圈断电时的等效电路

式中，B_D 为断电时铁心的磁感应强度；B_E 为衔铁组件开始复位瞬间铁心中的磁感应强度；R_D 为二极管的电阻。

由式（2-49）可知，在求出铁心中磁感应强度 B 和线圈中电流 i 的关系后，可求出衔铁组件关闭迟滞时间 t_3。

在进行磁路计算时，本书只考虑铁心的磁压降，认为轭铁等的磁压降为零。设铁心的长度为 l_0，磁场强度为 H，在忽略漏磁的条件下，根据安培环路定理可得

$$Hl_0 + \phi\left(R_{\delta_1} + R_{\delta_2}\right) = iN \tag{2-50}$$

因为衔铁组件全开时的工作气隙很小，必须考虑磁滞现象，所以铁心的磁压降 Hl_0 应根据去磁曲线进行计算。

为了便于计算，本书将磁感应强度 B 和磁场强度 H 拟合成如下形式：

$$H = f(B) = c + \frac{a}{B+b} \tag{2-51}$$

将式（2-51）代入式（2-50），可得

$$i = \frac{f(B)l_0 + BS\left(R_{\delta_1} + R_{\delta_2}\right)}{N} \tag{2-52}$$

将式（2-51）和式（2-52）代入式（2-49），则有

$$t_3 = -\frac{N^2 S}{(R+R_D)} \int_{B_D}^{B_E} \frac{B+b}{B^2 S(R_{\delta_1}+R_{\delta_2}) + B\left[bS(R_{\delta_1}+R_{\delta_2}) + cl_0\right] + (a+bc)l_0} \, dB \tag{2-53}$$

在线圈的驱动电流断开瞬间，$i_D = i_C$，由式（2-52）可求得此时铁心的磁感应强度。

在衔铁组件开始复位的瞬间，磁通量为

$$\phi_E = \sqrt{2\mu_0 S\left(F_{\text{sping}} + F_f + mg\right)}$$

此时，铁心的磁感应强度为

$$B_E = \frac{\sqrt{2\mu_0\left(F_{\text{sping}} + F_f + mg\right)}}{S}$$

将 B_D、B_E 代入式（2-53），即可解得关闭迟滞时间 t_3。

5. 衔铁组件复位阶段

在衔铁组件复位运动阶段（图 2-16 中的 EF 段），由于电感的变化，线圈中的电流稍有微小增加，本书假设在此过程中电流 i_E（可根据式（2-52）求解）不变，利用与推导衔铁组件开启向上运动的时间 t_2 相类似的方法，可以导出确定衔

铁组件复位向下运动的时间 t_4 的方程为

$$h = \frac{i_E^2(R+R_D)^2}{24\mu_0 mSN^2} t_4^4 + \frac{\phi_E i_E (R+R_D)}{6\mu_0 mSN} t_4^3 + \left(\frac{\phi_E^2}{4\mu_0 mS} - \frac{F_{spring}+F_f+mg}{2m} \right) t_2^2 \quad (2-54)$$

至此，便计算出电控喷油器的关闭响应时间，即关闭迟滞时间与衔铁组件复位运动时间之和：

$$t_{\text{close}} = t_3 + t_4 \quad (2-55)$$

2.6 动态响应规律分析

2.5 节对电控喷油器动态响应过程的分析，建立了动态响应特性时间参数与结构及电磁参数的函数关系，可完成对不同结构参数的电控喷油器动态性能的预测。

本节根据所建立的电控喷油器动态响应时间预测函数，以某型电控喷油器的基本结构参数为基础，利用 MATLAB 对预测函数进行求解，以探索不同结构参数及电磁参数对电控喷油器动态响应时间的影响规律。在求解过程中，为研究分析某一参数的影响效果，每次只改变该参数，其他参数保持不变，便得到喷油器动态响应时间随该参数的变化规律。

对开启响应时间和关闭响应时间的影响规律的计算结果分别如图 2-18 和图 2-19 所示。表 2-1 给出了本章计算时的电控喷油器的初始参数，也是后面对电控喷油器进行结构优化的初始参数值。

表 2-1 电控喷油器的初始参数

参数名称	符号	数值	单位	参数名称	符号	数值	单位
线圈电压	U_0	10	V	衔铁组件升程	h	100	μm
弹簧力	F_{spring}	6	N	衔铁组件质量	m	2.216	g
线圈匝数	N	520	—	工作气隙	δ_1	100	μm
线圈线径	d_x	0.18	mm	滑动工作气隙	δ_2	1	μm
衔铁/铁心外径	d_0	8	mm	衔铁/铁心内径	d_1	3.5	mm
衔铁上部长度	h_2	6.02	mm	衔铁下部长度	h_3	7.8	mm

1. 开启响应时间影响规律分析

从图 2-18 的计算结果来看，影响开启响应时间的主要参数有线圈驱动电压 U_0、线圈匝数 N、铁心外径 d_0、线圈线径 d_x、弹簧力 F_{spring}、衔铁组件的质量 m、衔铁组件升程 h 和铁心内径 d_1。

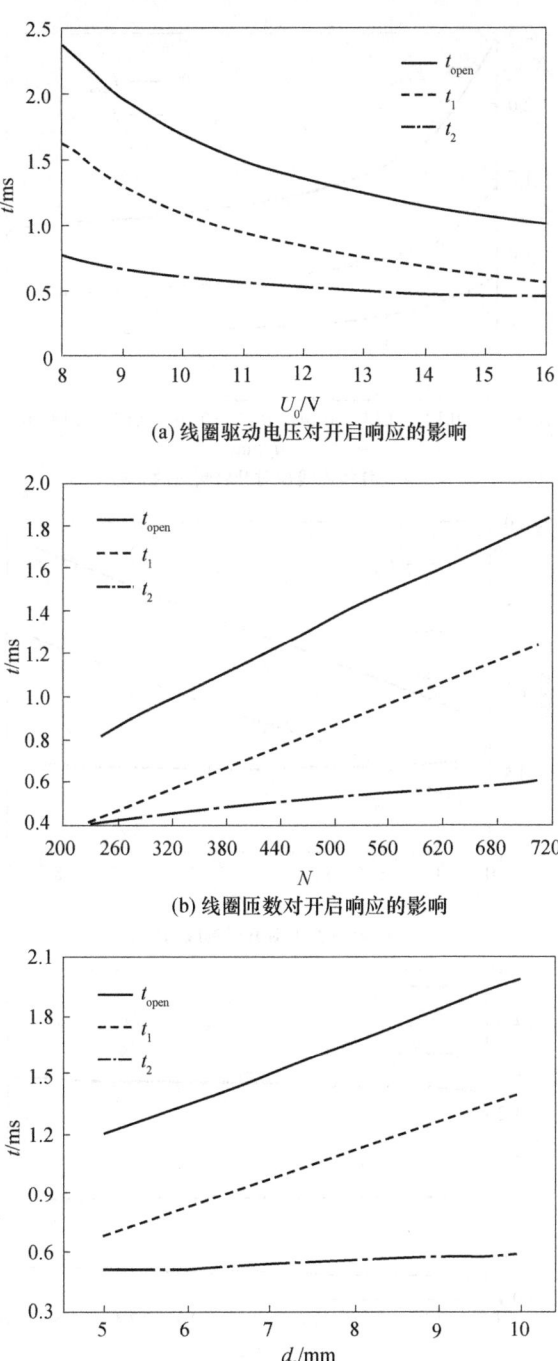

(a) 线圈驱动电压对开启响应的影响

(b) 线圈匝数对开启响应的影响

(c) 铁心外径对开启响应的影响

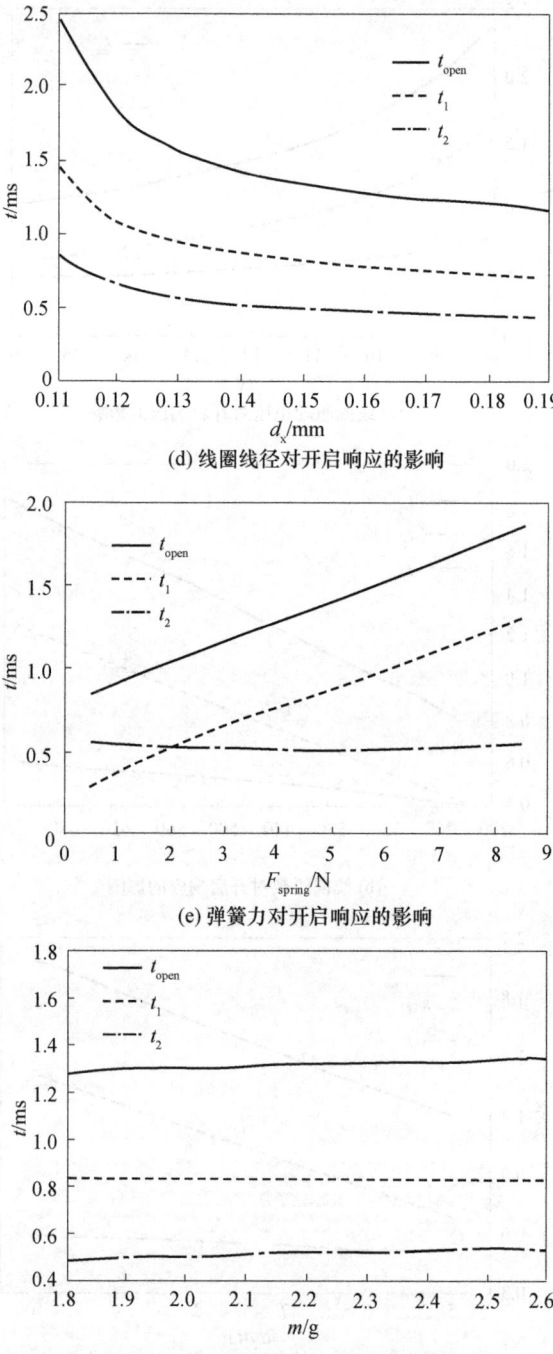

(d) 线圈线径对开启响应的影响

(e) 弹簧力对开启响应的影响

(f) 衔铁组件的质量对开启响应的影响

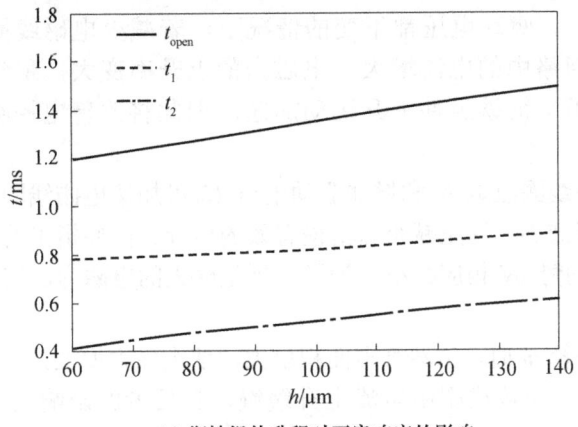

(g) 衔铁组件升程对开启响应的影响

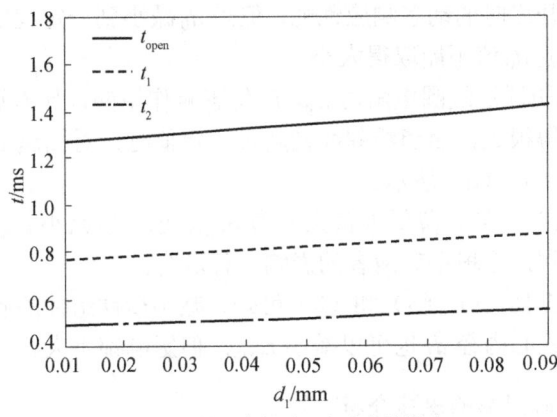

(h) 铁心内径对开启响应的影响

图 2-18 电控喷油器开启响应时间的影响规律

由图 2-18（a）和（b）可以看出，驱动电压 U_0 和线圈匝数 N 对 t_{open} 的影响最大。在电控喷油器通电初期，驱动电压越大，线圈电流上升就越快，电磁力的上升率越大，这就会缩短衔铁组件的开启迟滞阶段的响应时间；同时，在整个开启阶段衔铁组件的运动加速度也就越大，在工作气隙不变的情况下，运动时间将缩短。因此，提高线圈驱动电压是提高电控喷油器开启响应性能的有效措施。但是，驱动电压的提高受到电控系统成本、铁心和衔铁的磁感应强度以及电路器件的性能等因素的制约。由于铁心和衔铁的磁饱和感应强度基本不变，在线圈驱动电压达到一定值时再增加电压，其效果不再明显，且多余的能量输入还会造成电路发热量增加，使得铁心、衔铁以及线圈的温升增加，反而会降低衔铁和铁心的饱和磁感应强度。此外，电流峰值过高将会对线圈及电路中其他器件造成破坏。

在线圈线径、驱动电压都不变的情况下，若减少电磁线圈匝数则线圈电阻减小，使得回路中的电流增大，电磁力的上升率变大，最终将使喷油器开启迟滞时间缩短、衔铁组件上升运动加速，因此将改善电控喷油器的开启响应性能。

综上，减小线圈匝数 N 和增加驱动电压 U_0 可加速电磁线圈中电流的上升过程，使 t_1 大幅度减小，这是减小 t_{open} 最有效的措施。需要指出的是，减小线圈匝数 N 时将使磁动势 iN 相应减小。为了得到足够大的电磁力，需要增加线圈通电时的稳态电流。

增加铁心外径 d_0 时，虽然气隙面积增大而使电磁力增大，但气隙磁导增加使得电感 L 变大，导致线圈中电流上升缓慢，且后者的影响大于前者，则在图 2-18（c）中随着铁心外径 d_0 增大，t_{open} 增加。因此，适当减小铁心外径 d_0 也有助于提高喷油器开启时的动态响应性能，但当 d_0 减小到一定程度时，铁心饱和反而使 t_{open} 增加，故 d_0 值不能取得太小。

线圈线径 d_x 是通过线圈电阻对 t_{open} 产生影响作用的，当 d_x 过小时，由于线圈电阻的增加 t_1 变得很大，而当线圈线径超过一定值时，对加速衔铁组件开启过程效果不大，如图 2-18（d）所示。

由图 2-18（e）可知，降低弹簧预紧力 F_{spring} 也可以减小 t_{open}，但这对衔铁组件的复位运动不利，应根据对两者的影响进行取舍。

另外，由图 2-18（f）、（g）和（h）可知，减小衔铁组件的质量 m、缩短衔铁升程 h 以及减小铁心内径 d_1 也可以减小 t_{open}，但影响都不大。

2. 关闭响应时间影响规律分析

关闭过程的计算结果如图 2-19 所示，影响关闭响应时间 t_{close} 的主要参数有线圈匝数 N、铁心外径 d_0、二极管电阻 R_D、弹簧预紧力 F_{spring}、滑动工作气隙 δ_2、衔铁组件质量 m、滑动气隙长度 h_1、饱和电流 i_C、线圈线径 d_x 和衔铁组件升程 h 等。

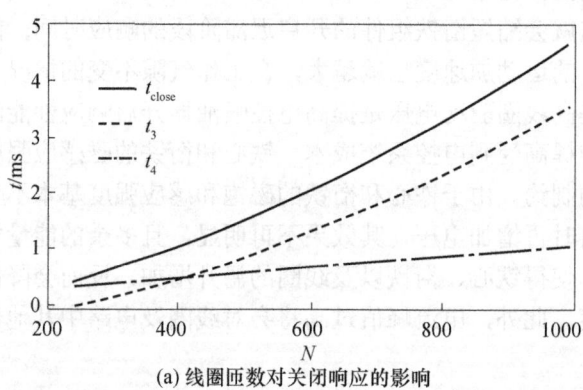

(a) 线圈匝数对关闭响应的影响

第 2 章 PFI 喷油器动态工作过程机理

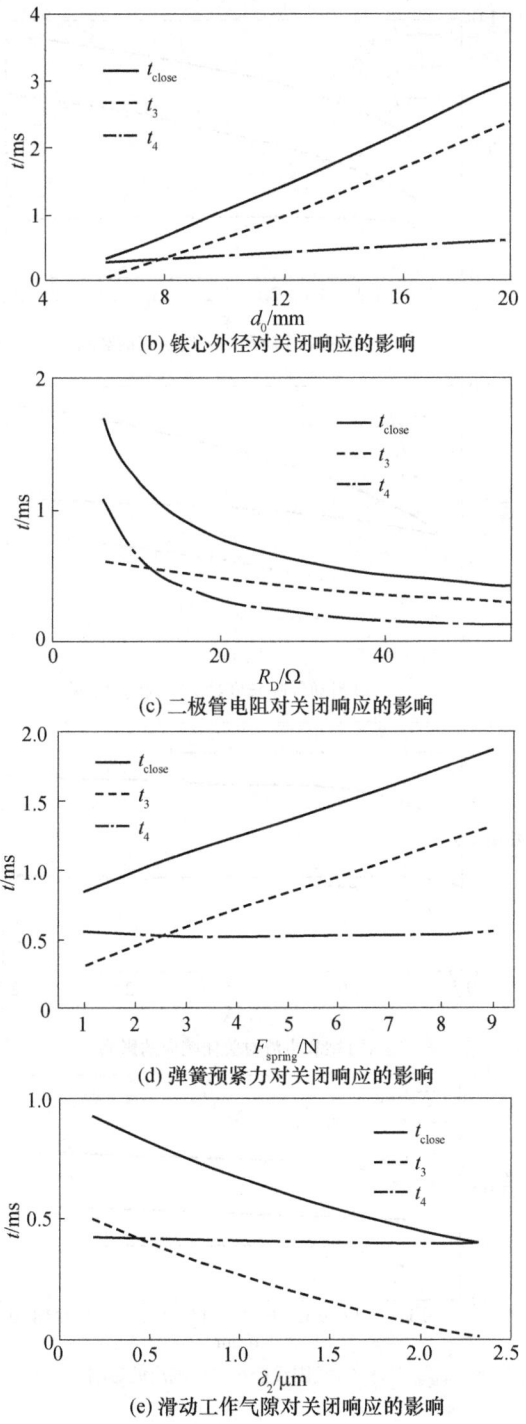

(b) 铁心外径对关闭响应的影响

(c) 二极管电阻对关闭响应的影响

(d) 弹簧预紧力对关闭响应的影响

(e) 滑动工作气隙对关闭响应的影响

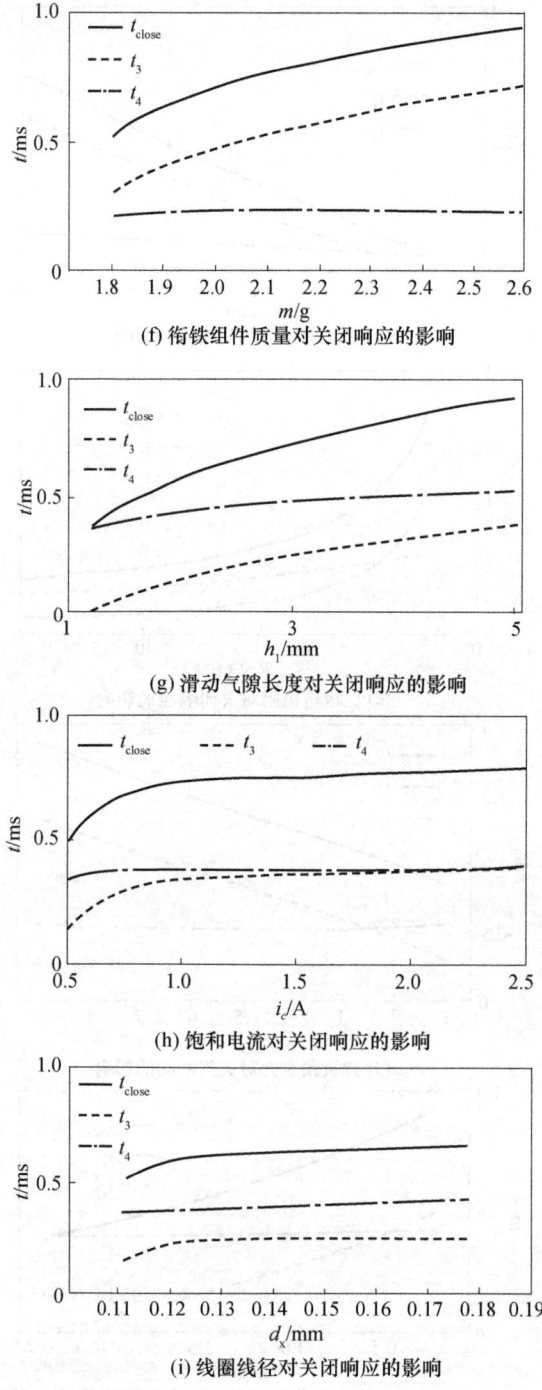

(f) 衔铁组件质量对关闭响应的影响

(g) 滑动气隙长度对关闭响应的影响

(h) 饱和电流对关闭响应的影响

(i) 线圈线径对关闭响应的影响

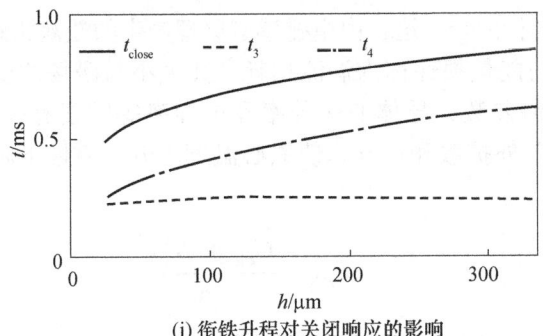

(j) 衔铁升程对关闭响应的影响

图 2-19　电控喷油器关闭响应时间的影响规律

在线圈线径、驱动电压都不变的情况下，若减少电磁线圈匝数则线圈电感减小，可加速线圈断电时线圈中电流的衰减过程，大幅缩短喷油器关闭迟滞时间 t_3（图 2-19（a）），是改善电控喷油器关闭响应性能的有效措施。

在喷油器关闭阶段（图 2-19（b）），若铁心外径 d_0 减小则铁心的磁饱和程度增加，磁导率下降而使得线圈电感 L 减小，有利于缩短 t_{close}。因此，适当减小铁心外径 d_0 也有助于提高喷油器关闭时的动态响应性能，但同时应兼顾对开启过程的影响。

从图 2-19（c）可以看出，关闭响应时间 t_{close} 随着二极管电阻 R_D 增大而减小，这说明保护电路的引入使得关闭响应时间增加，喷油器的动态特性不仅与喷油器的结构有关，也与驱动电路有关。因此，在保证线圈产生的感应电动势不过高的条件下尽量选取大的二极管电阻 R_D。在断电后喷油器的关闭过程中，由于工作气隙及滑动工作气隙的存在，铁心与衔铁的剩磁减小，有利于加速衔铁组件的复位运动过程。因此，适当增加滑动工作气隙 δ_2 有助于减小 t_{close}，但是，若滑动工作气隙 δ_2 过大，将使磁路磁阻增加，在开启电流不变的情况下，电磁力可能会小于弹簧预紧力而不能保持衔铁组件的开启状态。图 2-19（e）中 $t_3=0$ 或为负值即表示这种情况。因此，在满足全开时的电流产生的电磁力大于弹簧预紧力的条件下，可适当增加滑动工作气隙 δ_2。

另外，由图 2-19 的其他曲线可知，增大弹簧预紧力 F_{spring} 和衔铁组件的质量 m、缩短衔铁升程 h 和滑动气隙长度 h_1、减小线圈线径 d_x 也可以减小 t_{close}。

2.7　磁性材料影响分析

1. 涡流损耗

当线圈的驱动电流变化时，线圈就会产生交变磁场。根据法拉第电磁感应定律，当金属导体置于变化的磁场中时，导体的表面就会有感应电流产生。电流的流线在金属体内自行闭合,这种由电磁感应原理产生的漩涡状感应电流称为电涡流。由涡流产生的能量损耗称为涡流损耗,其大小与磁场的变化方式、导体的运动、导体的几何参数、导体的磁导率及电导率等因素有关[26]。涡流损耗将会以热量的形式向外扩散和传导,使铁心温度上升,磁性下降。铁心的涡流损耗可表示为

$$P_{\text{eddy}} = \frac{C_{\text{eddy}} f^2 B_a^2 d^2}{\rho_0} \quad (2\text{-}56)$$

式中,C_{eddy} 为涡流损耗系数;f 为磁场变化频率;B_a 为磁感应强度幅值;d 为铁心材料厚度;ρ_0 为磁材料的电阻率。

2. 磁滞损耗

如果存在外磁场的作用,铁磁材料将被磁化,利用试验的方法得到材料的磁化曲线如图 2-20(a)所示。从图中可以看出,铁磁材料的磁化曲线都是不可逆的,且外磁场的变化总是先于磁感应强度的变化。铁磁材料达到饱和后,逐渐减小外磁场强度 H,磁感应强度 B 并不沿着起始磁化曲线逆向地随 H 的减小而减小,而是减小得比原来增加时的程度要慢,而且当 $H=0$ 时,B 并不为 0,而是保持一定值的 B_r,这种现象称为铁磁材料的磁滞现象[27]。将外磁场沿反向继续增加使铁磁材料达到反向磁饱和,再沿着正向增加,形成一个封闭曲线,称为铁磁材料的磁滞回线,如图 2-20(b)所示。图 2-20(b)中 B_m 为磁饱和强度,B_r 为剩余磁感应强度,H_c 为矫顽磁力。铁磁材料的磁滞现象会产生磁滞损耗,大小与材料的磁滞回线所包围的面积有关,面积越大,磁滞损耗也越大。

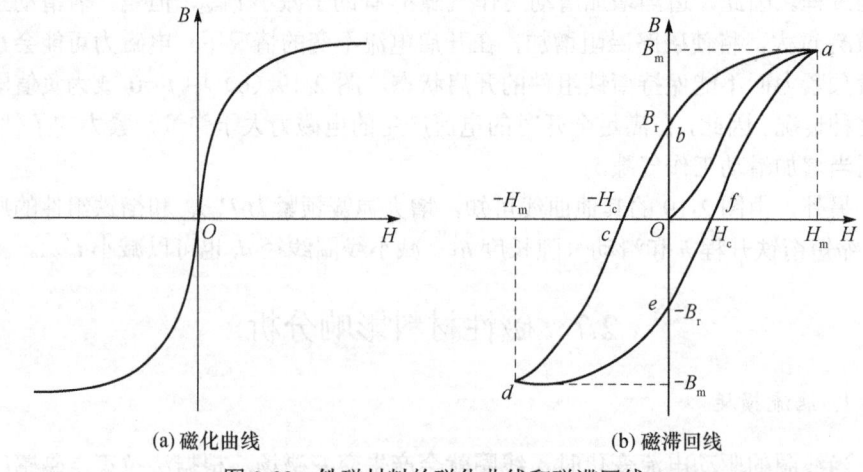

(a) 磁化曲线　　(b) 磁滞回线

图 2-20 铁磁材料的磁化曲线和磁滞回线

电控喷油器电磁线圈电流变化时产生的磁滞现象会引起磁滞损耗,且以热量的形式向外散发,使铁心温度升高。铁心的磁滞损耗大小可近似表示为

$$P_h = C_h f B_m^n V \qquad (2\text{-}57)$$

式中,C_h 为磁滞损耗系数;V 为铁心体积;n 为磁性材料特性相关的参数,当 B_m=1~1.6T 时,n=1.6~2.3,通常取 n=2。

3. 磁性材料的非线性对喷油器性能的影响

电控喷油器铁心存在的涡流和磁滞现象对喷油器的电磁力特性与动态响应特性都有较大影响。由于磁滞现象的存在,喷油器电磁场的建立滞后于驱动电流的变化;而涡流也会产生磁场,阻止由驱动电流产生的磁场的变化。在衔铁组件的开启上升阶段,由于存在涡流和磁滞,喷油器的电磁场将滞后于激励电流的变化,使动态电磁力上升缓慢,增加了衔铁组件的开启延迟时间和上升运动时间;当衔铁组件开始复位时,涡流和磁滞使得喷油器磁场释放速度变缓,电磁力不能迅速回零,增加了衔铁组件复位运动时间。因此,涡流和磁滞现象导致电控喷油器的动态响应性能降低,增加了对喷油器精确控制的难度。

此外,涡流和磁滞现象的存在将消耗一定的能量,在增加驱动电路功率损耗的同时,使得铁心温度上升,导磁能力迅速下降,且容易出现磁饱和,最终减小喷油器的电磁力。

因此,在电控喷油器设计阶段,必须选择电阻率大、涡流路径短、导磁性好、饱和磁感应强度高、矫顽力小(即磁滞回线面积小)的磁路,以降低涡流和磁滞现象对电控喷油器特性的影响。

2.8 本章小结

本章针对球阀式电控喷油器,基于电磁场理论建立了电控喷油器磁阻和电磁力的数学模型,根据其喷射过程的工作机理和实际工作条件将喷油器分为电路、磁路、机械和液压四个子系统,建立其动态响应过程的数学模型,详细分析了其动态响应的各个阶段,从理论上确定了电控喷油器动态响应特性与喷油器的主要结构尺寸等参数的关系模型。

首先,根据电控喷油器的动态响应过程,建立了电控喷油器动态特性参数(即开启响应时间和关闭响应时间)的预测函数。然后,详细分析了包括驱动电压、线圈的匝数和线径大小等结构参数及电磁参数等对其动态性能的影响规律,为电控喷油器结构参数的设计提供了理论依据。最后,分析了磁性材料的非线性对电控喷油器的性能影响。

参 考 文 献

[1] Bosch R. Automotive Electrics/Automotive Electronics[M]. Cambridge: Bentley Publishers, USA, 2017.

[2] Miyaki M, Fujisawa H, Masuda A, et al. Development of new electronically controlled fuel injection system ecd-u2 for diesel engine[C]. International Congress & Exposition, Detroit, 1991.

[3] 颜伏伍, 邹华, 肖琼. 电控喷油器动态过程模拟分析[J]. 武汉理工大学学报, 2004, 26(12): 79-82.

[4] 肖琼. 汽油机电控喷油器测试系统的开发与研究[D]. 武汉: 武汉理工大学, 2008.

[5] 刘守军, 刘坚, 张振东. 电控喷油器动态特性分析及关键参数测试研究[J]. 内燃机工程, 2003, 25(12):68-72.

[6] Gorille I, Rittmannsberger N, Werner P. Bosch electronically fuel injection closed loop control[C]. Automotive Engineering Congress and Exposition, Detroit, 1975.

[7] Ikeura K, Hosaka A, Yano T. Microprocessor control brings about better fuel economy with good drivability[C]. Automotive Engineering Congress and Exposition, Detroit, 1980.

[8] Glöckler O, Knapp H, Manger H. Present status and future development of gasoline fuel injection systems for passenger cars[C]. Automotive Engineering Congress and Exposition, Detroit, 1980.

[9] Fukui T, Endo N, Sasaki T, et al. A new type electronically controlled fuel injection system[C]. International Pacific Conference on Automotive Engineering, Honolulu, 1981.

[10] Greiner M, Romann P, Steinbrenner U. Bosch fuel injectors—New developments[C]. SAE International Congress and Exposition, Detroit, 1987.

[11] 郭辉, 张振东, 孙跃东, 等. 电控汽油喷射阀参数优化及性能测试研究[J]. 中国机械工程, 2010, 21(18):2264-2267.

[12] Guo H, Zhang Z D, Li Q J, et al. A method to measure the dynamic response time for an electronic fuel injector[J]. Applied Mechanics and Materials, 2011, (44/45/46/47):1563-1567.

[13] 郭辉, 张振东, 程强, 等. 一种电控喷油器动态时间参数测试方法[J]. 中国机械工程, 2012, 23(5):626-628.

[14] 孔祥栋, 张振东, 王小燕, 等. GDI 喷油器针阀动力学特性研究[J]. 中国机械工程, 2016, 27(3):365-369.

[15] 肖龙发, 张振东, 郭辉, 等. 电磁喷油器开启及落座滞后时间测试研究[J]. 上海理工大学学报, 2010, 32(3):297-301.

[16] 吕福在. 用于柴油机电喷系统的 GMM 高速强力电磁阀和电控系统的研究[D]. 杭州: 浙

江大学, 2000.

[17] 邹继斌, 刘宝廷, 崔淑梅, 等. 磁路与磁场[M]. 哈尔滨: 哈尔滨工业大学出版社, 1997.

[18] 葛伟亮, 贺力勤. 电磁控制元件[M]. 北京: 北京理工大学出版社, 2001.

[19] 钟文定. 铁磁学(中册)[M]. 北京: 科学出版社, 2000.

[20] Grant I S, Phillips W R. 电磁学[M]. 刘岐元, 王鸣阳, 译. 北京: 人民教育出版社, 1983.

[21] 杨志刚. 电磁喷油器动态过程分析及控制律确定[J]. 汽车研究与开发, 1996, (4):40-43.

[22] 宋健, 许永刚, 吴卫东. 防抱制动系统电磁阀的仿真计算研究[J]. 汽车技术, 2000, (9): 8-10.

[23] 龚绍文. 磁路及带铁心电路[M]. 北京: 高等教育出版社, 1985.

[24] 安士杰, 欧阳光耀. 电控喷油器控制电磁阀理论与试验研究[J]. 内燃机学报, 2003, 21(5): 356-360.

[25] 宛德福, 马兴隆. 磁性物理学[M]. 成都: 电子科技大学出版社, 1994.

[26] 林其壬, 赵佑民. 磁路设计原理[M]. 北京: 机械工业出版社, 1987.

[27] 赵凯华, 陈熙谋. 电磁学[M]. 北京: 高等教育出版社, 1986.

第3章　PFI 喷油器电磁场分析与优化

由第 2 章的分析可知，在影响 PFI 喷油器动态响应性能的诸多参数中最重要的是电磁组件的电磁参数。本章将针对电控喷油器电磁场进行分析，首先建立电控喷油器电磁场仿真模型，然后通过电磁场仿真介绍磁路参数（如磁路部件的几何结构、磁性材料和线圈驱动电压等）对电磁特性的影响规律，依据仿真结果对电控喷油器进行多参数优化。

3.1　电磁场有限元分析基础理论

电磁场数值计算通常采用有限元法、有限差分法、积分方程法和边界元法等基本方法，近年来又出现了有限元法与边界元法相结合的混合法[1,2]。根据有限元法编制的软件系统对于各种各样的电磁计算问题具有较强的适应性，通过合适的前处理过程能够形成有效方程进行求解。该方法便于处理非线性介质特性，如铁磁饱和特性等，所形成的代数方程具有系数矩阵对称、正定、稀疏等特点，求解容易，收敛性好，占用计算机内存资源少。因此，它适应了当今工程电磁场问题分析的需要，在很多领域得到广泛的应用[3-7]。

Ansoft Maxwell 是一款功能强大、结果精确、易于使用的二维/三维电磁场有限元分析软件，包括静电场、静磁场、时变电场、涡流场、瞬态场和温度场计算等，可以用来分析电机、传感器、变压器、永磁设备和激励器等电磁装置的静态、稳态、瞬态、正常工况和故障工况的特性。因此，在航空航天、船舶、军事、电力和汽车等行业得到了广泛应用。它基于麦克斯韦微分方程，采用有限元离散形式，将工程中的电磁场计算转变为庞大的矩阵求解。

1. 麦克斯韦方程组

麦克斯韦方程组是适用于所有宏观电磁现象的数学模型，是电磁场理论的基础，也是工程电磁场数值分析的出发点。

下面是麦克斯韦方程组的微分形式。

$$法拉第电磁感应定律：\nabla \times E = J + \frac{\partial B_b}{\partial t} \tag{3-1}$$

$$麦克斯韦\text{-}安培定律：\nabla \times H = J + \frac{\partial D_1}{\partial t} \tag{3-2}$$

高斯电通定律：$\nabla \cdot D_l = \rho_c$ (3-3)

高斯磁定律：$\nabla \cdot B_b = 0$ (3-4)

电荷守恒定律：$\nabla \cdot J = -\dfrac{\partial \rho_c}{\partial t}$ (3-5)

式中，E 为电场强度；D_l 为电位移；H 磁场强度；B_b 为磁通密度；J 为传导电流密度；ρ_c 为电荷密度。

式（3-1）和式（3-2）为旋度方程，式（3-3）～式（3-5）为散度方程。其中，只有 3 个方程是独立的，另外 2 个相关方程可以从独立方程中导出。

在电磁场分析中，各向同性介质中的本构方程为

$$D_l = \varepsilon_2 E \tag{3-6}$$

$$B_b = \mu_c H \tag{3-7}$$

$$J = \sigma_2 E \tag{3-8}$$

式中，ε_2 为介电常数；μ_c 为磁导率；σ_2 为电导率。

本章将针对电控喷油器的静态磁场进行分析与优化，得到电控喷油器的磁路部件在给定的驱动电压和励磁电流下的磁场分布、磁感应强度和衔铁组件所受的电磁力。通过优化算法对电磁组件进行多参数优化分析。

2. 电磁场求解边界条件

电磁场问题求解过程中有各种各样的边界条件，结合麦克斯韦方程可以归纳为六类[1]。

（1）自然边界条件。此为软件系统的默认边界条件，不需要人为指定，是不同介质交界面场量的切向和法向边界条件。

（2）诺依曼边界条件。也称为第二类边界条件，它规定了边界处势的法向导数分布，也是 Maxwell 系统的默认边界条件，无须人为指定。

（3）狄利克雷边界条件。也称为第一类边界条件，在有限元计算领域常称为约束边界条件或本质边界条件。它规定了边界处势的分布，势是边界位置的函数，也可以是常数和零。

（4）对称边界条件。包括奇对称和偶对称两类。奇对称边界可以模拟一个设备的对称面，在对称面的两侧，电荷、电位和电流等满足大小相等、符号相反。偶对称边界也可以模拟一个设备的对称面，在对称面的两侧，电荷、电位和电流等满足大小相等、符号相同。采用对称边界条件可以减小模型的尺寸，有效节省计算资源。

（5）匹配边界条件。可模拟周期性结构的对称面，使主边界和从边界场量具有相同的幅度（对于时谐量还有相位的要求）、相同或相反的方向。

（6）气球边界条件。这是 Maxwell 2D 求解器常见的边界条件，通常指定在求解区的外边界处，用于模拟绝缘系统等。

3.2 二维模型的建立

使用 Ansoft Maxwell 软件建立电控喷油器二维模型的步骤如下：

（1）创建项目及定义分析类型。执行 Tools/Options/ Maxwell 2D options 命令，可选择 Maxwell 2D 的求解器类型，这里选择 Magnetostatic 求解器，坐标平面选择 XY 坐标系统。

（2）建立几何模型。利用 Ansoft Maxwell 软件建立磁路几何模型一般采用自下而上的方式，以点、线、面逐步进行模型生成，对此提供了必要的几何模型生成工具，如线与面生成命令等，通过必要的操作，可以生成复杂模型。由于本书所涉及的电控喷油器结构为对称模型，为减少计算工作量，这里只对其 1/4 模型进行仿真计算。仿真所采用的有限元实体模型如图 3-1 所示。

（3）定义及分配材料。通过材料管理器可以设置材料的属性，这里设置空气模型的材料为 Vacuum，线圈 coil 的材料为 copper，由于材料库中没有电磁材料 1J50、10 钢以及 DT4，需要用户自己设定，新的材料是非线性的，即材料的相对磁导率不是常数，需要通过定义 B-H 曲线来定义材料属性。三种材料的 B-H 曲线如图 3-2 所示。

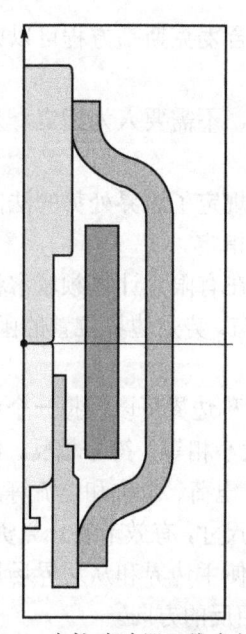

图 3-1 电控喷油器二维实体模型

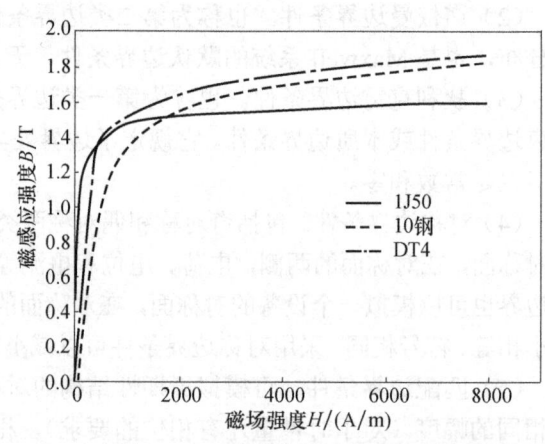

图 3-2 三种磁性材料的 B-H 曲线

（4）定义并加载激励源和边界条件。在磁场分析中，每个被分析的问题至少存在一种激励源，在电控喷油器磁路部件中存在线圈绕组电流源，可执行 Maxwell 2D/ Excitations/ Assign/Current 命令加载电流激励源。对于本章所介绍的问题，首先执行 Edit/Select/Edge 命令选择边界线，然后执行 Maxwell 2D/ Boundaries/Assign/Vector Potential 命令加载边界条件。

（5）求解参数设置。分别执行 Maxwell 2D/ Parameters/Assign/Force 和 Maxwell 2D/ Parameters/ Assign/Toque 命令，设置力和力矩。执行 Maxwell 2D/Mesh Operations/Assign/On selection（Inside Selection，Surface Approximatio）命令来进行网格划分，建立的网格模型如图 3-3 所示。

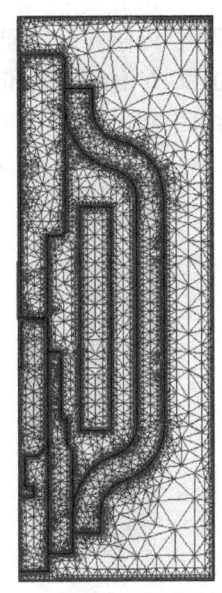

图 3-3　电控喷油器二维模型的网格划分

3.3　电磁场仿真结果对比分析

根据 3.2 节建立的电控喷油器电磁场仿真模型，这里对磁路配置不同材料的电磁特性进行仿真对比分析。图 3-4 所示为磁路分别配置三种不同材料时的磁力线分布。由图中可以看出，10 钢和 DT4 有部分磁力线直接从导流管流向轭铁，造成漏磁，而 1J50 在导流管与轭铁之间无明显漏磁现象发生。

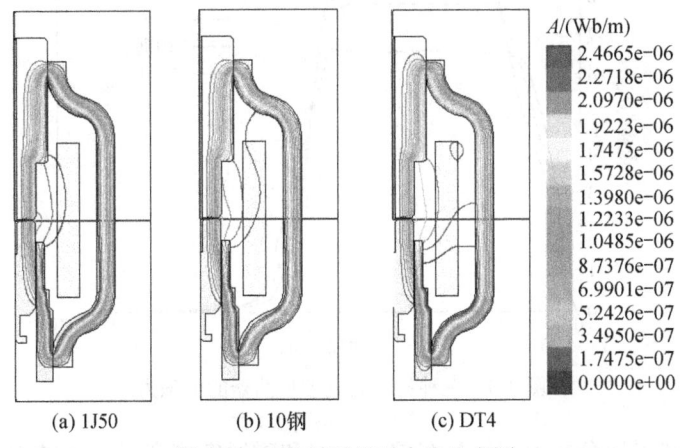

(a) 1J50　　(b) 10钢　　(c) DT4

图 3-4　三种材料的磁力线分布图

图 3-5 为磁路分别配制三种不同材料的磁通密度云图。由图中可以看出，使用 1J50 和 10 钢的衔铁和铁心磁通密度均已达到饱和；而使用 DT4 材料时，磁通密度尚未饱和。

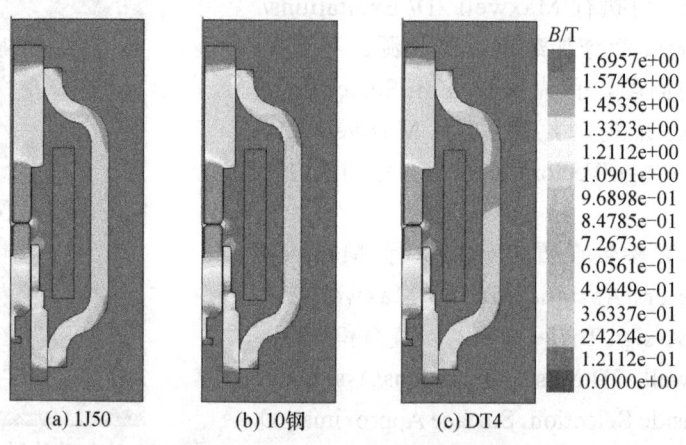

(a) 1J50　　(b) 10钢　　(c) DT4

图 3-5　三种材料的磁通密度云图

设喷油脉冲的驱动脉宽为 5ms，周期为 10ms，通过电磁场仿真来说明一个喷油周期内的电磁力变化特性。一个周期内的电磁力变化曲线如图 3-6 所示。由图可知，在电磁力的上升阶段，DT4 和 10 钢的电磁力上升速度明显高于 1J50，更有利于电控喷油器的快速开启；而在电控喷油器关闭的过程中，1J50 的电磁力下降速度明显快于 10 钢和 DT4，更有利于电控喷油器的快速关闭。

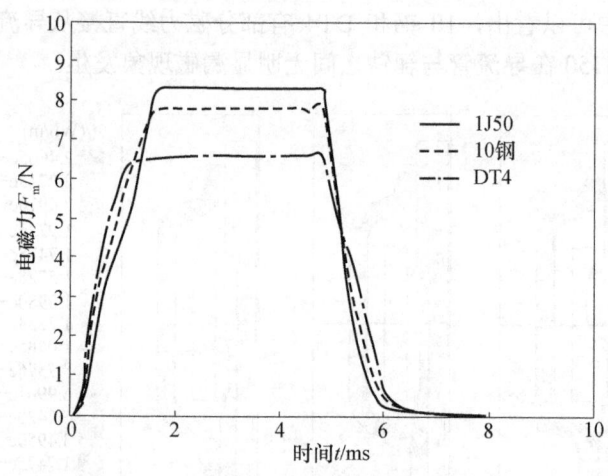

图 3-6　三种材料的电控喷油器的电磁力

通过上述对比分析可见，具有较高的饱和磁通密度和磁导率的 DT4、10 钢更利于提高电控喷油器的开启速度,而具有较低矫顽力的 1J50 更利于提高电控喷油器的关闭速度。

3.4 三维电磁场仿真分析

1. 电控喷油器三维模型的建立

通常电控喷油器的工作情况比较复杂,工作环境十分恶劣,因此影响电控喷油器性能的因素也比较多,例如,漏磁的存在会影响电磁力的大小,较大的驱动电路峰值电流会使磁场出现饱和现象等,通过 Ansoft Maxwell 的三维电磁场仿真功能,可以综合分析不同因素对电控喷油器电磁特性的影响。

本章采用 SolidWorks 与 Ansoft Maxwell 联合建模的方法,其中,电控喷油器磁路部件模型利用 SolidWorks 软件建立,通过接口直接将模型导入 Ansoft Maxwell 软件;空气、Band 和 Region 模型在 Ansoft Maxwell 中建立,材料均采用 Vacuum,从而得到实际所需要的模型。电控喷油器的三维实体、剖视图模型分别如图 3-7 和图 3-8 所示。

图 3-7 电控喷油器三维实体模型

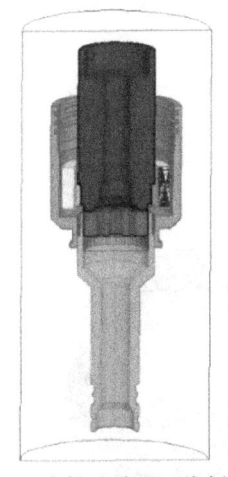
图 3-8 电控喷油器三维剖视图

相对于 Maxwell 2D 模块,三维模型激励源的添加要复杂得多。对于二维磁场仿真,导电路径比较简单,均为垂直屏幕向里或向外,因此添加激励源时只需给定垂直屏幕的二维面即可。但对于三维模型,其导电路径不仅是垂直于某个坐标面,还有可能是空间内任意方向上的。也就是说,二维模型电流密度 $J_x=J_y=0$,仅有 J_z;而三维模型电流密度 J_x、J_y 和 J_z 均存在且很可能会各不相等,因此,无论从物理意义还是几何意义来说,三维模型激励源的给定都要困难一些。但是三维模型激励源的给定与二维模型也有相似之处,激励源一般均加在绕组上,本书中绕组即线圈,三维模型的绕组也是由二维面内流入,即在绕组的内部事先做出电流面,设置电流由该面流入再在绕组内部进行环形流动。在此,可以采用快速切割出电流面的办法来生成绕组内部截面。

在三维模型中,Ansoft Maxwell 软件目前仅支持四面体单元。四面体单元形状简单,对于复杂的三维实体和复杂的曲面实体的网格划分比较稳定,因此计算结果更稳定、更真实。执行 Maxwell 3D/Mesh Operations/Assign 命令对三维模型进行网格划分,对线圈设置 Inside Selection 网格模型,最大长度为 0.2mm,最大网格数为 8000 个,线圈的网格模型如图 3-9 所示。

铁心和衔铁的网格模型也设置为 Inside Selection,最大长度为 0.2mm,最大网格数为 20000 个,其网格模型如图 3-10 所示。

衔铁运动区域空气模型 Band 以及其余部件的网格模型均为 Inside Selection,最大长度为 0.2mm,最大网格数为 20000 个,其整体网格模型如图 3-11 所示。

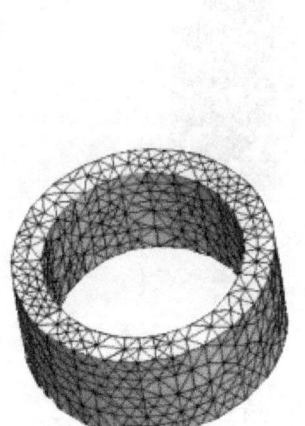
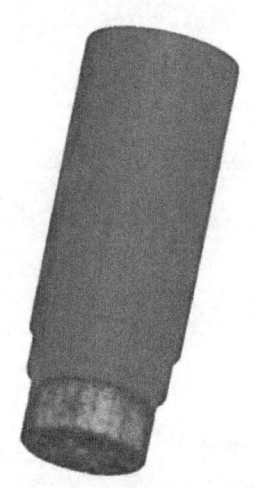
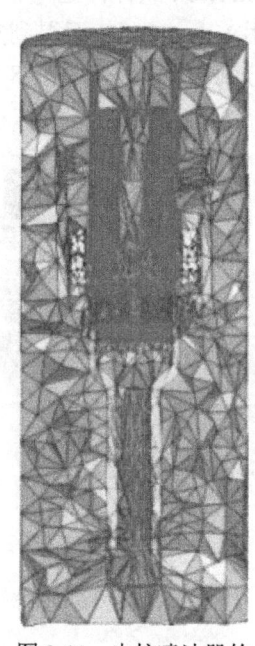

图 3-9 线圈的网格模型　　图 3-10 铁心和衔铁的网格模型　　图 3-11 电控喷油器的三维网格模型

2. 电控喷油器电磁场仿真结果对比分析

在驱动电路、磁路结构等参数相同的情况下,电控喷油器的材料特性将直接决定其综合性能。电控喷油器中衔铁、铁心和轭铁等组成的磁路部件需要采用软磁合金，以便形成良好的磁路环境，为衔铁运动提供较大的电磁力，从而加快响应速度，拓宽线性流量范围。

根据电控喷油器二维仿真结果，为分析不同材料对电磁特性的影响，制定了磁路部件材料配置方案。针对某型电控喷油器，除了线圈均用 copper，磁路其他部分的材料配置如表3-1所示。

表3-1 磁路部件的材料配置方案

配置方案	部件名称			
	铁心	衔铁	导向管	轭铁
A	1J117	1J117	430F	1J50
B	1J50	1J50	1J50	1J50
C	DT4	DT4	DT4	DT4
D	10钢	10钢	10钢	10钢
E	1J50	1J50	DT4	10钢
F	DT4	DT4	1J50	10钢
G	10钢	10钢	DT4	1J50

对各种配置方案的电控喷油器三维模型进行电磁场仿真分析，其磁通密度云图如图3-12所示。

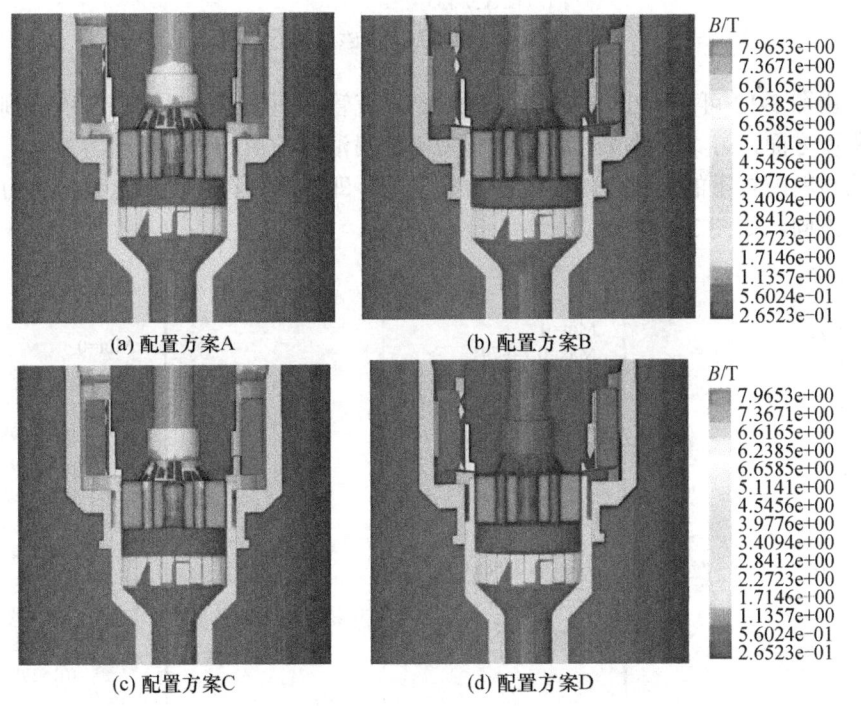

(a) 配置方案A (b) 配置方案B

(c) 配置方案C (d) 配置方案D

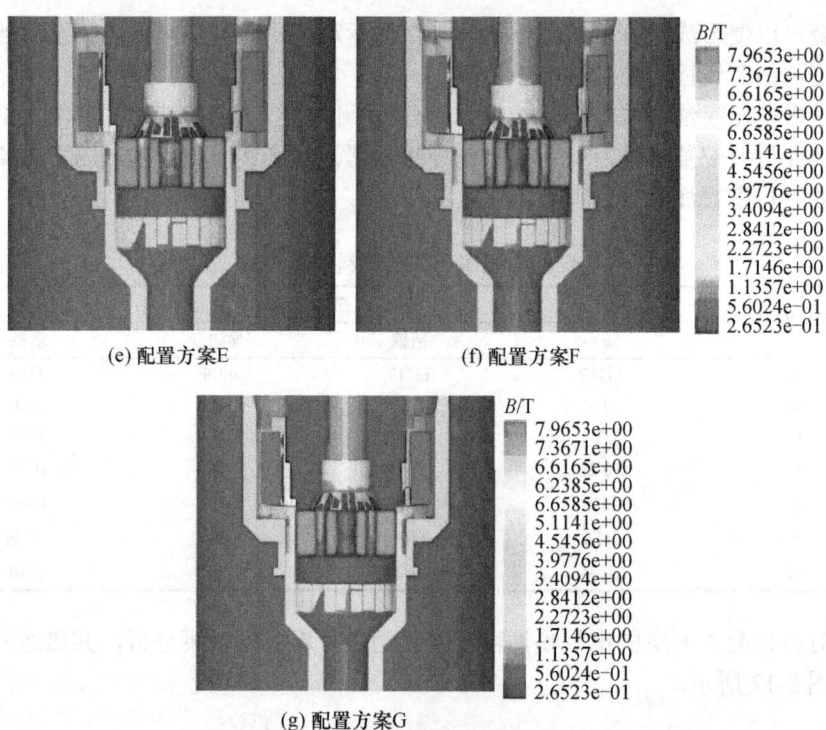

图 3-12 不同配置方案的磁通密度云图

由图 3-12 可以看出,在衔铁、铁心、导流管和轭铁等的磁通密度所达到的饱和程度方面,方案 E 为最佳,优于该型电控喷油器的原始材料配置方案 A。不同磁路材料配置下的电控喷油器电磁力矢量图,即运动件在不同节点处电磁力的大小和方向,如图 3-13 所示。

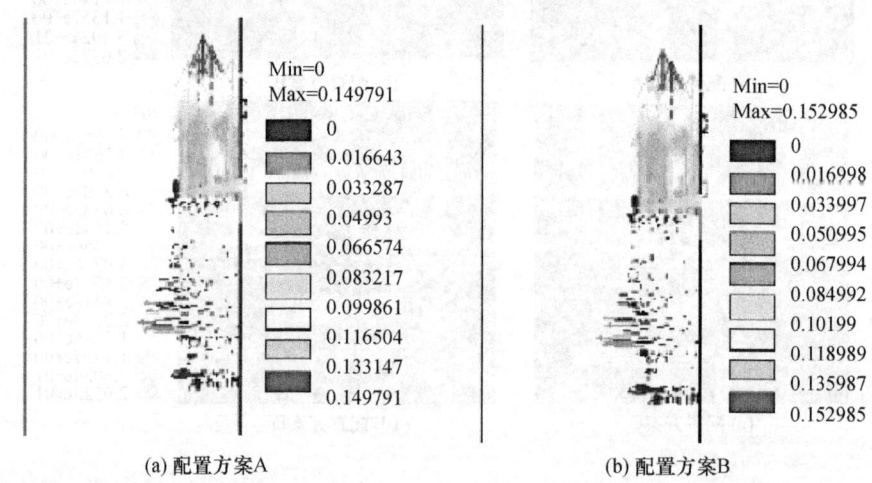

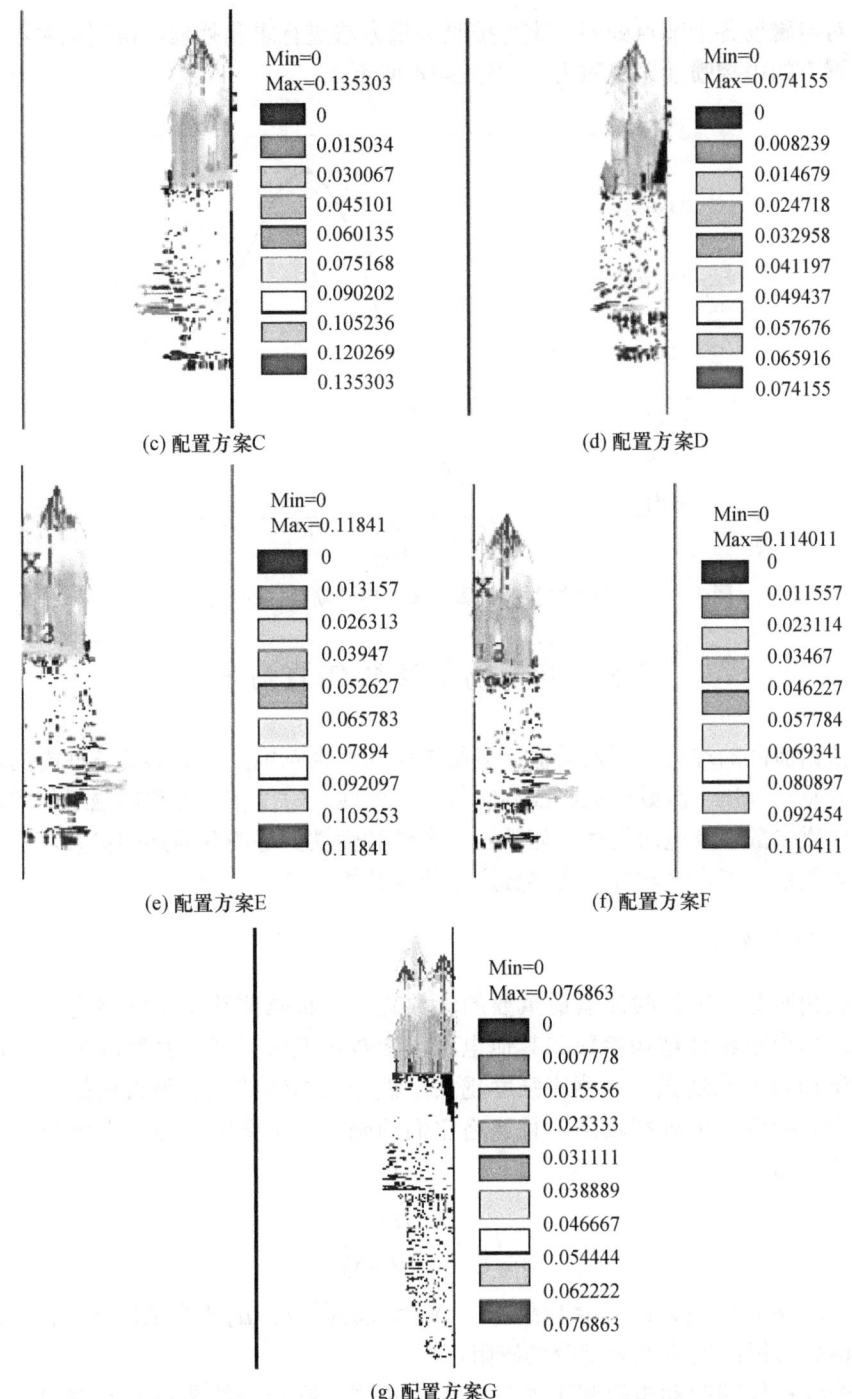

图 3-13 不同配置方案的电控喷油器磁体节点电磁力分布云图

对电磁场各个节点处的电磁力按照矢量方法进行求和处理,得到七种不同材料配置下的电控喷油器电磁力,如图 3-14 所示。

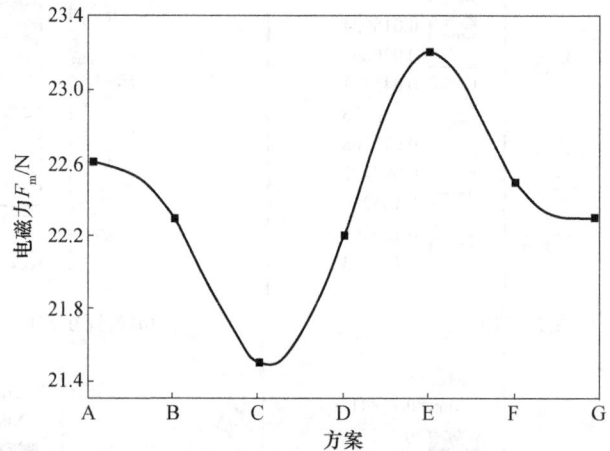

图 3-14 七种不同材料配置方案的电控喷油器的电磁力对比

3.5 电磁场单参数仿真分析

依据前面的理论分析及数值计算结果可知,影响电控喷油器动态性能的参数主要有驱动电压、激励电流、线圈匝数、线圈线径、工作气隙和电磁组件的磁导率等电磁参数以及电磁组件(如铁心、衔铁和轭铁)等的几何结构参数,本节选取线圈匝数、工作气隙等重要参数进行仿真分析。

1. 线圈匝数

线圈匝数是电控喷油器最重要的参数之一。根据磁路安培环路定律,在电控喷油器电磁组件结构参数和其他电磁场参数不变时,线圈匝数越多,工作气隙的磁场强度就越强、磁感应强度越大,铁心对衔铁的电磁吸力也越大。若所选铁心和衔铁的磁导率较高,且忽略它们的磁阻,电磁吸力与线圈匝数的平方成正比,即

$$F_\mathrm{m} = -\frac{(iN)^2}{2\mu_0 S R_\delta^2} \tag{3-9}$$

式中,F_m 为电磁吸力;i 为线圈电流;N 为线圈匝数;μ_0 为真空磁导率;S 为衔铁的横截面积;R_δ 为气隙部分的磁阻。

若保持线圈驱动电流和工作气隙大小相同,则随着线圈匝数的增加,电磁吸力的上升速率也将增大,即线圈匝数的增加会缩短喷油器的开启响应时间。

同时，随着线圈匝数的增加，线圈电阻增大，使得回路中的电流减小，但最终对饱和电磁力的影响甚微。这是因为喷油器的最大电磁吸力是电磁组件达到饱和状态时的吸力，与电磁组件材料的饱和磁感应强度有关，而线圈匝数的增加并不能提高电磁组件的饱和磁感应强度。另外，随着线圈匝数的增加，线圈电阻和线圈电感都相应增大，使得喷油器工作电流的上升速率及最大值受到限制，而在关闭阶段却因产生较强的反感应电动势而使电流衰减缓慢。相反地，减小线圈匝数可以降低反电动势及其所产生的电磁力，提高喷油器电磁力的上升速率，从而改善喷油器的开启响应时间，提高动态响应性能。当线圈匝数过少时，由于不能提供足够的安匝数，喷油器会出现因电磁吸力太小而不能开启的现象，为获得足够大的电磁吸力就需要对线圈施加较高的电压，这容易使回路中的工作电流过高而损伤驱动电路中的元器件，降低发动机电控燃油喷射系统的工作可靠性。

针对某型电控喷油器的电磁组件，在其他电磁参数不变的情况下，改变其线圈匝数，进行仿真计算，得到电磁力的变化曲线如图 3-15 所示。可以看出，线圈匝数的变化几乎不影响饱和电磁吸力，但是施加驱动电压（电流）后，电磁力的上升速度却随着线圈匝数的增加而变慢。为提高电控喷油器的动态响应性能，减小开启响应时间，将该型电控喷油器的线圈匝数从 520 匝减小到 420 匝，其开启响应时间缩短了 8%。

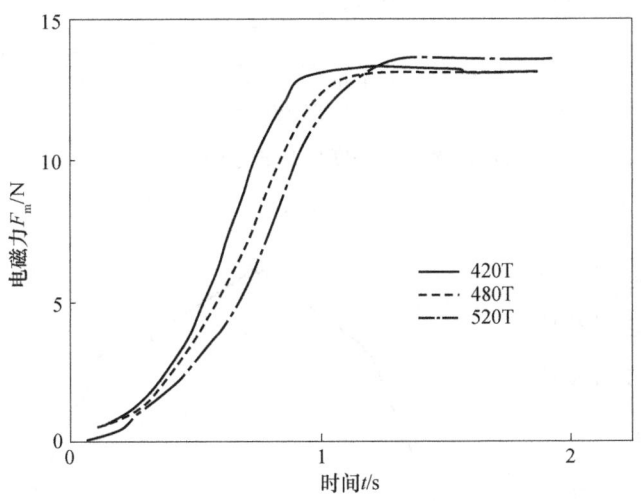

图 3-15 不同线圈匝数时的电磁力变化曲线

2. 工作气隙及其位置

由式（2-17）可知，工作气隙减小可提高电磁场的磁感应强度，增大铁心对衔铁的电磁吸力，但工作气隙的大小受到喷油器衔铁组件行程的限制。此外，工作气隙位置的改变也会引起喷油器电磁场的磁感应强度以及铁心、衔铁长度和运动组件质量的变化，最终会影响喷油器的动态响应性能。

针对上述电控喷油器电磁组件模型，在保持其他参数不变的情况下改变工作气隙，通过 Ansoft Maxwell 软件仿真计算可得到喷油器工作气隙处的磁感应强度随工作气隙大小变化的关系曲线（图 3-16），无论激励电流多大，磁感应强度都呈现随工作气隙的增加而不断减小的趋势。如果工作气隙不变，则随着工作气隙位置向铁心方向移动，衔铁长度将增加而铁心长度随之缩短。这使得衔铁的质量增加，同时工作气隙内的磁感应强度也将增加，这样就需要综合考虑两者的变化趋势。图 3-17

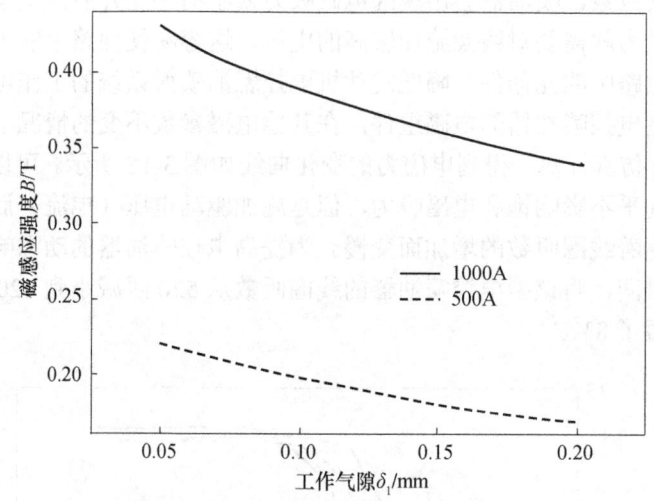

图 3-16　磁感应强度与工作气隙的关系曲线

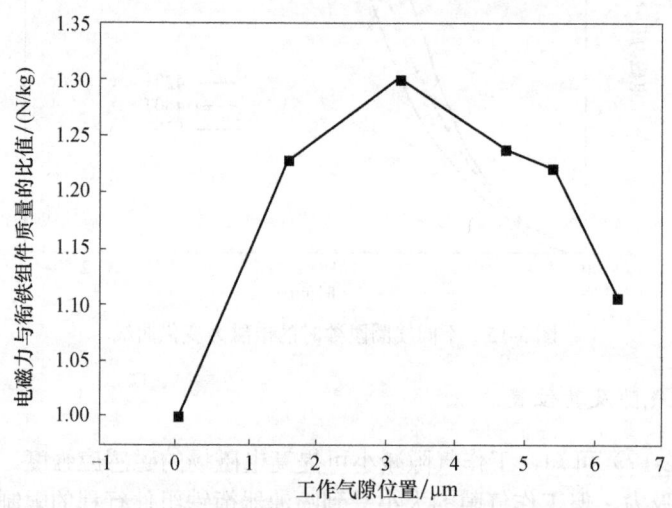

图 3-17　电磁力与衔铁组件质量的比值随工作气隙位置的变化关系

为电磁力与衔铁组件质量的比值随工作气隙位置的变化曲线,横坐标 0 处为该型喷油器初始的工作气隙位置。在某一位置处,电磁力与衔铁组件质量的比值达到最大值,作为单参数仿真优化后工作气隙的位置。

3. 电磁组件的磁性材料

电控喷油器电磁组件材料的磁性能在很大程度上决定了喷油器的性能。通常,喷油器对电磁组件(主要指铁心和衔铁)材料的要求包括:矫顽力要尽可能低,以降低磁滞损耗;磁导率要尽可能高,以减小磁阻,提高磁通量;电阻率要高,以降低涡流损耗;有较高的饱和磁感应强度,以提高电磁吸力。

在电控喷油器设计过程中,结合现有的磁性材料自行配置了两种磁性材料,其相对磁导率 μ_c 分别为 150 和 220,用来制作铁心和衔铁。针对上述电控喷油器电磁组件的基本结构,利用 Ansoft Maxwell 软件进行仿真分析,获得喷油器的轴向磁感应强度分布图,如图 3-18 所示。对比发现,当材料的相对磁导率为 220 时,整个磁场的磁感应强度明显增强,其中铁心与衔铁之间的工作气隙处磁感应强度最大。

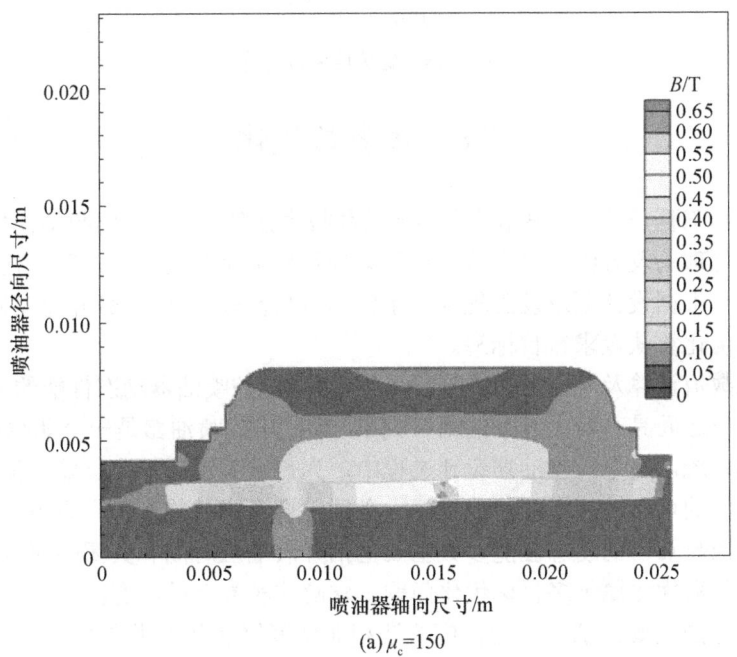

(a) μ_c=150

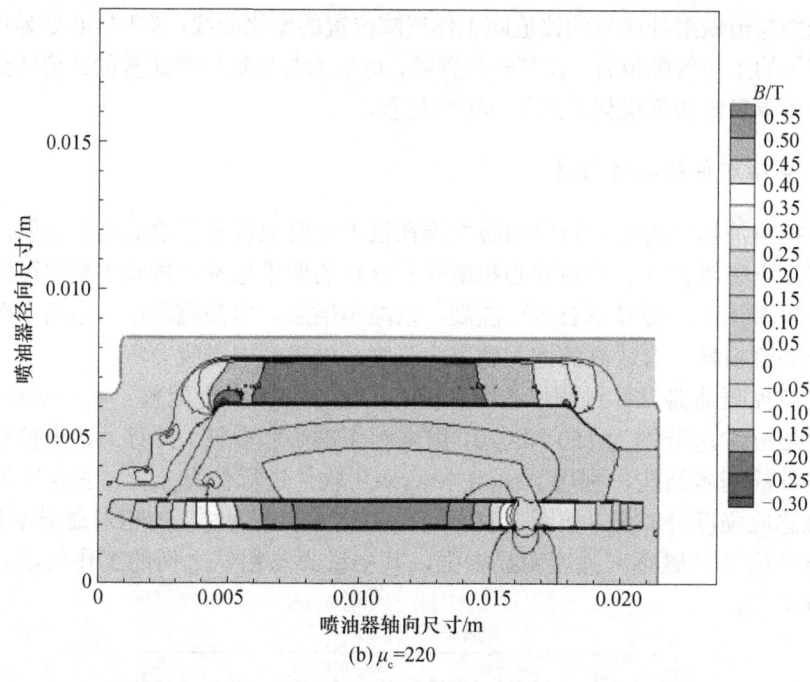

图 3-18 磁感应强度分布

3.6 多参数优化

在实际工程设计中，根据给定的要求和技术条件，以适当的数学模型为基础，应用最优化理论及方法，采用数值计算某种目标最优解的设计，即优化设计。其核心工作是根据设计要求及工程实际条件，确定合理的优化参数并建立目标函数，最终编制优化算法以求得目标解。

根据数值计算及电磁场仿真分析可知，影响电控喷油器动态性能的参数很多，且诸多参数之间具有较为复杂的耦合关系，因此电控喷油器是一个非线性、耦合、有约束的系统。在电控喷油器设计过程中，为兼顾其动态响应、能量损耗、结构尺寸及工作的可靠性等多项性能指标，必须综合考虑这些参数，采用最优化设计方法。电控喷油器的动态性能参数主要包括开启响应时间和关闭响应时间，电控喷油器的参数优化属于多目标优化问题，求解这种复杂的、有约束的非线性多目标优化问题的主要方法可分为梯度算法和非梯度算法两大类[8-10]。基于梯度的优化算法，如序列二次规划法（sequential quadratic programming, SQP）等，以假设目标函数连续、可微并满足 Lipschitz 条件为前提[11,12]，这种方法通常只能得到局部最优解。相比之下，非梯度算法（如坐标下降优化方法等），为了找到一个函数的局部极小值，在每次迭代中可以在当前点处沿一个坐标方向进行一维搜索。在这一过程中循环使用不同的坐标方向，一个周期的一维搜索迭代过程相当于一个梯度迭代。然而，基于最小化多变量目标函数的坐标下降法每次只能沿一个方向最小化目标函数来求解。显然，电控喷油器不满足这些条件。

近年来，新发展起来的基于自然选择与基因遗传学原理的遗传算法在多参数、多目标优化的工程领域得到了很好的推广，在汽车工程领域也有广泛的应用。

1. 遗传算法及其特点

遗传算法（genetic algorithm, GA）最早由美国 Michigan 大学 Holland 教授于 1975 年在 *Adaptation in Natural and Artificial System* 一书中提出，给出了基本定理和数学证明[13]。D. E. Goldberg 教授于 1989 年对遗传算法的理论及应用方法进行了全面而系统的总结。遗传算法摈弃了传统的搜索方式，模拟自然界的生物进化过程，借鉴自然选择与遗传理论，发展成为一种高度并行、随机的自适应搜索算法[14,15]，现已成为人们解决高度复杂问题的普遍方法。利用遗传算法，可将问题中的可能解看成群体中的一个个染色体，可将每个个体编码成符号串形式，对群体反复进行选择、交叉和变异等一系列操作。根据目标适应度评价函数对每个个体进行评价，依据适者生存、优胜劣汰的进化原则，不断得到更优的群体。同时，以全局并行的搜索方式来寻找群体中最优的个体，最终得到满足要求的最优解。

虽然遗传算法也采用随机技术，但是与常规的随机搜索算法相比，它是通过对参数空间进行编码并用随机选择作为工具来引导搜索过程向着更高效的方向发展。因此，遗传算法具有如下特点：

（1）对可行解表示的广泛性。遗传算法的处理对象不是参数本身，而是针对那些通过参数进行编码得到的基因个体，因此遗传算法可以直接对结构对象进行操作。

（2）群体搜索性。许多传统的搜索算法都是单点搜索，对于多峰分布的搜索空间，这种点对点的搜索方法会限于局部的某个单峰的极值点；相反，遗传算法采用的是同时处理群体中多个个体的方法，具有较好的全局搜索性能，也使得其本身易于并行化。

（3）不需要辅助信息。遗传算法的适应度函数不受连续可微的约束，且其定义域可以任意设置。

（4）内在启发式随机搜索特性。即选择、交叉和变异都是随机操作，而非确定的精确规则。遗传算法采用概率变迁的规则来指导搜索方向，有明确的搜索方向，可以并行搜索极值。

（5）遗传算法在搜索过程中不易陷入局部最优。

（6）遗传算法具有良好的扩展性，易于与其他技术相混合。

2. 遗传算法的基本原理

遗传算法可以分为二进制编码和实值遗传算法。二进制编码遗传算法在优化时需要对连续空间进行离散化，会造成一定的映射误差，如果对变量的精度要求高，则会增加编码字符串的长度，大幅增加计算量，搜索时间过长。实值遗传算法是利用实数编码，用浮点数组来表示个体。与二进制编码的遗传算法不同，它直接采用实数表示基因，等位基因就是实数的取值，染色体则是一个实数向量，染色体的长度即此实数向量的大小。实值遗传算法省略了二进制与实数之间的编码、解码过程，优化变量可以直接用于适应度评价函数计算[16-18]，具有精度高、便于大空间搜索等优点。

实值遗传算法有三个基本操作步骤，即选择（selection）、交叉（crossover）和变异（mutation）。

1）选择操作

选择操作主要用来确定重组或交叉个体，以及被选个体将产生多个子代。首先计算评价函数适应度，然后按照适应度进行父代个体的选择。常用的方法有轮盘赌选择、随机遍历抽样、局部选择和锦标赛选择等。

锦标赛选择方法是每次选取几个个体之中适应度最高的一个个体遗传到下一代群体中，优点是对个体适应度取正、负值无要求。虽然这种方法随机性强，存在较大的随机误差，但是有很大的概率可以保证最优个体被选择，最差的个体被淘汰。通常称每次进行适应度比较的个数为联赛规模 N_G，一般情况下 $N_G=2$。操作过程如下：

（1）从种群中随机选择 N_G 个个体进行适应度大小比较，将其中适应度最高的个体遗传到下一代。

（2）重复上述过程 M_G 次，就可得到下一代群体中的 M_G 个个体，其中 M_G 为种群大小。

2）交叉操作

这里设计了一种数学交叉算子，在一对染色体被随机选择后，通过数学运行线性交叉两个染色体。这种方法可表示为

$$\begin{cases} X_A^{N_G+1} = \varphi_0 X_B^{N_G} + (1-\varphi_0) X_A^{N_G} \\ X_B^{N_G+1} = \varphi_0 X_A^{N_G} + (1-\varphi_0) X_B^{N_G} \end{cases} \quad (3\text{-}10)$$

式中，A 和 B 表示两个不同的染色体；$X_A^{N_G}$ 和 $X_B^{N_G}$ 是交叉前染色体；$X_A^{N_G+1}$ 和 $X_B^{N_G+1}$ 是交叉后染色体；φ_0 是控制每次交叉操作不一致性的随机数。

3）变异操作

交叉操作后，利用变异算子决定某个染色体是否需要进行变异操作，该操作

用来修复丢失的基因和随机干扰遗传信息。在实数编码环境下，变异通过扰乱基因值或在允许的范围内随机选择一个值来实现。这里采用如下统一变异方法：

$$\begin{cases} X^{N_G} = \left\{ x_1^{N_G}, x_2^{N_G}, \cdots, x_{k_0}^{N_G}, \cdots, x_n^{N_G} \right\} \\ X_{k_0}^{N_G+1} = \mathrm{LB}_{k_0} + r\left(\mathrm{UB}_{k_0} - \mathrm{LB}_{k_0}\right) \\ X^{N_G+1} = \left\{ x_1^{N_G+1}, x_2^{N_G+1}, \cdots, x_{k_0}^{N_G+1}, \cdots, x_n^{N_G+1} \right\} \end{cases} \quad (3\text{-}11)$$

式中，X^{N_G}是变异操作之前的种群；X^{N_G+1}是变异操作之后的种群；n是变量数目；k_0为变异点；r为0~1的随机数；LB_{k_0}和UB_{k_0}为k_0点变量的上边界和下边界。

对属于随机搜索的遗传算法而言，要找到一个明确、合适的收敛判别标准通常是比较困难的。一般遗传算法的终止条件有两种：一是自定义的测试种群中最优个体的性能；二是大于定义的遗传代数。本书采用后者作为优化计算的终止条件。

3. 基于遗传算法的电控喷油器多参数优化

在求解多目标优化问题时，成熟的优化理论是基础。在工程实践中应用多目标优化理论解决问题，还有很多实际的困难需要克服。例如，目标函数及约束条件的计算方法，优化算法与目标函数、约束条件之间的计算接口等。将这些问题逐一解决后，才能解决多目标优化的工程问题[19-22]。

1）目标函数

电控喷油器的优化设计是在保证可靠开启与关闭的前提下，力求具有快速的动态响应，并达到缩小结构尺寸、提高电磁能量的转换效率、减少运动件在高速往复运动过程中与固定元件碰撞的目的。电控喷油器电磁场的优化目标是保证电磁组件在喷油器开启过程能够产生具有足够大的电磁力，同时使得电磁力的上升率更大；在关闭过程使得衔铁组件能够迅速回落复位以阻断燃油，保证燃油计量的精确性。因此，选取电控喷油器开启响应时间$T_{\mathrm{open}}(X)$、关闭响应时间$T_{\mathrm{close}}(X)$以及铁心与衔铁的体积$V_{\mathrm{Fe}}(X)$作为电控喷油器的优化设计目标，优化目标函数可表示为

$$\begin{aligned} &\min T_{\mathrm{open}}(X) \\ &\min T_{\mathrm{close}}(X) \\ &\min V_{\mathrm{Fe}}(X) \\ &\mathrm{s.t.} \\ &\quad x_1 \in X \\ &\quad g(x) < 0 \end{aligned} \quad (3\text{-}12)$$

式中，X是优化参数组；x_1是解空间；$g(x)$为约束条件。

为将多目标优化问题转换为单目标多参数优化问题，引入权值函数$F(x)$：

$$\begin{cases} F(x) = \alpha_1 \dfrac{T_{\text{open}}}{z_1} + \alpha_2 \dfrac{T_{\text{close}}}{z_2} + \alpha_3 \dfrac{V_{\text{Fe}}}{z_3} \\ \sum_{i=1}^{3} \alpha_i = 1 \end{cases} \quad (3\text{-}13)$$

式中，α_i 为对应优化目标的权值系数；z_i 是按优化目标实际情况而定的常数。

2）适应度函数

遗传算法在进行搜索时不依靠外部信息，仅根据种群每个个体的适应度函数值。适应度值大的个体将有更多的机会繁衍下一代，通常取高于群体平均适应度值的个体进行交叉，而低于平均适应度值的个体进行变异，从而一代一代地提高群体的平均适应度值和最优个体的性能。适应度函数是由目标函数变换而成的，适应度函数值的大小反映个体的优劣。

对于最小化问题，可利用非线性排序方法，将目标函数值转变成具有度量价值的适应度值。假设 n 个个体根据目标函数排序后得到各自的位置 $p(i)$ （$i=1,2,\cdots,n$）。非线性排序计算个体适应度的方法为

$$F(i) = \dfrac{nX^{p(i)-1}}{\sum\limits_{i=1}^{n} X^{i-1}} \quad (3\text{-}14)$$

式中，X 为 $Y\sum\limits_{i=1}^{n} x^{n-1} - nx^{n-1} = 0$ 最大解的绝对值，Y 为定义的选择压力。

3）待优化变量

根据第 2 章介绍的电控喷油器电磁力特性、动态响应影响规律，结合电控喷油器关键参数对其性能影响的电磁场仿真分析，在利用遗传算法进行优化时，选取 d_0、d_1、d_2、d_x、δ_1、δ_2、h_1、h_2、h_3、b、N、F_{spring} 等参数变量。此外，将最大激励电流 $i_{\max}$、通电脉冲宽度 t_p 作为控制参数。这样，遗传算法的决策变量为

$$X = \{d_0, d_1, d_2, d_x, \delta_1, \delta_2, h_1, h_2, h_3, b, N, k_1, F_{\text{spring}}, I_{\max}, t_p\} \quad (3\text{-}15)$$

式中，d_0、d_1、d_2、δ_1、δ_2、h_1、h_2、h_3、b 为结构参数；N 为线圈匝数；d_x 为线圈线径；k_1 为弹簧刚度；F_{spring} 为弹簧预紧力。

为减少计算量并考虑电控喷油器的实际结构尺寸情况，可确定决策参数取值范围：

5mm≤d_0<d_2≤8.5mm；2mm≤d_1≤4mm；80μm≤δ_1≤110μm；0.5μm≤δ_2≤1.5μm

5mm≤h_1≤7mm；7mm≤h_2≤9mm；1.5mm≤h_3≤3mm；400≤N≤600

1(N/mm)≤K_1≤2(N/mm)；3N≤F_{spring}≤8N；0.6A≤$i_{\max}$≤2A

4）算法流程

根据遗传算法的基本原理，结合电控喷油器多参数优化的实际，设计了具体优化算法，其流程图如图 3-19 所示。所调用的计算模型为本章所建立的数学模型。目标函数的优化过程如图 3-20 所示，运算到 180 代左右算法收敛，此时优化目标函数值为 1.01，转换为实际的动态响应时间为开启响应时间 1.25ms、关闭响应时间 0.5ms。

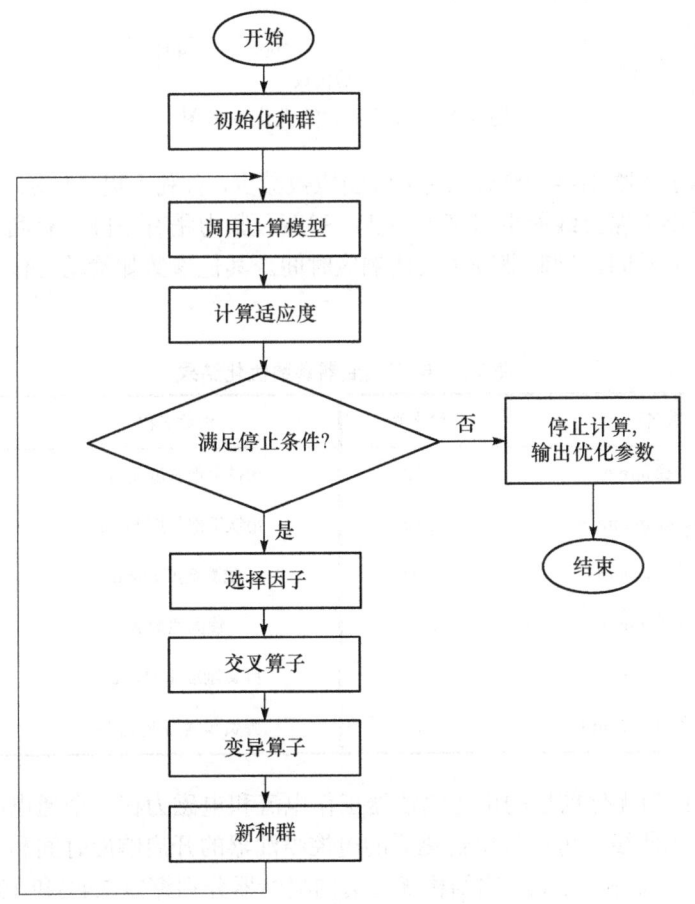

图 3-19 遗传算法优化流程

4. 优化结果评价

根据所设计的遗传算法优化流程，对电控喷油器（初始结构参数见表 2-1）进行优化设计，各参数的优化结果如表 3-2 所示。与初始结构参数相比，铁心的外径减小，长度缩短，衔铁上下两部分的长度尺寸变化不大；工作气隙减小 20%，有利于提高最大电磁力，加快开启响应速度、降低关闭响应时间，且在提升电磁

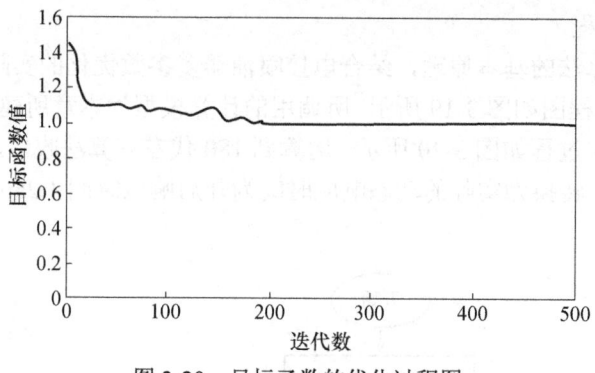

图 3-20　目标函数的优化过程图

力的同时缩小了喷油器的整体尺寸；线圈匝数减少，有利于提高电磁力的上升率，同时线径减小以保持线圈电阻基本不变；弹簧预紧力稍有下降，有利于缩短喷油器的开启响应时间，同时兼顾了关闭响应时间。其他参数如滑动工作气隙等基本保持不变。

表 3-2　电控喷油器参数优化结果

参数名称	优化值	参数名称	优化值
铁心外径 d_0/mm	6.02	衔铁上部长度 h_2/mm	6.11
铁心内径 d_1/mm	3.56	衔铁下部长度 h_3/mm	7.87
衔铁外径 d_2/mm	6.02	线圈宽度 b/mm	1.81
线圈线径 d_x/mm	0.15	线圈匝数 N	428
工作气隙 δ_1/μm	90	弹簧刚度 k_1/(N/mm)	1.65
滑动工作气隙 δ_2/μm	1	弹簧预紧力 F_{spring}/N	5.24

图 3-21 为优化前后的电控喷油器工作电流和电磁力在一个通电脉冲宽度内随时间的变化曲线。可以看出优化后的电控喷油器的开启响应时间和关闭响应时间分别为 1.25ms 和 0.5ms，比结构优化前的喷油器分别缩短 7.4% 和 10%；饱和电磁力从优化前的约 11.5N 提高到优化后的 12N，且优化后电磁力的上升率稍微高一些，说明优化算法是有效的。当然，电控喷油器的动态响应性能还与产品零部件的生产和装配精度有着密切关系，优化的结果不一定代表实际的性能，要想达到优化的性能还需由可靠的生产与装配工艺来保证。另外，电控喷油器的性能还包括喷射雾化效果，它与燃油在喷油器内部的流动及喷雾性能有着密切关系，在结构上与喷孔的几何参数密切相连，这将在第 4 章和第 5 章中进行讨论与分析。

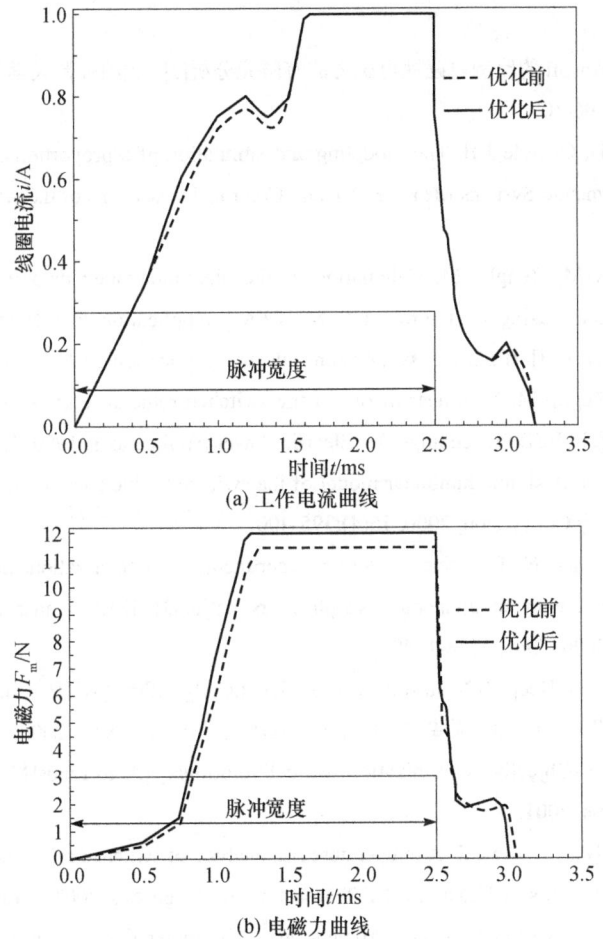

图 3-21 优化前后电控喷油器工作电流和电磁力随时间的变化曲线

3.7 本 章 小 结

本章利用电磁场仿真分析软件对电控喷油器电磁场进行仿真计算,分析了单一参数对电磁力的影响规律。结合数学模型,提出一种改进的遗传算法对电控喷油器进行多参数优化,结果表明,优化后的电控喷油器电磁力增大,动态响应时间明显缩短。

参 考 文 献

[1] 刘国强, 赵凌志, 蒋继娅. Ansoft 工程电磁场有限元分析[M]. 北京: 电子工业出版社,

2005.

[2] 张齐. 基于 Ansoft 的比例电磁铁电磁力的有限元分析[J]. 沈阳师范大学学报(自然科学版), 2009, 27(3):306-309.

[3] Vaughan N D, Camble J B. The modeling and simulalion of a proportional solenoid valve[J]. Journal of Dynamic Systems Measurement and Control, Transactions of the ASME, 1996, 118(1): 120-125.

[4] Omekanda A M, Renglet M. Calculation of the electromagnetic parameters of a switched reluctance motor using an improved FEM BIEM—Application to different models for the torque calculation[J]. IEEE Transactions on Industry Applications, 1997, 33(4):914-918.

[5] Miller T J, Mcgilp M. Nonlinear theory of the switched reluctance motor for rapid computer-aided design[J]. IEEE Proceedings B—Electric Power Applications, 1990, 137(6):337-347.

[6] Vukosavic S N. A simple nonlinear model of the switched reluctance motor[J]. IEEE Transactions on Energy Conversion, 2000, 15(4):395-400.

[7] Jain A K, Mohan N. Dynamic modeling experimental characterization, and verification for SRM operation with simultaneous two-phase excitation[J]. IEEE Transactions on Industrial Electronics, 2006, 53(4):1238-1249.

[8] Sivanandam S N, Deepa S N. Introduction to Genetic Algorithms[M]. Berlin: Springer, 2007.

[9] 周明华. 近代算法在工程领域中的应用研究[D]. 杭州: 浙江大学, 2005.

[10] Deb K. Multi-Objective Optimization using Evolutionary Algorithms[M]. Chichester: John Wiley & Sons, 2001.

[11] Inamura S, Sakai T, Sawa K. A temperature rise analysis of switched reluctance motor due to the core and copper loss by FEM[J]. IEEE Transactions on Magnetics, 2003, 39(3):1554-1557.

[12] Hollstien R B. Artificial Genetic Adaptation in Computer Control Systems, Computer and Communication Science[M]. Ann Arbor: University of Michigan Press, 1971.

[13] Holland J H. Adaptation in Natural and Artificial System[M]. Ann Arbor: University of Michigan Press, 1975.

[14] Vose M D. Simple Genetic Algorithm: Foundation and Theory[M]. Cambridge: MIT Press, 2001.

[15] 王小平, 曹立明. 遗传算法——理论、应用与软件实现[M]. 西安: 西安交通大学出版社, 2002.

[16] 张文修, 梁怡. 遗传算法的数学基础[M]. 西安: 西安交通大学出版社, 2000.

[17] 玄光男, 程润伟, 于歆杰, 等. 遗传算法与工程优化[M]. 北京: 清华大学出版社, 2004.

[18] Nehi T W, Pawlak A M, Boules N M. ANTIC85: A general purpose finite element package for computer aided design and analysis of electromagnetic devices[J]. IEEE Transactions on Magnetics, 1988, 24(1):358-361.

[19] Fellini R, Michelena N, Papalambros P, et al. Optimal design of automotive hybrid powertrain system[C]. Proceedings of the 1st International Symposium on Environment Conscious Design and Inverse Manufacturing, Tokyo, 1999.

[20] Wipke K, Markel T. Optimization techniques for hybrid electric vehicle analysis using ADVISOR[C]. Proceedings of the ASME International Mechanical Engineering Congress and Exposition, New York, 2001.

[21] Deb K, Pratap A, Agarwal S. A fast and elitist multi-objective genetic algorithm: NSGA-II[J]. IEEE Transactions on Evolutionary Computation, 2002, 6(2):182-197.

[22] Deb K, Jain P, Gupta N K. Multiobjective placement of electronic components using evolutionnnnnary algorithms[J]. IEEE Transactions on Components and Packaging Technologies, 2004, 27(3):480-492.

第4章 PFI喷油器内部流场及喷雾过程分析

电控喷油器的喷油雾化情况决定了混合气形成质量,最终影响发动机的动力性、经济性和排放性能。燃油在喷油器内部(尤其是喷孔处)的流动情况,是影响燃油雾化质量的重要因素。因此,本章分析电控喷油器的燃油内部流动情况,为喷油器的喷雾研究提供更为准确的初始条件和边界条件。

当燃油以较高的压力和速度流经喷孔时,由于燃油受饱和蒸气压、黏度和表面张力特性的影响,在喷孔出口处因压力突然下降到低于燃油的饱和蒸气压时,燃油将发生气化而产生大量小气泡。由于气泡内外存在较大的压差,一些气泡会不断成长直至破碎或互相聚合而成为较大的气泡,从而在喷孔内形成局部的气液两相流,这一现象称为气穴现象(或空化现象、空穴)[1]。气穴现象受到如喷油器结构特征、喷孔入口处的过渡圆角、喷孔的长径比等因素的影响,不同结构的喷孔内发生气穴的区域及气穴的发展历程均不相同。本章利用计算流体力学(CFD)软件,采用 $k\text{-}\varepsilon$ 模型来考察不同燃油压力、不同喷孔结构时的气穴现象,分析它们对喷孔内部燃油流动的影响规律。

4.1 流体力学基本方程

流体流动要受物理守恒定律的支配,基本的守恒定律包括质量守恒定律、动量守恒定律和能量守恒定律。如果所研究的流体由不同成分组成,它们之间存在相互作用,那么运算时要增加组分守恒定律;如果流动处于湍流状态,那么运算时要考虑附加的湍流输运方程。控制方程是这些守恒定律的数学描述[2],它们的适用性与流体的个别属性或特殊流动过程无关,是任何流体都必须遵循的。以下为直角坐标系下的守恒性控制方程。

1. 质量守恒方程

质量守恒方程也称连续性方程,可表述为在流场中任取一个封闭区域,此区域称为控制体,其表面称为控制面,单位时间内从控制面流进和流出控制体的质量之差等于单位时间内控制体质量增量,即描述了流动过程中流体质量守恒的性质:

$$\frac{\partial \rho}{\partial t}+\frac{\partial(\rho u)}{\partial x}+\frac{\partial(\rho v)}{\partial y}+\frac{\partial(\rho w)}{\partial z}=0 \qquad (4\text{-}1)$$

或

$$\frac{\partial \rho}{\partial t} + \nabla \cdot (\rho \boldsymbol{u}) = 0 \qquad (4\text{-}2)$$

式中，ρ 是燃油密度；t 是时间；$\boldsymbol{u}$ 是速度矢量；u、v 和 w 是速度 $\boldsymbol{u}$ 在 x、y 和 z 方向的分量。

连续性方程的适用范围没有限制，无论是可压缩或不可压缩流体，理想或黏性流体，定常或非定常流体都适用。

2. 动量守恒方程

动量守恒方程是动量守恒定律的数学描述，可表述为任何控制微元体中流体动量对时间的变化率等于外界作用在该微元体上的各种力之和。它用来分析微小控制体受力及运动情况，可通过连续性方程推导出其微分方程为

$$\frac{\partial(\rho\varphi)}{\partial t} + \nabla \cdot (\rho\varphi\boldsymbol{u}) = \nabla \cdot (\mu_{\text{fluid}} \cdot \text{grad}(\varphi)) - \frac{\partial p}{\partial \varphi} + S_\varphi \qquad (4\text{-}3)$$

式中，φ 为流体速度，共有三个方向的分量；μ_{fluid} 为流体动力黏度；p 为流体压力；S_φ 为流体源；$\text{grad}(\varphi)$ 为速度场 φ 中某一点的梯度；∇ 为拉普拉斯算子。

3. 能量守恒方程

能量守恒定律是包含热交换的流动系统必须满足的基本定律。该定律可表述为微元体中能量的增加率等于进入微元体的净热流量加上体力与面力对微元体所做的功，实际就是热力学第一定律，其方程为

$$\frac{\partial(\rho i)}{\partial t} + \nabla \cdot (\rho i \boldsymbol{u}) = \nabla \cdot (k \cdot \text{grad}(T)) - p \cdot \nabla \cdot (\boldsymbol{u}) + \phi + S_\text{T} \qquad (4\text{-}4)$$

式中，S_T 为热源，

$$\begin{aligned}\phi = \mu &\left\{ 2\left[\left(\frac{\partial u}{\partial x}\right)^2 + \left(\frac{\partial u}{\partial y}\right)^2 + \left(\frac{\partial u}{\partial z}\right)^2\right] + \left(\frac{\partial u}{\partial y} + \frac{\partial u}{\partial x}\right)^2 \right. \\ &\left. + \left(\frac{\partial u}{\partial z} + \frac{\partial u}{\partial x}\right)^2 + \left(\frac{\partial u}{\partial z} + \frac{\partial u}{\partial y}\right)^2 \right\} + \lambda_1 (\text{div}\boldsymbol{u})^2 \end{aligned} \qquad (4\text{-}5)$$

式中，λ_1 为第二黏性系数。

虽然能量守恒方程是流体流动与传热问题的基本控制方程，但对于不可压流动，当热交换量很小且可忽略时，可不考虑能量守恒方程。本书在模拟喷油器喷孔内部流动时，不考虑能量方程。

4. 湍流方程

湍流流动是自然界常见的流动现象，在多数工程问题中流体的流动均处于湍流状态，它具有高度非线性、非稳态和带旋转的性质。因此，湍流问题一直是流

体力学研究的一个难题,能否精确地模拟湍流流动成为能否精确模拟流动问题的关键。在湍流中流体的各种物理参数(如速度、压力和温度等)都随时间与空间发生随机变化。湍流运动模型有很多,一些商业 CFD 软件基本都内嵌了很多湍流模型,如单方程(Spalart-Allmaras)模型、双方程模型(标准 k-ε)、重整化群 k-ε 模型、可实现的 k-ε 模型、雷诺应力模型和大涡流模拟模型等[3]。

目前,湍流数值模拟方法主要有两大类:直接数值模拟方法和非直接数值模拟方法。直接数值模拟是指直接求解瞬时湍流控制方程;而非直接数值模拟是设法对湍流进行某种程度的近似和简化处理。非直接数值模拟方法又包括大涡模拟法、统计平均法和 Reynolds 平均法。

标准 k-ε 方程是 Reynolds 平均法在工程中应用最广泛的一种模型。在 CFD 计算中,这种模型得到了最为广泛的检验和成功应用,且它的计算量适当、易于收敛。本章在标准的 k-ε 模型基础上,引入了修正系数 ζ 对湍流运动黏性系数 V_t 进行修正,即 k-ζ-f 模型[2-4]。

修正后的湍流模型方程为

$$\rho\frac{dk}{dt} = \rho(P_k - \varepsilon) + \frac{\partial}{\partial x_j}\left[\left(\mu + \frac{\mu_t}{\sigma_k}\right)\frac{\partial k}{\partial x_j}\right] \quad (4\text{-}6)$$

$$\rho\frac{d\varepsilon}{dt} = \rho\frac{C_{\varepsilon_1}^* P_k - C_{\varepsilon_2}\varepsilon}{T} + \frac{\partial}{\partial x_j}\left[\left(\mu + \frac{\mu_t}{\sigma_\varepsilon}\right)\frac{\partial \varepsilon}{\partial x_j}\right] \quad (4\text{-}7)$$

$$\rho\frac{d\varepsilon}{dt} = \rho f - \rho\frac{\zeta}{k}P_k + \frac{\partial}{\partial x_j}\left[\left(\mu + \frac{\mu_t}{\sigma_\zeta}\right)\frac{\partial \zeta}{\partial x_j}\right] \quad (4\text{-}8)$$

式中,f、$C_{\varepsilon_1}^*$、P_k 由下列方程求得:

$$f = L_2\frac{\partial^2 f}{\partial x_j \partial x_i} = \left(C_1 + C_2\frac{P_k}{\zeta}\right)\frac{(2/3 - \zeta)}{T_1} \quad (4\text{-}9)$$

$$C_{\varepsilon_1}^* = C_{\varepsilon_1}\left(1 + 0.045\sqrt{1/\zeta}\right) \quad (4\text{-}10)$$

$$P_k = 2v_t S_{ij} S_{ij} - \frac{2}{3}(\mu_t S_{kk} + k)S_{kk} \quad (4\text{-}11)$$

式中,k 为湍流动能;ε 为湍流动能耗散率;ρ 为燃油密度;T_1 为湍流时间尺度;L_2 为湍流长度尺度;μ_t 为湍流动力黏性系数;σ_k、σ_ε、σ_ζ 分别为 k、ε、ζ 的湍流普朗特数;C_μ、C_{ε_1}、C_{ε_2}、C_1、C_2、$C_{\varepsilon_1}^*$ 为模型系数;S_{ij}、S_{kk} 为流体变形率张量。

5. 气穴模型

为了保证电控喷油器内部仿真计算的真实性和准确性，在进行数值模拟时必须在上述基本控制方程的基础上建立气穴的数学模型，包括气泡生成数的确定、气泡的成长过程以及气泡在成长过程中与液态燃油交界面上的质量、动量、能量和湍动能的交换模型[3-5]。需要说明的是，本书不考虑喷孔内部燃油流动的温度变化，故不需要求解能量交换。

其中，气相采用理想气体状态方程式进行描述，液相采用不可压缩流体来描述。通过引入体积分数 α_i（$i=1$ 为气相，$i=2$ 为液相），对连续性方程、动量方程和湍流模型方程进行修正。在气液两相的界面上，采用线性气泡模型来描述气液两相的质量交换，其气相质量交换系数为

$$\Gamma_c = \rho_d N''' 4\pi R_2^2 \dot{R}_2 = -\Gamma_d \tag{4-12}$$

式中，下标 c、d 分别表示液体相和气体相；N''' 为气泡数密度；ρ_d 为液相密度；R_2 为气泡半径；$\dot{R}_2$ 为气泡半径对时间的一阶导数（即气泡的半径变化率），可利用单气泡动力学方程即 Rayleigh-Plesset 方程求取。

因温度不变，忽略蒸发潜热，在考虑气泡内的饱和蒸气压和液体表面张力的作用下，推导出气泡半径随时间变化的常微分方程，即气泡成长公式为

$$R_2 \ddot{R}_2 + \frac{3}{2} \dot{R}_2^2 = \frac{\Delta P}{\rho_c} \tag{4-13}$$

忽略惯性项，可将式（4-13）线性化，求取气泡半径及其变化率，则式（4-12）可表示为

$$\Gamma_c = \frac{1}{C_{CR}} \text{sign}(\Delta P) 3.85 \frac{\rho_d}{\sqrt{\rho_c}} N'''^{\frac{1}{3}} \alpha_d^{\frac{2}{3}} |\Delta P|^{\frac{1}{2}} = -\Gamma_d \tag{4-14}$$

其中，有效压力差 ΔP 等于

$$\Delta P = P_{sat} - P - \left(\frac{2\sigma}{R_2} + 4\frac{\mu_g}{R_2} \dot{R}_2 \right) \tag{4-15}$$

式中，P_{sat} 是汽油的饱和蒸气压；σ 是液体表面张力；μ_g 为汽油动力黏性系数。

C_{CR} 是冷凝减少系数，它是一个经验系数，当考虑气穴现象发生而引起液体蒸发时用来降低冷凝率，弥补了在半径导数方程中因略去项而产生的计算不准确的影响。在大部分情况下，不需要考虑误差的影响，这时它的值可以取为 1；否则，它的值应该大于 1，即 $C_{CR} \geq 1$。

气泡密度除了受到喷孔几何结构参数影响，还受到很多因素的影响，如液体物性特别是表面张力和流体纯净度等参数。通常采用经验公式来求得：

$$N''' = \begin{cases} N_0''', & \alpha_d \leqslant 0.5 \\ 2(N_0'''-1)(1-\alpha_d)+1, & \alpha_d \geqslant 0.5 \end{cases} \tag{4-16}$$

式中，N_0''' 是初始气泡数，它依赖于液相的特性，采用气泡核数的计算公式：

$$N_0''' = 5.757 \times 10^{12} \exp\left(\frac{-5.279}{\Delta \theta}\right) \tag{4-17}$$

式中，$\Delta\theta$ 为燃油的过热度。

4.2 几何模型与数值求解

建立流体流动的数学模型控制方程组之后，要想得到流体流动的性能参数，就需要对方程组进行求解。对偏微分方程进行离散化求解的常用方法有有限差分法（finite difference method, FDM）、有限元法（finite element method, FEM）和有限体积法（finite volume method, FVM）[2]。其中，FDM 是数值解法中最经典的方法，它先将求解区域划分为差分网格，用有限个网格节点代替连续的求解域；然后将偏微分方程的导数用差商代替，推导出含有离散点上有限个未知数的差分方程组。这种方法发展比较成熟，在求解双曲线和抛物线型问题时经常使用，但求解的边界条件复杂。FEM 则是先将一个连续的求解域任意分成适当形状的许多微小单元，并对各小单元分片构造插值函数；然后根据极值原理，将问题的控制方程转化为所有单元上的有限元方程，把总体的极值作为各单元极值之和，即将局部单元总体合成，形成嵌入了指定边界条件的代数方程组，求解该方程组就得到各节点上待求的函数值。该方法对椭圆形问题有较好的适应性，但求解速度比较慢，在商业 CFD 软件中应用较少。

FVM 又称控制体积法，是将计算区域划分为网格，并使每个网格点周围有一个互不重复的控制体积，将待解的微分方程对每个控制体积积分，从而得到一组离散方程，其中的未知数是网格节点上的因变量。该方法的基本思路就是子域法加离散，其易于理解且能得出直接的物理解释，适于流体计算，是很多商业 CFD 软件中应用较多的一种方法。

由于采用计算机直接编程以求解偏微分方程的方法费时费力，而目前很多商业 CFD 软件已非常成熟，且计算精度高、计算时间短，本节选择 CFD-Fluent 软件平台来完成对电控喷油器内部流动的数值计算分析。

其中，电控喷油器喷孔数为 4，孔径为 0.2mm，喷孔长度为 0.2mm，喷孔倾斜角大小为 17°。当进行内部流动计算分析时，为降低网格数量、减少计算量和运行时间，考虑到喷孔沿圆周方向均匀分布，喷孔是中心轴对称的，故采用 90°部分几何模型。在划分网格时，在气穴现象的重点区域（如喷孔的入口附近等）对网格进行细化加密,计算区域网格总数为 240000,且采用动网格边界条件,如图 4-1 所示。

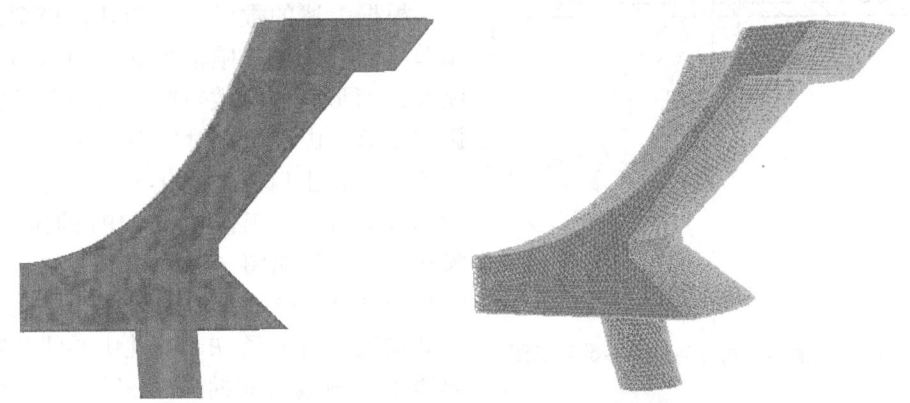

图 4-1 喷油器内部流动的几何模型与网格划分

在具体的数值求解过程中,模型进出口采用压力边界条件,左右两侧面以及喷孔的中心线位置的小圆柱面采用对称边界条件,贴近壁面处采用标准的壁面函数处理,采用 FVM 对控制方程进行离散,对动量方程采用混合因子为 0.5 的二阶中心差分与一阶迎风差分相混合的方式进行离散;连续方程采用二阶中心差分格式进行离散,其他则采用一阶迎风差分格式进行离散。对速度场和压力场的耦合求解,使用较为成熟的半隐式压力耦合方法(semi-implicit method for pressure linked equations, SIMPLE)。

4.3 内部流动计算结果与分析

采用 4.1 节介绍的流动模型对文献[5]所采用的喷油器喷孔进行数值模拟,通过将模拟结果和试验结果的比较(图 4-2)可以看出,该模型的计算结果与文献

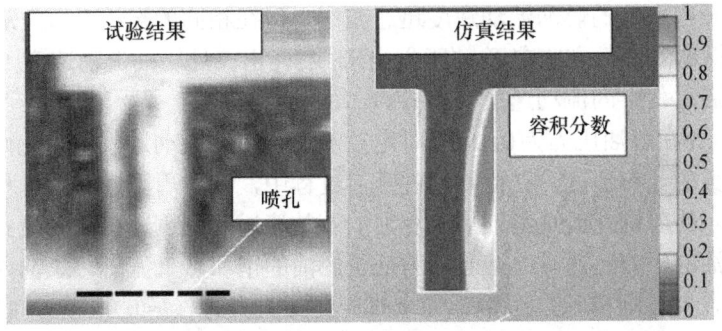

图 4-2 喷孔内部流动试验与数值模拟结果对比图($\Delta P=0.25$MPa)

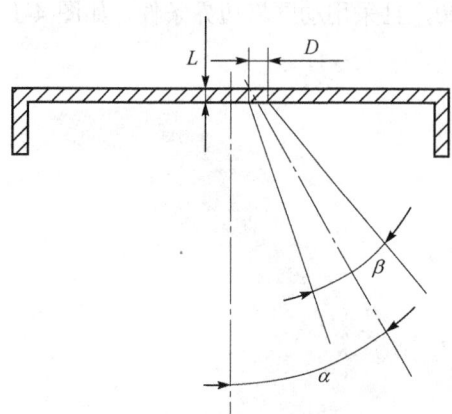

图 4-3 喷油器喷孔几何结构参数示意图

的试验结果中气穴发生的位置基本一致,验证了该流动模型的准确可行性。

根据上述的数学模型和几何模型,本节重点介绍电控喷油器的燃油压力、喷孔几何形状等参数对喷孔内部流动的影响规律。由于研究对象为 PFI 电控喷油器,喷孔出口压力变化不大,这里只考虑喷油器正常工作时 0.1MPa 的压力。喷孔几何形状如图 4-3 所示,主要包括喷孔长度 L、喷孔出口直径 D、喷孔进口处过渡圆角半径 R、喷孔中心线与喷油器中心轴线之间的夹角 α 以及喷孔锥角 β 对喷孔内部流动特性的影响。

为了能更清晰地对喷孔进口处和出口处的计算结果进行分析,将云图进行透明设置,以显示喷孔内部、喷孔外表面的情况;同时给出对喷孔内部流动和喷雾初始破碎具有物理意义的气相体积分数分布、液态燃油速度分布的情况,某些计算方案中还给出了喷孔出口流量的变化曲线,以便判断各种不同结构参数时电控喷油器的喷油量变化。

1. 衔铁运动过程中的喷孔内部流动情况

图 4-4 为在燃油压力为 0.4MPa 时电控喷油器衔铁组件运动过程中喷孔内部燃油流动速度场的分布情况。从图中可以看出,衔铁组件刚开启时,钢球周围的燃油流动速度变化并不大。随着钢球的逐渐上升,燃油的有效流通面积增大,导致喷孔从进口到出口处燃油的流动速度逐渐增加,至钢球完全打开到最大升程(h=0.08mm)时,喷孔进口处燃油流速达到最大值 35m/s。而当钢球随衔铁在弹簧回复力的作用下迅速往下运动而关闭的过程中,燃油的有效流通面积急速减小,喷孔内部及出口处的燃油流动速度迅速减小。但在相同的衔铁升程(h=0.03mm)时,由于钢球的运行方向向下,钢球关闭时喷孔出口处燃油流动速度(25m/s)仍比钢球开启过程中的流动速度(15m/s)大。

图 4-5 为在燃油压力为 0.4MPa 时电控喷油器衔铁运动过程中喷孔内部燃油气相体积分数的分布情况。在衔铁组件开启过程中,钢球周围燃油的气相体积分数几乎为 0。随着钢球的逐渐开启,燃油的有效流通面积迅速增大,喷孔从进口到出口处燃油的压力迅速减小,当压力低于燃油的饱和蒸气压时,燃油内部开始产生小气泡,并逐渐成长。至钢球完全打开到最大升程(h=0.08mm)时气泡数达

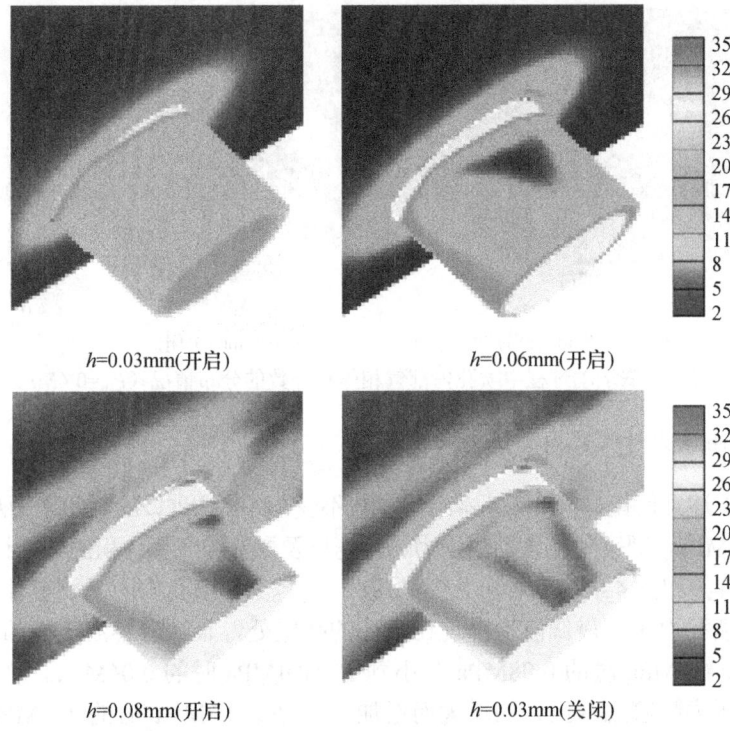

图 4-4　衔铁运动过程中喷孔内部燃油流动速度的分布情况（P_{in}=0.4MPa）

到最多。而当钢球随衔铁在弹簧回复力的作用下迅速往下运动而关闭的过程中，燃油的有效流通面积急速减小，喷孔内部及出口处的燃油流动速度迅速减小。但在相同的衔铁升程（h=0.03mm）时，由于此时喷孔内部尤其是进口处燃油的流速仍然很大且燃油压力非常小，钢球关闭时喷孔出口处燃油中的气相体积分数（最高为 100%）仍比钢球开启过程中的气相体积分数（几乎为 0）比例高出很多。

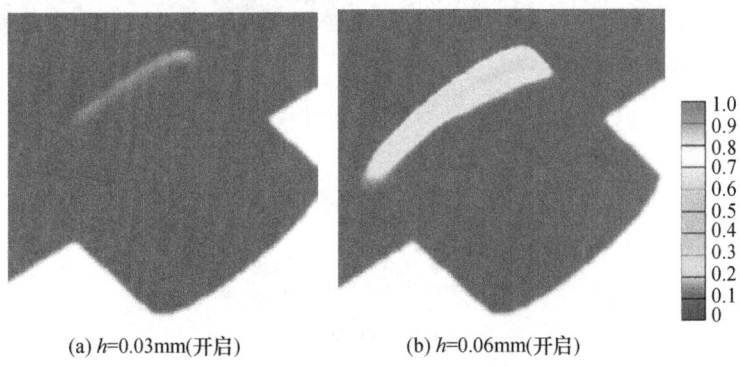

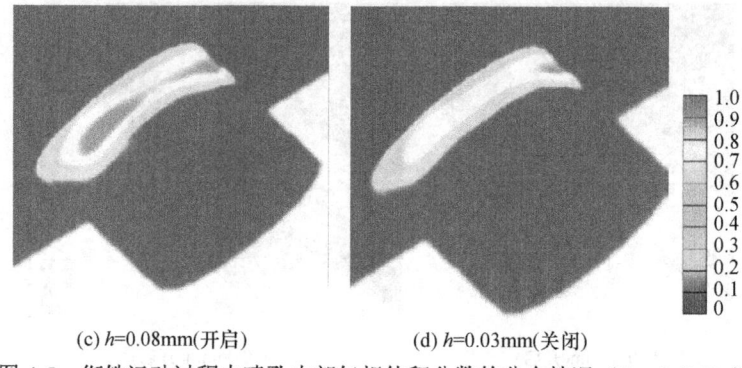

(c) h=0.08mm(开启)　　　(d) h=0.03mm(关闭)

图 4-5　衔铁运动过程中喷孔内部气相体积分数的分布情况（P_{in}=0.4MPa）

2. 燃油压力对喷孔内部流动的影响

采用上述几何模型，保持基本结构参数不变，将喷孔进口的初始压力从 0.3MPa 增大到 0.4MPa，观察喷孔内燃油压力、流速以及燃油中气相体积的分布情况。

从图 4-6 和图 4-7 可以看出，燃油压力 P_{in} 越大，喷孔内的平均燃油压力和流速越高。喷孔内压力最低值均出现在喷孔的孔壁处，且随着燃油压力的增大而减小，从 P_{in}=0.3MPa 时的 0.08MPa 减小到 P_{in}=0.4MPa 时的 0.06MPa。喷孔出口处燃油平均压力随着燃油压力的增大而增加，从 P_{in}=0.3MPa 时的 0.2MPa 增大到 P_{in}=0.4MPa 时的 0.3MPa。燃油流速最大值出现在喷孔内部，且从喷孔进口处开始一直沿着喷孔的中心线延伸到喷孔出口处。燃油流速最大值随着燃油压力的增大而增大，从 P_{in}=0.3MPa 时的 29m/s 增大到 P_{in}=0.4MPa 时的 35m/s。

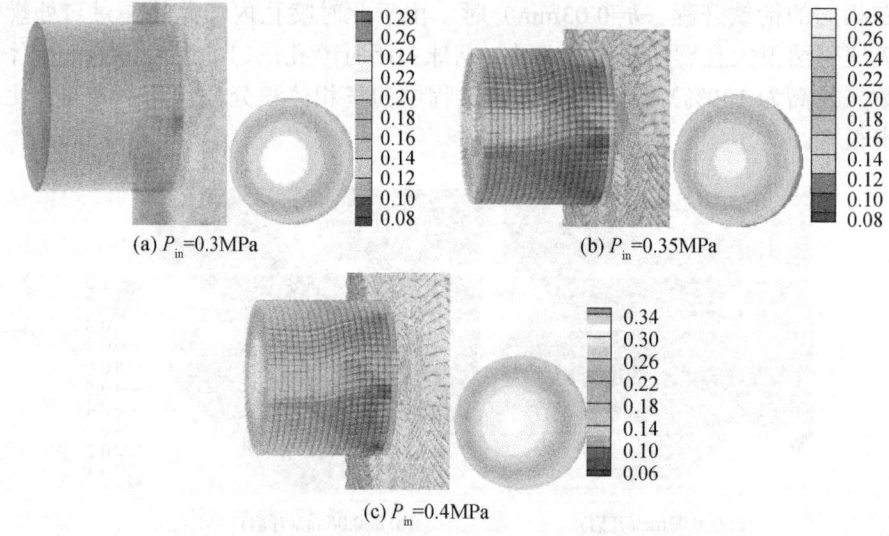

(a) P_{in}=0.3MPa　　　(b) P_{in}=0.35MPa

(c) P_{in}=0.4MPa

图 4-6　不同燃油压力下喷孔内部及出口处的燃油压力分布

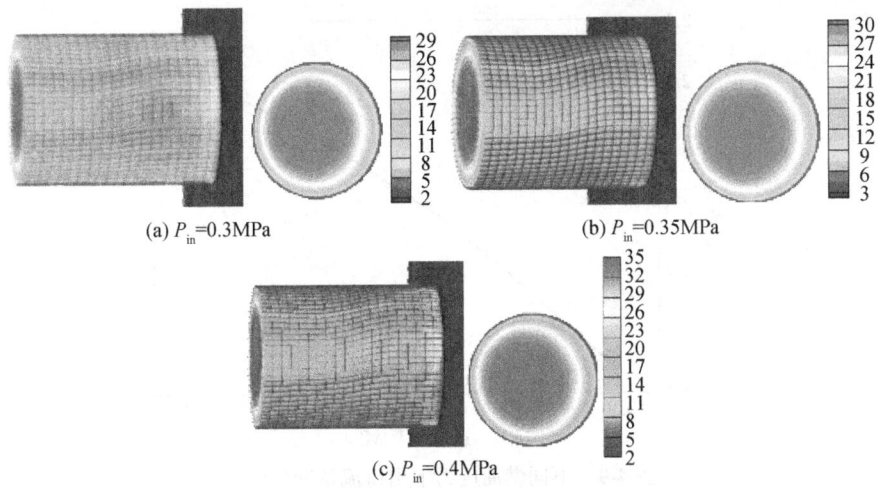

图 4-7　不同燃油压力下喷孔内部及出口处的燃油流速分布情况

图 4-8 为不同燃油压力下喷孔内燃油中气相体积分数的分布情况。从图中可以看出，随着燃油压力的增大，喷孔内燃油中的气穴区域增加，气相体积分数增大。

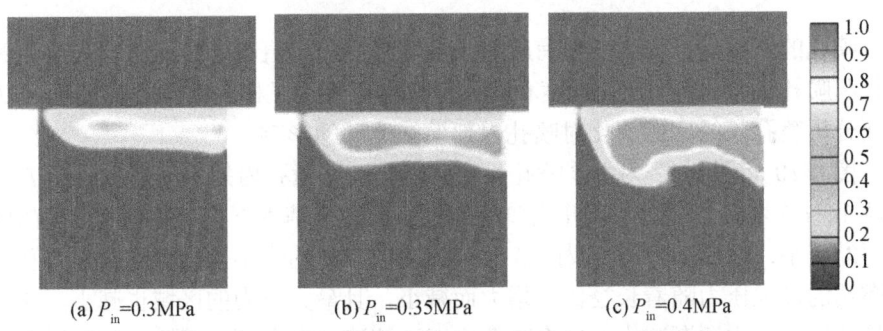

图 4-8　不同燃油压力下喷孔内气相体积分数的分布情况

图 4-9 为不同燃油压力对电控喷油器流量的影响规律，随着燃油压力增大，喷油器在同样的电控喷射参数（喷射周期和喷射脉宽）下，所喷射的流量与喷射压差的平方成比例增大。

综上，随着电控喷油器喷孔燃油压力（也称为燃油压力）的增大，喷孔内燃油流动速度增加，喷孔进口处燃油压力减小幅度更大，更易发生气穴现象；喷孔出口处的燃油流速增大可以增加燃油喷射后的贯穿距离，且燃油颗粒具有更高的动能，有利于与空气混合形成高质量的混合气；燃油喷射流量的增加，可拓宽同一规格的电控喷油器所匹配发动机的型号范围。这些也是当前汽车发动机不断提高燃油压力的原因所在，但是对于 PFI 电控燃油喷射系统，喷油压力提高的空间

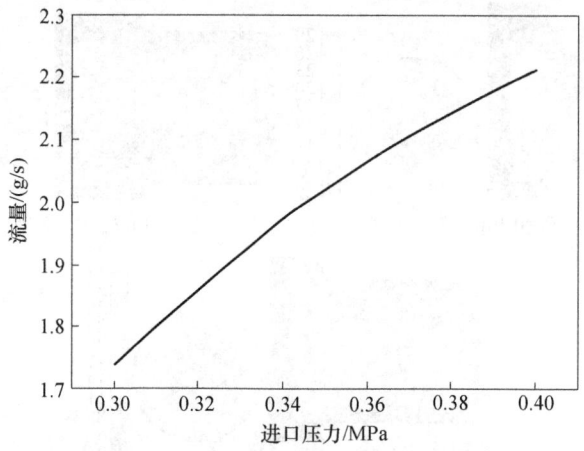

图 4-9　不同燃油压力下出口流量变化曲线

有限。由于燃油喷射的压力相对不高,气穴只在喷孔进口处不大的区域内产生,没有延伸至喷孔外,对燃油的雾化影响较小。

3. 喷孔长径比对喷孔内部流动的影响

喷孔的结构尺寸参数主要有喷孔长度、喷孔出口直径、喷孔进口处过渡圆角半径和喷孔倾斜角等,喷孔长度和喷孔出口直径之比又称为喷孔的长径比(L/D)。下面分析喷孔长径比的变化对喷孔内部燃油流动的影响。

图 4-10 和图 4-11 为不同喷孔长径比时燃油在喷孔内的流动情况。当 L/D 的值从 1、1.5 增大到 2 时,喷孔进口处的最小压力值基本不变,最小值出现的区域却逐渐减小;而当 L/D 的值为 2.5 时,喷孔进口处的最小压力值增大。喷孔出口处燃油的最大压力随着长径比的增大而减小,且最大压力的区域也减小,这样出口处的平均压力逐渐减小。结合喷孔内燃油流速分布图可以理解,L/D 增大,相当于喷孔的长度增加,燃油速度将会明显下降,因此 L/D 越大,喷孔出口处的最小压力就较高。但由于喷孔长度增加并不改变喷孔进口处引起气穴的收缩流动结构,将不影响气穴的剧烈程度;而在湍流下喷孔壁面近似于光滑,流体与壁面的摩擦系数极小,喷孔加长,总的摩擦损失较小,但总的流程损失增大。当 L/D 增大时,喷孔出口处的燃油流速明显减小(图 4-11 中从 30m/s 减小到 22m/s),造成燃油喷射的流量减小,如图 4-12 所示,因此,汽油机进气道喷射系统的电控喷油器的 L/D 值不能太大。

4. 过渡圆角半径对喷孔内部流动的影响

喷孔进口处过渡圆角半径是喷孔结构中的一个关键参数,通常是通过与喷孔

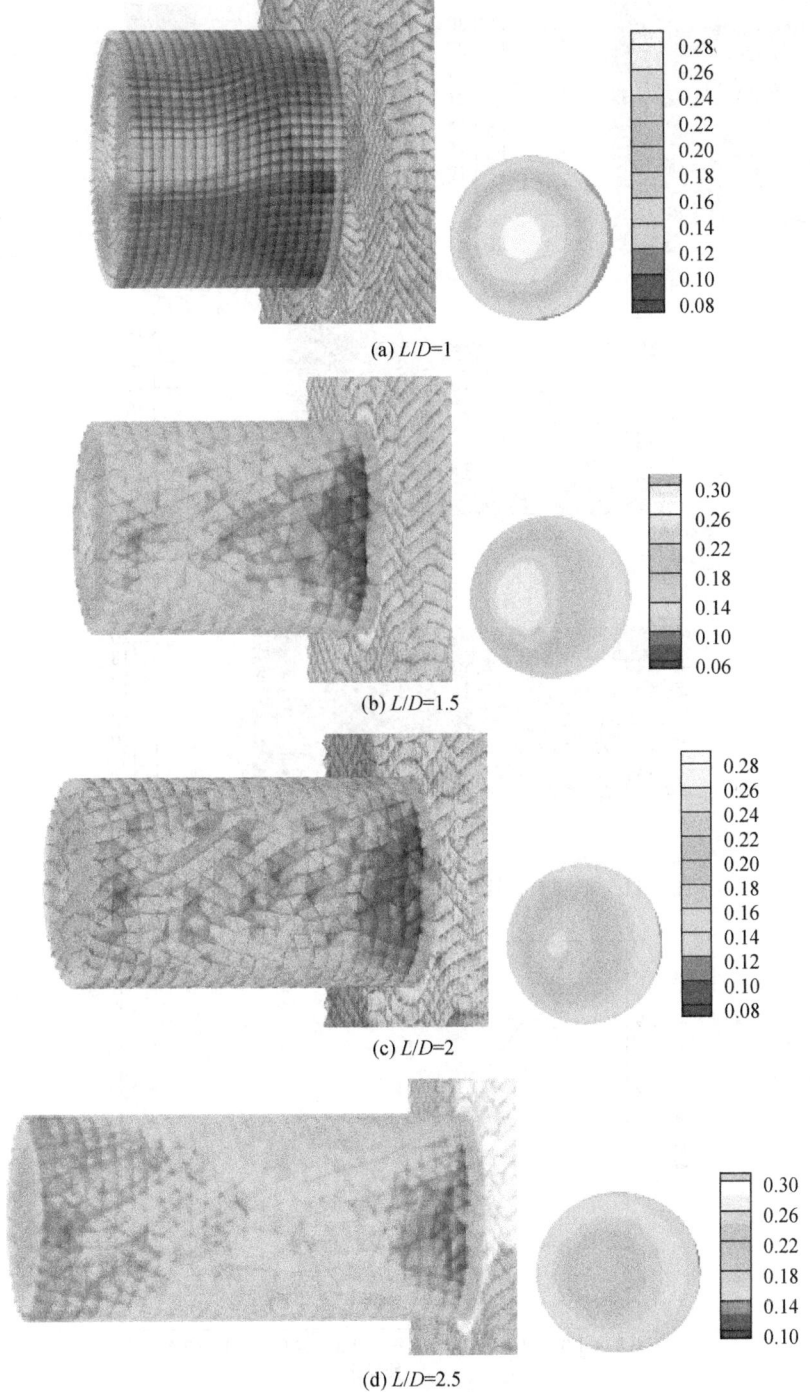

图 4-10 不同长径比时喷孔内部及出口处的燃油压力分布

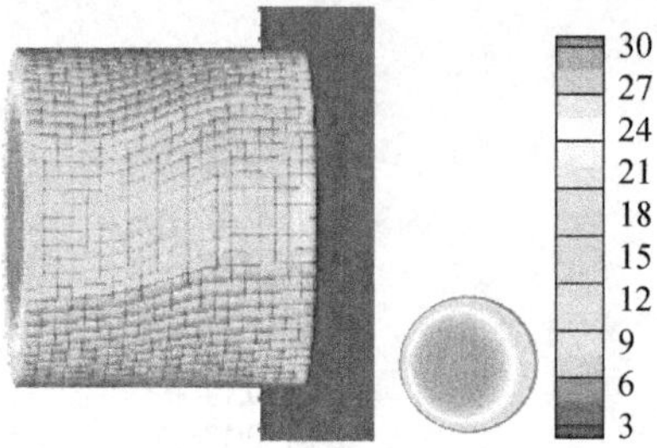

(a) $L/D=1$

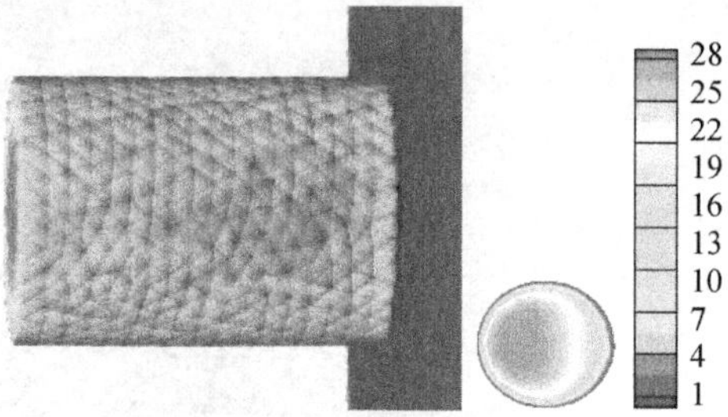

(b) $L/D=1.5$

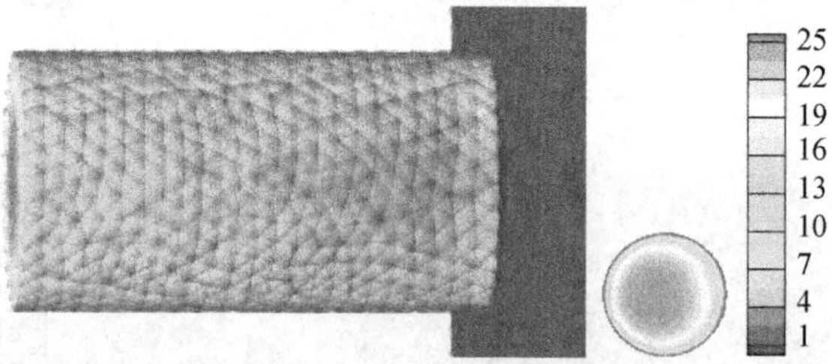

(c) $L/D=2$

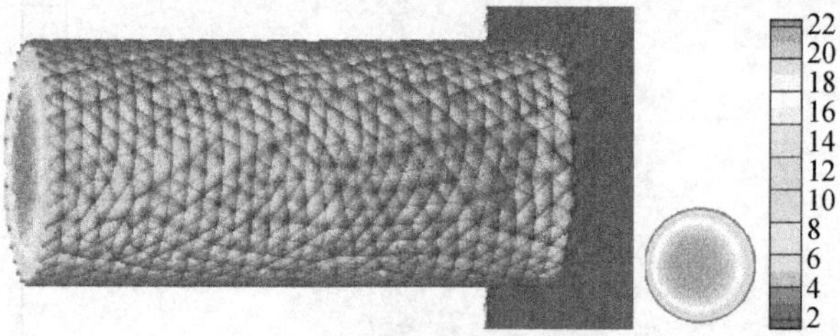

(d) $L/D=2.5$

图 4-11　不同长径比时喷孔内部及出口处的燃油流速分布

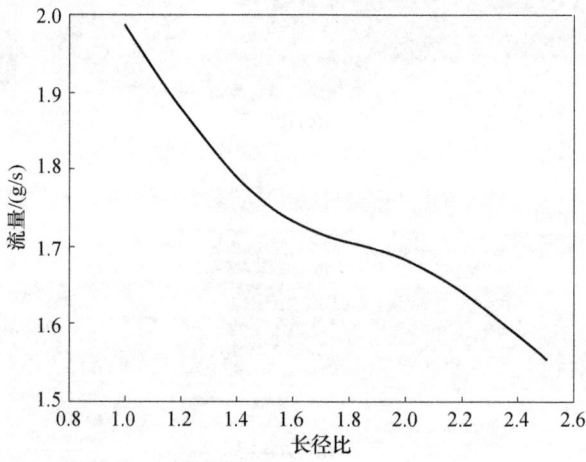

图 4-12　不同长径比时的出口流量变化曲线

出口直径 D 的比值 R/D 来反映的。图 4-13 和图 4-14 为进口圆角半径的变化对喷孔内燃油流动速度及燃油中气相比例的影响。从图中可以看出，随着进口圆角过渡逐渐圆滑，喷孔内燃油的平均速度增加且越来越均匀。这是因为随着进口圆角半径逐渐增加，燃油流经进口时将变得更加畅通，其边界层更不易与壁面发生分离，流动损失减小，压力下降程度变弱，喷孔内发生气穴的区域减小，燃油流速增大。但是由于 PFI 电控喷油器喷孔本身的几何尺寸非常小，过渡圆角半径的增加很大程度上受到实际结构和加工工艺的限制，同时需要兼顾喷孔的结构强度。

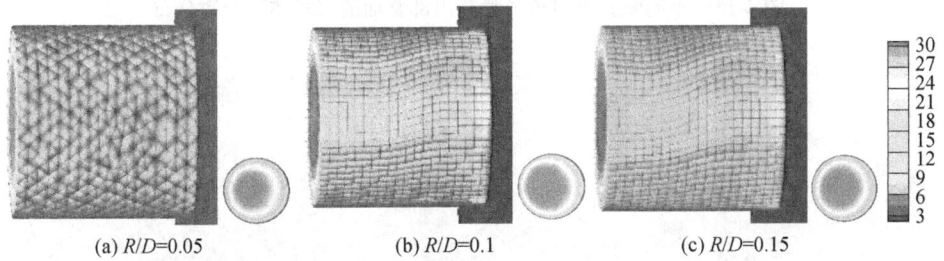

图 4-13　不同过渡圆角半径时喷孔内部及出口处的燃油流速分布

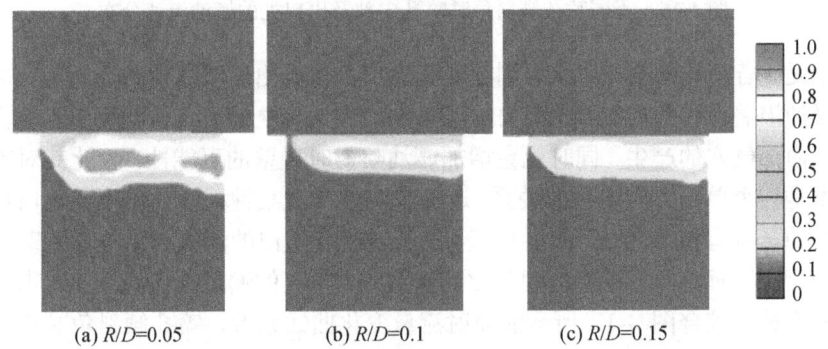

图 4-14　不同过渡圆角半径时喷孔内部燃油中的气相体积分数分布

5. 喷孔倾斜角对喷孔内部流动的影响

喷孔倾斜角 α 对燃油射流的喷射方向、喷雾锥角、碰壁行为的发生等具有一定的影响，因而有必要研究喷孔倾斜角对喷孔内部燃油流动情况的影响情况。

图 4-15 显示了不同喷孔倾斜角时喷孔内部燃油中气相体积分数的分布情况。当喷孔倾斜角较大时，喷孔内部燃油中的气相体积分数平均值较高，气穴现象较为明显，这有利于增加喷孔内部的湍流强度，促进燃油喷射时的初步雾化。随着喷孔倾斜角度的减小，喷孔内部气穴区域逐渐变小，且程度减弱。气隙区域更贴近喷孔内壁，液态燃油的高速流动区域增加，喷孔出口处的速度变得更加均匀，如图 4-16 所示。

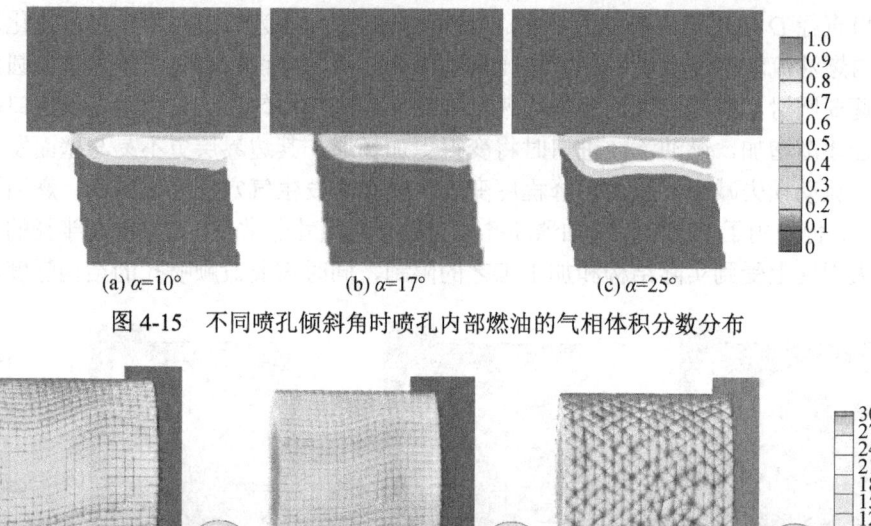

(a) α=10°　　　　　　(b) α=17°　　　　　　(c) α=25°

图 4-15　不同喷孔倾斜角时喷孔内部燃油的气相体积分数分布

(a) α=10°　　　　　　(b) α=17°　　　　　　(c) α=25°

图 4-16　不同喷孔倾斜角时喷孔内部及出口处的燃油流速分布

但是，若喷孔倾斜角过大，则在喷孔进口处将会出现明显的节流效应，进入喷孔的燃油沿着流程的能量损失增加，压力在喷孔进口之前已经开始下降，这将会影响喷孔内部气穴的产生，同时也会增加燃油喷射时碰壁的可能性，因此其对喷雾的影响不是一个单一方向变化的关系。这一影响规律在某种程度上与喷孔进口过渡圆角半径的影响有相似之处，倾斜角减小，通过喷孔进口的流体不易与喷孔壁面发生流动分离，从而增加了进口处的有效流体面积，喷孔的通过性提高，同时也可增加喷孔的流量。综合图 4-17 所示的喷射流量变化曲线来看，喷孔倾斜角减小，喷孔进口处有更多的燃油可以尽可能地保持原来的流动方向，从而使得该处的燃油压力下降变小，喷孔内部燃油的平均流速较高，因此喷孔出口流量增加。

6. 喷孔锥角对喷孔内部流动的影响

图 4-18 和图 4-19 为不同喷孔锥角时燃油在喷孔内的流动情况。当喷孔锥角 β 值从 0°增大到 25°，再增大到 45°时，喷孔进口处的最小压力值基本不变，但在喷孔锥角 β 值增大到 25°时，最小值的区域减小了；而当增大到 45°时，喷孔进口处压力最小值减小且相应的区域增大。在出口处，中间的燃油较高压力区域随 β 值增大而减小，燃油的平均压力也随之减小。而进口处的燃油流速的变化相反，随着 β 值的增大，该处流速的平均值也增大；在出口处，燃油的高速区域减小，平均流速减小。这是因为 β 值增大相当于喷孔的出口直径增加，燃油流动

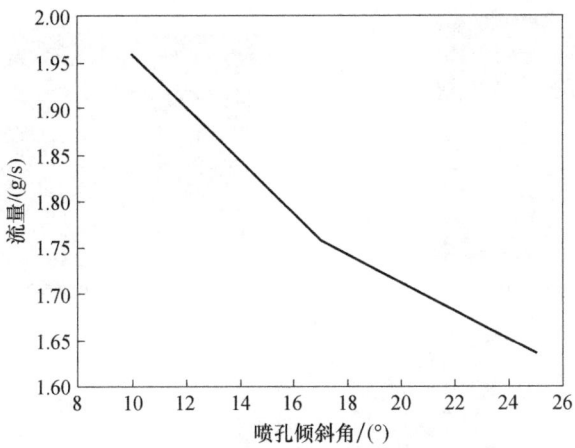

图 4-17　不同喷孔倾斜角时的出口流量变化曲线

变得更为顺畅，压力、速度随之下降。这也便于理解在图 4-20 中随着喷孔锥角的增大，喷孔的流量也随之变大。但流量的增加也不是完全线性的，当喷孔锥角超过 25°时，流量的增加变得有限。

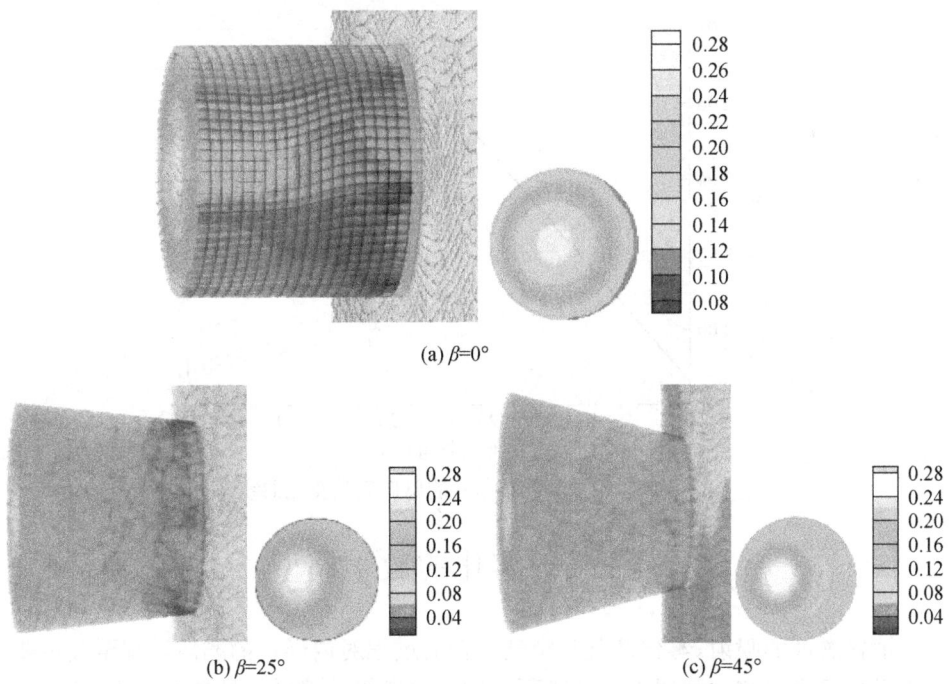

图 4-18　不同喷孔锥角时喷孔内部及出口处的燃油压力分布

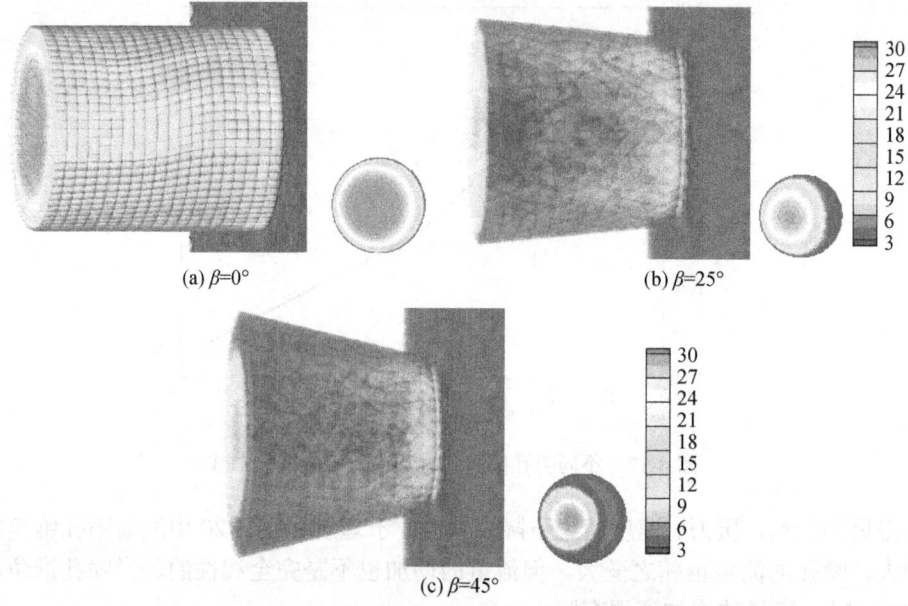

图 4-19　不同喷孔锥角时喷孔内部及出口处的燃油流速分布

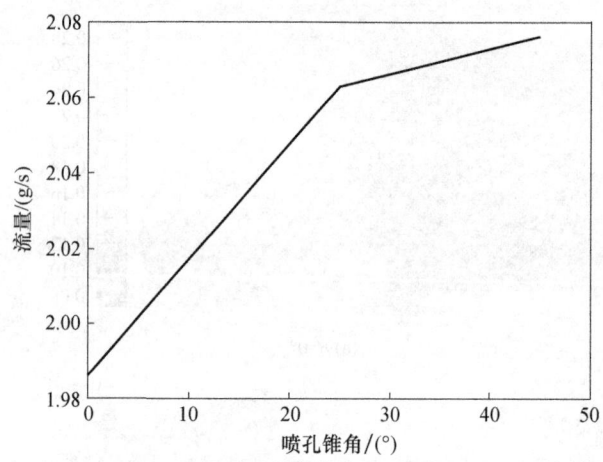

图 4-20　不同喷孔锥角时的出口流量变化曲线

4.4　喷射雾化的数学模型

　　液体燃油的喷射、雾化及其与空气混合的过程对内燃机的燃烧过程至关重要。从内燃机诞生以来，科研人员和工程师们对内燃机的喷雾特性进行了大量研究。先前，由于流体动力学、射流和雾化等基础理论和试验测试手段的限制，这方面的研究多偏重于喷雾的喷雾锥角、贯穿距离、油滴尺寸及其空间分布等几何特性以及油滴运动和蒸发规律及其与周围空气间的相互作用等物理特性，而对控制雾化过程、决定雾化质量优劣的雾化机理研究较少。20 世纪 80 年代以来，各种先进的测试手段不断得到完善和广泛应用，这给研究雾化的详尽机理提供了有力的工具，研究重点也开始转向雾化机理方面。

当发现喷射雾化现象后，有人就不断探究雾化机理，提出各种假说[6-9]，但没有哪种假说可以解释所有试验现象，且有些假说在解释同一现象时甚至会出现互相矛盾的结论。究其原因是各种观点的理论依据都是针对某一特定研究对象在设定的条件下而总结出来的，在理论上或多或少都存在缺陷。近年来，随着各种光电测试设备的成功研制和投入使用[10-13]，研究者不仅可以观察液核区表面的扰动情况，甚至可以观测到液核区的内部情形，为逐步揭示雾化机理提供了必要条件。

随着研究的逐步深入，人们发现喷射雾化并非由某一机理引起，而是多种因素综合作用的结果。空气动力、喷孔内部的气穴现象和湍流扰动是喷射雾化的三个基本原因。由于 PFI 喷油器喷孔内部的气穴现象仅出现在喷孔进口处的较小区域内，普遍认为对燃油从喷孔喷射之后的雾化情况影响较小，因此鲜有人员研究。本章采用计算机仿真的方法来模拟 PFI 电控喷油器的喷射雾化过程，以期揭示雾化效果随喷孔结构尺寸等参数的变化规律。

采用两相流和统计力学理论，可以正确模拟喷射雾化过程。两相流理论发展到多维空间，为更接近物理真实过程的两相喷雾模拟奠定了基础[9]。目前，多相流研究主要有两种截然不同的观点：一种是只把流体作为连续介质，以欧拉方式研究其流场，而把液滴相作为离散体系，应用拉格朗日运动坐标系研究液滴（群）在流场中的动力学和热力学（如液滴轨道及其传热传质过程等）特性，也称为欧拉-拉格朗日法；另外一种观点则把流体相作为连续介质、把液滴相视为拟连续介质或拟流体，并认为后者空间中有连续的速度、温度等参数分布及等价的输运性质（包括黏性、扩散和导热等），因此称为欧拉-欧拉法或双流体法。

在内燃机领域，从这两种观点分别发展出离散液滴模型（discrete droplet model, DDM）和连续液滴模型（continuous droplet model, CDM）[9]，如图 4-21 所示。两种模型都从燃油喷雾具有气液两相结构的基本事实出发，重点模拟气液交界面上发生在两相之间的质量、动量和能量的相互作用与交换过程。

CDM 利用统计力学中的 Louville 守恒定理，计算一定空间、速度、尺寸和温度范围内液滴的概率密度，可以为喷雾场提供全面而详尽的描述。但使用此方法进行计算时，网格数量巨大，计算根本无法执行，因此实际上极少使用。而 DDM 是把连续的液滴群离散为有限的尺寸组，可以很好地解决 CDM 无法计算的难题。DDM 首先采用统计力学方法对喷雾场进行描述，但它基于蒙特卡洛方法，无须考虑全部液滴，而是选择其中若干代表性的液滴群作为统计样本，每个样本代表

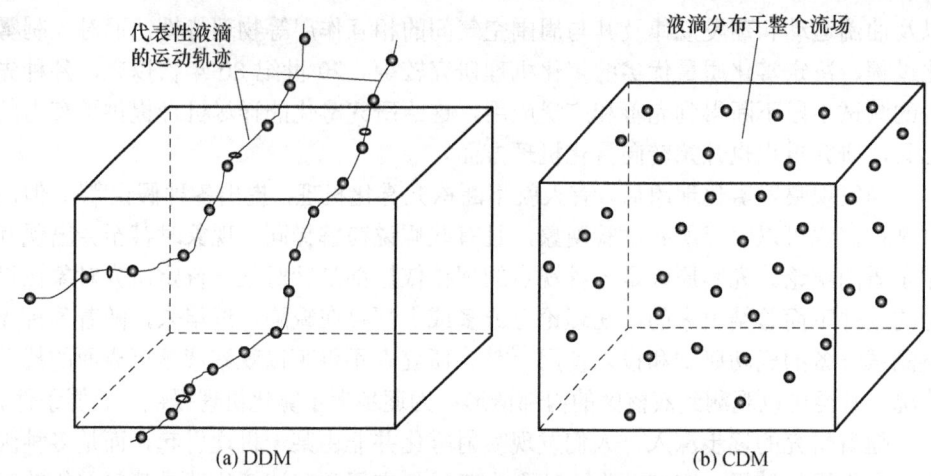

图 4-21 两种多相流模型示意图

一定数目的大小和状态完全相同的液滴，如图 4-22 所示；然后采用拉格朗日方法求解描述这些液滴样本的运动轨迹和传热传质过程的一组常微分方程，液相对气相的干扰以附加源项的形式出现在描述气相的偏微分方程中；最后交替求解气液两相流的方程，得到每一时刻喷雾场内的各组分浓度分布和其他参数。

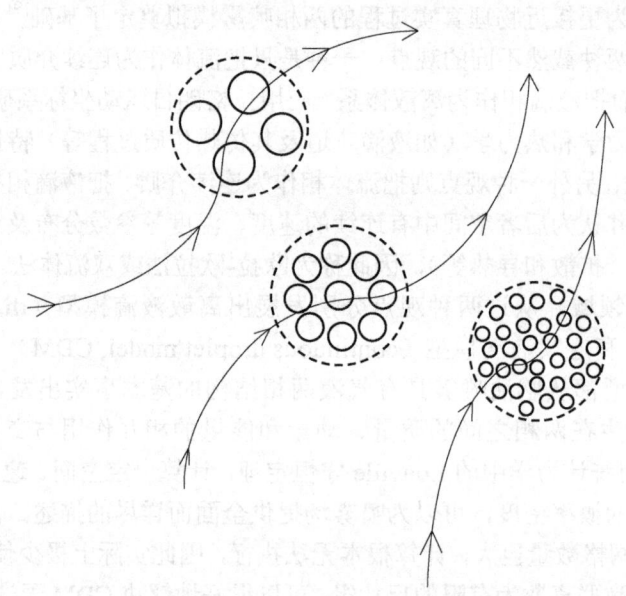

图 4-22 液滴统计样本的运动轨迹示意图

DDM 的基本方程组[9]具体如下。

油滴轨迹方程：

第4章 PFI喷油器内部流场及喷雾过程分析

$$\frac{d\bar{x}}{dt} = u_{di} \tag{4-18}$$

运动方程：

$$\frac{du_{di}}{dt} = \frac{3}{4} C_{D_4} \frac{\rho_g}{\rho_l} \frac{1}{d} |U_i - u_{di}|(U_i - u_{di}) \tag{4-19}$$

质量方程（蒸发）：

$$\frac{dM}{dt} = -2\pi D_4 \frac{pt}{\overline{RT}} \ln\left(\frac{p_t - p_{v,\infty}}{p_t - p_{v,s}}\right) Sh \tag{4-20}$$

能量方程：

$$MC_p \frac{dT_d}{dt} = \pi D_4 K (T_g - T_d) \frac{z}{e^z - 1} Nu + L_3 \frac{dM}{dt} \tag{4-21}$$

式（4-18）~（4-21）中，$\bar{x}$、u_1 为液滴的坐标矢径和速度；U_i、T_g 为液滴所在处气体速度和温度；C_{D_4} 为液滴在气体中运动的阻力系数；D_4 为燃油蒸气扩散系数；L_3 为燃油蒸发潜热；$p_{v,\infty}$ 和 $p_{v,s}$ 分别为液滴环境压力和饱和蒸气压；Sh 为舍伍德数；Nu 为奴赛尔数；$\overline{RT}$ 为该项取为液滴表面和环境的平均值；$z/(e^z-1)$ 是对未考虑传热的热导率的修正因子，其表达式为

$$z = \frac{C_{pv} \, dm/dt}{\pi d k Nu} \tag{4-22}$$

式中，C_{pv} 为蒸气比热容。

方程中用到的阻力系数 C_{D_4} 和 Nu、Sh 一般按经验公式计算，即

$$\begin{cases} C_{D_4} = \frac{24}{Re}, & Re \leqslant 0.48 \\ C_{D_4} = 27 Re^{-0.84}, & 0.48 < Re \leqslant 78 \\ C_{D_4} = 27 Re^{-0.217}, & Re > 78 \end{cases} \tag{4-23}$$

$$Nu = 2 + 0.6 Re^{1/2} Pr^{1/3}, \quad Sh = 2 + 0.6 Re^{1/2} Sc^{1/3} \tag{4-24}$$

式中，Re 是雷诺数；Pr 是普朗特数；Sc 是施密特数。

当液滴在气体流场中穿行时，不断与周围气体进行质量、动量和能量交换。对于每一网格单元中的气体，来自液滴的这种耦合作用可表示为气相控制方程中的一个附加源项：

$$S_{p\varphi} = \frac{1}{\delta t_i} \sum_p \left[(m_1 \varphi)^0 - (m_1 \varphi)^n \right] \tag{4-25}$$

式中，上标 0 和 n 分别表示时间步 δt_i 开始和结束的时刻；m_1 为液滴质量。

整个喷射过程中，气液两相间的耦合作用通过在时间坐标上的交替求解气液两相的控制方程来实现。

电控喷油器燃油喷射雾化是一个极其复杂的过程，涉及多个相互耦合的物理、化学子过程（图 4-23），通常将其分为初次雾化和二次雾化两个阶段[11]。初次雾化是指燃油从喷孔喷射出之后，形成一股油流（即油束），同时伴随分裂现象。在此过程中可能产生大小形状各异的液体微团结构，从团块、条带、纤丝直到细小的雾粒。而二次雾化指初次雾化所产生的较大的团块和液滴在其运动过程中继续分裂破碎形成更小的液滴或雾粒的过程。液滴在初次雾化后对于二次雾化是内在不稳定的，且液体在加热或空气动力的作用下，会导致液滴发生二次雾化，而液滴尺寸也影响了随后的混合速率。初次雾化和二次雾化的基本机理有本质区别，且前者比后者复杂得多。初始雾化涉及气动稳定性、气穴和湍流等多种因素，而二次雾化主要涉及气动稳定性。初次雾化后形成的液滴除了发生二次雾化，同时经历拉伸、碰壁、聚合、湍流扩散和蒸发等过程，甚至还会发生喷雾碰壁，之后逐步与空气混合。

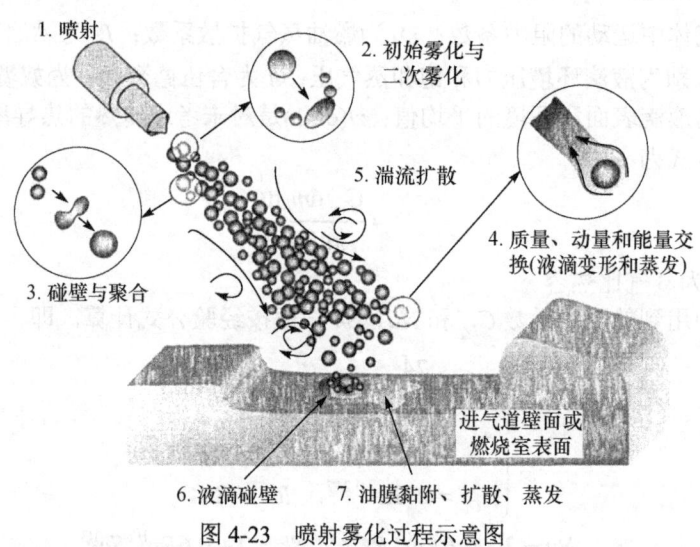

图 4-23 喷射雾化过程示意图

上述喷雾阶段的划分，只是为了便于理解喷雾过程而人为进行的。在实际数值计算中，由于对初次雾化的机理还没有完全理解透彻，同时为了避免将问题变得过于复杂而采取简化措施，在各种雾化模型中，基本没有按照这两个阶段进行区分。本书在 FIRE 软件中建立了组合模型，即将一次雾化与二次雾化作为相互独立却又彼此衔接的两个阶段分别模拟，在每个阶段中选用合适的子模型，对喷雾过程进行完整模拟。其中，蒸发模型采用 Dukowicz 模型，该模型认为传热和传质过程是完全相似的过程，假定 Lewis 数（即热扩散系数与质扩散系数的比值）

为1，且不需要迭代，计算时间短；破碎模型采用适于汽油机多孔喷射过程的 HUH-GOSMAN 模型；粒子交换模型采用 Schmidt 模型，该模型对液滴粒子进行预排序，计算效率更高；采用 Mundo Sommerfeld 模型模拟液滴碰壁后的飞溅。

4.5 模拟结果及分析

为了验证本章模型的有效性和计算的精确度，对文献[14]中的模型进行模拟计算，在同样的几何模型和喷射条件下，计算结果与文献中通过高速摄像机所拍摄的喷雾过程对比如图 4-24 所示。从图中可以看出，两者的吻合度较高，从而验证了计算模型的有效性。

喷射雾化质量的优劣通常用喷射后液滴粒径的大小进行判定，即用索特平均直径（Sauter mean diameter, SMD）来衡量。其中，D_{32} 是评价雾化效果和喷雾粒径大小的一个重要指标[14]，表示液滴大小均相同的一群液滴表面积和体积与真实液滴的表面积和体积之比相等，其表达式为

(a) 试验测试　　(b) 仿真计算

图 4-24　模拟计算与试验对比

$$\frac{\frac{1}{6}\pi N_s d_s^3}{\pi N_s d_s^2} = \frac{\frac{1}{6}\pi \sum (n_i d_i^3)}{\pi \sum (n_i d_i^2)} \tag{4-26}$$

即

$$D_{32} = d_s = \frac{\sum (n_i d_i^3)}{\sum (n_i d_i^2)} \tag{4-27}$$

式中，n_i 为直径 d_i 的液滴个数；N_s 为平均直径为 d_s 的液滴个数。分子项正比于所有液滴的总体积，分母项正比于所有液滴的表面积总和，在相同循环供油量的条件下，如果 SMD 相同则总面积相同，即气化速率基本相同，因此 SMD 是发动机喷雾研究中最为常用的粒径指标。SMD 越小，破碎的液滴与周围空气接触的表面积越大，越能够加速吸热和气化过程，对燃烧过程的充分性有利。SMD 受到多种因素的影响，如喷孔直径、燃油压力、空气密度、燃油黏度和表面张力的大小等。

在上述燃油喷射雾化机理及所建立模型的基础上，以喷孔内部的流动特性的

模拟结果作为喷射雾化的初始条件,对喷射雾化过程进行多维数值模拟计算。由于喷孔出口的结果在喷孔内部流动情况计算时已经给出,在喷雾模拟过程中,只选用能够直接反映喷射雾化效果和质量的雾化特性参数,即雾化液滴的索特平均直径 D_{32} 和喷雾贯穿距离等,对多种情况下的喷雾结果进行比较。

1. 燃油压力对雾化过程的影响

图 4-25 是燃油压力 P_{in} 依次为 0.3MPa、0.32MPa、0.35MPa、0.38MPa 和 0.4MPa 时的喷射雾化形态图。从图中可以明显看出,随着压力的升高,燃油雾化的质量越来越好。由前面喷孔内部流动的分析可知,燃油压力增加可以提高喷孔出口处燃油的流动速度和压力,燃油的湍动能增加,促进了喷孔外部的燃油雾化,使得燃油液滴的索特平均直径 D_{32} 更小,随着燃油压力的提高,索特平均直径 D_{32} 越小,如图 4-26 所示。图 4-27 和图 4-28 显示了燃油压力对喷射雾化的蒸气质量分数、贯穿距离的影响。随着燃油压力的增加,喷孔出口处的燃油压力增大,尽管促使更多的燃油蒸发气化,而燃油中液体中蒸气质量分数随之减小,这是因为喷

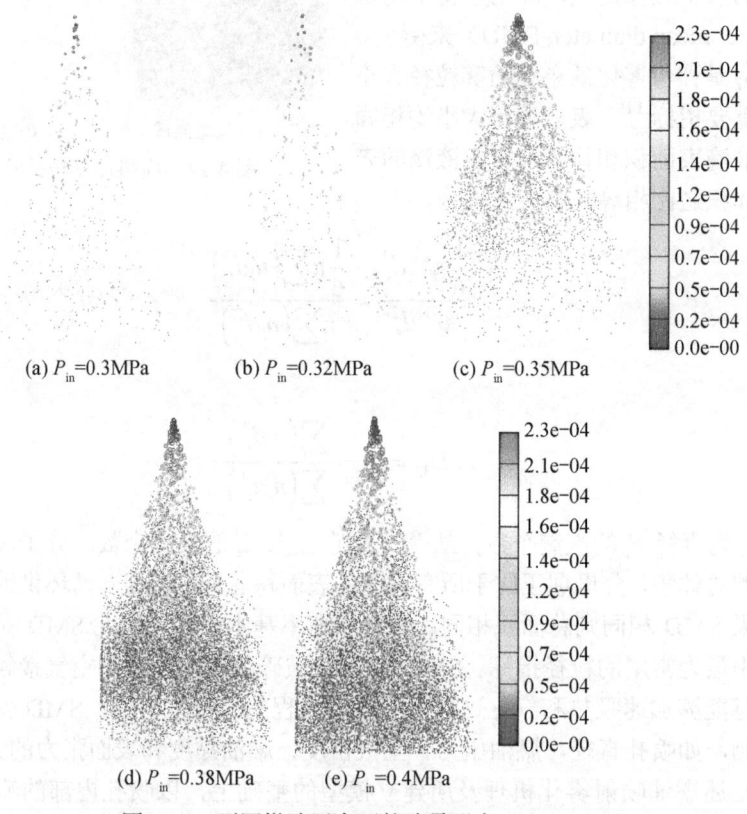

(a) P_{in}=0.3MPa　　(b) P_{in}=0.32MPa　　(c) P_{in}=0.35MPa

(d) P_{in}=0.38MPa　　(e) P_{in}=0.4MPa

图 4-25　不同燃油压力下的喷雾形态（t=2ms）

第4章 PFI 喷油器内部流场及喷雾过程分析

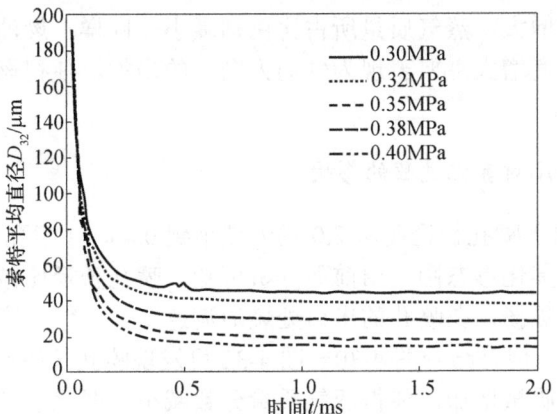

图 4-26 燃油压力对索特平均直径 D_{32} 的影响

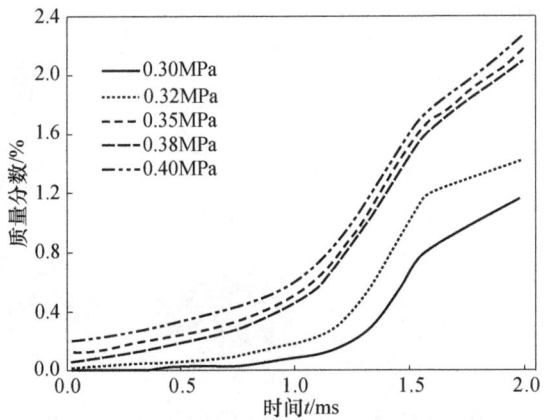

图 4-27 燃油压力对质量分数的影响

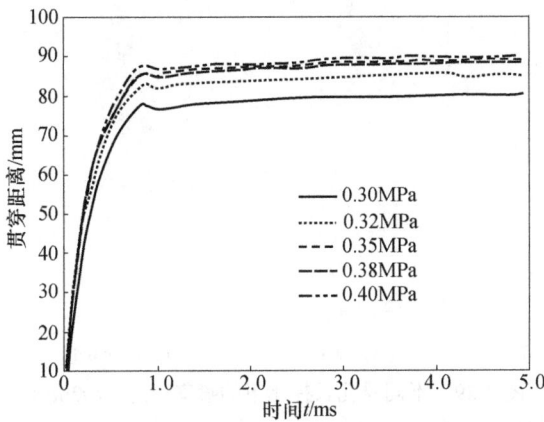

图 4-28 燃油压力对贯穿距离的影响

射的燃油总质量增大，蒸气质量所占比例却减小。同样，燃油压力提高，喷孔出口处的燃油速度增大主要表现为轴向方向上的增加，使得燃油具有更远的贯穿距离。

2. 喷孔长径比对雾化过程的影响

图 4-29 给出了喷孔长径比从 2.0 逐渐减小到 0.4 时（喷孔长度 L=0.2mm 保持不变）的喷射雾化形态图。由前面分析可知，喷孔长径比减小使得燃油在喷孔内的流动更为顺畅，在喷孔的出口处燃油流速变大，似乎应该对喷射雾化有一定的强化效果。但是结合图 4-30～图 4-32 可发现喷孔长径比减小时，在同一时间内燃油喷射质量增加，使得蒸气质量分数减小，弱化了雾化效果。因此，长径比减小时喷雾粒径变大，即索特平均直径 D_{32} 变大，同时其喷雾的贯穿距离减小。

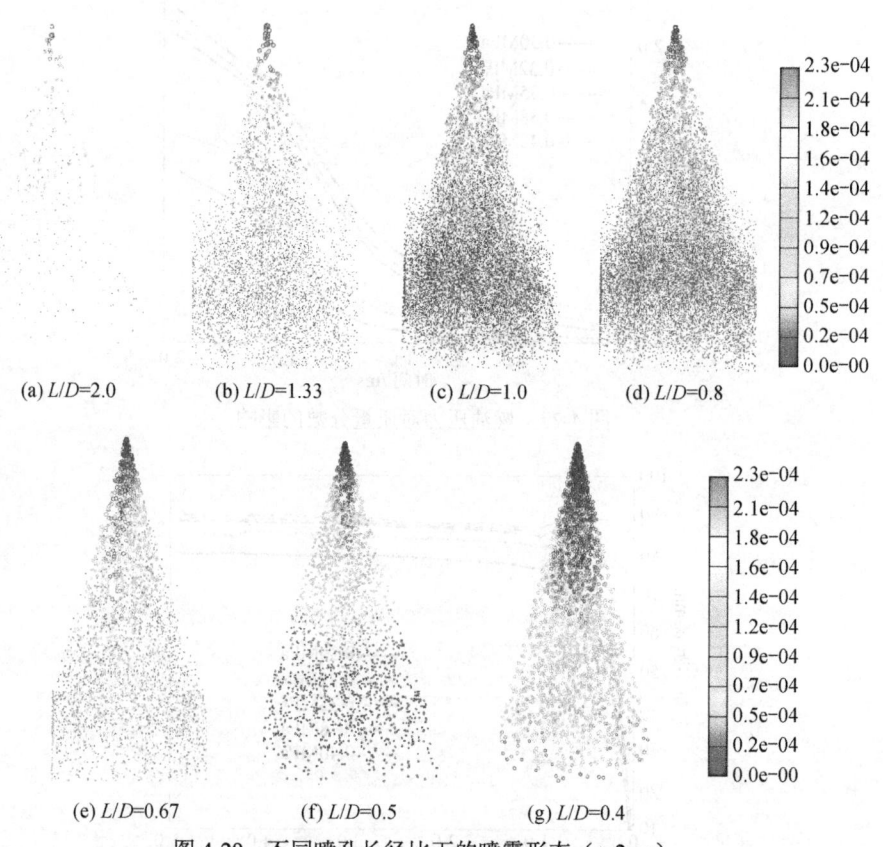

图 4-29 不同喷孔长径比下的喷雾形态（t=2ms）

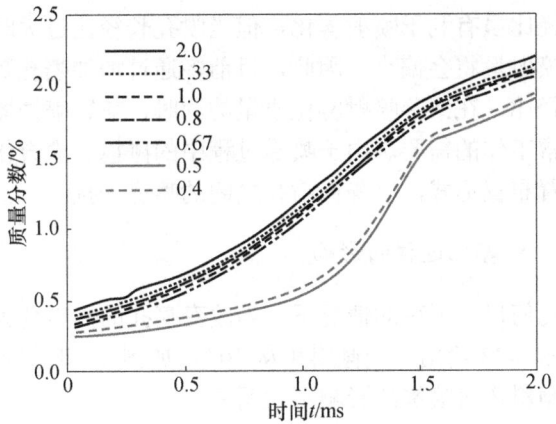

图 4-30 长径比对质量分数的影响

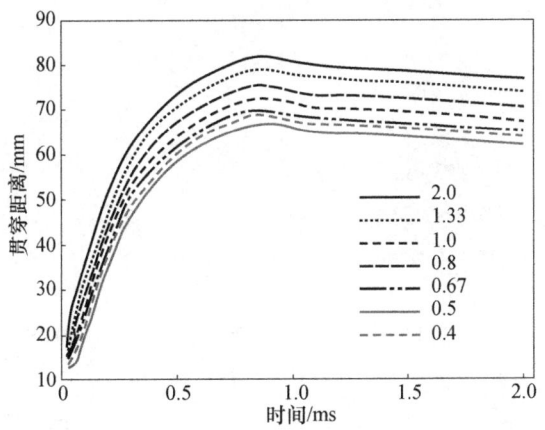

图 4-31 长径比对贯穿距离的影响

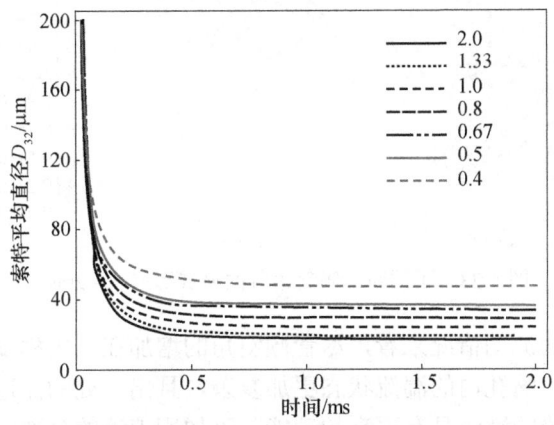

图 4-32 长径比对索特平均直径 D_{32} 的影响

增大喷孔长径比虽有利于喷射雾化，但当喷孔长径比过大时，在同样的喷射时间内，其燃油喷射量将会偏小。因此，目前多通过增加喷孔数量、减小喷孔直径以增大喷孔长径比，在改善喷射雾化质量的同时，兼顾喷油器的燃油喷射量，以满足发动机正常工作的需要。由于喷雾过程中的碰撞、聚合作用，需要仔细考虑喷孔之间的位置布置形式，以降低喷孔之间的喷雾干扰。

3. 喷孔倾斜角对雾化过程的影响

在保持喷孔几何尺寸不变的情况下，当改变喷孔的倾斜角大小时进行相应的喷射雾化计算，图 4-33 给出了当倾斜角从 10°增加到 45°时的喷射雾化形态。从图中可以看出，倾斜角对喷雾的影响不太明显。

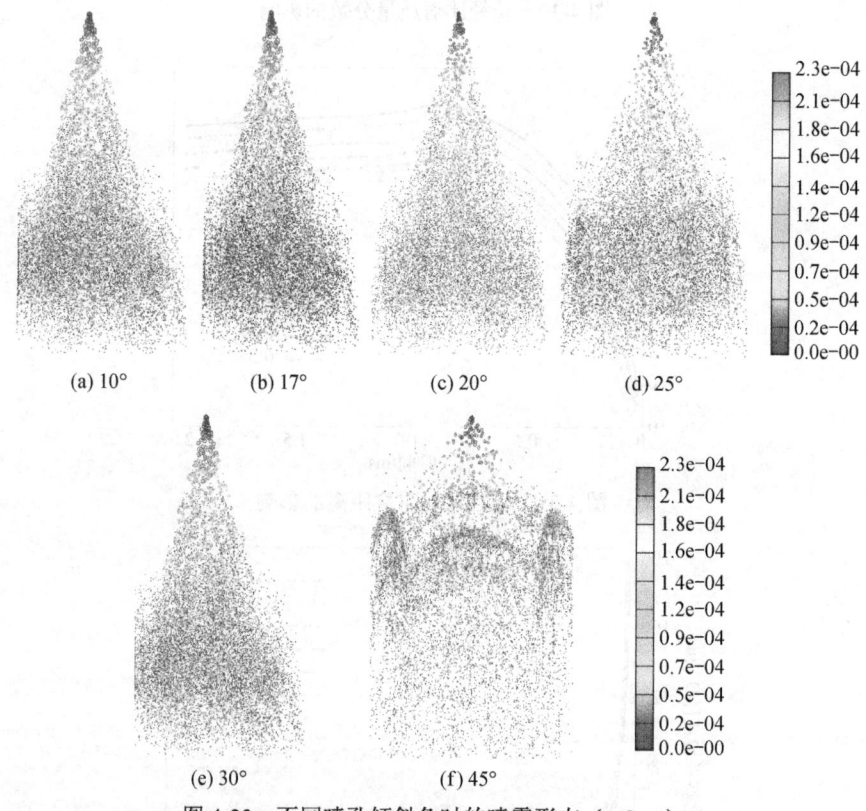

图 4-33　不同喷孔倾斜角时的喷雾形态（$t=2\text{ms}$）

结合喷孔内的流动情况来看，尽管倾斜角的增加在一定程度上加强了喷孔进口处的气穴效果，喷孔内的湍流状态更加复杂，且出口处的流速也更为均匀，似乎应该有利于破碎的液滴具有更高的动能，可加剧液滴的分裂作用，促进喷射雾化；但是由于倾斜角增大，燃油的流程增加，燃油喷射出喷孔之后，液滴的动能大幅降低，燃油中的蒸发气化质量降低，喷射的贯穿距离也有所减小，使雾化效果有所减弱，且喷雾粒径明显增加，如图4-34～图4-36所示。

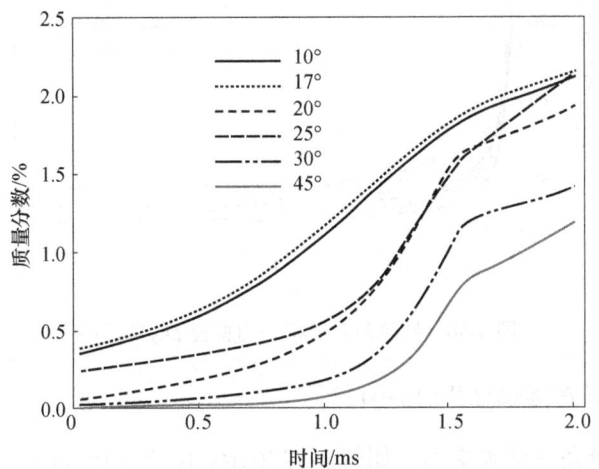

图4-34 倾斜角对质量分数的影响

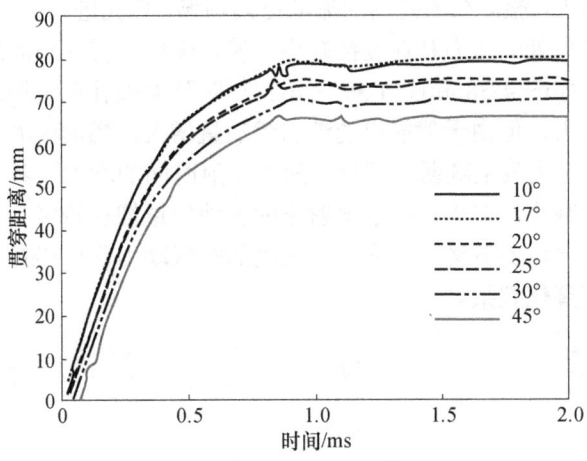

图4-35 倾斜角对贯穿距离的影响

当然，喷孔倾斜角对喷射雾化的影响并不完全是线性的、单向的。从图4-34～图4-36可以看出，在倾斜角为20°附近（包括17°和25°）时，雾化的质量综合性能最好。过大的喷孔倾斜角会引起燃油蒸气质量变化幅度波动，雾化粒径的大小也会在喷射的某个时刻出现不稳定的现象，这些都不利于雾化性能的提高。结合喷孔倾斜角对燃油喷射量的影响，在设计喷孔倾斜角时，应避免选取过大值，以兼顾燃油喷射量和稳定的雾化质量。

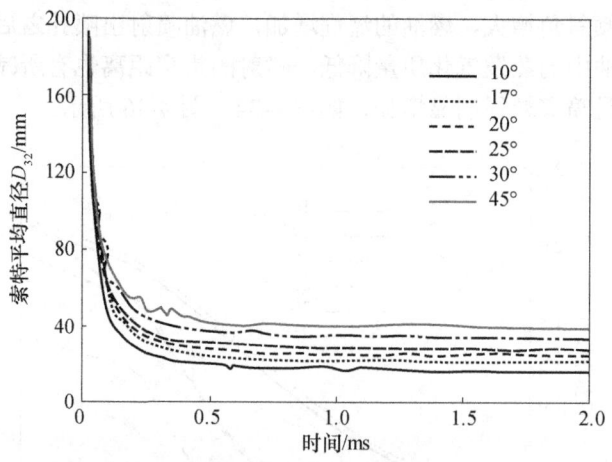

图 4-36 倾斜角对索特平均直径 D_{32} 的影响

4. 喷孔锥角对雾化过程的影响

不同喷孔锥角下的喷雾形态如图 4-37 所示。保持喷孔进口直径不变,喷孔锥角的变化对雾化质量有着明显的影响,与喷孔出口直径的影响有一定的相似之处。随着喷孔锥角增大,燃油在喷孔内的流动更为顺畅,喷孔进口处的压降更为明显,但燃油在喷孔出口处的压力和速度都减小,使得喷射的贯穿距离缩短、燃油索特平均直径增大,如图 4-38 和图 4-39 所示。尽管随着喷孔锥角增加,喷射出的燃油蒸发气化量增大,但由于喷射出的液态燃油量增大,燃油中的蒸气质量分数减小(图 4-40),雾化效果减弱。而且,随着喷射时间的增加,蒸气质量分数在达到一定值后开始减小,这也是由于喷射出的燃油质量增加较多。在减小喷孔锥角时,喷射初始雾化后的液滴直径变小,受到的空气动力作用相对更加强烈,加速雾化过程,提高雾化效果。

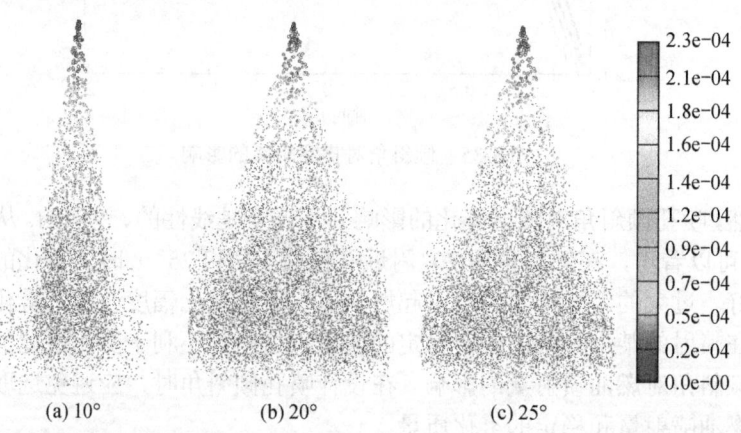

(a) 10°   (b) 20°   (c) 25°

第 4 章　PFI 喷油器内部流场及喷雾过程分析

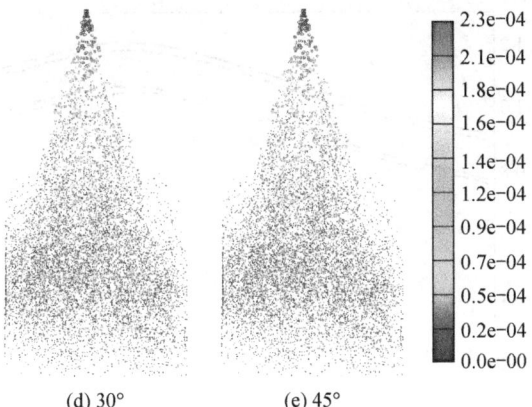

(d) 30°　　　　　(e) 45°

图 4-37　不同喷孔锥角时的喷雾形态（t=2ms）

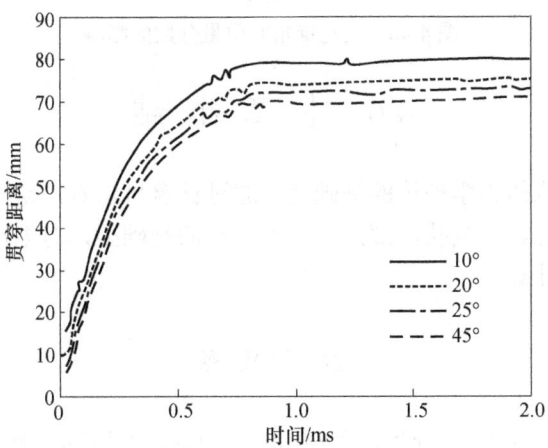

图 4-38　喷孔锥角对贯穿距离的影响

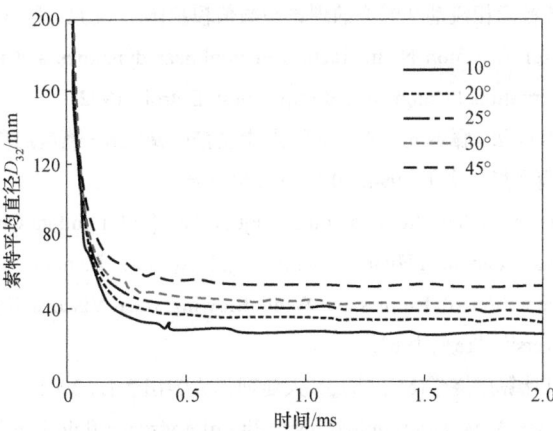

图 4-39　喷孔锥角对索特平均直径 D_{32} 的影响

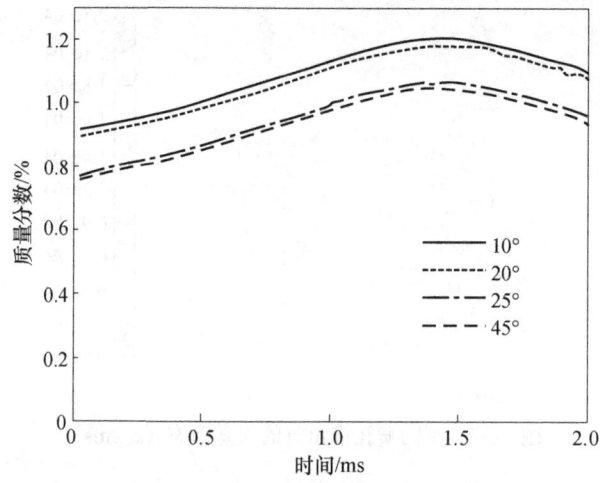

图 4-40 喷孔锥角对质量分数的影响

4.6 本章小结

本章在计算流体力学理论的基础上，通过计算机仿真，研究分析了电控喷油器的内部流动情况。在喷孔内部流动过程分析的基础上，对电控喷油器喷射雾化情况进行了模拟计算。

参 考 文 献

[1] 郭荣良，郭清南，祝世兴. 流体力学及应用[M]. 北京：机械工业出版社, 1996.

[2] 盛敬超. 液压流体力学[M]. 北京：机械工业出版社, 1980.

[3] 周力行. 湍流气粒两相流动和燃烧的理论与数值模拟[M]. 北京：科学出版社, 1994.

[4] Spurk J H, Betzel T, Simon N. Interaction of nonlinear dynamics and unsteady flow in fuel injectors[C]. International Congress and Exposition, Detroit, 1992.

[5] 千田二郎，塚本時弘，藤本元，他. 減圧沸騰噴霧の微粒化・蒸發過程のモデリソグ[J]. 日本機械学会論文集(B編), 1994, 60(578):3556-3562.

[6] Griffen E, Muraszew A. The Atomization of Liquid Fuels[M]. London: Chapman & Hall, 1953.

[7] Levich V G. Physicochemical Hydrodynamics[M]. New York: Plenum Press, 1988.

[8] Taylor G I. Generation of Ripples by Wind Blowing over Viscous Fluids[M]. Cambridge: Cambridge University Press, 1963.

[9] 解茂昭. 内燃机计算燃烧学[M]. 大连：大连理工大学出版社, 2005.

[10] Ranz W E, Dreier W M. Briefs-initial instability of a viscous fluid interface[J]. Industrial and

Engineering Chemistry Fundamentals, 1964, 3(1):34-46.

[11] Lee D W, Spencer R C. Photomicrographic studies of fuel sprays[C]. NACA Report 454, Washington DC 1934.

[12] Tamaki N, Shimizu M, Hiroyasu H. Enhancement of the atomization of a liquid jet by cavitation in a nozzle hole[J]. Atomization and Sprays, 2001, 11:125-137.

[13] Sazhin S S, Feng G, Heikal M R. A model for fuel spray penetration[J]. Fuel, 2001, 80(15):2171-2180.

[14] Aoki F, Enomoto S, Nakase Y, et al. Spray analysis of port fuel injector[C]. SAE World Congress & Exhibition, Detroit, 2005.

第 5 章　PFI 喷油器综合测试系统设计

电控喷油器的喷油精确性对汽车发动机的动力性和排放性有着重要的影响[1,2]。在喷油器加工、装配完成之后，都会对样品进行性能测试。本章介绍一套综合测试系统，可用来完成电控喷油器的流量特性和动态特性参数的测量[3,4]。

5.1　测试系统方案

该测试系统主要由电喷汽油机供油系统、称重系统、电控喷油器驱动电路、电流信号检测电路、单片机及外围电路以及上位机控制界面等部分组成。测试系统原理图和实物图如图 5-1 和图 5-2 所示。

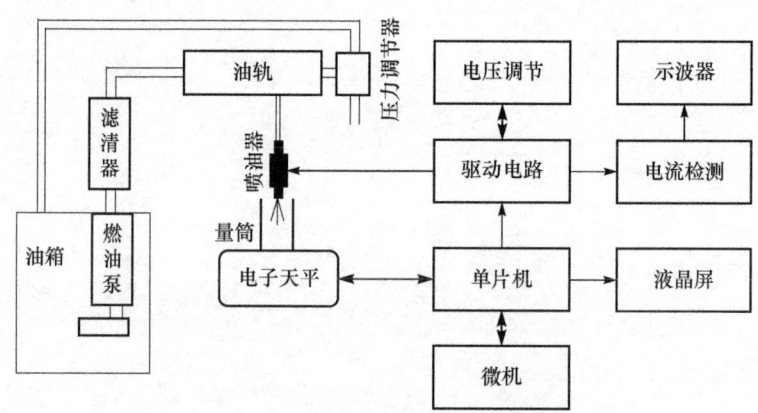

图 5-1　电控喷油器性能参数测试系统原理框图

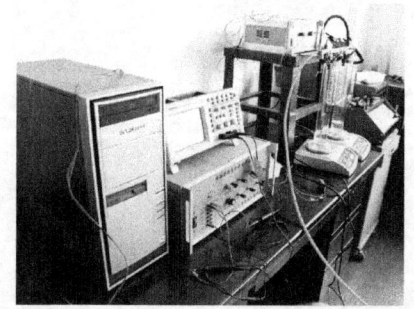

图 5-2　电控喷油器性能参数测试系统实物图

供油系统用以确保测试过程中一定压力及流量的燃油供应,压力调节器用以保持油轨内的燃油压力与环境背压之间的压差一定。燃油经电控喷油器喷出后进入称重系统中封闭的容器内,根据测试要求将喷射出的燃油质量信号通过通信线路发送到单片机进行数据处理。放大电路、微分电路、比较电路和电平转换电路属于电控喷油器动态响应时间信号的检测电路。调节旋钮组件不仅可以调节检测电路中的放大器等电子元件的增益等参数,还可以对电控喷油器的供电电压进行调节,用以进行不同电压下的喷射试验。驱动电路可满足不同类型 PFI 电控喷油器的测试需要。运行于 PC 的上位机不仅可以记录、保存所采集到的喷油器动态响应时间,还具有丰富的绘图功能,将不同工况下的结果以图形的形式表示出来。

5.2 系统硬件

1. 供油系统

供油系统主要由油箱、电动油泵、燃油滤清器、燃油压力调节器、油轨、喷油器和输油管路组成。燃油从油箱经过内置的电动油泵泵出,流经燃油滤清器滤除杂质,通过压力调节器使喷油器内外压差控制在一个恒定值附近,多余的燃油返回到油箱中,最后经过油轨进入喷油器。

(1)喷油器。在电控汽油喷射系统中,喷油器是一个关键部件,用于精确地计量燃油,并形成喷雾。通常要求喷油器具有宽广的流量直线性。

(2)电动燃油泵。电动燃油泵安装在燃油箱内,负责向实验台源源不断地提供燃油,以及足够的燃油压力和富余燃油。燃油泵为直流电机驱动的叶片泵,主要由油泵端盖、电枢和叶轮等部分组成,油泵置于油箱内,被燃油浸没,利用燃油散热和润滑。油泵接在可调电压直流电源驱动下向实验台供油。图 5-3 是电动燃油泵的解剖图。

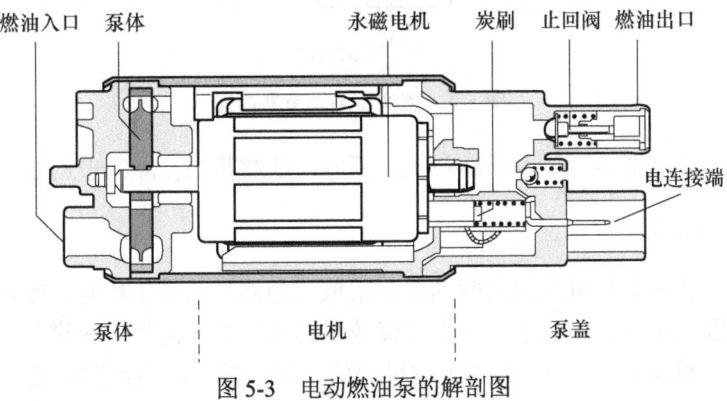

图 5-3 电动燃油泵的解剖图

（3）压力调节器。如图 5-4 所示，系统采用的是溢流式燃油压力调节器，当油压超过预定燃油压力 200kPa 时，由膜片控制的阀门可将回油孔打开使超压的燃油流回油箱以保持一定的燃油压力。

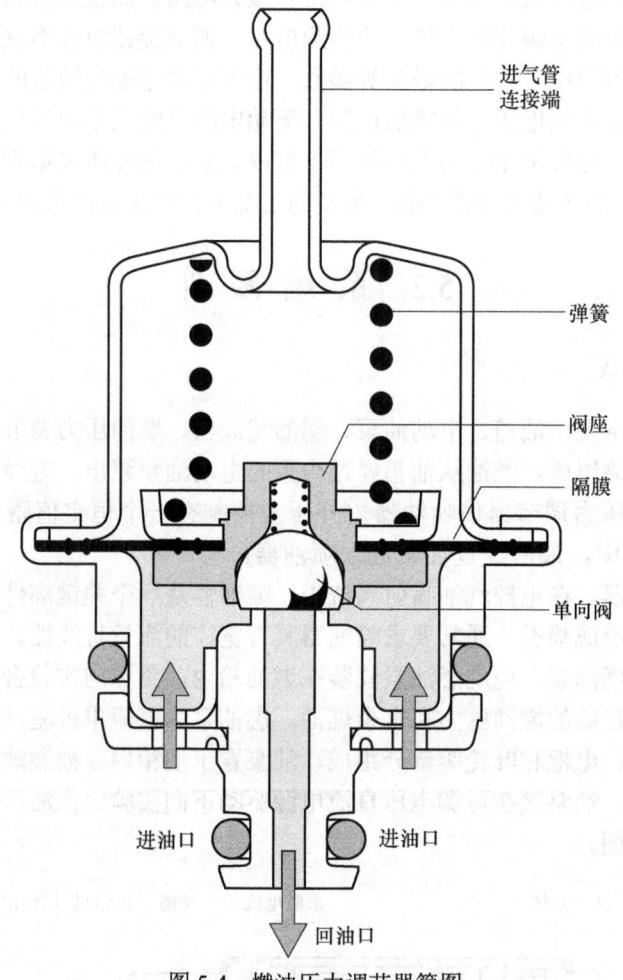

图 5-4 燃油压力调节器简图

（4）燃油滤清器。采用纸滤芯式滤清器，纸滤芯的孔隙的平均直径为 10μm。

2. 控制系统

控制系统由单片机及相关驱动电路组成。当测试系统工作时，喷油器喷出的燃油直接进入量筒，由电子天平进行读数，送入下位机测控系统进行记录分析，同时也可以通过串口与 PC 端的上位机通信，进行进一步的数据处理。

通过液晶显示屏及按键进行人机操作，驱动喷油器控制电路来控制喷油器。使用带串口的电子天平进行喷油量测量，同时通过电流检测芯片对喷油器线圈电流曲线进行监控，以此来测试喷油器的动态性能。最终可将参数发送给 LabVIEW 编写的上位机界面，进行进一步的数据分析。

本章选用飞思卡尔半导体公司的 MK60FX512VLQ15C8051 单片机，为 Kinetis 系列 32 位微控制器，内核采用 ARM Cortex-M4，为 144 个引脚 LQFP 封装，具有较高的运行效率和稳定性。

单片机的系统资源主要如下。

电压范围：1.71～3.6V。

温度范围：-40～105℃。

32 位 ARM Cortex-M4 内核，支持 DSP 指令。

内部 512KB 闪存。

运行频率最高可达 250MHz。

6 路可编程 UART 通道。

120 个中断源，16 个中断优先级。

4 路通用中断定时器。

123 个可配置的通用引脚。

3. 测量系统

测量系统选用高精度电子天平 JA3003N，精密电子天平直接与下位机单片机进行串行通信。JA 系列电子精密天平由上海精密科学仪器有限公司生产，内部采用 MCS-51 单片机，具有标准的信号输出口，可以直接对外输出称重数据。JA3003N 称量量程为 0～300g，读数精度为 1mg，满足系统的测试精度要求。

5.3 系统电路

测试系统的电路部分主要由电源模块、单片机系统模块、喷油器驱动模块、串口通信模块、传感器测量模块和人机交互模块组成。

1. 电源模块

对于整个测试系统用到的电源电压，喷油器为 10～15V 可调，单片机核心为 3.3V，外围元件为 5V。系统通过一块开关稳压电源供电，通过控制电源的闭合和断开的时间比率进行稳定电压的输出控制，开关电源由于其轻巧、高效率等特点被广泛应用在各行各业的电气设备中，开关电源分为直流开关电源和交流开关电源。本书使用直流开关电源，能够将 220V 交流电转化为直流输出，通过电源上配置的旋转电位计可对输出电压在 7.5～16V 进行调节，最大额定输出电流为 20A，可满足 4 个喷油器同时工作时的电流输出。

电源模块由总开关和稳压电路组成，原理图如图 5-5 和图 5-6 所示。

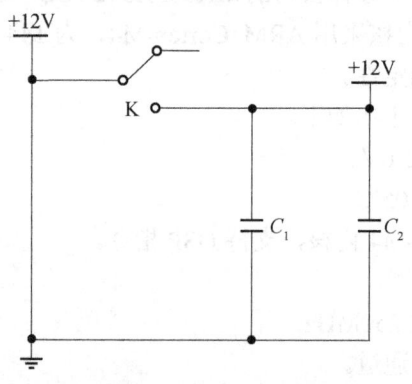

图 5-5　总开关及供电滤波

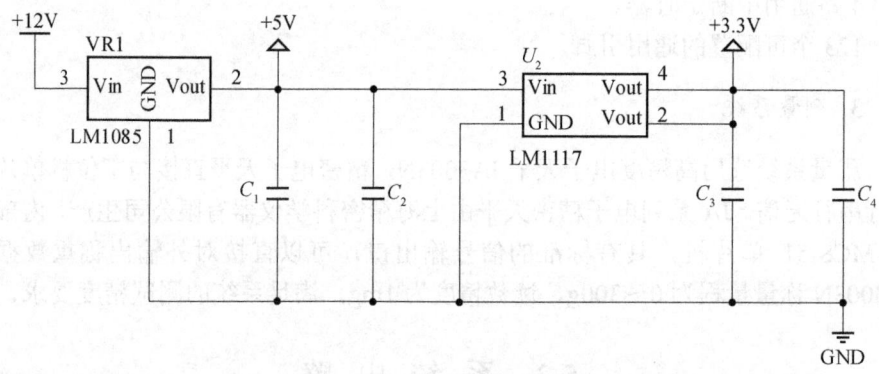

图 5-6　5V 及 3.3V 稳压电路

在供电总开关处配置两个滤波电容，用于稳定输出电压，减小电源纹波。利用德州仪器（TI）公司的线性稳压芯片 LM1085 提供 5V 电压，利用 LM1117 芯片提供 3.3V 电压。若将 12V 直接转为 3.3V，过大的压降会使芯片发热严重。因此，LM1117 的输入端直接使用 LM1085 的输出 5V，以此来降低 LM1117 芯片的工作压力。在所有稳压芯片的输出端均设置了滤波电容。

2. 单片机系统模块

为了消除单片机运行时产生的高频噪声，在单片机的电源引脚旁边加了磁珠和 0.1μF 的去耦电容。单片机内部设有 RC 振荡电路可产生内部时钟信号，但是 RC 时钟的频率不稳定，且会随着温度变化，主要在主时钟电路出现故障时运行，称为自时钟模式；为提供一个稳定的工作时钟，外接一个 50MHz 的有源晶振，通过片内的锁相环（phase-locked loop, PLL）电路将时钟频率倍频锁定在 230MHz。外接时钟电路如图 5-7 所示。

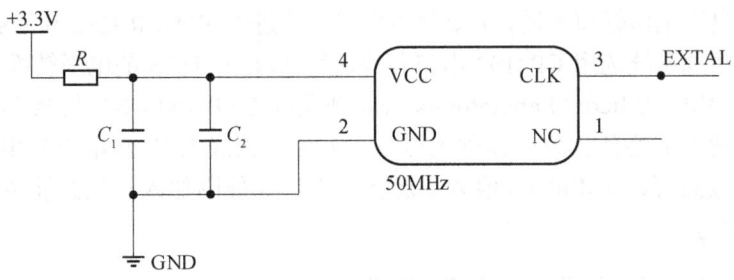

图 5-7　外部有源晶振电路

3. 喷油器驱动模块

喷油器采用电压驱动型电路，单片机通过 FTM 模块输出 PWM 信号，控制光电耦合器，光耦控制三极管通断，且将单片机与驱动电路进行有效隔离，可保护单片机电路，如图 5-8 所示。图中，D4 为二极管，在喷油器断电时构成放电回路，保护三极管；R_4 为高精度电流检测电阻，用于电流芯片对喷油器线圈电流进行精确测试。

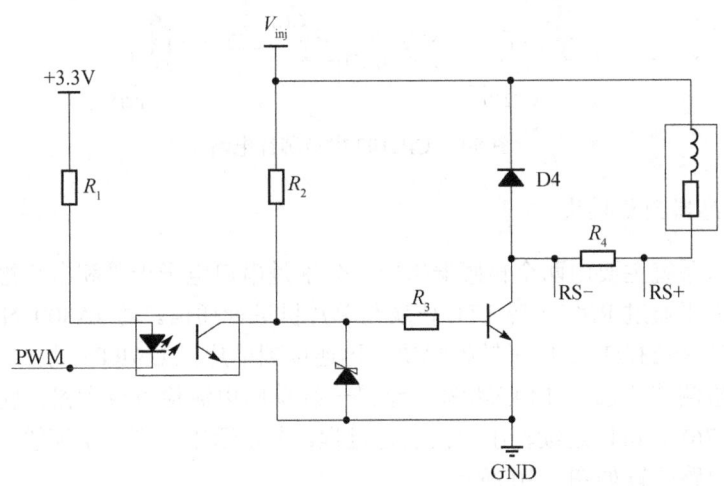

图 5-8　喷油器驱动电路

4. 串口通信模块

本章使用的单片机串口电平是 TTL 电平,其逻辑"0"为 0V 输出,逻辑"1"为 3.3V。电子天平的串口通信协议为 RS232,其逻辑"0"为 3~15V,逻辑"1"为 -15~-3V。而 PC 端则为 USB 协议,因此需要在 RS232、TTL 和 USB 三种协议之间进行切换。

由于电平电压幅值不同,需要使用串口芯片进行 TTL、RS232 和 USB 电平的转换。本测试系统选用 CP2102 串口芯片进行 TTL 与 USB 的电平转换,CP2102 是芯科实验室(Silicon Laboratories 公司开发的 USB 串口电平转换芯片,其体积小,即使不需要任何外围器件也可以很方便地构成 USB 转串口的电路方案,通信速率最高可达 1Mbit/s,但为了运行稳定,在外围加入一些滤波电容,电路如图 5-9 所示。

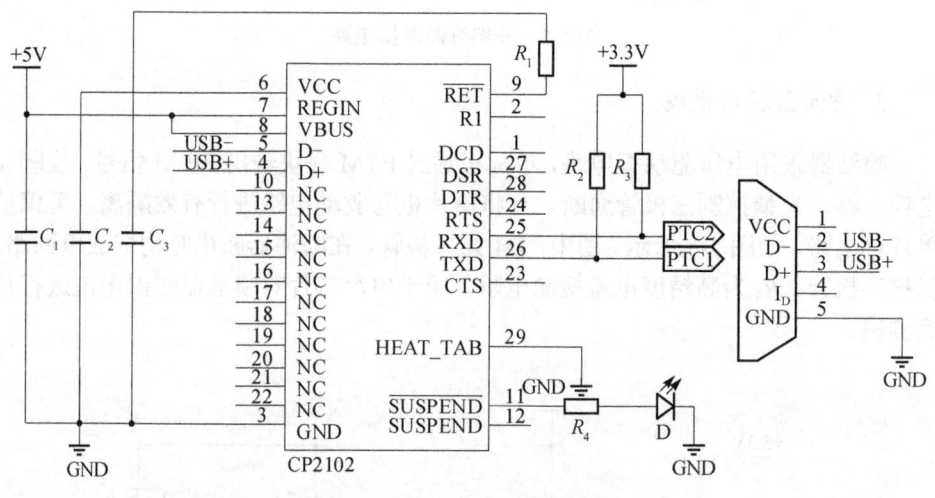

图 5-9　CP2102 串口芯片电路

5. 传感器测量模块

本测试系统主要由两个传感器组成,分别是串口电子天平和电流检测芯片。串口电子天平通过 RS232 转 TTL 模块与单片机进行通信。将 JA3003N 精密电子天平连接到 RS232/TTL 电平转换模块,再连接到单片机 UART 模块。

电流检测芯片选用 MAX4080,这是一款单向电流检测放大器,输入电压范围为 4.5~76V,可以连续输出电流变化过程,非常适用于汽车电流检测系统。其芯片外围电路配置如图 5-10 所示。

第 5 章 PFI 喷油器综合测试系统设计

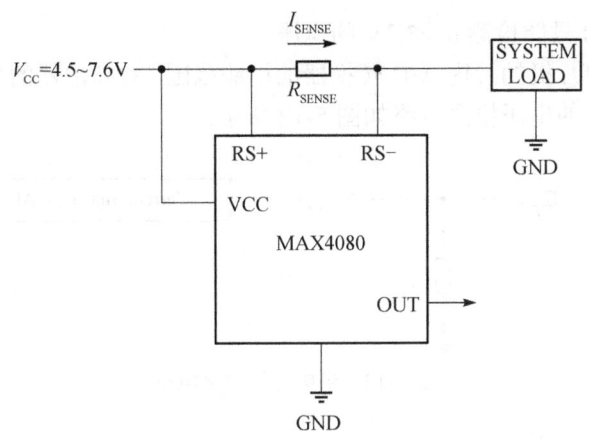

图 5-10　MAX4080 参考电路

该芯片分为三种增益，分别为 5V/V、20V/V 和 60V/V，对应后缀 F、T、S 表示。

电流检测电路中，检测电阻 R_{SENSE} 选用 0.1Ω 精密电阻，芯片选用 20V/V 增益，则检测电路的输出特性如下：

$$V_{out} = i_{SENSE} \times R_{SENSE} \times 20 \tag{5-1}$$

式中，V_{out} 为芯片输出电压值；i_{SENSE} 为通过检测电阻的电流值；R_{SENSE} 为检测电阻阻值。

当 i_{SENSE}=0.1A 时，V_{out}=0.1×0.1×20=0.2(V)；当 i_{SENSE}=2A 时，V_{out}=2×0.1×20=4(V)。即测量范围 0.1~2A 对应输出电压 0.2~4V，符合设计要求。设计的喷油器线圈电路检测电路如图 5-11 所示，其中，RS+、RS-端分别与检测电阻两端连接。

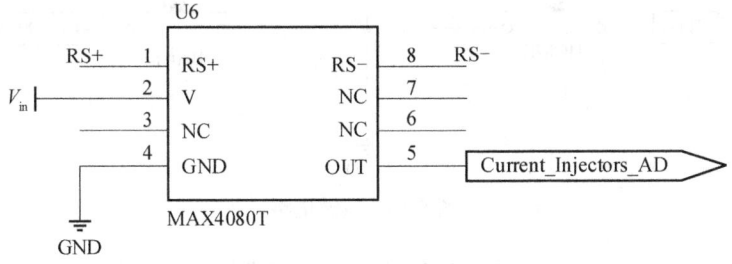

图 5-11　电流检测电路

用于系统供电的开关电源上配有电压调节电位器，为了帮助测试人员直观地进行调节，在电路设计上将电源电压接入单片机的一路 AD 口，将电源电压实时显示在液晶屏上。单片机片内 A/D 转换器的参考电压为芯片供电电压 3.3V，因此单片机系统 K60 只能检测 0~3.3V 的电压。

为了满足单片机的片内 A/D 转换器的检测范围，对喷油器的供电电压进行了分压处理，设计的电压检测电路如图 5-12 所示。

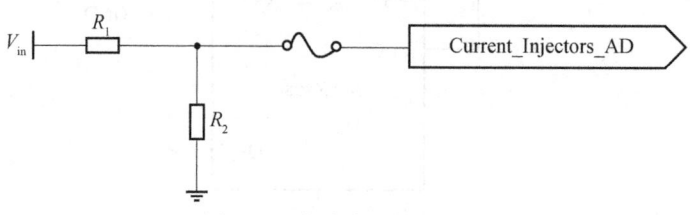

图 5-12　供电电压检测电路

6. 人机交互模块

本系统可以通过下位机控制板，独立完成整套测控过程。在 PCB 板上设置了方便快捷的人机操作交互模块，包括按键、液晶显示屏、蜂鸣器和电源指示灯。

测试系统设置上、下、左、右、确认、取消共 6 个按键，加上一块 3×3 的矩阵数字键盘，丰富了本系统的人机交互方式，用户可以非常便捷地进行参数设置和系统操作。按键电路如图 5-13 所示。

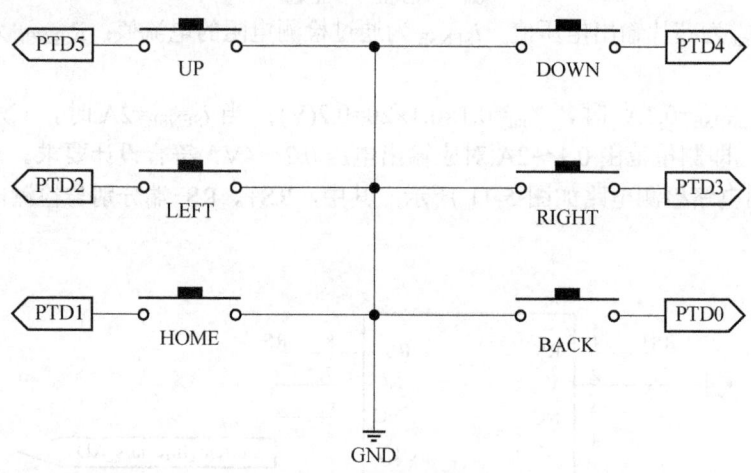

图 5-13　按键电路

系统使用一块 320×240 分辨率的液晶显示屏进行输出显示，液晶显示屏具有较高的界面自由度，可以显示系统所需的参数和相关的运行状态。液晶显示屏电路如图 5-14 所示。

除了液晶显示，测试系统内还配置了一个蜂鸣器，用于提醒使用者系统的运行状态，方便使用者在测试过程中可以不用全程盯守着显示器观察测试情况。蜂

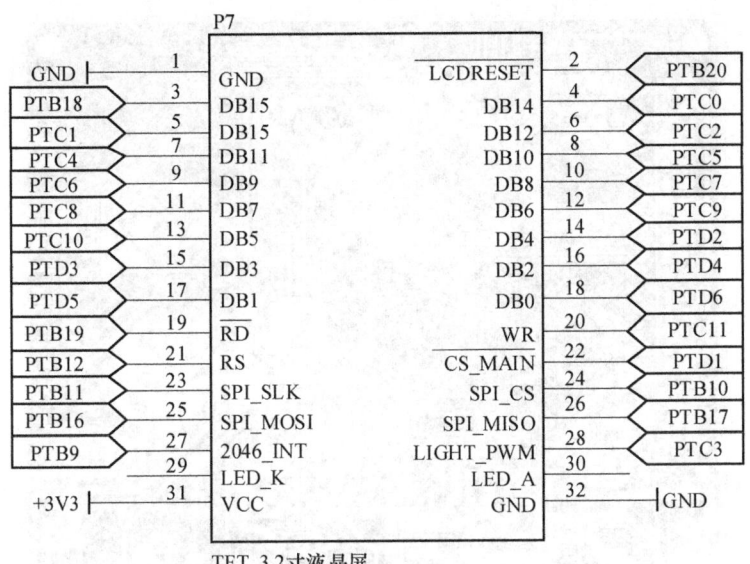

图 5-14 液晶显示屏电路

鸣器电路如图 5-15 所示。

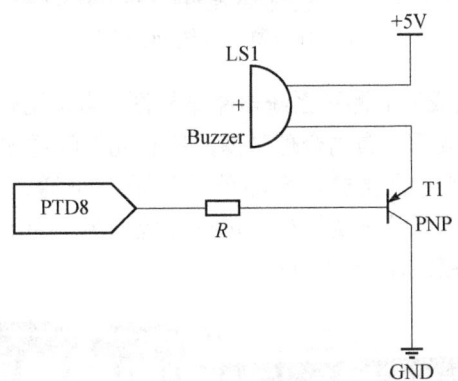

图 5-15 蜂鸣器电路

7. PCB 设计

利用 Altium Designer 软件进行 PCB 板设计，尽量考虑结构紧凑，提高系统集成度。同时对高频信号线进行隔离，保证系统运行的稳定可靠。设计的 PCB 板如图 5-16 所示。

PCB 设计为双层板，利用过孔连接上下两层，表面 GND 实心覆铜，覆铜可减小地线阻抗，提高抗干扰能力；降低压降，提高电源效率；与地线相连，减小环路面积。

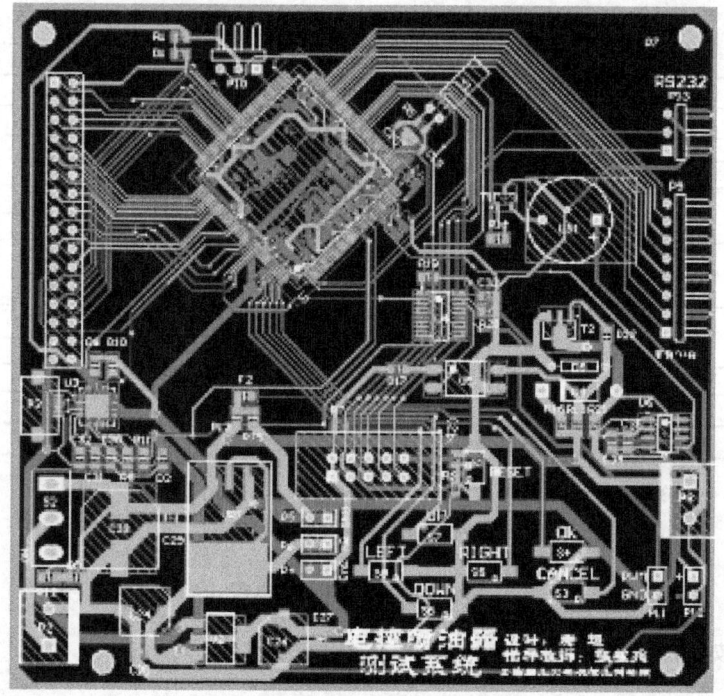

图 5-16　测试系统 PCB 图

图 5-17 为焊接完成后的测试系统电路结构图，多选用贴片式元器件，增强系统的集成度。制作完成后，布局合理紧凑，所有元件经过测试后都能正常运作，可满足喷油器性能测试的要求。实测单片机最高可通过 PLL 锁相环运行在 250MHz 的频率，说明系统干扰较少，运行环境理想。为了提高系统运行效率，最终将芯片运行频率锁定在 150MHz。

图 5-17　测试系统电路结构图

5.4 信号处理

信号处理模块主要指 PC 中的上位机界面，其主要功能包括对电控喷油器喷射控制参数进行设置（包括喷油脉宽、喷油周期和喷射次数）、实时记录采集的参数值（包括测试时的环境条件、电控喷油器驱动电压、燃油压力、燃油温度、燃油喷射量、开启响应时间和关闭响应时间等），可根据试验方案实时显示所需要的电控喷油器性能曲线，并对所测试的电控喷油器性能参数进行保存并生成试验报表等。信号处理模块的部分工作界面如图 5-18 和图 5-19 所示。

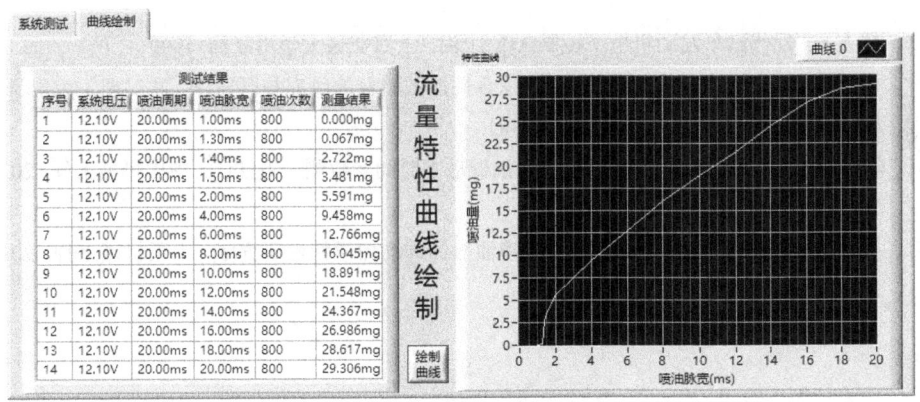

图 5-18 曲线绘制用户界面

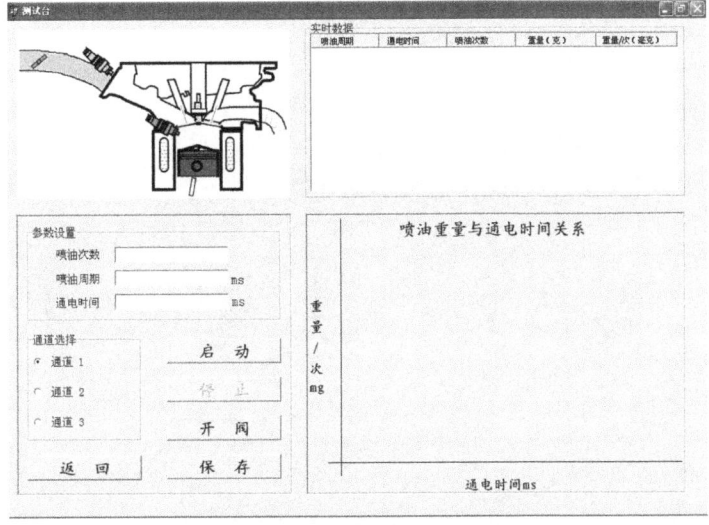

图 5-19 信号处理模块工作界面

5.5 本章小结

本章介绍了一套电控喷油器性能参数综合测试系统,可用来完成电控喷油器流量特性的测量,计算喷油器动态流量的线性误差等参数,以及检测电控喷油器的动态响应时间参数。根据检测结果,可对不同结构的 PFI 电控喷油器进行性能评价。

参 考 文 献

[1] 钱人一. 现代汽车发动机电子控制[M]. 上海: 上海交通大学出版社, 1999.

[2] 袁守利, 颜伏伍, 邹斌. 电控喷油器综合性能试验台的研究与开发[J]. 武汉理工大学学报(信息与管理工程版), 2007, 10(29):77-81.

[3] 郭辉, 张振东, 程强, 等. 一种电控喷油器动态时间参数测试方法[J]. 中国机械工程, 2012, 23(5):626-628.

[4] 孔祥栋, 张振东, 王小燕, 等. GDI 喷油器针阀动力学特性研究[J]. 中国机械工程, 2016, 27(3):365-369.

第6章 GDI 喷油器工作过程建模及耦合仿真

随着现代汽车发动机技术的飞速发展，人们对发动机的高速化、高效化、小型化提出了更高的要求，从而对车用电控燃油喷射系统中的执行器也提出了更高的要求，GDI 喷油器作为缸内直喷系统中最关键的执行器之一，一直是制约发动机发展的重要因素。GDI 喷油器工作过程涉及机械、电、磁、热、液等多个物理场，各物理场之间相互作用、相互约束，对其工作过程的多物理场建模带来了较大难度。

研究 GDI 喷油器工作过程中各子系统模型参数之间的内在联系，建立子系统参数耦合关系的数学模型，可为阐述多物理场耦合问题奠定理论基础。本章从理论上分析 GDI 喷油器工作过程中所涉及的结构、机械、电、磁、热、流等子系统模型，并建立相应的物理模型和数学模型，为 GDI 喷油器的结构设计和性能分析提供理论依据。

6.1 GDI 喷油器的结构模型及性能要求

1. GDI 喷油器的典型结构模型

GDI 喷油器主要由衔铁、铁心、轭铁、轭铁环、线圈、导向管、阀杆、阀座和喷孔等组成，其结构如图 6-1 所示。当电磁线圈接收到由发动机 ECU 发出的喷

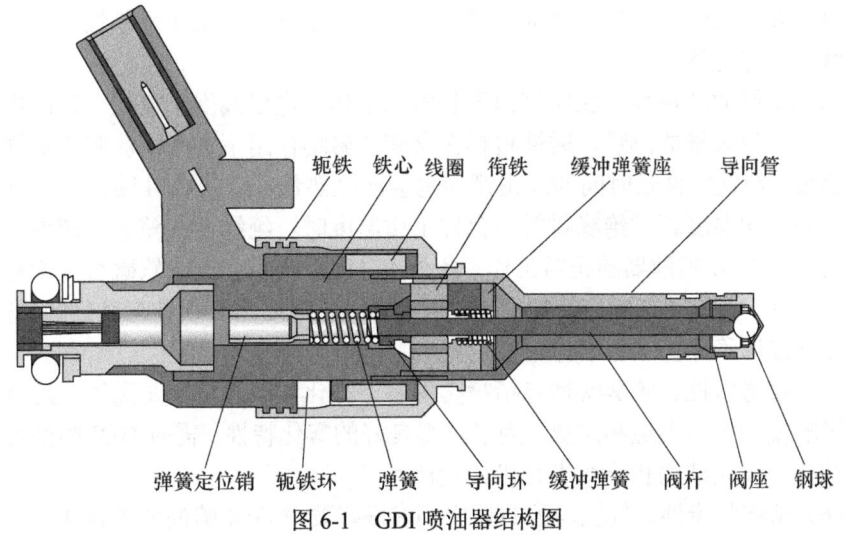

图 6-1 GDI 喷油器结构图

油信号后，衔铁组件（由衔铁、导向环、阀杆和钢球组成）在电磁吸力的作用下克服液压力、弹簧力、摩擦力和自身重力，向铁心方向运动，钢球离开阀座，燃油从阀座上的喷孔喷出并形成喷雾；当喷油信号结束后，衔铁组件在液压力、弹簧力和自身重力的作用下，向阀座方向运动，钢球落座，喷油结束，至此完成一个喷油周期。

2. GDI 喷油器的性能指标

从 GDI 喷油器在缸内直喷发动机上的作用和特点来看，其性能指标主要包括以下几个方面：

（1）电磁作用力。电磁作用力是指 GDI 喷油器通电后，衔铁组件在磁场中所受到的安培力。GDI 喷油器在工作过程中电磁作用力需要克服弹簧预压力、燃油压力、摩擦力和衔铁组件重力等作用力，而这些作用力随着弹簧刚度及预紧力、燃油压力、衔铁及导向管表面加工精度、燃油黏度等参数的变化而发生复杂的变化，要克服这些作用力，要求 GDI 喷油器的磁路部分能提供足够大的电磁力。

（2）动态响应速度。动态响应由开启延迟时间和关闭延迟时间之和表示，表示衔铁组件在一个脉冲作用下由完全关闭到完全开启，再由完全开启到完全关闭所需的时间之和。动态响应特性不仅是决定燃油喷射量控制精度的重要参数之一，还是实现最小油量喷射和多次喷射的前提，因此，要求 GDI 喷油器具有能耗低、效率高、动态响应快的磁路结构。

（3）稳定性和一致性。GDI 喷油器的工作环境非常恶劣，为了保证 ECU 对其燃油喷射量和动态响应特性的精确控制，要求 GDI 喷油器具有非常稳定的性能。对于多缸汽油机，GDI 喷油器的一致性决定了各缸的工作平稳性，从而直接影响汽车的舒适性。

（4）良好的散热性。GDI 喷油器长时间工作，电磁线圈一直处于通断电循环之中，会产生大量的热量，磁性材料在交变的磁场作用下会因涡流和磁滞损耗而产生热量，衔铁组件长时间的冲击摩擦也会产生热量，造成 GDI 喷油器本体温度升高。当线圈温度超过绝缘材料的允许工作温度时，绝缘性变差老化速度加快，会严重影响 GDI 喷油器的正常工作。此外，温度上升也会造成软磁合金性材料的磁性能下降，使得动态响应特性变差。因此，GDI 喷油器必须具有良好的散热性，以确保其能够稳定持久地工作。

（5）喷雾特性。喷雾特性包括喷雾形态、雾化颗粒和贯穿距离等，这些参数直接影响发动机的燃烧和排放。为了获得良好的雾化特性，需对 GDI 喷油器内部流动结构、喷孔结构和分布进行优化设计。

（6）结构紧凑性。气缸盖的布置空间有限，要求 GDI 喷油器的体积小、质量轻，能够方便地满足喷油器的安装要求，实现缸内直喷发动机的小型化和轻量化。

6.2 GDI 喷油器子系统模型

6.2.1 机械运动子系统

GDI 喷油器工作过程中受力情况较为复杂，除了受到电磁力，还受到弹簧力、液压力、摩擦力和自身重力等作用力，这些作用力随着喷油器工作环境的不同而发生改变，而喷油器的喷油速率和动态响应特性都直接与衔铁组件的受力情况相关，因此有必要对 GDI 喷油器的机械运动子模型进行分析，其受力简图如图 6-2 所示。

对于衔铁组件，当 GDI 喷油器处于工作过程中时，其受力情况可表示为

$$F_n = F_m + F_{fuel} + F_f + F_{spring} + G \qquad (6-1)$$

式中，F_n 为衔铁组件所受合力；G 为衔铁组件所受重力，$G=mg$。

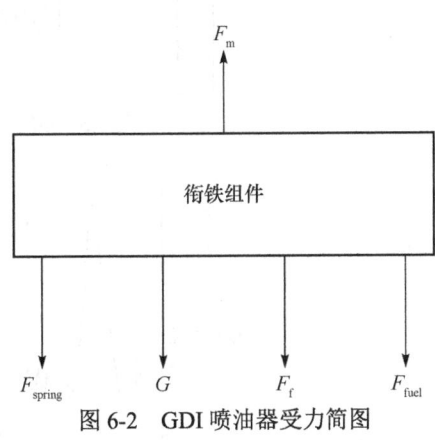

图 6-2 GDI 喷油器受力简图

在 GDI 喷油器工作过程中，衔铁组件的运动过程分为四个阶段，分别可以表示如下。

触动阶段：$F_m - (F_{fuel} + F_{spring} + mg) = 0$

运动阶段：$F_m - (F_{fuel} + F_f + F_{spring} + mg) = m\ddot{s}$

保持吸合阶段：$F_m - (F_{fuel} + F_{spring} + mg) = 0$

复位阶段：$F_{spring} + F_{fuel} + mg - F_f = m\ddot{s}$

由以上分析可知，机械运动子系统模型是 GDI 喷油器瞬态物理场模型分析的基础，其不同时刻的位移决定了其他物理场的边界条件。

6.2.2 电路子系统

GDI 喷油器的驱动信号分为四个阶段，如图 6-3 和图 6-4 所示。采用该驱动方式的优点包括：①在开启阶段采用大电流驱动，使喷油器衔铁组件能迅速上升，减少开启延迟时间；②在电流保持阶段，通过小电流使衔铁组件保持开启状态，此时储存在电磁线圈中的能量较少，使喷油器关闭延迟时间缩短，同时可以避免喷油器线圈长时间处于高电流状态下发热量过大所造成的危害。

GDI 喷油器的电路部分主要由电磁线圈组成，因此可将其电路模型简化为如图 6-5 所示的等效电路。

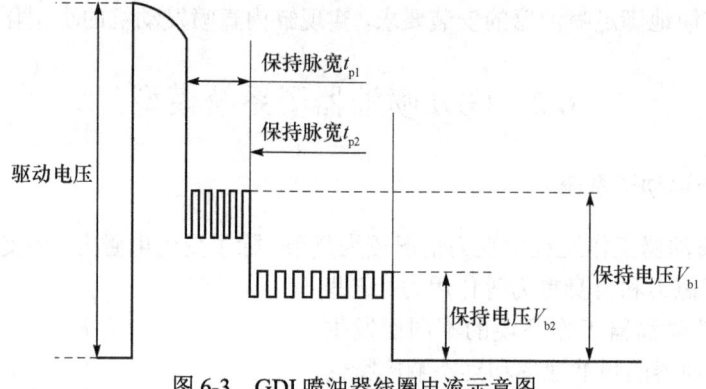

图 6-3 GDI 喷油器线圈电流示意图

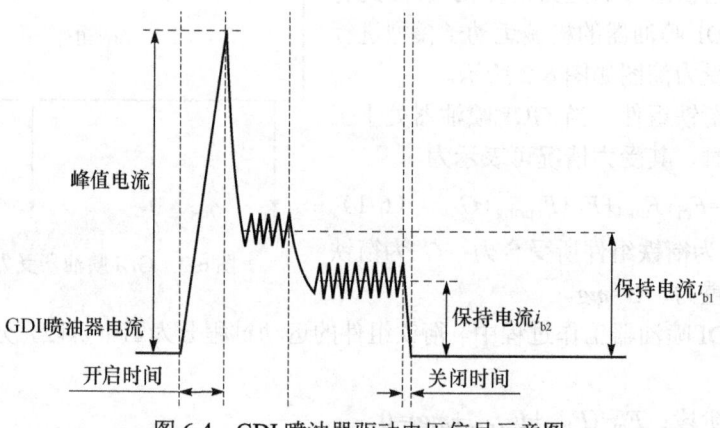

图 6-4 GDI 喷油器驱动电压信号示意图

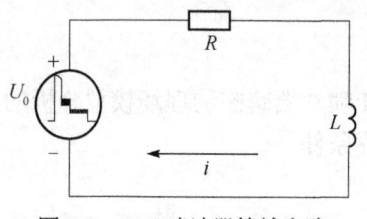

图 6-5 GDI 喷油器等效电路

由基尔霍夫定律，可获得 GDI 喷油器的电压平衡方程为

$$U_0 = i(t)R + L\frac{\mathrm{d}i}{\mathrm{d}t}$$

求解可得

$$i(t)R = \frac{U_0(1-\mathrm{e}^{-Rt/L})}{R}$$

式中，$i(t)$ 为线圈电流随时间变化的函数，也是建立磁-热耦合关系的耦合点。

6.2.3 磁路子系统

GDI 喷油器的磁路结构和等效磁路如图 6-6 和图 6-7 所示，衔铁组件所受电磁力与磁通量和磁路中的磁阻直接相关。

采用虚功原理，通过储存在螺线管中的能量可以计算出电磁力，公式如下：

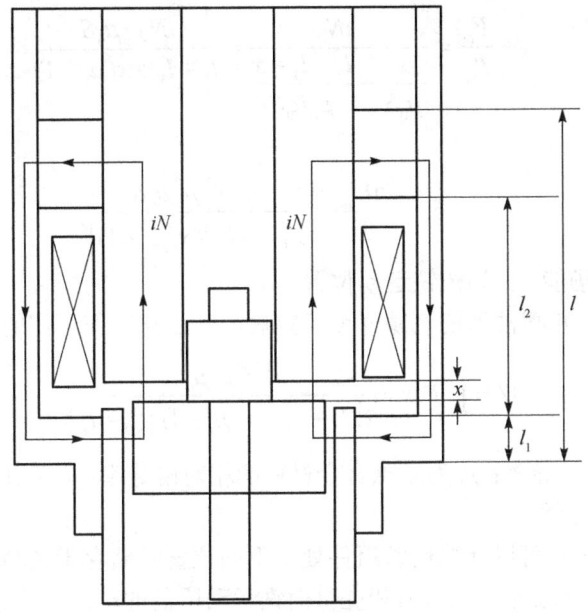

图 6-6 GDI 喷油器磁路结构

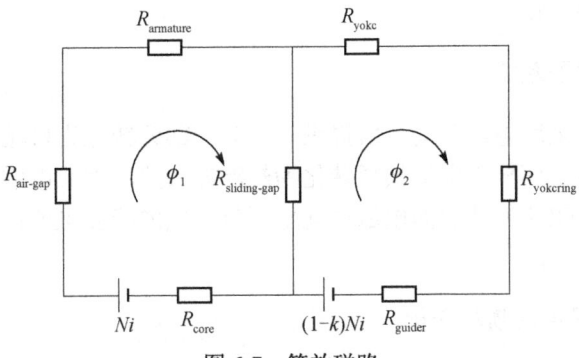

图 6-7 等效磁路

$$W_m = \int i d\lambda = \int iN d\phi \tag{6-2}$$

在计算储存于螺线管中的能量之前,需要先计算磁通量。磁通量计算公式如下:

$$\phi = \frac{F_m}{R_m} \tag{6-3}$$

式中,电磁驱动力 F_m 的大小与驱动电流 I、线圈匝数 N、磁路磁阻 R_m、软磁合金材料的相对磁导率 μ_c、线圈长度 l_2、衔铁的横截面积 S 和衔铁的长度 l_{eq} 等有关。

因此,磁通量可以表达为

$$\phi = \frac{F_m}{R_m} = \frac{iN}{\dfrac{x}{\mu_0 S} + \dfrac{l_2 + l_3 - x}{\mu_r \mu_0 S}} = \frac{iN\mu_c\mu_0 S}{l_2 + l_3 + x(\mu_c - 1)} \tag{6-4}$$

电磁力为

$$F_m = \frac{dW_m}{dx} = \frac{i^2 N^2 \mu_c^2 \mu_0 S}{2[l_2 + l_3 + x(\mu_c - 1)]^2} \tag{6-5}$$

式中，W_m 为磁场能；x 为衔铁运动位置。

因此，当 GDI 喷油器的气隙厚度确定后，其正常工作所需的能量可表示为

$$W = \int_0^x F dx = \frac{i^2 N^2 \mu_r^2 \mu_0 S x}{2[l_2 + l_{eq} + x(\mu_r - 1)](l_2 + l_{eq})} \tag{6-6}$$

式中，μ_0 为真空磁导率；μ_r 为软磁合金材料的相对磁导率；l_2 为线圈长度；x 为气隙（即衔铁运动行程）。

通过式（6-6）可以计算衔铁组件处于不同位置时储存于 GDI 喷油器中的能量，该能量用于克服弹簧预压力和提供衔铁运动所需的动能，即 $W_k = (1/2)mv^2$。在进行 GDI 喷油器的动态特性计算时，可将运动过程离散为一种准静态运动过程，将准静态过程连续化。

6.2.4 电磁损耗子系统

GDI 喷油器采用电流驱动，所提供的电能一部分转化为机械能用于喷油器衔铁运动做功；另一部分由电磁损耗转化为热能耗散掉，因此电磁损耗越高，电能的利用率越低。GDI 喷油器的电磁损耗主要包括电磁线圈电流损耗、磁路中的涡流损耗和磁滞损耗。

1. 电磁线圈电流损耗分析

GDI 喷油器电磁线圈的电流损耗是造成喷油器温度上升的主要原因，当电磁线圈电阻一定时，驱动电流越高，电流在电磁线圈上产生的损耗越大，喷油器温度上升越快，热平衡温度越高。驱动电流在电磁线圈上的热损耗可以通过式（6-7）计算[1]：

$$P_{coil} = i^2(t) \cdot R \tag{6-7}$$

式中，P_{coil} 为电磁线圈热损耗；$i(t)$ 为线圈电流。

2. 涡流损耗分析

当电磁线圈电流发生变化时，GDI 喷油器铁心周围磁场也跟着发生变化，铁

心中垂直于磁力线方向的截面上会产生闭合的环形感应电流，称为涡流。由涡流产生的能量损耗称为涡流损耗。涡流损耗的大小与磁场的变化方式、导体的运动、几何形状、磁导率和电导率等因素有关。涡流损耗的大小 P_{eddy} 可表示为

$$P_{eddy} = \frac{C_{eddy} f^2 B_m^2 d^2}{\rho_0} \tag{6-8}$$

式中，C_{eddy} 为涡流损耗系数；ρ_0 为喷油器材料的电阻率。

3. 磁滞损耗分析

GDI 喷油器铁心在线圈驱动电流变化时产生的磁滞现象会引起磁滞损耗，它以热量的形式散发掉，使磁路零件温度升高。磁路中磁滞损耗的大小 P_h 可近似表示为

$$P_h = C_h f B^n V \tag{6-9}$$

式中，B 为磁感应强度；V 为铁心体积；n 是与软磁材料特性相关的参数，通常当 $B=1 \sim 1.6T$ 时，$n=1.6 \sim 2.3$。

4. GDI 喷油器总的损耗分析

忽略摩擦、碰撞等产生的热量，使电磁阀温度上升的热量主要包括电磁线圈发热量 P_{coil}、涡流热损耗 P_{eddy} 和磁滞热损耗 P_h 三部分，则 GDI 喷油器的温升情况可表示为

$$T_s = \frac{P_{coil} + P_{eddy} + P_h}{K_T(S_{out} + \alpha_s S_{in})} \tag{6-10}$$

式中，K_T 为线圈表面散热系数；S_{out} 为线圈外表面面积；S_{in} 为线圈内表面面积；α_s 为线圈内外表面散热条件差异系数。

6.2.5 热力学子系统

电磁损耗在 GDI 喷油器工作过程中转化为本体温度的升高，根据热力学第一定律和热力学第二定律可知，一方面电磁损耗造成 GDI 喷油器温度升高；另一方面由于热量会从高温物体向低温物体（如燃油和空气）传递，最终将达到一个热力学平衡。

根据热力学第二定律，使用如下热传导方程[2]：

$$\nabla \cdot (\varepsilon_1 \nabla T) + Q = \rho_{material} c \frac{\partial T}{\partial t} \tag{6-11}$$

式中，ε_1 为热导率；T 为温度；Q 为内部发热率；c 为比热容；t 为时间；∇ 为拉普拉斯算子。

在 x-y-z 坐标系中，有

$$\frac{\partial}{\partial x}\left(\varepsilon_{xx}\frac{\partial T}{\partial x}\right)+\frac{\partial}{\partial y}\left(\varepsilon_{yy}\frac{\partial T}{\partial y}\right)+\frac{\partial}{\partial z}\left(\varepsilon_{zz}\frac{\partial T}{\partial z}\right)+Q=\rho c\frac{\partial T}{\partial t} \quad (6\text{-}12)$$

热传导的边界条件表示为

$$q=-\varepsilon\frac{\partial T}{\partial n}=-\varepsilon(\boldsymbol{n}\cdot\nabla T)=-\begin{bmatrix}\varepsilon_{xx} & 0 & 0\\ 0 & \varepsilon_{yy} & 0\\ 0 & 0 & \varepsilon_{zz}\end{bmatrix}\begin{bmatrix}\frac{\partial T}{\partial x}n_x\\ \frac{\partial T}{\partial y}n_y\\ \frac{\partial T}{\partial z}n_z\end{bmatrix} \quad (6\text{-}13)$$

式中，q 为热量；$\boldsymbol{n}$ 为边界上流出的法向矢量；ε 为热导率。

为了能够真实地反映 GDI 喷油器的热传导过程，使用三维节点单元对热传导控制方程进行离散。Galerkin 方程如下[3]：

$$\iint_S q\{N\}^{\mathrm{T}}\mathrm{d}S + \iiint_V\left[\frac{\partial\{N\}}{\partial x}\left(\varepsilon_{xx}\frac{\partial\{N\}^{\mathrm{T}}}{\partial x}\right)+\frac{\partial\{N\}}{\partial x}\left(\varepsilon_{yy}\frac{\partial\{N\}^{\mathrm{T}}}{\partial y}\right)\right.$$

$$\left.+\frac{\partial\{N\}}{\partial z}\left(\varepsilon_{zz}\frac{\partial\{N\}^{\mathrm{T}}}{\partial z}\right)\right]\mathrm{d}V\{T\}_e - \iiint_V Q\{N\}\mathrm{d}V$$

$$+\iiint_V \rho c\{N\}\{N\}^{\mathrm{T}}\mathrm{d}V\frac{\partial\{T\}_e}{\partial t}=0 \quad (6\text{-}14)$$

式中，$\{N\}$ 为插值函数。

由上述分析可知，GDI 喷油器本体温度的升高是电-磁场耦合的产物，其主要由电流损耗、涡流损耗和磁滞损耗产生，同时由于温度升高，电磁线圈电阻、软磁合金磁学性能和燃油物性也发生了改变。

6.2.6 内部流动子系统模型

影响 GDI 喷油器雾化特性的主要因素为空气动力、内部湍流扰动和喷孔内空穴现象。空气动力主要由气缸温度、压力和空气流动等外部环境决定；内部湍流扰动和空穴现象除了与喷油器喷油压力、温度及环境温度、压力有关，还与喷油器内部结构和喷孔结构有关。

1. 空穴模型

图 6-8 为 GDI 多孔喷油器喷孔内部流动状态示意图[4]。对于定常流动的液体，随着流速的增大，静压降低。由于 GDI 喷油器燃油压力较高，燃油流动速度快，当流速达到一定的程度时，静压降低到低于液体的饱和蒸气压，此时，液体发

生气化而形成许多小气泡，小气泡进一步相互作用，在喷孔内形成气液两相流，该现象称为空穴现象。

喷孔内的空穴状态通过计算入口收缩流动区域（C 点）的静压 p_c 来判断[5]：

$$p_c = p_{in} - \frac{U_{average}^2 \rho_f}{2}\left(\frac{1}{C_{ct}^2} - \frac{11.4R}{D}\right) \quad (6-15)$$

$$p_{in} = p_{out} + \frac{\rho_f}{2}\left(\frac{U_{average}}{C_d}\right)^2 \quad (6-16)$$

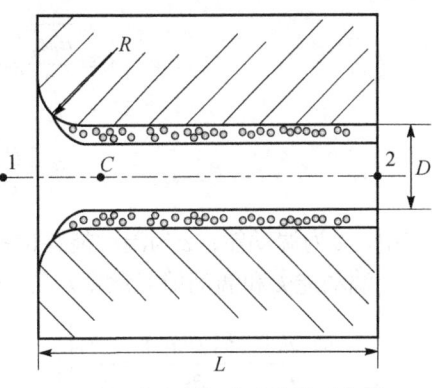

图 6-8 喷孔内部流动状态示意图

$$C_d = \frac{1}{\sqrt{K_{inlet} + f_1 L/D + 1}} \quad (6-17)$$

式中，p_{in} 为燃油入口处压力；p_{out} 为出口处压力；ρ_f 为燃油密度；C_d 为流量系数；C_{ct} 为收缩系数，这里取为 0.611；$U_{average}$ 为名义平均流速；f_1 为壁面摩擦系数；K_{inlet} 为入口处（1 点）损失系数。

当 p_c 大于液体的饱和蒸气压 p_{vapor} 时，无空穴现象产生，喷孔内为单相流状态，初始液滴索特平均直径 D_{32} 等于喷孔出口直径；当 p_c 小于液体的饱和蒸气压 p_{vapor} 时，孔内流动处于全空穴状态，此时需要重新计算一个新的入口压力 p_c 和流量系数 C_d：

$$p_c = p_{vapor} + \frac{\rho_f}{2}U_c^2 \quad (6-18)$$

$$C_d = C_c \sqrt{\frac{p_1 - p_{vapor}}{p_1 - p_2}} \quad (6-19)$$

发生在气液两相交界面上的质量交换是通过气泡动力学模型进行求解的，如式（4-12），质量交换系数可表示为

$$\varGamma_c = \rho_d N''' 4\pi R_2^2 \dot{R}_2 = -\varGamma_d$$

对上式进行线性化处理并求解微分方程，可将质量交换系数表示为

$$\varGamma_c = \frac{1}{C_{CR}}\text{sign}(\Delta p)3.85\frac{\rho_d}{\sqrt{\rho_c}}N'''^{\frac{1}{3}}\alpha_d^{\frac{2}{3}}|\Delta p|^{\frac{1}{2}} = -\varGamma_d$$

2. 湍流模型

目前湍流的数值模拟可分为非直接数值模拟和直接数值模拟两种方法，非直接数值模拟选用 k-ε 双方程模型。k-ε 双方程模型可表示为[6]

$$k = \frac{\overline{u_i' u_j'}}{2} = \frac{1}{2}\left(\overline{u'^2} + \overline{v'^2} + \overline{w'^2}\right) \qquad (6\text{-}20)$$

$$\varepsilon = \frac{\mu}{\rho}\overline{\left(\frac{\partial u_i'}{\partial x_k}\right)\left(\frac{\partial u_j'}{\partial x_k}\right)} \qquad (6\text{-}21)$$

式中，k 为湍动能；ε 为湍动能耗散率。

湍动能 k 和湍动能耗散率 ε 的运输方程可分别定义为

$$\frac{\partial(\rho k)}{\partial t} + \frac{\partial(\rho k u_i)}{\partial x_i} = \frac{\partial}{\partial x_j}\left[\left(\mu + \frac{\mu_t}{\sigma_k}\right)\frac{\partial k}{\partial x_j}\right] + G_k + G_b - \rho\varepsilon - Y_M + S_k \qquad (6\text{-}22)$$

$$\frac{\partial(\rho\varepsilon)}{\partial t} + \frac{\partial(\rho\varepsilon u_i)}{\partial x_i} = \frac{\partial}{\partial x_j}\left[\left(\mu + \frac{\mu_t}{\sigma_\varepsilon}\right)\frac{\partial k}{\partial x_j}\right] + G_{1\varepsilon}\frac{\varepsilon}{k}(G_k + G_{3\varepsilon}G_b) - C_{2\varepsilon}\rho\frac{\varepsilon^2}{k} + S_\varepsilon \qquad (6\text{-}23)$$

式中，$G_k = \mu_t\left(\frac{\partial u_i}{\partial x_j} + \frac{\partial u_j}{\partial x_i}\right)\frac{\partial u_i}{\partial x_j}$ 表示为平均速度梯度引起的湍动能 k 的产生项；$G_b = \beta g_i \frac{\mu_t}{\Pr_t}\frac{\partial T}{\partial x_i}$ 表示为浮力引起的湍动能 k 的产生项，g_i 为重力加速度 i 方向分量，$\Pr_t$ 为湍流普朗特数；$Y_M = 2\rho\varepsilon M_t^2$ 为可压湍流中脉动扩张的贡献，M_t 为湍流马赫数；σ_k、σ_ε 分别为与湍动能 k 和耗散率 ε 对应的普朗特数；$C_{1\varepsilon}$、$C_{2\varepsilon}$ 和 $C_{3\varepsilon}$ 为经验常数；S_k 和 S_ε 是用户定义的源项。

6.2.7 喷雾子系统

通常将 GDI 多孔喷油器的燃油雾化过程分为初次雾化和二次雾化，初次雾化是指燃油以较快的速度在喷孔出口处形成一股射流，同时发生分裂。在此过程中会产生形态不同的液体微团结构，如团块状、条带状和纤丝状等。二次雾化是指初次雾化所产生的燃油液滴在运动过程中因气液两相流的作用而发生的进一步破碎，从而形成更小的燃油颗粒。影响初次雾化的主要因素有气动稳定性、空穴现象和湍流扰动等，而影响二次雾化的主要因素为气动稳定性，初次雾化的液滴除了会发生二次破碎，还会经历拉伸、碰撞、聚合、湍流扩散和蒸发等过程。图 6-9 描述了 GDI 多孔喷油器的喷雾发展过程[7]。

由于 GDI 多孔喷油器属于中高压喷射，喷孔内的气穴现象和湍流扰动对喷雾的影响较大，通常采用 WAVE 破碎模型对非对称 GDI 多孔喷油器的喷雾特性进行研究。WAVE 破碎模型进一步考虑了喷雾颗粒之间的破碎与重组，也考虑了因液滴畸变而造成下降过程阻力系数的动态变化，其模型如图 6-10 所示[8]。

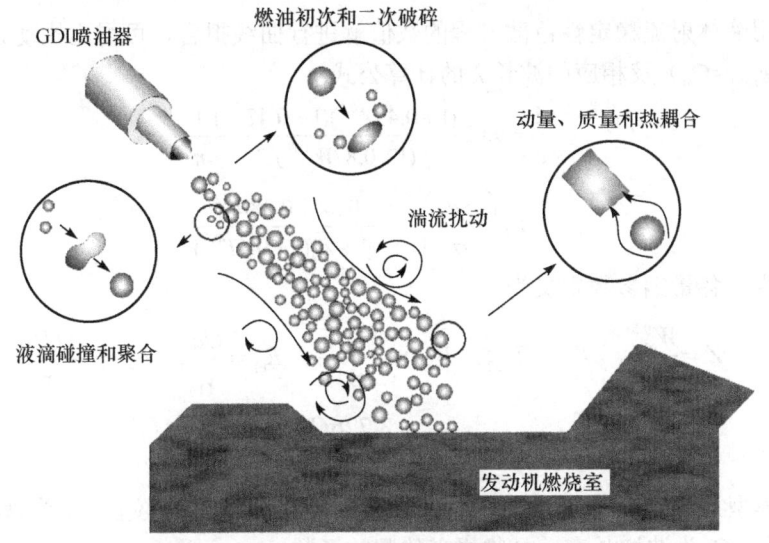

图 6-9 GDI 多孔喷油器喷雾发展过程示意图

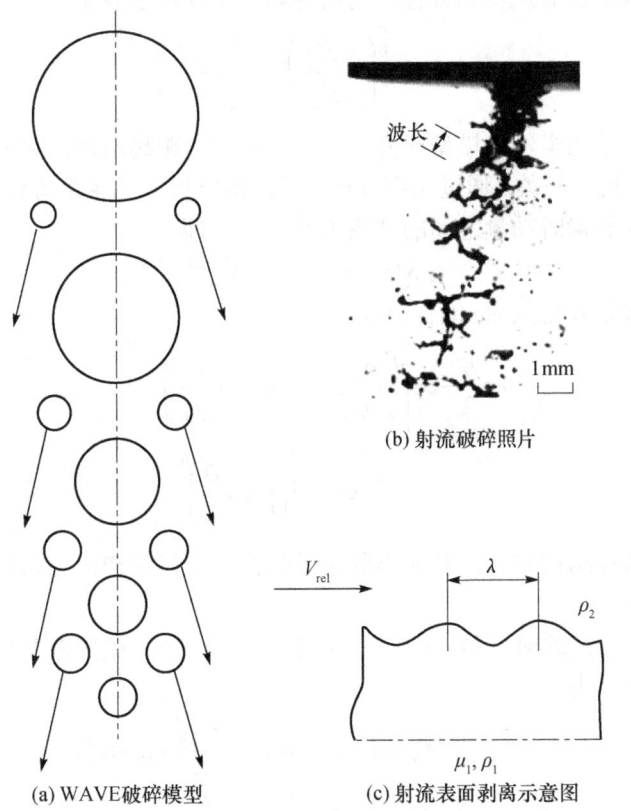

图 6-10 WAVE 破碎模型

利用液体射流稳定性色散方程的数值解进行曲线拟合，可得出扰动波最大增长率（$\omega_{\max}=\Omega_0$）及相应的波长 λ 的计算公式：

$$\frac{\lambda}{a}=9.02\frac{(1+0.45Z^{0.5})(1+0.4T^{0.7})}{(1+0.87W_{e2}^{1.67})^{0.6}}\frac{1}{n} \tag{6-24}$$

$$\Omega_0\left(\frac{\rho_1 a^3}{\sigma}\right)^{0.5}=\frac{0.34+0.38W_{e2}^{1.5}}{(1+Z)(1+0.4T^{0.6})} \tag{6-25}$$

其中，各量纲参数定义为

$$Z=\frac{W_{e1}^{0.5}}{R_{e1}},\quad T=ZW_{e2}^{0.5},\quad W_{e1}=\frac{\rho_1 U^2 a}{\sigma},\quad R_{e1}=\frac{Ua}{v_1},\quad W_{e2}=\frac{\rho_2 U^2 a}{\sigma} \tag{6-26}$$

$$\tau=\frac{3.726 C_2 r}{\lambda \Omega_0} \tag{6-27}$$

式中，模型系数 C_2 推荐值为 0.61，该数据取自 Reitz 的原始文献；r 为液滴半径；λ 为波长，Ω_0 为波增长率，是临界韦伯数的函数。

假设液滴半径服从稳态方程，则喷雾颗粒半径可以表示为[9,10]

$$r_{\text{stable}}=\min\left[\left(\frac{3\pi^2 U}{2\Omega_0}\right)^{0.33},\left(\frac{3r^2\lambda}{4}\right)^{0.33}\right] \tag{6-28}$$

通过对传统的半经验模型研究发现，喷雾贯穿距离与燃油喷射系统的燃油压力、喷孔结构尺寸相关。通过量纲分析，可以得出喷雾贯穿距离与周围空气密度、喷雾起止时间和瞬时动量之间的理论关系式[11]，即

$$S(t)=\text{cte}\cdot\rho_a^{-0.25}\cdot\dot{M}_o^{0.25}\cdot t^{0.5} \tag{6-29}$$

将喷雾锥角 θ 代入 cte 的计算中：

$$\tan\frac{\theta}{2}=C_v\left[\left(\frac{\rho_a}{\rho_f}\right)^{0.19}-0.043\left(\frac{\rho_a}{\rho_f}\right)^{0.5}\right] \tag{6-30}$$

$$\text{cte}=k_p\left(\tan\frac{\theta}{2}\right)^{0.5} \tag{6-31}$$

式中，k_p 为喷孔结构常量，其大小取决于喷孔的几何结构；ρ_a 为环境空气密度；C_v 为速度因子。

喷孔出口处的瞬时动量 $\dot{M}_o$ 与喷孔出口处的流速、燃油密度和喷孔有效直径相关，可以表示为

$$\dot{M}_o=\dot{m}_f\cdot U_{\text{out}}=C_a\cdot\frac{\pi\cdot\phi_0^2}{4}\cdot\rho_f\cdot U_{\text{out}}^2$$

$$=C_a\cdot\frac{\pi\cdot\phi_0^2}{4}\cdot\rho_f\cdot C_v^2\cdot U_{\text{th}}^2 \tag{6-32}$$

式中，$\dot{m}_f$ 为喷孔出口瞬时质量；U_{out} 为喷孔出口有效流速；U_{th} 为伯努利理论流速；C_a 为收缩系数。

联合式（6-29）～式（6-32）及伯努利方程，可得出贯穿距离的表达式为

$$S(t)=\rho_a^{-0.25} \cdot \Delta P_1^{0.25} \cdot d_0^{0.5} \cdot t^{0.5} \tag{6-33}$$

式中，$S(t)$ 为贯穿距离；ΔP_1 为喷孔进出口压差；t 为时间。

6.3 电磁场耦合研究

6.3.1 电磁场有限元理论

由于在 GDI 喷油器的求解区域有电流源的存在，计算时必须采用矢量磁位进行求解。在对 GDI 喷油器磁路模型进行有限元求解时，对求解模型进行如下假设：

（1）采用三维瞬态电磁场模拟实际电磁场，选用直角坐标系和国际单位作为三维结构模型的建模基础。

（2）模型中部分结构部件对电磁场仿真影响较小，因此对结构模型进行适当简化。

（3）忽略端部效应对磁场分布的影响，磁场沿轴向均匀分布，即电流密度矢量和磁位矢量只有轴向分量。

基于以上假设，采用矢量磁位 A_z 表达时，场域内电流密度与磁位满足如下关系[12]：

$$\frac{\partial}{\partial x}\left(\frac{1}{\xi}\frac{\partial A_z}{\partial x}\right)+\frac{\partial}{\partial y}\left(\frac{1}{\xi}\frac{\partial A_z}{\partial y}\right)+\frac{\partial}{\partial z}\left(\frac{1}{\xi}\frac{\partial A_z}{\partial z}\right)=-J_z \tag{6-34}$$

式中，J_z 为 z 方向电流密度；ξ 为软磁合金材料的磁导率。

电磁有限元分析通常采用四面体网格，在进行四面体网格划分时，必须遵循右手螺旋定则，即四指沿 I-J-K 方向，拇指指向 L 方向。

假设四面体四个顶点上的坐标分别为 (x_I, y_I, z_I)、(x_J, y_J, z_J)、(x_K, y_K, z_K) 和 (x_L, y_L, z_L)，则四个顶点上的场量可以表示为

$$\begin{cases} U_I = a+b\cdot x_I+c\cdot x_I+d\cdot x_I \\ U_J = a+b\cdot x_J+c\cdot x_J+d\cdot x_J \\ U_K = a+b\cdot x_K+c\cdot x_K+d\cdot x_K \\ U_L = a+b\cdot x_L+c\cdot x_L+d\cdot x_L \end{cases} \tag{6-35}$$

式中，a、b、c、d 为待求量，只要四个顶点的坐标值和场量已知，就可以求解其值。

采用变量替换法对其参数进行整理，则可得

$$u_e(x,y,z) = \frac{1}{V_e}\sum_{i=I}^{L}(p_i + q_i \cdot x + r_i \cdot x + s_i \cdot z) \cdot U_i = \frac{1}{V_e}\sum_{i=I}^{L} N_i^e \cdot U_i \quad (6\text{-}36)$$

采用 $T\text{-}\Omega$ 算法的三维瞬态电磁场有限元法对 GDI 喷油器进行分析,对于低频瞬态磁场,麦克斯韦方程组可以表示为

$$\begin{cases} \nabla \times H = \sigma E_a \\ \nabla \times E_a = \dfrac{\partial B}{\partial t} \\ \nabla \cdot B = 0 \end{cases} \quad (6\text{-}37)$$

式中,E_a 为磁路总电动势。

根据以上方程可以构造出两个恒等式:

$$\begin{cases} \nabla \times \dfrac{1}{\sigma}\nabla \times H + \dfrac{\partial B}{\partial t} = 0 \\ \nabla \cdot B = 0 \end{cases} \quad (6\text{-}38)$$

在求解三维瞬态电磁场时,网格单元棱边上的矢量位自由度采用一阶元计算,而节点上的标量位自由度采用二阶元进行计算。

由于磁场的变化,线圈绕组会产生反电动势,反电动势和施加于线圈绕组上的电压源共同作用,会导致总的电压降低,因此不能忽略。反电动势的计算方法如下:

$$E_i = \iiint_{R_i} H_i \cdot B_i \mathrm{d}R \quad (6\text{-}39)$$

式中,E_i 为第 i 个回路上的反电动势;H_i 和 B_i 分别为第 i 个回路上的磁场强度和磁感应强度。

在计算 GDI 喷油器三维瞬态磁场时,除了电磁过程需要进行离散,其机械运动过程也需要进行离散。需要对位移进行离散计算,其离散格式为

$$\left(\frac{\mathrm{d}x_2}{\mathrm{d}t}\right)^{t+\Delta t} = \frac{\{x_2^{t+\Delta t}\} - \{x_2^t\}}{\Delta t} \quad (6\text{-}40)$$

式中,x_2 为机械位移量;t 为运动时间。对于运动过程中的非线性问题采用 Newton-Raphson 算法进行处理。

6.3.2 电磁场有限元仿真分析

GDI 喷油器磁路结构的三维仿真计算模型如图 6-11 所示,有限元网格模型如图 6-12 所示,模型中以空气模型包裹 GDI 喷油器磁路结构作为计算远场的边界条件,有限元计算采用四面体网格。

由于磁力中交变的电流会在磁路零件表面产生集肤效应,磁路零件表面产生剧烈的感生涡流,集肤效应引起的感生涡流会使得磁力线分布不均匀,降低电磁

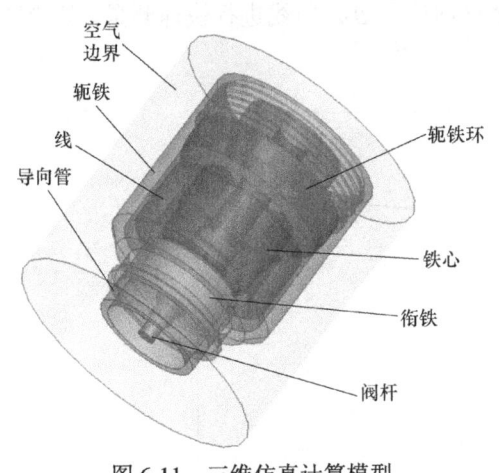

图 6-11 三维仿真计算模型

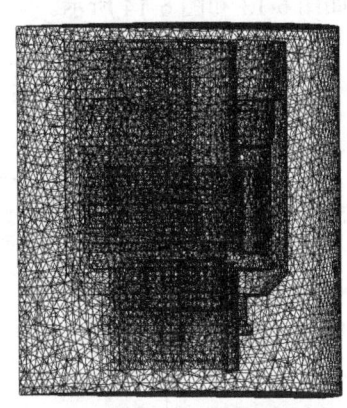

图 6-12 三维网络模型

转化效率,促使 GDI 喷油器温度升高。为了保证计算精度,需对集肤深度以内的网格进行细分,集肤深度计算公式如下[13]:

$$\delta = \sqrt{\frac{2}{\omega \rho_0 \mu_0 \mu_r}} \quad (6\text{-}41)$$

式中,ρ_0 为导磁材料电阻率;ω 为角频率,$\omega=2\pi f$;μ_r 为导磁材料相对磁导率。

采用软磁合金作为 GDI 喷油器磁路零件的材料,其优点是矫顽力小,损耗低,且磁导率和饱和磁感应强度高。这些优点可以提高电磁转化效率,减小磁路结构的尺寸,同时提高动态响应特性。软磁合金材料的电磁特性用磁感应强度(B)和磁场强度(H)之间的关系曲线表示,即 B-H 曲线,其损耗特性采用 B-P 曲线表示。为了满足 GDI 喷油器的工作要求,本书采用的材料如表 6-1 所示。

表 6-1 GDI 喷油器磁路零件材料的特性

零件名称	材料	密度 ρ/(g/cm³)	硬度(HRB)	耐腐蚀性	热膨胀系数/(10^{-6}/℃)
衔铁	430F	7.85	97	好	7.6
铁心	430F	7.85	97	好	7.6
导向管	430F	7.85	97	好	7.6
轭铁	1J50	8.01	90	一般	9.2
轭铁环	1J50	8.01	90	一般	9.2
阀杆	304	7.8	90	好	8.2
导向环	304	7.8	90	好	8.2
弹簧座	铜	8.92	无要求	一般	16.5
线圈	铜	8.9	无要求	无要求	16.8

采用波形记忆法对退火处理后的 B-H 曲线和 B-P 曲线进行快速测量，其测试结果如图 6-13 和图 6-14 所示。

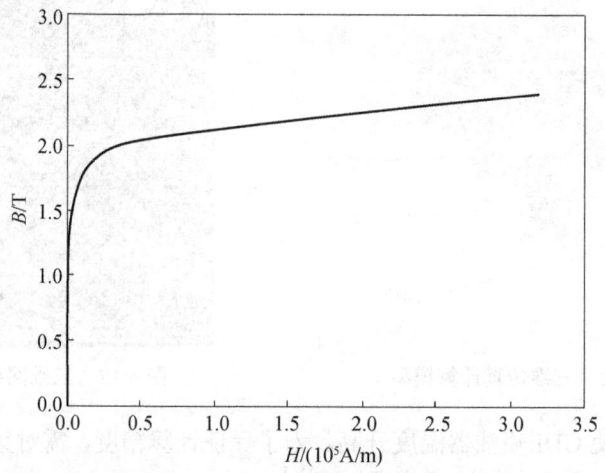

图 6-13　软磁合金材料 B-H 曲线

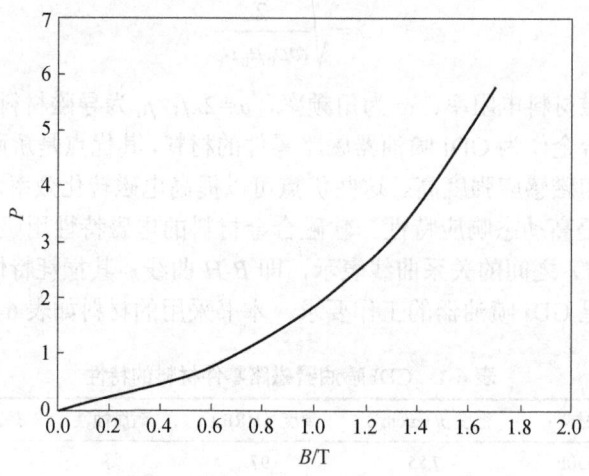

图 6-14　软磁合金材料 B-P 曲线

由于 GDI 喷油器采用 Boost 升压电路进行驱动控制，瞬时能提供较大的能量，可使喷油器在较短的时间内开启。通过试验测试发现，GDI 喷油器的开启响应时间约为 0.2ms，关闭响应时间约为 0.1ms，因此设定 GDI 喷油器的工作周期为 1ms，可完整反映出其工作过程及电磁变化规律。驱动电压设置如图 6-15 所示。

为了使仿真结果与试验结果具有可比性，对关键参数按照实际情况进行设置，具体参数设置如表 6-2 所示。

第 6 章 GDI 喷油器工作过程建模及耦合仿真

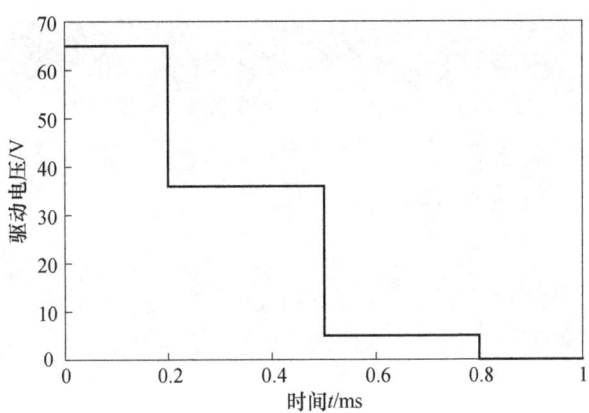

图 6-15 GDI 喷油器驱动电压曲线

表 6-2 GDI 喷油器电磁场仿真参数设置

参数名称	线圈匝数	线径/mm	填充系数	工作气隙/mm	电感/μH	线圈电阻/Ω
参数值	125	0.25	0.75	0.08	20.36	2

图 6-16 为不同时刻 GDI 喷油器 x-z 平面的磁感应强度变化云图。在电流上升阶段（图 6-16（a）～（c）），随着电流的上升，磁感应强度逐渐增加，由于集肤效应和涡流的存在，磁感应强度最开始集中在磁路零件的表面，随着表面磁感应强度增大，磁场逐渐向磁路中心扩散；在电流稳定阶段（图 6-16（d）～（f）），磁感应强度的变化不大，集肤效应和涡流有减弱的趋势；在电流下降阶段（图 6-16（g）～（i）），软磁合金材料具有一定的磁滞效应，加之感应电流的存在，瞬时磁感应强度不会迅速下降，此时磁场环境近似于静态环境，因此集肤效应和涡流进一步减弱，磁感应强度逐渐减小，且磁力线由磁路零件表面向中心逐渐减少。

电流密度是安培力定律的一个重要参数，同时也是反映能量密集度的重要依据。图 6-17 为不同时刻 GDI 喷油器 x-z 平面的电流密度分布云图。

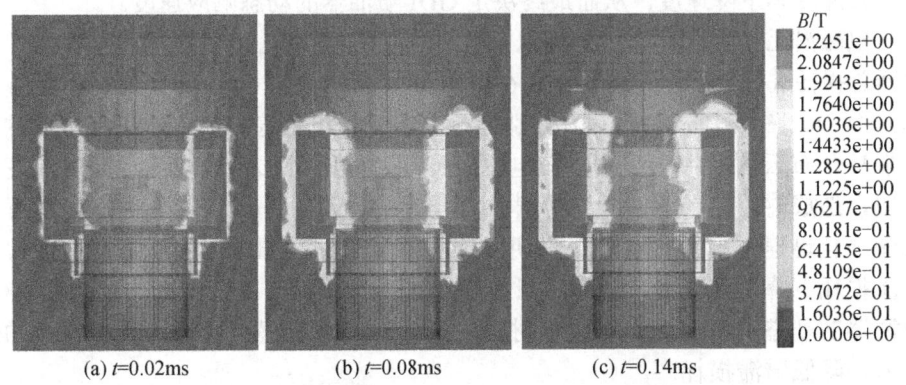

(a) t=0.02ms   (b) t=0.08ms   (c) t=0.14ms

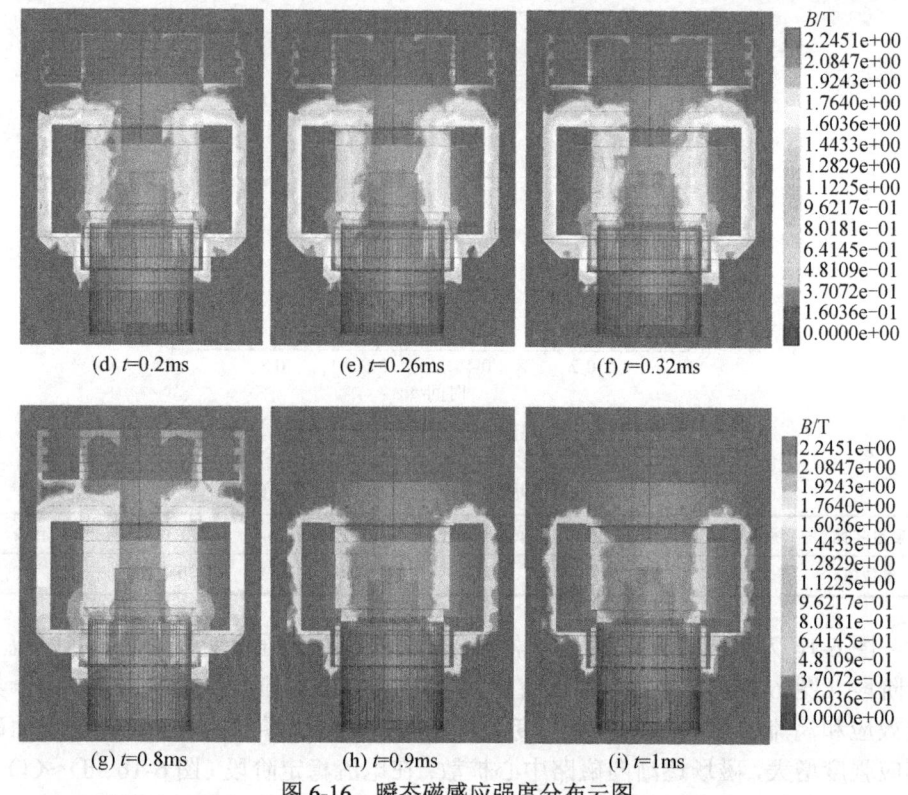

(d) t=0.2ms　　　　(e) t=0.26ms　　　　(f) t=0.32ms

(g) t=0.8ms　　　　(h) t=0.9ms　　　　(i) t=1ms

图 6-16　瞬态磁感应强度分布云图

在电流上升阶段（图 6-17（a）～（c）），电流密度随电流的增加逐渐增大，由于集肤效应和涡流损耗的存在，磁路中电流密度由表面向中心逐渐上升；在电流稳定阶段（图 6-17（d）～（f）），电流密度几乎不发生变化；在电流下降阶段（图 6-17（g）～图 6-17（i）），磁路中电流密度迅速下降，主要电流密度集中在有感应电流的线圈上。可以推断，电流密度的上升速度和下降速度决定了磁路中电磁力的上升速度和下降速度，从而最终决定 GDI 喷油器的动态响应速度。

电磁损耗包括线圈电流热损耗、涡流损耗、磁滞损耗和铁损。这里对 GDI 喷油器总损耗进行分析，其结果如图 6-18 所示，其中，图 6-18（a）～（c）、图 6-18（d）～（f）、图 6-18（g）～（i）分别为电流上升、电流稳定和电流下降阶段的电磁损耗分布云图。由图可知，在电流上升期，线圈的损耗比较低，而电流变化较快，造成磁路中的涡流损耗上升；在电流稳定期，涡流损耗上升速度变慢，电流损耗迅速升高；在电流下降期，感应电流阻碍线圈电流的下降，造成线圈电流损耗下降速度变慢，磁路中只有较小的磁滞损耗。由此推断，要提高 GDI 喷油器的动态响应速度，需改善材料的磁导率，降低涡流损耗，减少材料的矫顽力，降低磁滞损耗。

(a) t=0.02ms

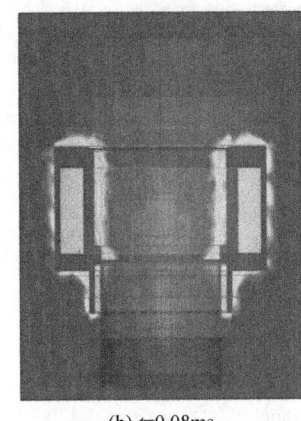
(b) t=0.08ms

(c) t=0.14ms

(d) t=0.2ms

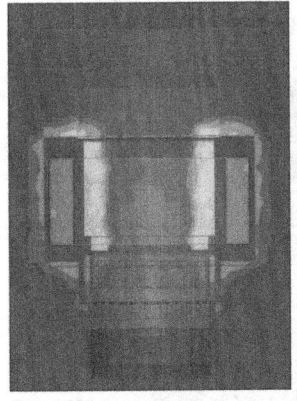
(e) t=0.26ms

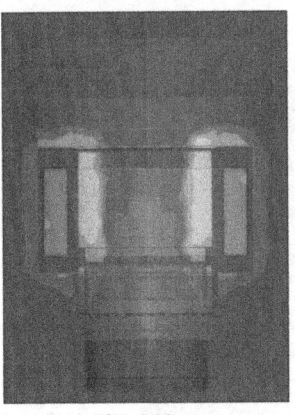
(f) t=0.32ms

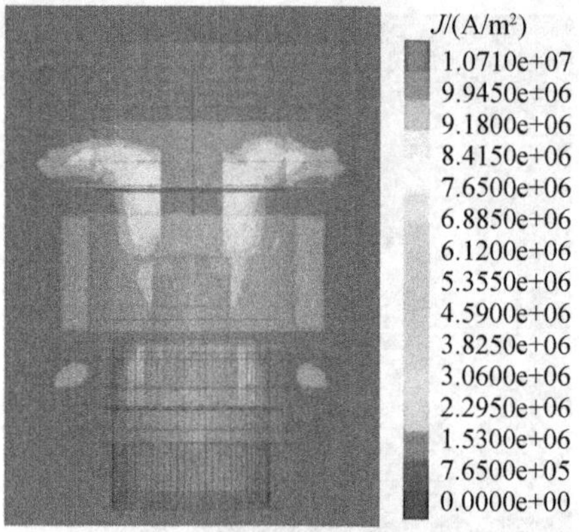

(g) t=0.8ms

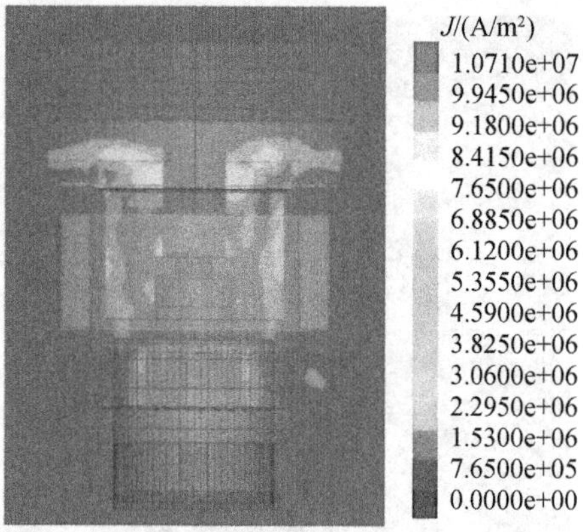

(h) t=0.9ms

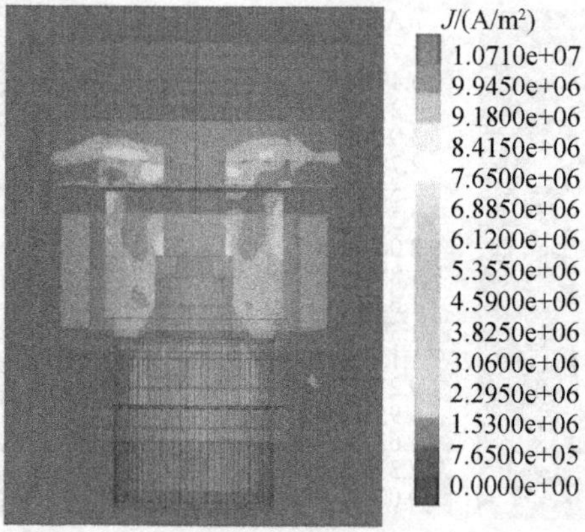

(i) t=1ms

图 6-17 瞬态电流密度分布云图

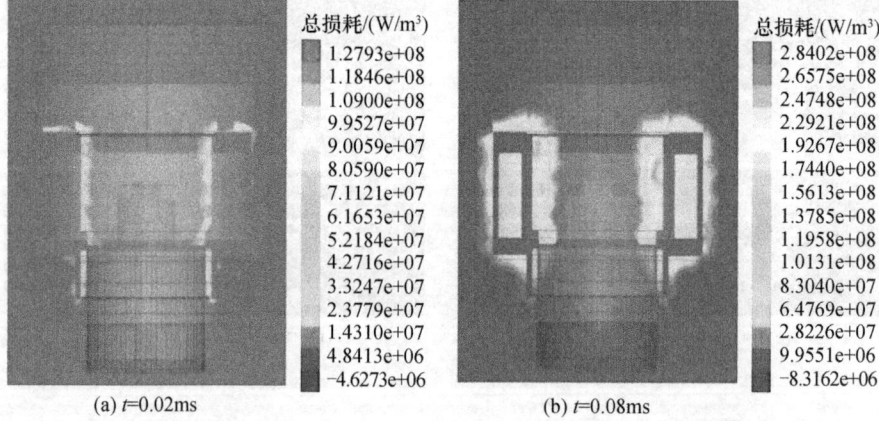

(a) t=0.02ms

(b) t=0.08ms

第 6 章　GDI 喷油器工作过程建模及耦合仿真

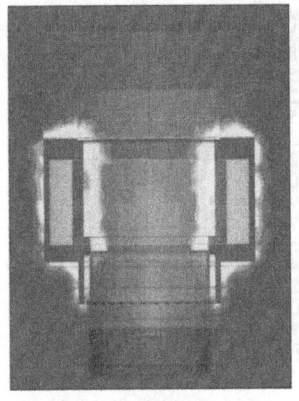

(c) $t=0.14$ms

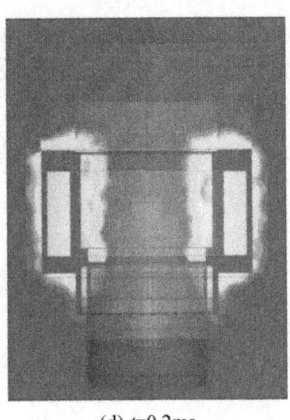

(d) $t=0.2$ms

(e) $t=0.26$ms

(f) $t=0.32$ms

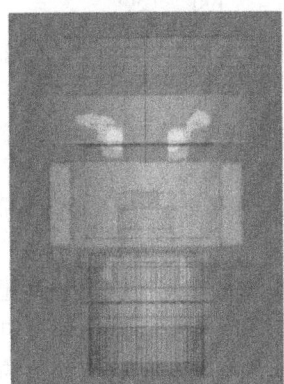

(g) $t=0.8$ms

(h) $t=0.9$ms

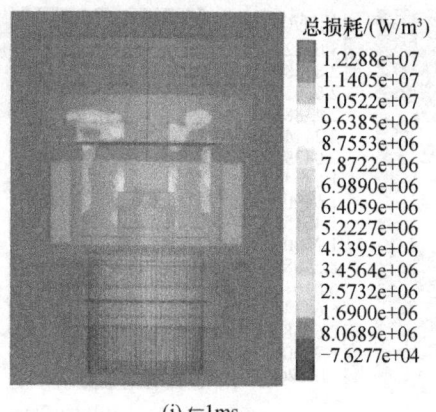

(i) $t=1$ms

图 6-18　瞬态电磁损耗分布云图

图 6-19 为 GDI 喷油器动态响应特性多物理场协同仿真系统,由电力电子器件、闭环控制系统、精确的二维或三维 GDI 喷油器模型以及机械或者液压负载等组成。驱动电路与电磁场有限元模型通过瞬态连接实现协同仿真;机械管脚与定义重量、力、弹簧和停止位限制的装置直接连接。

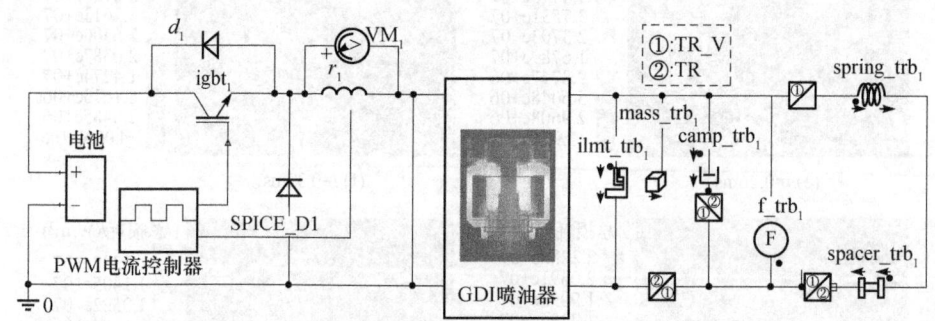

图 6-19　GDI 喷油器动态响应特性多物理场协同仿真系统

峰值电压分别为 60V、65V、70V,保持电压 V_{b1} 为 16V,保持电压 V_{b2} 为 5V 时,电流、电磁力和位移变化曲线如图 6-20 所示。

在图 6-20(a)中,当峰值电压增加时,峰值电流也增加,且电流上升率随着峰值电流的增加而变快;当峰值电压结束时,峰值电压越高,电流下降至保持电流 i_{b1} 所需的时间越长,同时,在驱动电压下降为 0 时,由于软磁材料的磁滞现象的存在,电流不会立刻变为 0,而是缓慢下降至 0。在图 6-20(b)中,随着峰值电压的升高,电磁力上升率变快,且最大电磁力略有增加,同时克服衔铁组件所受预压力的时间提前,说明峰值电压越高,喷油开启响应时间越快,而对于喷油关闭响应时间,则随着峰值电压的增加,关闭响应时间越长,这主要是一方面由于线圈内的储

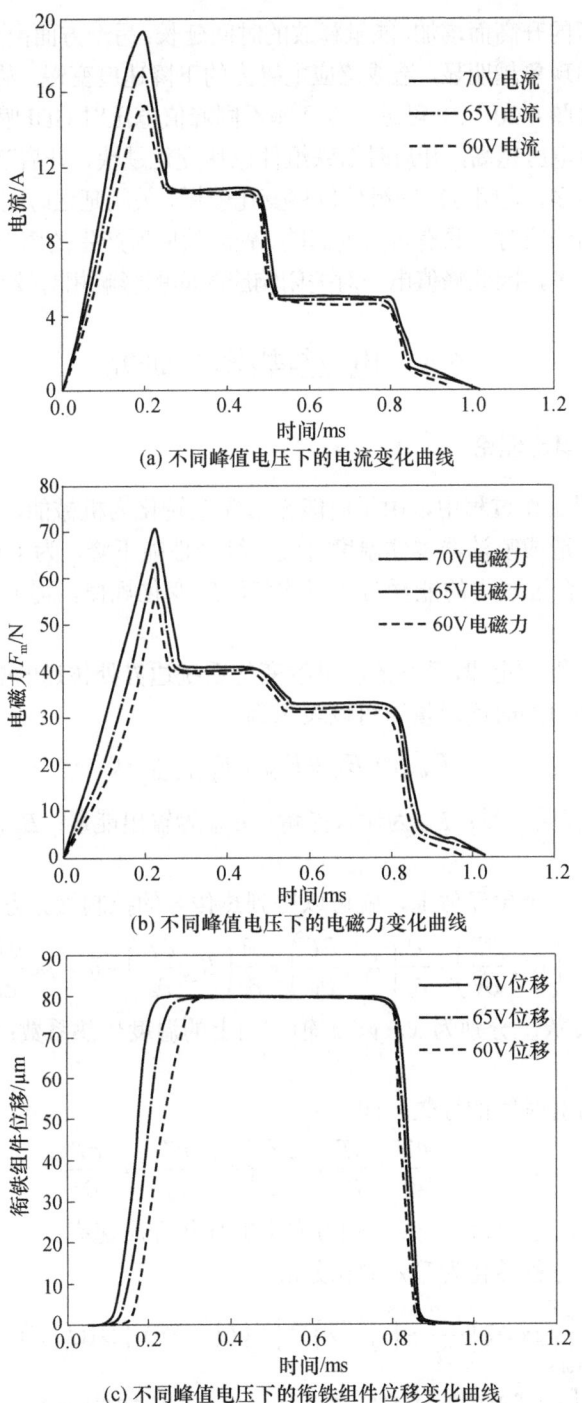

图 6-20 不同峰值电压下的 GDI 喷油器响应特性

能随着峰值电压的升高而增加,能量释放的时间延长;另一方面由于峰值电流越大,软磁材料的磁滞现象越明显,造成感应电磁力的下降速度变慢,从而电磁力的下降速度变慢。通过图 6-20(c)可进一步理解不同峰值电压对 GDI 喷油器动态响应特性的影响,峰值电压越高,开启时衔铁组件位移变化越快,开启延迟时间越短,但由于线圈储能较多,关闭时衔铁组件位移变化较慢,关闭延迟时间较长。由图可知,峰值电压对开启响应时间具有较大的影响,磁滞效应所产生的感应电磁力与弹簧预压力相比要小得多,因此峰值电压对关闭响应时间的影响相对较小。

6.4 电-磁-热耦合研究

6.4.1 电-磁-热耦合理论

GDI 喷油器工作过程中,由于电能无法完全转化为机械能,多余的能量以热量的形式耗散,造成喷油器本体温度升高,综合性能下降。为了详细分析 GDI 喷油器电-磁-热耦合过程中的能量转化形式和温度变化规律,需要对其瞬态温度场进行仿真分析。

根据热力学第一定律,系统的能量改变与系统边界处传递的热和功数值相等,能量守恒在一个短的时间增量下可以表示为

$$E_{\text{stored}} + E_{\text{in}} + E_{\text{out}} + E_{\text{generated}} = 0 \tag{6-42}$$

式中,E_{stored} 为存储能量;E_{in} 为输入能量;E_{out} 为输出能量;$E_{\text{generated}}$ 为新产生的能量。

将其应用于一个单元体上,就可以得到热传导的控制微分方程:

$$\left(K_{xx} \frac{\partial T}{\partial x} \right) + \frac{\partial}{\partial y} \left(K_{yy} \frac{\partial T}{\partial y} \right) + \frac{\partial}{\partial z} \left(K_{zz} \frac{\partial T}{\partial z} \right) + \ddot{q} = \rho c \frac{\mathrm{d}T}{\mathrm{d}t} \tag{6-43}$$

式中,K_{xx}、K_{yy}、K_{zz} 分别为 x、y、z 轴方向上的温度传热系数;$\ddot{q}$ 为每个单位体积的热产生量。

由此,可得对时间的导数,即

$$\frac{\mathrm{d}T}{\mathrm{d}t} = \frac{\partial T}{\partial t} + V_x \frac{\partial T}{\partial x} + V_y \frac{\partial T}{\partial y} + V_z \frac{\partial T}{\partial z} \tag{6-44}$$

式中,V_x、V_y、V_z 分别为 x、y、z 轴方向上的导热介质速率。

将控制微分方程转化为等效的积分形式:

$$\int_{\text{vol}} \left(\rho c \delta T \left(\frac{\partial T}{\partial t} + \{v\}^{\text{T}} \{L\} T \right) + \{L\}^{\text{T}} (\delta T)([D]\{L\}T) \right) \mathrm{d}(\text{vol})$$

$$= \int_{S_2} \delta T q^* \mathrm{d}(S_2) + \int_{S_3} \delta T h_f (T_B - T) \mathrm{d}(S_3) + \int_{\text{vol}} \delta T \ddot{q} \mathrm{d}(\text{vol}) \tag{6-45}$$

式中，vol 为单元体积；$\{L\}^{\mathrm{T}}=\begin{bmatrix}\dfrac{\partial}{\partial x} & \dfrac{\partial}{\partial y} & \dfrac{\partial}{\partial z}\end{bmatrix}$；$q^*$为热流；$h_\mathrm{f}$ 为膜层散热系数；T_B 为散热流体温度；δT 为许用虚拟温度；S_2 为应用流通面；S_3 为应用对流面。

6.4.2 电-磁-热耦合仿真分析

本节采用 6.4.1 节的电-磁-热耦合模型对 GDI 喷油器进行电-磁-热耦合分析，分析过程中考虑空气和燃油流动的传热效应。图 6-21 和图 6-22 分别为 GDI 喷油

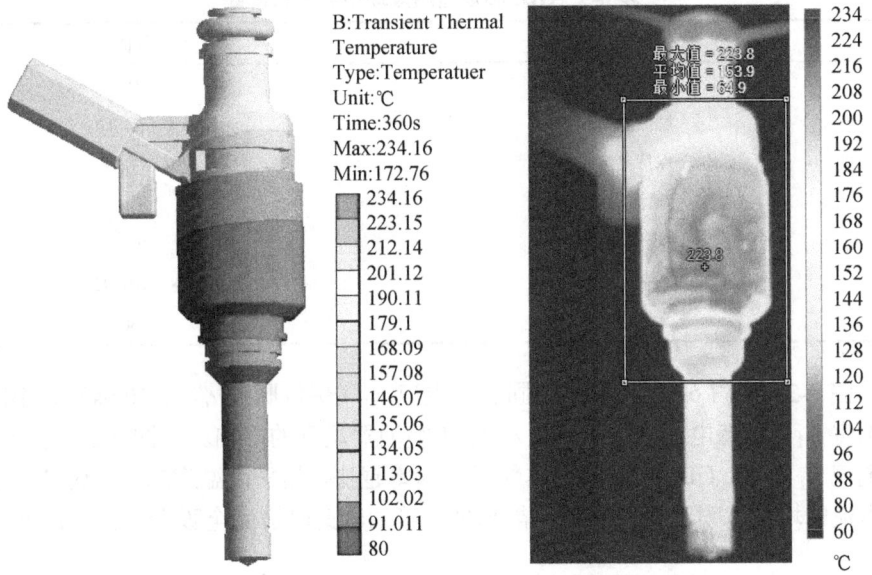

图 6-21 仿真与试验温度分布对比

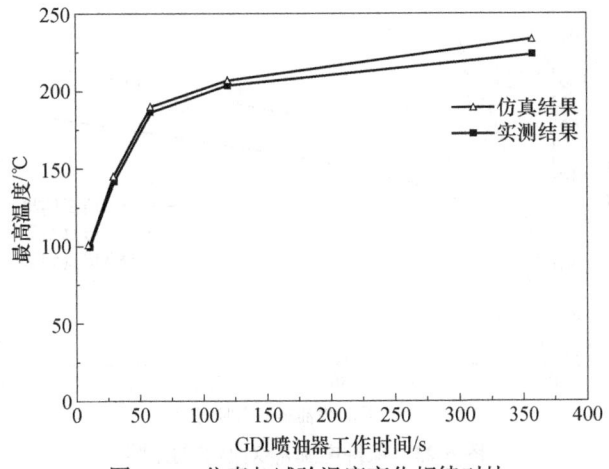

图 6-22 仿真与试验温度变化规律对比

器工作 360s 时仿真与试验的温度分布和温度变化规律。通过仿真与试验结果对比可知，该模型结果与试验结果误差小于 5%，验证了该耦合模型的可行性和准确性。

为了研究影响 GDI 喷油器温升的主要因素，在前面研究的基础上，分别对不同保持电压、保持脉宽和燃油压力下的 GDI 喷油器进行仿真分析，仿真参数设置如表 6-3 所示。

表 6-3　GDI 喷油器温度场仿真参数设置

参数名称	数值
环境温度/℃	25
燃油压力/MPa	0、5、10
保持电流 i_{b1}/A	6、7、8
喷油周期/ms	20
峰值脉宽/ms	0.2
保持脉宽 t_{p1}/ms	8、10、12
喷油器工作时间/s	360

图 6-23 和图 6-24 显示了不同保持电流 i_{b1}（保持脉宽 t_{p1} 为 10ms）和不同保持脉宽 t_{p1}（保持电流 i_{b1} 为 8A）对 GDI 喷油器温升的影响。由图 6-23 可知，保持电流 i_{b1} 越大，GDI 喷油器的本体温升速率越快，热平衡温度越高。这是由于随着电流的增加，喷油器线圈的储能越多，喷油器此时被完全吸合，无动能产生，

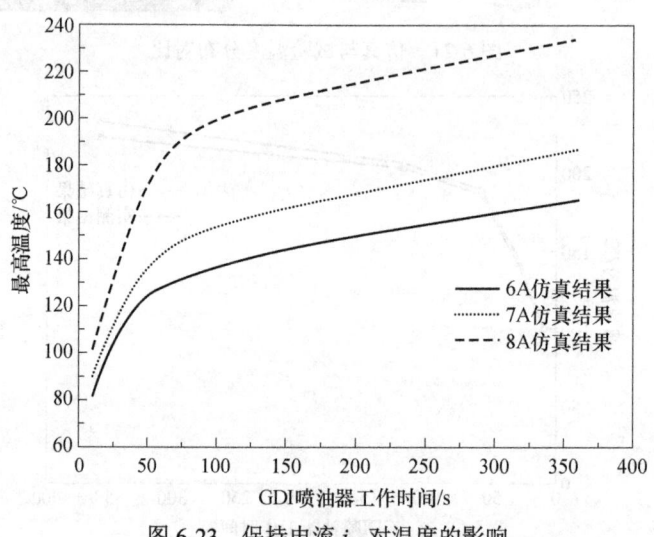

图 6-23　保持电流 i_{b1} 对温度的影响

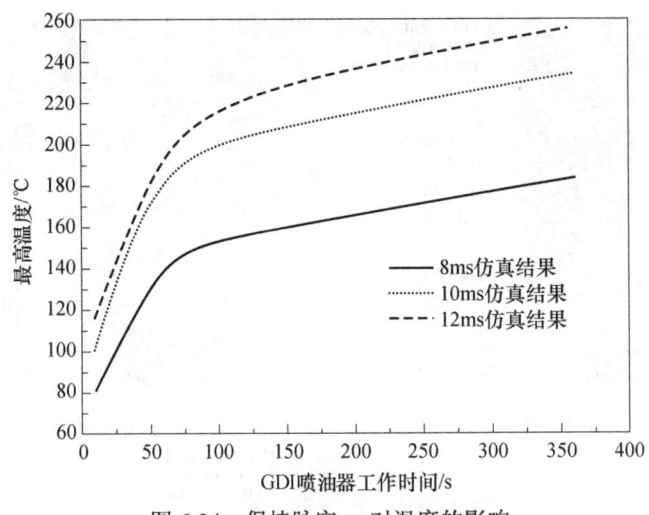

图 6-24　保持脉宽 t_{p1} 对温度的影响

根据能量守恒定律，则损耗越多，而损耗最终以热量的形式释放出来，造成喷油器本体温度升高。由图 6-24 可知，保持脉宽 t_{p1} 越大，GDI 喷油器本体温升速率越快，热平衡温度也越高。这是因为保持脉宽 t_{p1} 越大，吸合电流作用于线圈的时间越长，而此时喷油器没有运动做功，电流只有很少一部分用于克服衔铁组件的势能，所以电流作用时间越长，发热量越大。

考虑到燃油流动会对 GDI 喷油器起到一定的冷却作用，这里分析了燃油压力为 0MPa、5MPa、10MPa 时的 GDI 喷油器温度分布及温升变化规律，其中保持电流 i_{b1} 为 6A，保持脉宽 t_{p1} 为 8ms，其他仿真参数设置如表 6-2 所示。

图 6-25 和图 6-26 分别为 GDI 喷油器连续工作 360s 后不同燃油压力条件下的磁路温度分布和温度变化规律。由图可知，随燃油压力加大，GDI 喷油器的喷油量增加，燃油所带走的热量增多，温度上升速度减慢。当燃油压力为 10MPa 时，燃油带走的热量大约占总热量的 40%。因此，GDI 喷油器本体温升对燃油温度的影响不能忽略不计。

为进一步研究 GDI 喷油器不同零件的温度分布特征，为磁路零件结构优化提供参考依据，这里研究了燃油压力为 0MPa 的情况下，保持电流 i_{b1} 为 6A、保持脉宽 t_{p1} 为 8ms 时 GDI 喷油器工作 360s 后不同磁路零件的温度分布特征，如图 6-27 所示。由图可知，线圈热损耗最大，该区域温度达到 145℃ 左右，其次为铁心和轭铁，该处温度为 142℃ 左右，这是因为线圈电流损耗是造成磁路温度升高的主要原因，而轭铁和铁心处的温升主要由涡流损耗和磁滞损耗造成。在进行磁路结构优化时，需综合考虑线圈参数、软磁材料和驱动策略等因素，才能降低能量损耗，从整体上提高 GDI 喷油器的综合性能。

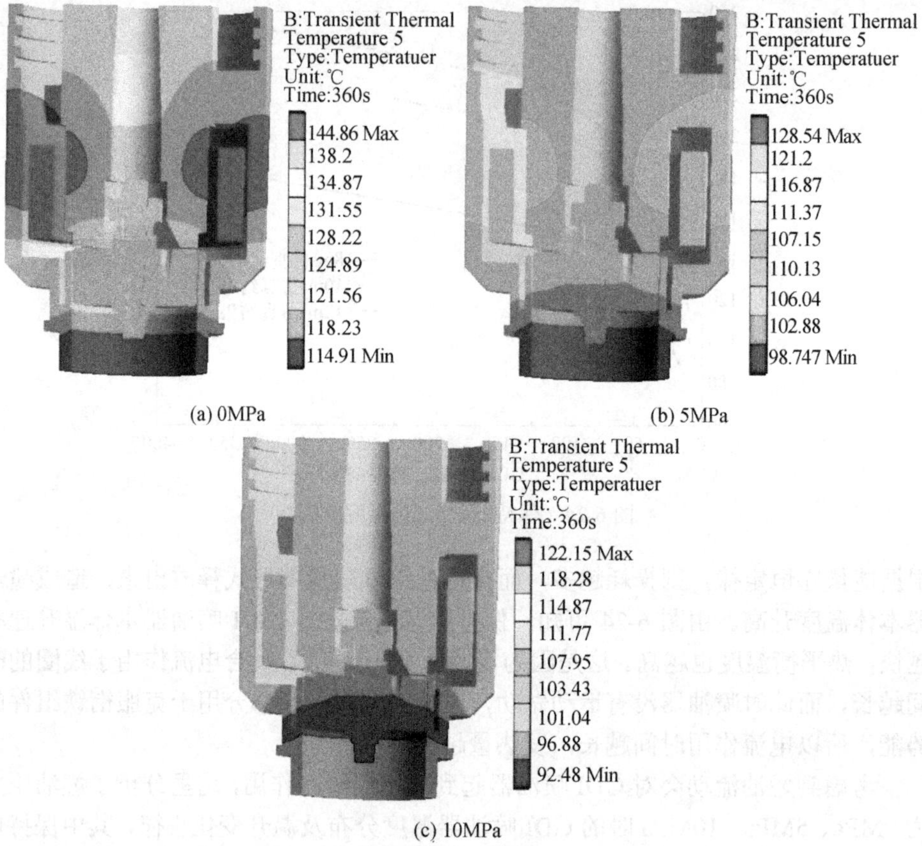

图 6-25 燃油压力对温度分布的影响

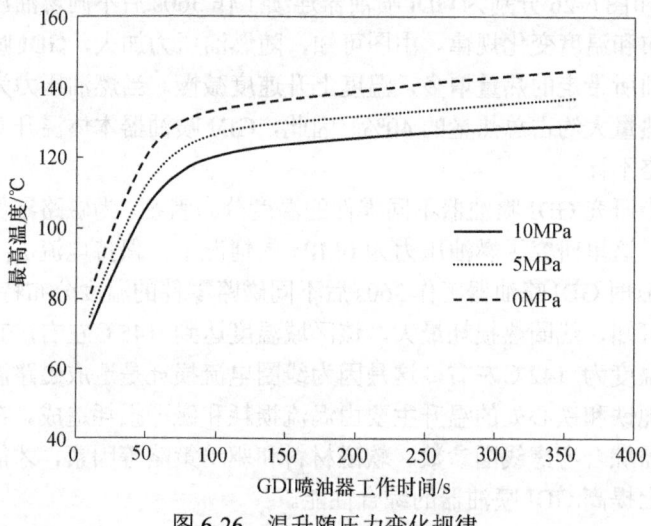

图 6-26 温升随压力变化规律

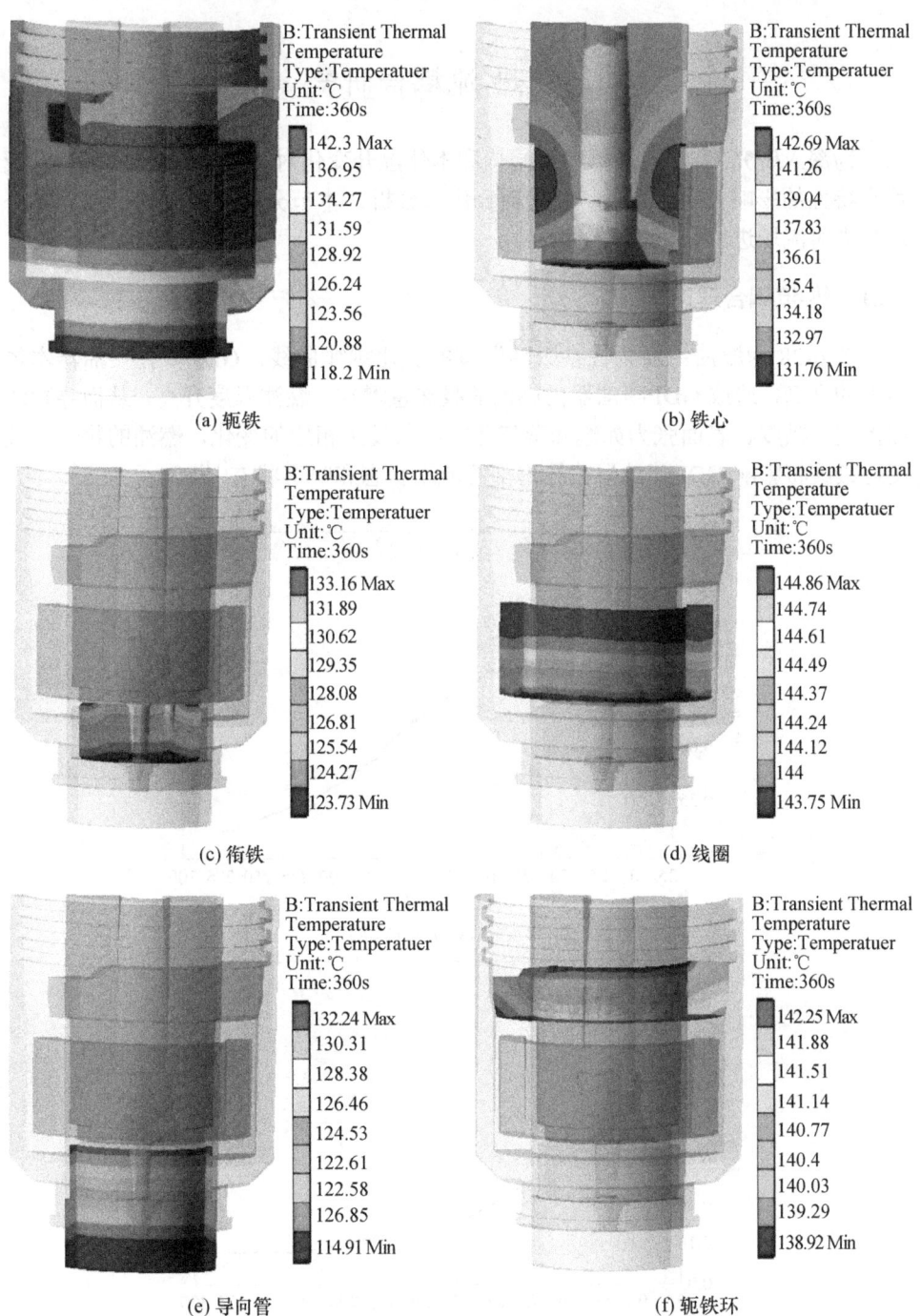

图 6-27 GDI 喷油器磁路零件温度分布图

6.5 热-流耦合研究

为深入研究 GDI 喷油器喷孔结构和本体温升变化对 GDI 喷油器内部流动及喷雾特性的影响，进行结构-热-流耦合仿真分析，本节分别从喷孔内部流动和外部喷雾对流场进行分析。

6.5.1 热-流耦合理论

图 6-28 为燃油主要物性参数随温度的变化规律曲线。GDI 多孔喷油器本体温度的升高，造成 GDI 喷油器内燃油的吸热量增加，燃油温度升高，从而导致燃油密度、黏度、表面张力如饱和蒸气压等参数发生相应的变化，燃油的物性参数变化最终将影响 GDI 喷油器喷孔内部的流动状态和喷雾状态[14]。

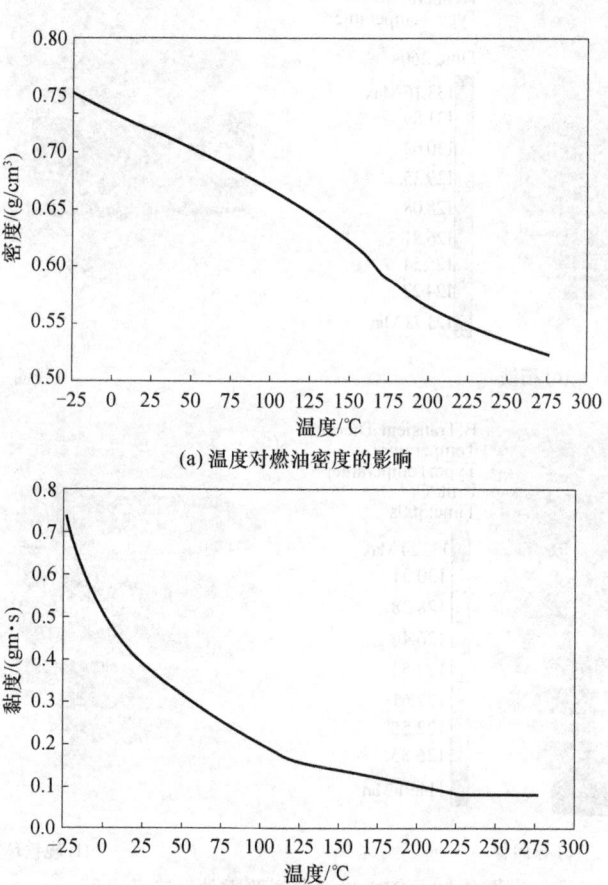

(a) 温度对燃油密度的影响

(b) 温度对燃油黏度的影响

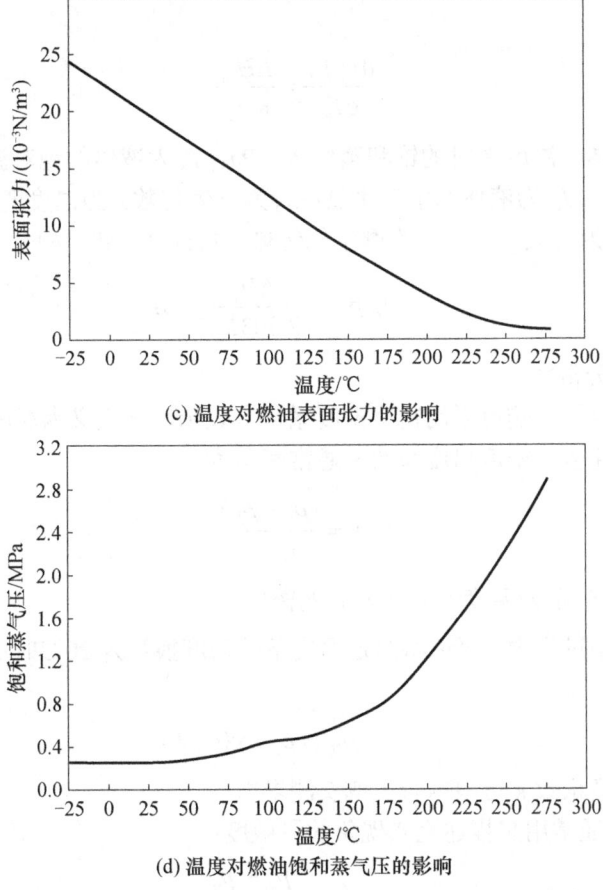

(c) 温度对燃油表面张力的影响

(d) 温度对燃油饱和蒸气压的影响

图 6-28　温度对 97#汽油主要物性参数随温度变化曲线

在考虑温度场的条件下进行 GDI 喷油器结构-流场分析时，将燃油的温度物性参数编辑为软件可以识别的 Prefile 文件，将温度作为电-磁-热耦合模型的输入参数，利用用户自定义函数（user-defined function, UDF）将瞬态温度场参数导入 CFD 中进行流动及雾化特性分析。

温度对黏度具有非常大的影响，可通过雷诺数来体现，雷诺数表示为

$$Re = \frac{\rho u_\infty l_t}{\mu_L} \tag{6-46}$$

$$\mu_L = \alpha_1 e^{\left(-\frac{T}{\beta_1}\right)} + \gamma_1 \tag{6-47}$$

式中，ρ 为燃油密度；μ_L 为动力黏度；l_t 为特征长度；u_∞ 是参考点的特征速度；α_1、β_1、γ_1 是相关的系数。

液体的饱和蒸气压与温度的关系可以用克劳修斯-克拉珀龙（Clausiua-Clapeyron）

方程表示[15]：

$$\frac{\mathrm{d}\ln p_{\mathrm{T}}}{\mathrm{d}T_{\mathrm{k}}} = \frac{\Delta H_{\mathrm{m}}}{R_3 T_{\mathrm{k}}^2} \tag{6-48}$$

式中，p_{T} 为液体在温度 T 时的饱和蒸气压，Pa；T_{k} 为液体的绝对温度，用热力学温度表示，K；ΔH_{m} 为液体摩尔气化热；R_3 为气体常数。当温度变化范围较小时，可以把 ΔH_{m} 视为常数，当作平均摩尔气化热，将式（6-48）积分可得

$$\lg p = -\frac{\Delta H_{\mathrm{m}}}{2.303 R_3 T} + A_1 \tag{6-49}$$

式中，A_1 为积分常数。

温度对密度的影响可采用密度温度系数来表示，其定义为温度每变化 1℃时燃油密度的变化值。密度温度系数 κ 通常表示为

$$\kappa = \frac{(\rho_{t_1} - \rho_{t_2})}{t_2 - t_1} \tag{6-50}$$

式中，ρ_{t_1}、ρ_{t_2} 分别为温度为 t_1 和 t_2 时的密度。

在实际应用过程中，可以将测定温度下的密度换算为 20℃时的标准密度，用 ρ_{20} 表示，则

$$\rho_{20} = \rho_t + \kappa(t - 20) \tag{6-51}$$

式中，密度温度系数 κ 可根据查表或实测求得。

空化数 C_{a} 通常用来描述空穴现象的灵敏度：

$$C_{\mathrm{a}} = \frac{p_{\infty} - p_{\mathrm{v}}}{0.5 \rho u_{\infty}} \tag{6-52}$$

式中，p_{∞} 为参考点的压力；p_{v} 为液体在参考温度为 T_{∞} 时的蒸气压力；ρ 为燃油密度。

根据不同的环境条件和燃料物性，空穴核会在不同的 C_{a} 值时出现，假设该值为临界空化数 C_{acr}，由于气泡的增长速率完全受液体和蒸气的热力学性质所决定，C_{acr} 值与液体温度有关。

本节采用 WAVE 模型对燃油液滴的破碎和雾化进行仿真分析，液滴的蒸发过程采用斯帕尔丁（Spalding）模型，且在计算时考虑燃油颗粒之间碰撞、聚合和破碎等因素的影响。液滴半径的变化率可表示为[16]

$$\frac{\mathrm{d}r}{\mathrm{d}t} = -\frac{(\rho D)_{\mathrm{air}}}{2\rho_{\mathrm{h}} r} \frac{Y_1^* - Y_1}{1 - Y_1^*} Sh \tag{6-53}$$

式中，$(\rho D)_{\mathrm{air}}$ 为燃油蒸气在空气中的扩散系数，通常采用经验公式 $(\rho D)_{\mathrm{air}} = \rho_{\mathrm{air}} D_1 T_{\mathrm{air}} D_2$；$\rho_{\mathrm{air}}$ 为空气密度；T_{air} 为所在单元气体温度；ρ_{h} 为液滴密度；Y_1^*、Y_1 分别为液滴表面和当地单元中燃油蒸气的质量分数；Sh 为舍伍德数，在考虑对流

情况下，其经验表达式为[17]

$$Sh = (2 + 0.6Re^{0.5}Sc^{1/3})\frac{\ln(1+B_m)}{B_m} \quad (6\text{-}54)$$

式中，Sc 为斯密特数；B_m 为斯帕尔丁传质数，其经验公式分别可表示为

$$Sc = \frac{\mu_1}{(\rho D)_{air}}, \quad B_m = \frac{Y_1^* - Y_1}{1 - Y_1^*} \quad (6\text{-}55)$$

式中，μ_1 为空气黏性系数。

假设气液相平衡满足 Raoult 规则，则液滴表面燃油蒸气的质量分数可表示为

$$Y_1^* = \frac{W_1}{W_1 + W_0(p_s/p_{v2} - 1)} \quad (6\text{-}56)$$

式中，W_1 为燃油分子量；W_0 为除燃油之外的各组分的平均分子量；p_s 为液滴表面附近气体压力；p_{v2} 为燃油在温度 T_d 下的饱和蒸气压。

根据液滴表面的能量守恒关系，即液滴从气体吸收的热量等于液滴温升所需的热量和克服液体蒸发所需的蒸发潜热，可得液滴能量方程为

$$2\pi r K_{air}(T - T_d)Nu = 4\pi r^2 \rho_d \frac{dr}{dt}\Omega_0 + \frac{4}{3}\pi r^3 \rho_d c_1 \frac{dT_d}{dt} \quad (6\text{-}57)$$

式中，T_d 为液滴本身的温度；K_{air} 为液滴表面气体的导热系数：

$$K_{air}(\hat{T}) = \frac{K_1 \hat{T}^{3/2}}{\hat{T} + K_2} \quad (6\text{-}58)$$

式中，K_1=252；K_2=200，液滴表面温度采用 1/3 律进行计算，即

$$\hat{T} = T + \frac{2T_d}{3} \quad (6\text{-}59)$$

Nu 为奴塞尔数，其考虑对流的经验表达式可表示为

$$Nu = (2 + 0.6\text{Re}^{0.5}\text{Pr}^{1/3})\frac{\ln(1+B_h)}{B_h} \quad (6\text{-}60)$$

式中，Pr 为普朗特数，$Pr = \mu_{air}c_p/K_{air}$；$B_h$ 为斯帕尔丁传热数，$B_h = c_p(T - T_d)/L$；c_p 为温度 $\hat{T}$ 时所对应的气体比定压热容。

6.5.2 喷孔流动分析

根据热力学平衡方程及能量守恒方程，建立电-磁-热与流体参数之间的瞬态耦合关系，将电-磁损耗所产生的热能作为输入条件，可对喷孔内部流动进行多物理场耦合仿真计算。

为验证模型的准确性，采用 6.5.1 节的流动模型对文献[18]所采用的喷油器喷

孔进行仿真，并将仿真结果与试验结果进行对比，如图 6-29 所示，由图可知，仿真结果与试验结果基本一致，验证了仿真模型的可行性。

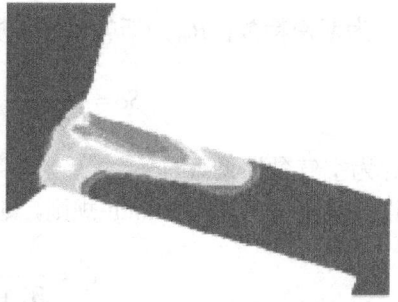

图 6-29　喷孔内部流动仿真与试验对比（P_{in}=10MPa）

图 6-30 为 GDI 多孔喷油器钢球-阀座流道三维模型。图 6-31 为钢球-阀座流道网格模型，网格采用非结构的六面体网格模型，对喷孔及钢球-阀座间隙处进行精细化处理，以保证计算的准确性，总网格数量为 84 万左右。为了计算瞬态喷雾特性，对钢球-阀座间隙处进行动网格划分，并以实际仿真计算的衔铁组件位移曲线作为仿真计算的运动边界条件。

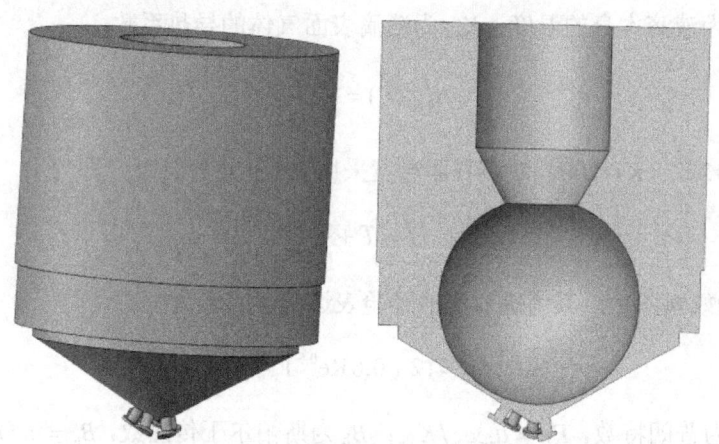

图 6-30　GDI 多孔喷油器钢球-阀座流道三维模型

将电-磁-热-流进行联合瞬态计算，以瞬态温度场作为边界条件赋给流场，燃油在 GDI 喷油器本身热源作用下温度升高，燃油物性发生变化，使得流动状态发生变化。为了研究喷孔内燃油流动特性的变化规律，对衔铁组件最大升程时的空穴现象进行仿真分析。仿真时设定燃油压力为 10MPa，保持电流 i_{b1} 为 8A，保持脉宽 t_{p1} 为 8ms，GDI 喷油器的工作时间分别为 30s、120s 和 360s。图 6-32 所示为 z=0 截面上六个喷孔的气相体积分数。

由图 6-32 可知，GDI 喷油器的工作时间越长，其本体温升越高，气相体积分数越大，空穴现象越明显。当 $t=30s$ 时，喷油器本体温升约为 120℃，喷孔截面的空穴现象并不十分明显；当 $t=120s$ 时，喷油器本体温升约为 150℃，喷孔截面的空穴现象明显加强，气泡区域明显扩大；当 $t=360s$ 时，喷油器本体温升约为 180℃，气泡已经扩展到几乎整个喷孔。由仿真结果可知，随着 GDI 喷油器工作时间的增加，本体温度逐渐升高，燃油所吸收的热量越多，燃油的饱和蒸气压上升，表面张力下降，造成的空穴现象更加明显。

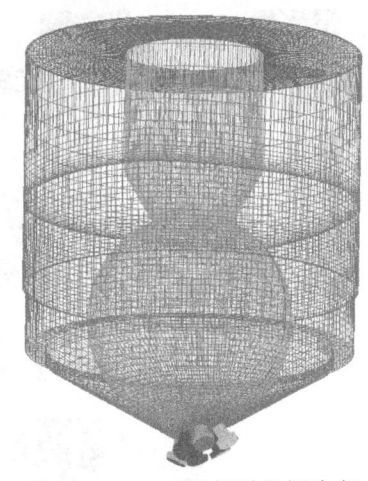

图 6-31　GDI 多孔喷油器钢球-阀座流道网格模型

由于在流体流动过程中，总压等于静压与动压之和，GDI 喷孔内部的静压大小可以反映孔内介质流动的阻力，动压则可以反映孔内流动的动力。由图 6-33 可知，随着 GDI 喷油器运行时间的延长，静压逐渐降低，动压逐渐升高，喷孔内液相的平均流动速度加快，其喷孔内部燃油温度及流速与 GDI 喷油器运行时间的关系曲线如图 6-34 所示；随着 GDI 喷油器运行时间的延长，其本体

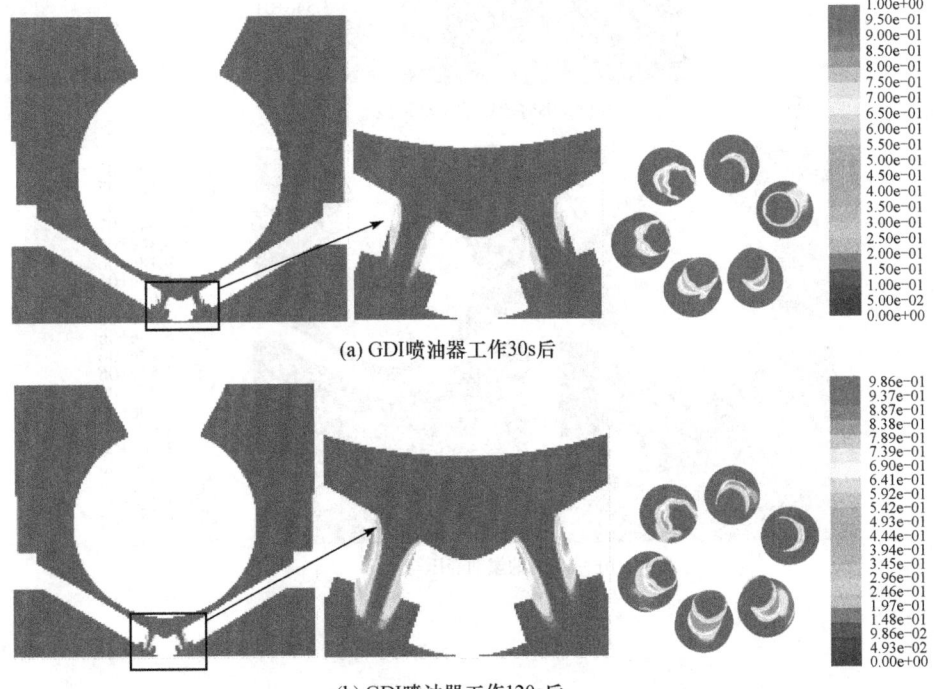

(a) GDI 喷油器工作 30s 后

(b) GDI 喷油器工作 120s 后

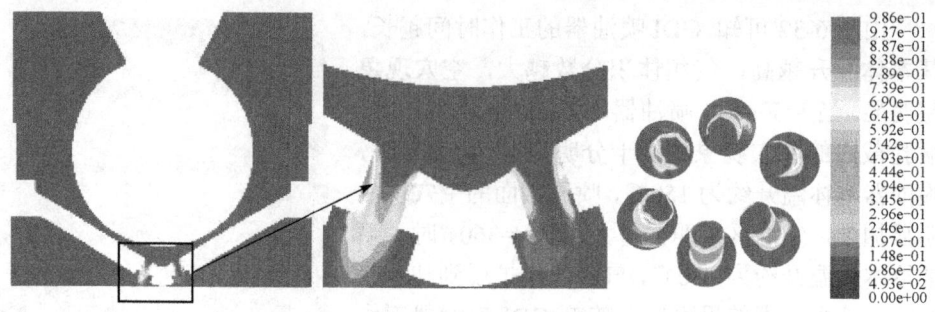

(c) GDI喷油器工作360s后

图 6-32 喷油器不同工作时间后的空穴现象

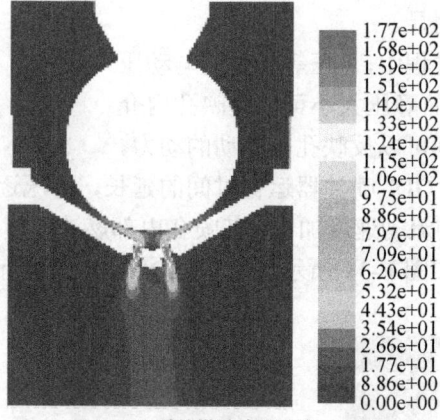

(a) t=30s时的燃油流动速度

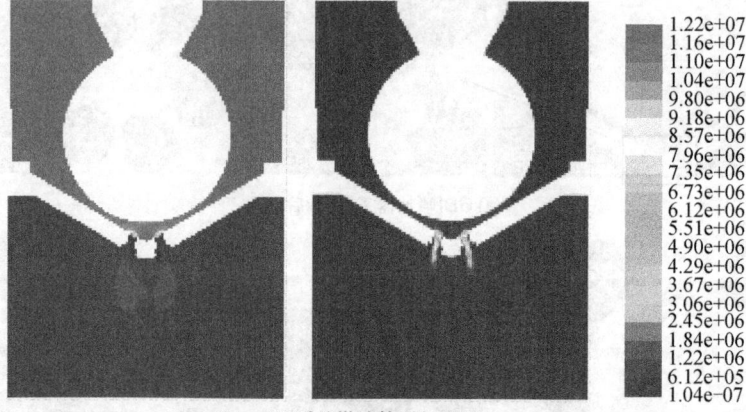

(b) t=30s时的燃油静压与动压

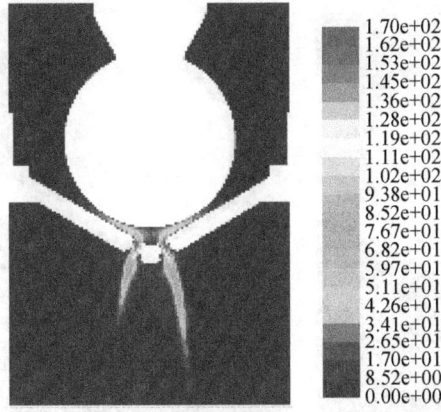

(c) t=120s时的燃油流动速度

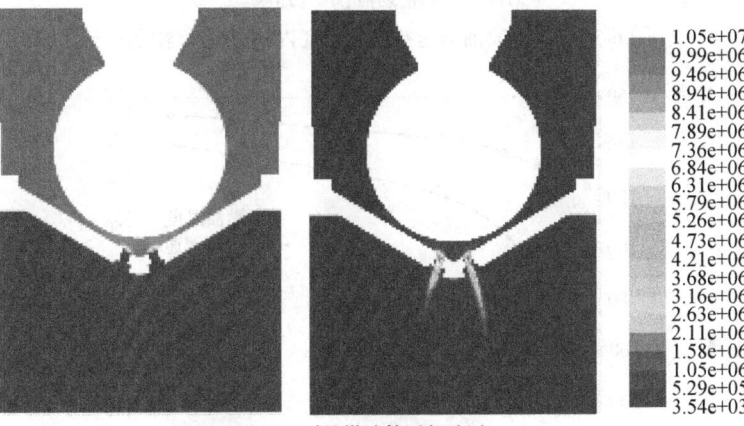

(d) t=120s时的燃油静压与动压

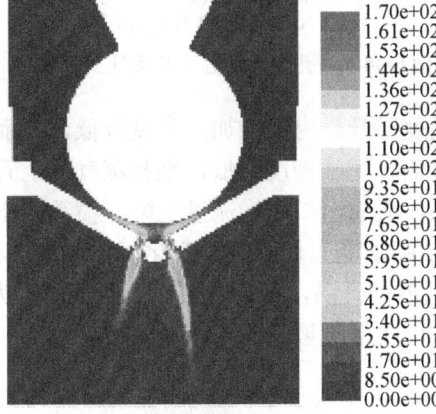

(e) t=360s时的燃油流动速度

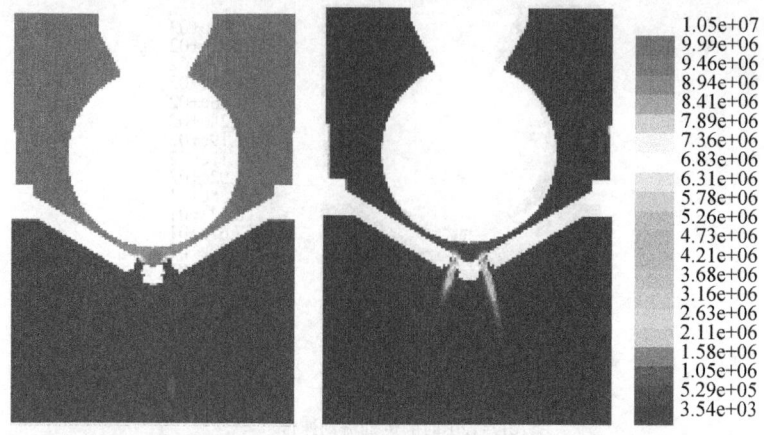

(f) $t=360s$ 时的燃油静压与动压

图 6-33　GDI 喷油器运行时间对孔内的流动状态的影响

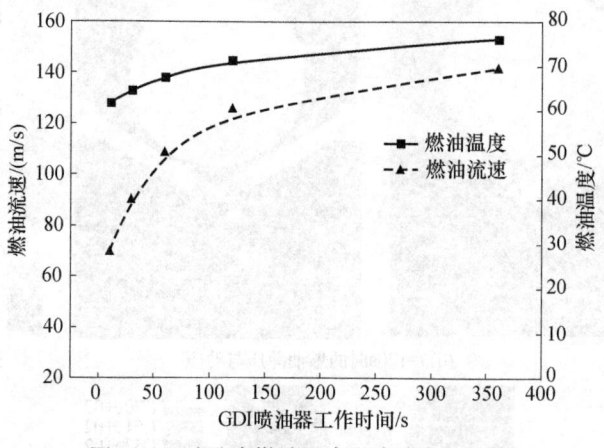

图 6-34　喷孔内燃油温度和流速变化规律

温度上升，造成燃油温度上升，内能增加，黏度降低，从而喷孔内燃油的平均流速加快。随着温度的升高，燃油密度降低，饱和蒸气压上升，空穴现象加剧，喷孔内气相体积分数增加，造成出口质量流量下降。喷孔内平均气相体积分数和喷孔出口质量流量随 GDI 喷油器工作时间的变化规律如图 6-35 所示。由此可知，随着 GDI 喷油器本体温度的升高，喷孔内部介质的流动阻力减小，动力增加，促成燃油流速加快，但出口质量流量下降。

6.5.3　喷雾特性分析

为了验证喷雾模型的准确性，利用高速摄影技术对不同时刻的喷雾形态进行拍摄，并与仿真结果进行对比，如图 6-36 所示。由图可知，采用仿真计算的喷雾形态与试验测试结果基本一致，说明仿真算法具有较高的准确性。

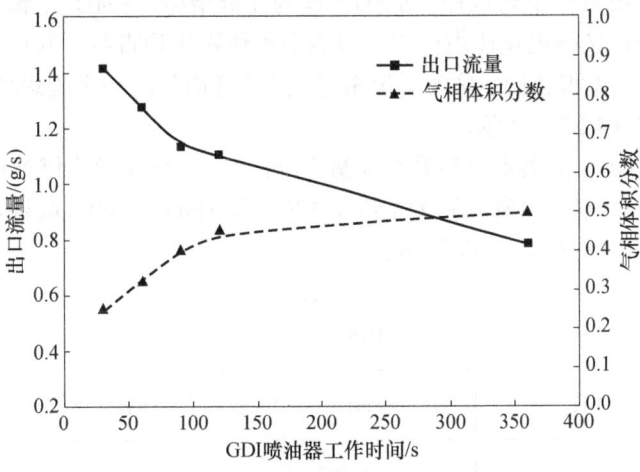

图 6-35　喷孔出口流量变化规律

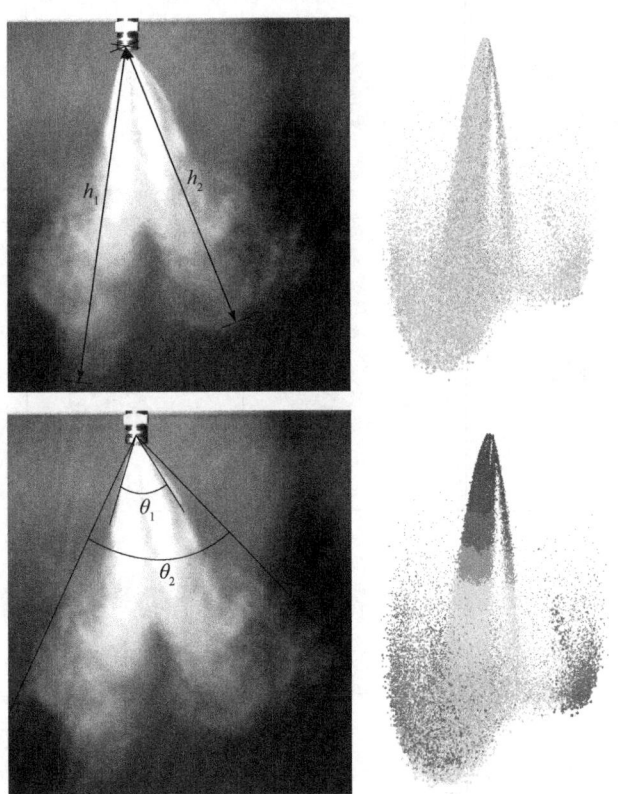

图 6-36　喷雾形态试验与仿真对比分析（P_{in}=5MPa，P_{out}=0.1MPa）

在研究燃油喷雾特性时,为了判断雾化质量的优劣以及分析喷雾颗粒直径的大小,通常采用索特平均直径(SMD)作为评价指标。SMD 是颗粒群表面积分布的平均直径,又称当量比表面直径或表面积体积平均直径,其意义为与颗粒群的粒形相同,总体积相同、总表面积相同,且粒度均匀的一个假想颗粒群的粒度。其表达式如式(4-27)所示。

为研究 GDI 喷油器本体温升对喷雾性能的影响,分别给出燃油压力为 5MPa,背压为 0.1MPa,本体温升分别为 25℃、120℃和 180℃时 GDI 喷油器不同时刻的喷雾形态和 SMD,如图 6-37 所示。

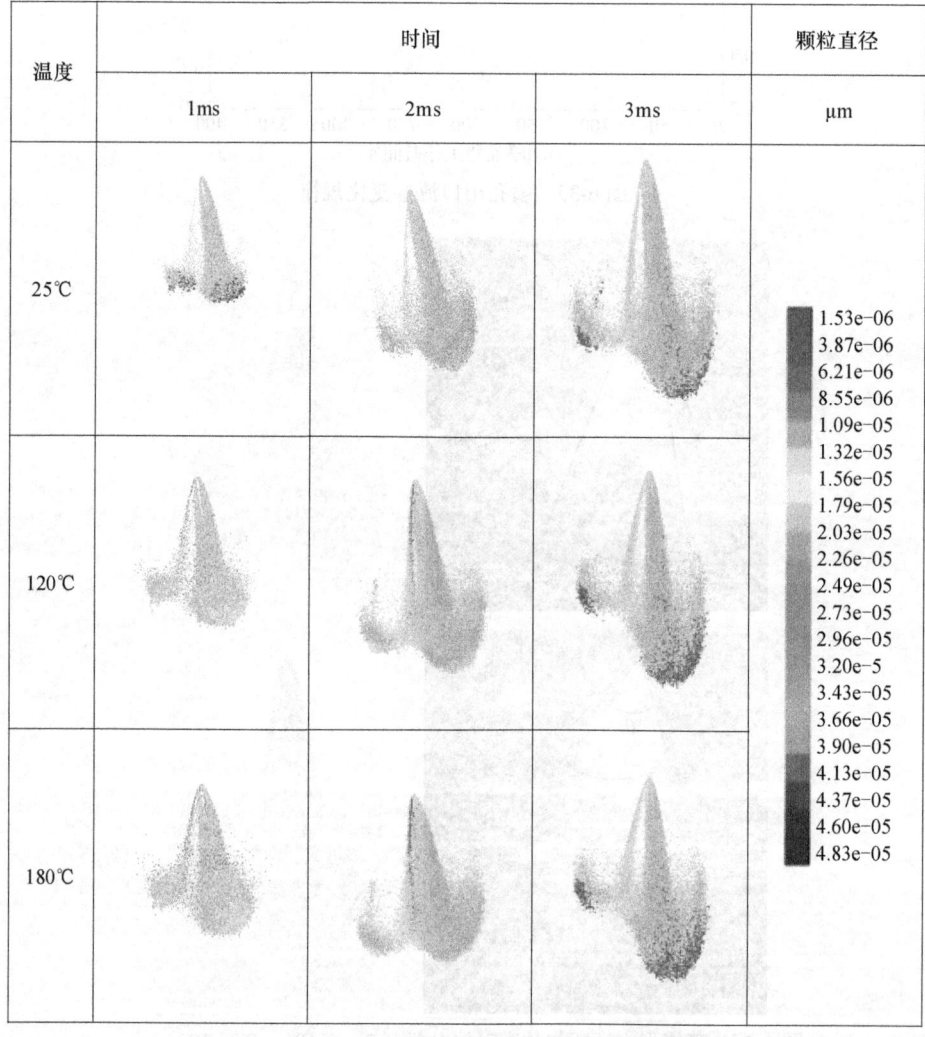

图 6-37　不同 GDI 喷油器本体温升对喷雾形态的影响

由图 6-37 可知，随着 GDI 喷油器本体温度的上升，燃油的喷雾贯穿距离有缩短的趋势，喷雾角度有增大的趋势，喷雾颗粒直径减小。这主要是因为随着 GDI 喷油器本体温度的升高，燃油吸收的热量增多，喷孔内空穴现象和湍流强度加强，燃油沿喷孔径向方向的速度加快，造成燃油出口轴向流速的下降，油滴的内能增加，蒸发作用加强，因此喷雾贯穿距离缩短，喷雾角度增加，喷雾颗粒直径减小。

6.6 本章小结

本章分析了 GDI 喷油器的结构特点、工作原理和性能要求，建立机械运动、电路、磁路、热力学、流动和喷雾等子系统模型，揭示了结构参数与性能参数之间的内在联系，并分析了多物理场场间参数的关系，为 GDI 喷油器的多物理场耦合模型的建立和多学科协同优化设计奠定基础。另外，以 ANSYS Workbench 软件平台为基础，建立 GDI 喷油器多物理场仿真平台，并对 GDI 多孔喷油器的工作过程进行了联合仿真。主要结论如下：

（1）通过电-磁-热耦合仿真计算，揭示了电、磁、热转化机理，得到不同驱动电压对 GDI 喷油器的动态响应特性、温度分布及变化规律的影响，结果表明，电场作为多物理场耦合的源场直接决定磁、热的分布特性和变化规律，电压越大线圈储能越多，所提供的电磁力越大，动态响应越快，同时温升上升速率也越快。本体温度的升高反作用于 GDI 喷油器，造成线圈电阻变大，软磁合金的电磁特性恶化，最终使动态响应时间延长。

（2）热-流耦合仿真结果表明，燃油流动对 GDI 喷油器起到一定的冷却作用，燃油压力和温升越高，燃油吸热量越多，吸收的热量改变了燃油的物性参数，加剧了孔内的空穴效应和湍流强度，同时减小了喷雾颗粒直径和贯穿距离。

参考文献

[1] 黄茂杨. 柴油机高压共轨燃油喷射系统——高速电磁阀结构与控制参数优化及其特性测试系统研制[D]. 南京: 东南大学, 2005.

[2] Reitz R D. Directions in internal combustion engine research[J]. Combustion and Flame, 2013, 160(1):1-8.

[3] Zhao N N, Zhu Z Q, Liu W G. Rotor eddy current loss calculation and thermal analysis of permanent magnet motor and generator[J]. IEEE Transactions on Magnetics, 2011, 47(10): 4199-4202.

[4] 史春涛, 孙立星, 刘建军, 等. 内燃机喷雾模型的研究现状[J]. 农业机械学报, 2007, 38(2):

189-194.

[5] Taghizadeh M, Ghaffari A, Najafi F. Modeling and identification of a solenoid valve for PWM control applications[J]. Comptes Rendus Mécanigue, 2009, 337(3):131-140.

[6] 汪翔, 苏万华. 空化过程对柴油喷嘴内流特性的影响[J]. 内燃机学报, 2007, 25(6):481-487.

[7] Chung J H, Wakisaka T, Lbaraki K. An improvement droplet breakup model for three dimensional diesel spray simulation[C]. Proceeding of the 3rd KSME-JSME Thermal Engineering Conference, Sendai, 1996.

[8] Baumgarten C. Mixture Formation in Internal Combustion Engines[M]. Berlin: Springer, 2006.

[9] Liu A B, Reitz R D. Modeling the effects of drop drag and break-up on fuel sprays[C]. International Congress & Exposition, Detroit, 1993.

[10] Reitz R D. Modeling atomization processes in high pressure vaporizing sprays[J]. Atomization Spray Technology, 1987, 3:309-337.

[11] 陈海娥, 龚艳峰, 李伟, 等. 缸内直喷汽油机的喷雾模拟[J]. 汽车技术, 2010, (1):9-13.

[12] 邹开凤, 李育学. 共轨喷油器高速电磁阀的材料选择研究[J]. 武汉理工大学学报(交通科学与工程版), 2005, 29(5):721-723.

[13] 张琪, 张俊, 黄苏融, 等. 集肤效应对高密度永磁电机温升的影响[J]. 电机与控制应用, 2013, 40(8):35-39.

[14] 张波, 尧命发, 杨冬冬, 等. 不同进气温度条件下燃料特性对均质压燃燃烧过程影响的试验研究[J]. 内燃机学报, 2008, 26(1):1-12.

[15] Wang T, Silaen A, Hsu H W, et al. Investigation of heat transfer and gasification of two different fuel injectors in an entrained flow coal gasifier[J]. Journal of Thermal Science and Engineering Applications, 2010, 48(2):1-10.

[16] 毛立伟. 直喷汽油机多孔喷油器的喷雾特性研究[D]. 天津: 天津大学, 2008.

[17] 张军. 柴油机喷嘴内空化效应的机理及射流破碎特征的研究[D]. 天津: 天津大学, 2011.

[18] He Z X, Zhong W J, Wang Q, et al. Effect of nozzle geometrical and dynamic factors on cavitating and turbulent flow in a diesel multi-hole injector nozzle[J]. International Journal of Thermal Sciences, 2013, 70(4):132-143.

第 7 章 GDI 喷油器结构参数多目标分步优化

GDI 喷油器的磁路结构和喷孔结构在参数特点与耦合强度方面存在较大差异，难以建立统一的数学模型进行结构参数优化，因此可采用多目标分步优化策略进行磁路结构与喷孔结构的参数优化。其中，由于磁路结构参数与电-磁-热耦合模型能建立统一的数学模型，选用多目标模拟退火（MOSA）算法对磁路结构进行优化；由于喷孔结构参数与电-磁场之间的耦合是以温度场为桥梁的间接耦合，且喷孔结构参数与流动及喷雾特性之间并未形成较成熟的统一数学模型，而是以经验公式为主，所以难以采用先进的智能优化算法。为了探索喷孔结构参数对喷孔内部流动和外部喷雾的影响规律，实现喷孔结构参数的最优配置，本章以磁路优化结果为基础，采用正交试验法对喷孔结构进行优化；将分步优化前后的 GDI 喷油器结构在多物理场耦合平台上进行仿真分析和对比研究，验证结构参数多目标分步优化的可行性。

7.1 GDI 喷油器的优化目标及优化策略

分步优化策略是根据 GDI 喷油器的磁路结构和喷孔结构在参数特点与耦合强度方面存在较大差异而确定的。一方面，GDI 喷油器的动态响应特性、温度特性主要与磁路结构和电、磁、热等物理场相关，且比较容易建立以磁路结构参数为基础的电-磁-热耦合的统一数学模型，确定优化目标，因此能实现其结构的多目标优化；对于喷孔结构，长径比、内圆倒角和喷孔锥度对喷孔内部流动和外部喷雾的作用关系并不明确，难以建立统一的数学模型，因此在仿真计算的基础上进行正交试验分析。另一方面，喷孔内部流动和外部喷雾与磁路结构之间是以温度场为"桥梁"的间接作用关系，且电、磁、热、流之间的耦合关系（尤其是热-流耦合关系）非常复杂，不适合采用统一数学模型对磁路结构和喷孔结构进行优化。基于以上考虑，采用多目标参数分布耦合优化策略对磁路结构和喷孔结构进行优化分析。

GDI 喷油器的磁路结构主要由铁心、衔铁、导向管、轭铁组件和线圈等零部件组成，这些零部件的结构及材料直接决定 GDI 喷油器的结构尺寸大小、动态响应性能和能量损耗，其具体参数及作用关系如图 7-1 所示。

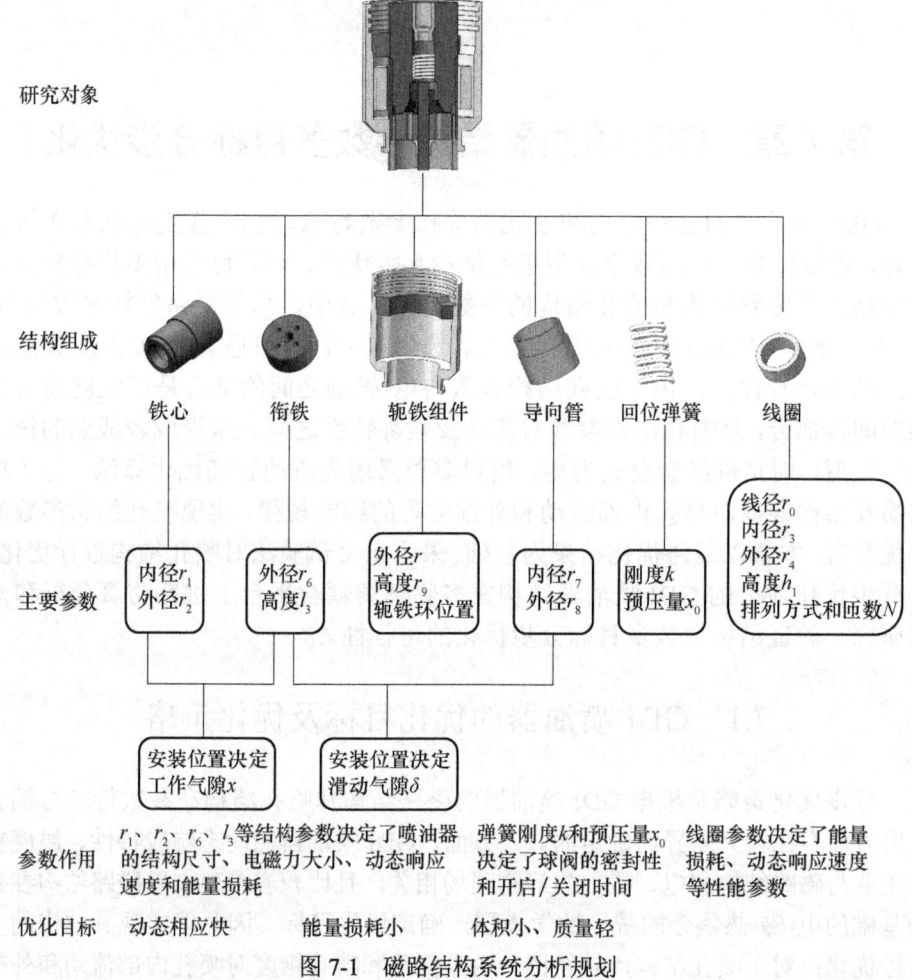

图 7-1 磁路结构系统分析规划

影响 GDI 喷油器喷雾特性的主要参数包括喷孔的分布情况、喷孔内圆倒角、长径比和喷孔锥角等。由于喷孔的分布特性与喷油器在发动机气缸盖上的安装位置和燃烧室结构有关，且参数变化范围大，本章只对指定喷孔分布情况的 GDI 喷油器进行分析。在喷孔分布一定的条件下，喷孔结构对喷孔内的流动及外部喷雾的影响最大，喷孔结构涉及的变参数较多，各个参数之间的耦合关系错综复杂，难以建立结构参数与性能参数之间的数学模型，因此其不适合采用多目标优化算法进行优化。本章在对目标对象的性能参数进行仿真和测试后，建立优化约束条件和优化目标，利用正交试验法对喷孔结构进行优化，具体参数之间的影响关系如图 7-2 所示。

第 7 章　GDI 喷油器结构参数多目标分步优化

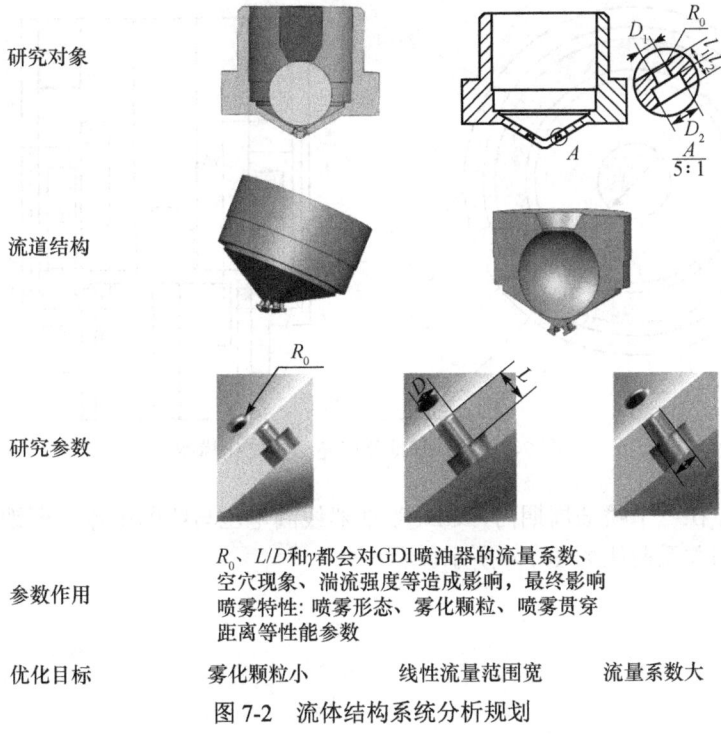

图 7-2　流体结构系统分析规划

7.2　磁路结构多目标优化模型

根据 GDI 喷油器磁路结构特点将其结构进行简化，如图 7-3 所示。其中，r 为轭铁外径，r_5 为轭铁内径，r_4 为线圈外径，r_3 为线圈内径，r_2 为铁心外径，r_1 为铁心内径，h_{cu} 为线圈厚度，x 为工作气隙厚度，l 为磁路总长度，l_1、l_2 分别为轭铁厚度和绝对磁路长度。

1. 磁路结构简化模型

为了减少计算时的参数量，对几何参数进行无量纲处理：

$$k_{r_i} = \frac{r_i}{r}, \quad k_{l_i} = \frac{l_i}{l}, \quad \eta = \frac{l}{r} \tag{7-1}$$

式中，径向方向的无量纲常数表示为 k_{r_i}；轴向方向的无量纲常数表示为 k_{l_i}；η 为磁路总长与磁路最大外径（即轭铁外径）的比值。

2. 动态响应计算

GDI 喷油器的动态响应主要包括衔铁组件开启延迟时间和关闭延迟时间两个

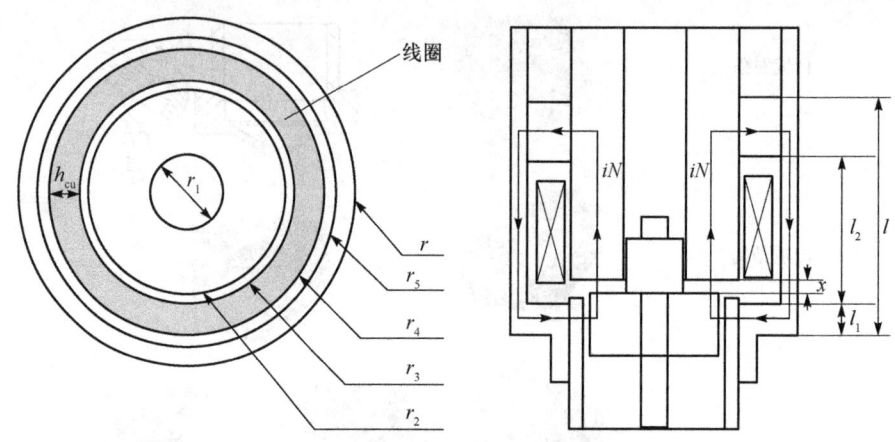

图 7-3　GDI 喷油器磁路结构简化模型

主要参数。在一个喷油周期内，GDI 喷油器线圈电压与线圈电流、衔铁组件电磁力与位移的关系曲线如图 7-4 所示。

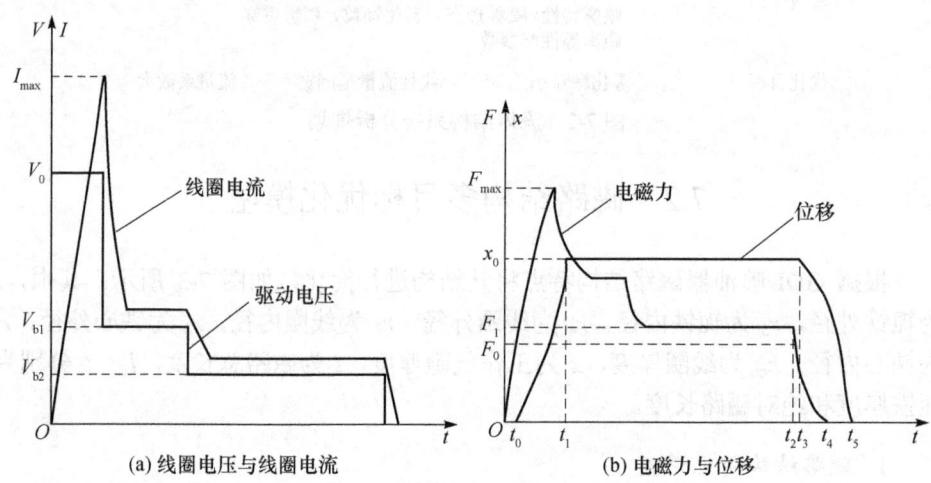

(a) 线圈电压与线圈电流　　(b) 电磁力与位移

图 7-4　GDI 喷油器工作过程示意图

由图 7-4（a）可知，驱动电压的大小直接决定线圈电流的大小。由图 7-4（b）可知，在同一时间轴上，驱动电流与电磁力、位移等参数直接相关。当电磁力小于衔铁组件所受其他力之和 F_0 时，衔铁组件不动，电磁力由 0 逐渐上升到 F_0 所需要的时间为 t_0；当电磁力大于 F_0 后，衔铁组件开始做加速运动，直到衔铁组件被吸合，吸合过程所需的总时间为 t_1-t_0；当衔铁组件吸合后，虽然驱动电压减小、线圈电流降低，但是电磁吸力仍然大于 F_0，因此衔铁组件依然保持开启状态；当电压降为 0 时，电磁力在感应电流的作用下还会先保持一段时间大于 F_0，该时间

为 t_3-t_2，然后迅速降低到小于 F_0 的值，t_3 时刻球阀开始复位关闭，整个复位过程所需的时间为 t_5-t_3。

根据第 2 章中的电路子模型分析可知，当衔铁组件还处于触动阶段时，满足基尔霍夫电压平衡定律，因此可得 t_0 满足

$$t_0 = \int_0^{\phi_0} \frac{\mathrm{d}\phi}{U - iR} = \frac{L_0}{R_\mathrm{m}} \ln \frac{i_y}{i_y - i_\omega} \tag{7-2}$$

由式（7-2）可知，t_0 与线圈电流大小 i_y、感应电流 i_ω、t_0 时刻的线圈电感 L_0 和磁阻 R_m 等参数有关。

当衔铁组件开始运动时，衔铁组件的运动过程满足牛顿运动定律：

$$F_\mathrm{m} - (F_\mathrm{fuel} + F_\mathrm{spring} + F_\mathrm{f} + mg) = m\ddot{x}$$

设 $F_\mathrm{mech} = F_\mathrm{fuel} + F_\mathrm{spring} + F_\mathrm{f} + mg$，上式可以表示为

$$\frac{i^2 N^2 \mu_\mathrm{r}^2 \mu_0 S}{2[l_2 + l_3 + x(\mu_\mathrm{r} - 1)]^2} - F_\mathrm{mech} = m\ddot{x} \tag{7-3}$$

根据初始条件：$x=0$，$\dfrac{\mathrm{d}x}{\mathrm{d}t} = 0$，$\phi = \phi_0 = \sqrt{\dfrac{F_\mathrm{mech}}{k_1}}$ 求解微分方程，可得

$$t_\mathrm{open} = t_1 = \sqrt[3]{\frac{3\delta_0 m N^2 \mu_\mathrm{r}^2 S A_2^2}{2\omega_\mathrm{a}(l_2 + l_3)\sqrt{\dfrac{F_\mathrm{mech}}{2\delta_0 L_0}} - (\mu_\mathrm{r} - 1)\dfrac{F_\mathrm{mech}}{L_0}}} \tag{7-4}$$

式中，δ_0 为初始气隙位置；A_2 为线圈截面积；ω_a 为工作周期。

当线圈断电后，由于磁滞现象和感应电流的存在，磁路中电磁力还会以较大值持续一段时间，球阀并没有立即落座，而是在感应电流的作用下继续保持吸合状态。此时，线圈感应电流为

$$i = \frac{N}{R} \frac{\mathrm{d}\phi}{\mathrm{d}t} \tag{7-5}$$

将式（7-5）代入式（7-3）可得关闭延迟时间为

$$t_\mathrm{close} = t_5 - t_3 = \sqrt[3]{\frac{24R\delta_0^2 m \mu_\mathrm{c}}{n^2 L_0}} \tag{7-6}$$

3. 温度计算

在计算过程中，主要考虑了许用温度对 GDI 喷油器的限制。为了分析最高温度对电流的限制，需要对热传导现象进行详细分析。

线圈电阻需要表示为几何尺寸和铜线电阻率的方程：

$$R = \frac{\delta_{res}l_2}{A_w} = \frac{\delta_0'(1+\gamma_2\Delta T)l_2}{A_w} \quad (7\text{-}7)$$

式中，γ_2 为电阻率温度系数；δ_0' 为给定温度 T_0 下的电阻率；$\Delta T=T_{max}-T_0$；A_w 为线圈截面积。

稳态温度平衡方程可以表示为名义导热和对流过程[1]：

$$Ri^2 = \dot{Q} = \frac{\Delta T}{\vartheta_{cond}+\vartheta_{conv}} \quad (7\text{-}8)$$

式中，ϑ_{cond} 为名义传导热电阻；ϑ_{conv} 为名义对流热电阻。热电阻定义为将温度增量 ΔT 差分为热流 Q。

由热平衡方程可得最大电流为

$$i_{max} = \sqrt{\frac{\Delta T}{R(\vartheta_{cond}+\vartheta_{conv})}} \quad (7\text{-}9)$$

将以上参数代入式（7-9）可得

$$i_{max} = \sqrt{\frac{A_w 2\pi l\Delta T}{\delta_0'(1+\gamma_2\Delta T)l_w\left(\dfrac{\lg(1/k_{r_3})}{2\pi l\lambda_{iron}}+\dfrac{1}{rh_c}\right)}} \quad (7\text{-}10)$$

式中，h_c 为对流系数，由无量纲奴塞尔数决定。

4. 结构参数规划

由于在进行多目标参数优化时，涉及的变参数和目标函数很多，物理过程复杂，需要对多目标参数进行规划，减小计算量。

线圈作为影响电流、电感和电阻等关键参数的零件，其结构的优化对提升电磁力和动态响应速度起到很大的作用，线圈匝数可表示为

$$N = \frac{h_{cu}l_2 k_{ff}}{A_w} \quad (7\text{-}11)$$

式中，h_{cu} 为线圈厚度；k_{ff} 为填充系数。

为了建立电磁力与线圈参数的关系，利用最大电磁力（即与线圈截面积之比）确定线圈电磁力，即

$$\frac{F_{max}}{S_{act}} = \frac{\lambda_{air}\mu_0\Delta T\mu_r^2}{\delta_0(1+\gamma\Delta T)}\frac{k_L^2 k_{r_1}^2\left(\dfrac{k_{r_3}-k_{r_1}}{k_{r_2}}\right)k_{ff}}{\left(\dfrac{2k_\lambda\lambda_{air}}{\lambda_{iron}}+\dfrac{4}{N_u\eta}\right)} \quad (7\text{-}12)$$

式中，假设

$$k_\lambda = \lg\left(\frac{1}{k_{r_3}}\right), \quad k_L = \frac{l_2}{l_2 + l_{eq}} \tag{7-13}$$

则磁路等效长度比可以表示为

$$\frac{l_{eq}}{l} = \frac{k_{r_1}^2(1-2k_{l_1})}{1-k_{r_3}^2} + \frac{k_{r_1}^2 \eta^2 \log \frac{1}{k_{r_1}}}{k_{l_1}} \tag{7-14}$$

由以上分析可以看出，截面最大的电磁力与材料常量、物理阀值和几何关系有关。因此，与设计参数相关的结构因子可以表示为

$$q_f = \frac{k_L^2 k_{r_1}^2 \left(\dfrac{k_{r_3} - k_{r_1}}{k_{r_2}}\right) k_{ff}}{\left(\dfrac{2k_\lambda \lambda_{air}}{\lambda_{iron}} + \dfrac{4}{N_u \eta}\right)} \tag{7-15}$$

代入所有的参数，则结构因子可表示为

$$q_f = \frac{k_{l_2}^2 k_{r_1}^2 k_{ff} \left(\dfrac{k_{r_3} - k_{r_1}}{k_{r_3} + k_{r_1}}\right)}{\left[k_{l_2} + \dfrac{k_{r_1}^2 k_{l_2}}{1 - k_{r_3}^2} + \dfrac{k_{r_1}^2 \eta^2 \log \dfrac{1}{k_{r_1}}}{(1 - k_{l_2})/2}\right]\left(\dfrac{2k_\lambda \lambda_{air}}{\lambda_{iron}} + \dfrac{4}{N_u \eta}\right)} \tag{7-16}$$

式中，结构因子 q_f 为表征结构参数合理性的参数；λ_{air} 为气隙处的磁链系数；λ_{iron} 为磁路元件磁链系数；N_u 为奴塞尔数；η 为电磁转化效率。

为了满足体积小、质量轻的目标，将体积功引入 GDI 喷油器结构参数的优化设计中。衔铁组件的最大位移为 x（即工作气隙），x 与 GDI 喷油器的磁路总长 l 成正比。因此，最大体积功出现在衔铁组件位移行程结束后，由此可得

$$\frac{W_{max}}{V_{act}} = \frac{q_{fw} \lambda_{air} \mu_0 \Delta T \mu_r^2}{\delta_0 (1+\gamma \Delta T)\left(\dfrac{2k_\lambda \lambda_{air}}{\lambda_{iron}} + \dfrac{4}{N_u \eta}\right)} \tag{7-17}$$

将所有的参数代入可求得功率因子为

$$q_{\text{fw}} = \frac{2k_{l_2}^2 k_{r_1}^2 k_{\text{ff}} \dfrac{k_{r_3} - k_{r_1}}{k_{r_3} + k_{r_1}} \left(\dfrac{2k_\lambda \lambda_{\text{air}}}{\lambda_{\text{iron}}} + \dfrac{4}{N_u \eta} \right)^{-1}}{\left(k_{l_2} + \dfrac{k_{r_1}^2 k_{l_2}}{1 - k_{r_3}^2} + \dfrac{k_{r_1}^2 \eta^2 \lg \dfrac{1}{k_{r_1}}}{(1 - k_{l_2})/2} \right) \left(k_{l_2} + \dfrac{k_{r_1}^2 k_{l_2}}{1 - k_{r_3}^2} + \dfrac{k_{r_1}^2 \eta^2 \lg \dfrac{1}{k_{r_1}}}{(1 - k_{l_2})/2} + \mu_{\text{r}} - 1 \right)} \quad (7\text{-}18)$$

式中，功率因子 q_{fw} 表示电磁转化效率。

7.3 基于 MOSA 算法的磁路结构优化

MOSA 算法最早起源于固体退火原理，将固体加温至充分高，再让其逐渐冷却，加温时，固体内部粒子随着温度升高变为无序状，内能增大，而固体冷却时内能减小，粒子渐趋于有序，且在每个温度都达到平衡状态，最后在常温时达到基准态，内能减为最小。根据 Metropolis 准则，粒子在温度 T 时趋于平衡的概率为[2]

$$P(\Delta E_T) = e^{-\Delta E_T/(k_a t_a)} \quad (7\text{-}19)$$

式中，E_T 为温度 T 时的内能；ΔE_T 为其改变量；k_a 为玻尔兹曼常量。

用固体退火模拟组合优化问题，将内能 E_T 模拟为目标函数值 f，温度 T 演化成控制参数 t_a，即得到解组合优化问题的模拟退火算法：由初始解 i 和控制参数初值 t_a 开始，对当前解重复"产生新解→计算目标函数差→接受或舍弃"的迭代，并逐步衰减 t_a 值，算法终止时的当前解即所得近似最优解，这是基于蒙特卡洛迭代求解法的一种启发式随机搜索过程。退火过程由冷却进度表（cooling schedule）控制，包括控制参数的初值 t_a 及其衰减因子 Δt_a、每个 t_a 值时的迭代次数 L_c。模拟退火算法的数学表达式为

$$P = e^{-c_2/t} > r_s \quad (7\text{-}20)$$

式中，c_2 为评估函数的差；r_s 为 0～1 的随机数。

7.3.1 MOSA 算法求解原理

MOSA 算法可以分解为解空间、目标函数和初始解三部分，其求解步骤如下。

（1）初始化：初始温度 T（充分大），初始解状态 s（算法迭代的起点），每个 T 值的迭代次数 L_c。

（2）对 $k_a=1, 2, \cdots, L_c$ 进行第（3）步至第（6）步运算。

(3) 产生新解 s'。

(4) 计算增量 $\Delta t'=C(s')-C(s)$，其中 $C(s)$ 为评价函数。

(5) 若 $\Delta t'<0$，则接受 s' 作为新的当前解；否则，以概率 $\exp(-\Delta t'/T)$ 接受 s' 作为新的当前解。

(6) 如果满足终止条件，则输出当前解作为最优解，结束程序。终止条件通常取为连续若干个新解都没有被接受。

(7) T 逐渐减少，且 $T^-<T<T^+$，转第（2）步。

由于单目标的模拟退火算法不能满足多目标问题的求解，为了解决多目标计算问题，在单目标目的退火算法基础上设计了 MOSA 算法。其基本思想具体如下[2]。

1. 解的邻域设计

相邻两数值解的关系可表示为

$$x_j=x_i+\mu_z(x_{\max}+x_{\min}) \tag{7-21}$$

式中，x_i 为当前解；x_j 为移动后的解；$x_{\max}$、$x_{\min}$ 分别为 x 的最大、最小值；μ_z 为扰动系数。

2. 下降温度设计

下降温度可表示为

$$t_{k+1}=a_1 t_k \tag{7-22}$$

式中，$k \geq 0$，$0<a_1<1$。

由式（7-22）可知，当 a_1 越接近于 1 时，下降速度越慢。

3. 算法终止原则

MOSA 算法通常采用零度法，假设模拟退火的最终温度为 0，则给定一个比较小的正数 ε，当温度 $t_k \leq \varepsilon$ 时，算法终止，表示已经达到了最低温度。

本节以 Bosch HDEV 5.1 型 GDI 喷油器结构为基础，对其磁路参数进行优化设计。通过理论分析并结合工程实际，确定了 10 个需优化的关键磁路参数及其约束范围，各结构参数的约束范围根据实际加工及安装要求确定，如表 7-1 所示。

GDI 喷油器的动态响应特性主要由开启延迟时间和关闭延迟时间两个参数进行表征，其结构参数由结构因子和功率因子表征。本节以开启与关闭延迟时间、结构因子和功率因子作为优化目标，建立的目标函数为

$$\min f_1(X)=t_{\text{open}}, \quad \min f_2(X)=t_{\text{close}} \tag{7-23}$$

$$\min f_3(X)=1/q_{\text{f}}, \quad \min f_4(X)=1/q_{\text{fw}} \tag{7-24}$$

表 7-1 汽油喷射器磁路结构参数约束范围

磁路参数	符号	参数范围	优化用符号
工作气隙厚度/mm	δ_1	0.04~0.1	x_1
滑动气隙厚度/mm	δ_2	0.01~0.05	x_2
衔铁内径/mm	d_2	2~2.5	x_3
衔铁外径/mm	d_1	8~10	x_4
衔铁长度/mm	l_1	3.8~7.8	x_5
铁心内径/mm	D_1	3.6~4.5	x_6
铁心外径/mm	D_2	8~10	x_7
线圈匝数	N	100~200	x_8
线圈电阻/Ω	R	1.7~3	x_9
弹簧预压量/mm	s_0	2~3.5	x_{10}

由前面的分析可知，式（7-23）所示的目标函数与 GDI 喷油器动态响应特性相关，在进行 GDI 喷油器结构设计时，要求其动态响应快，因此，开启与关闭延迟时间要尽量短；由于受到结构安装尺寸的约束，要求其结构紧凑、体积小、结构因子尽量大；在电、磁、热、机械等物理场耦合过程中，电能转化为机械能的效率要尽量高，因此需要功率因子大。由于结构因子和功率因子的优化方向与动态响应特性的优化方向相反，为了便于优化计算，对其参数进行最小化处理，如式（7-24）所示。

本节依据 MOSA 算法建立的优化模型如下：

$$X = [x_1, x_2, x_3, x_4, x_5, x_6, x_7, x_8, x_9, x_{10}]$$
$$\min f_1(X)$$
$$\min f_2(X)$$
$$\min f_3(X) \qquad (7\text{-}25)$$
$$\min f_4(X)$$
$$\text{s.t.} \quad \min g(X) = \omega_1 f_1(X) + \omega_2 f_2(X) + \omega_3 f_3(X) + \omega_4 f_4(X)$$

式中，ω_1、ω_2、ω_3、ω_4 为加权系数，通过 Metropolis 准则来确定其取值，可避免主观因素的干扰。

7.3.2 MOSA 优化算法实现

图 7-5 给出了 MOSA 算法的基本步骤。

1. 控制参数的设置

根据 MOSA 算法加温、等温和冷却过程的要求及 Metropolis 准则，选取控制参数如表 7-2 所示。

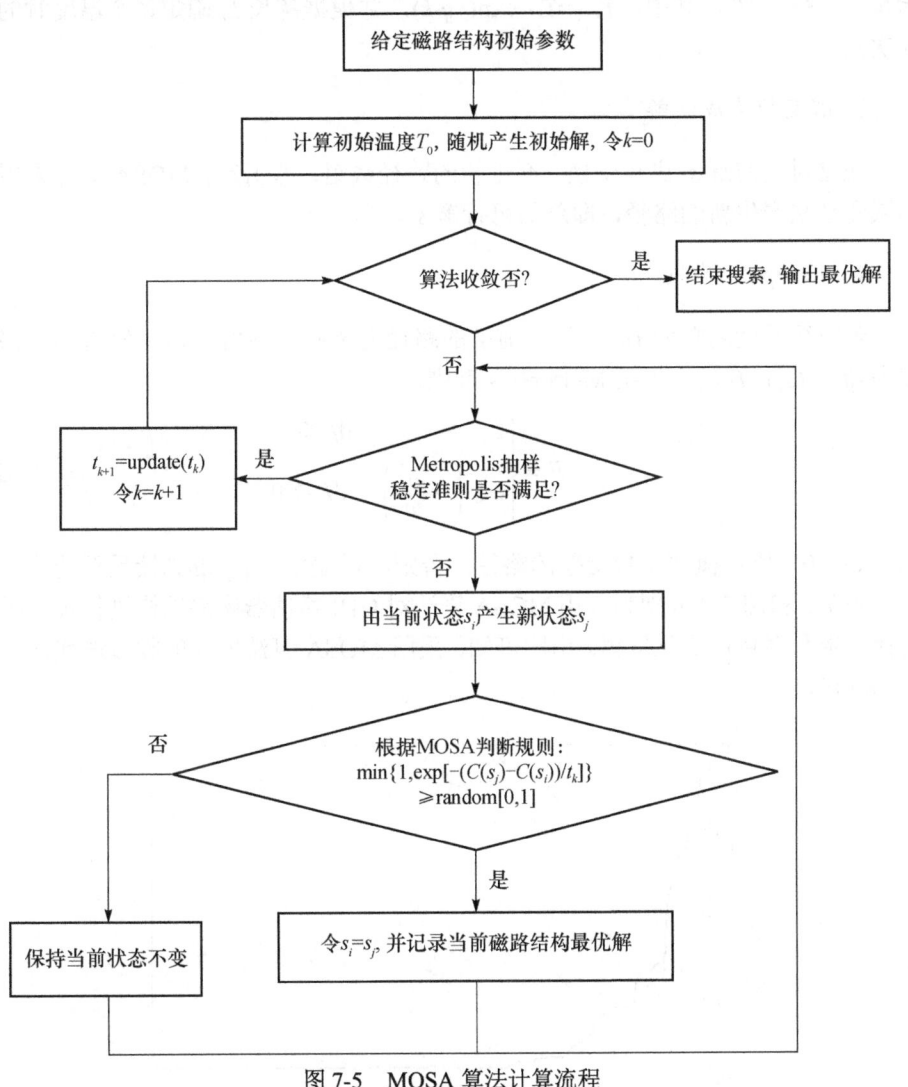

图 7-5　MOSA 算法计算流程

表 7-2　控制参数

参数名称	降温速率 $q/(\text{℃/s})$	初始温度 $T_0/\text{℃}$	结束温度 $T_{end}/\text{℃}$	链长 L_c
参数值	0.9	1000	0.001	150

2. 初始解求解

对于 GDI 喷油器结构所对应的参数集合 $\{X_1, X_2, X_3, X_4, X_5, X_6, X_7, X_8, X_9,$

$X_{10}\}$,随机选取其约束条件内的一组参数$\{x_1, x_2, x_3, x_4, x_5, x_6, x_7, x_8, x_9, x_{10}\}$为初始解 s_1,令 $T=T_0$,其中,$T_{k+1}=T_k \cdot \exp(-q \cdot k)$,并根据链长 L_c 确定每个温度时的迭代次数。

3. 解变换生成新解

通过对当前解 s_1 进行变换,产生新的路径数组,即新解。MOSA 算法采用二临域变换法产生新的路径,即新的可行解 s_2。

4. Metropolis 准则

若路径长度函数为 $f(s)$,则当前解的路径为 $f(s_1)$,新解的路径为 $f(s_2)$,路径差为 $df = f(s_1) - f(s_2)$,根据 Metropolis 准则:

$$P = \begin{cases} 1, & df < 0 \\ \exp\left(-\dfrac{df}{T}\right), & df \geq 0 \end{cases} \tag{7-26}$$

如果 $df<0$,则以概率 1 接受新的路径;否则,以概率 $\exp(-df/T)$ 接受新的路径。

图 7-6 和图 7-7 分别为采用 MOSA 算法对 GDI 喷油器磁路结构进行优化时的迭代次数和多目标优化解集。由图可知,采用 MOSA 算法所需的收敛迭代次数约为 780 步。

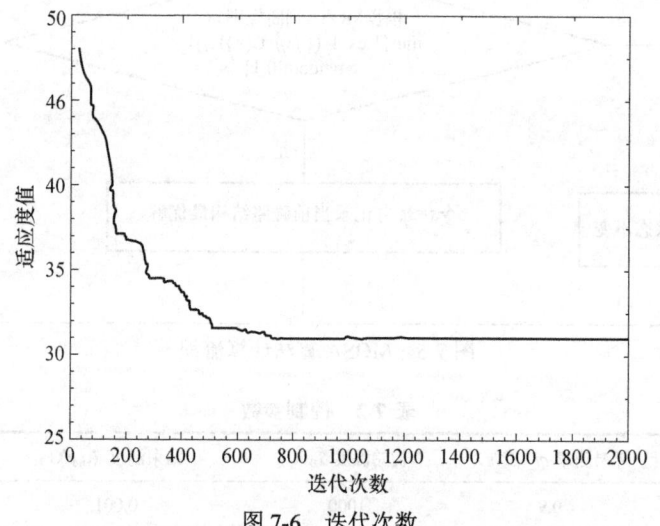

图 7-6 迭代次数

在靠近 Pareto 最优解集前沿,选择开启延迟时间和关闭延迟时间之和最小的参数设计点作为 GDI 喷油器磁路结构参数,其结果如表 7-3 所示。

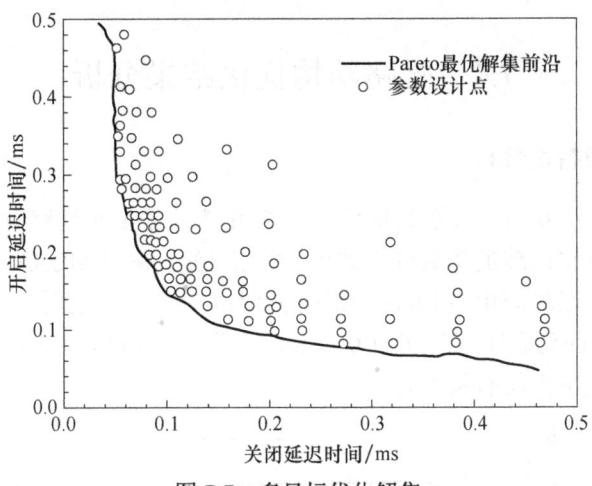

图 7-7 多目标优化解集

表 7-3 优化前后结构参数对比

优化参数	优化前	优化后
工作气隙厚度/mm	0.1	0.08
滑动气隙厚度/mm	0.03	0.02
衔铁内径/mm	2.5	2.5
衔铁外径/mm	10	8.5
衔铁长度/mm	4.3	4.5
衔铁质量/kg	0.004	0.0025
铁心内径/mm	3.6	3.6
铁心外径/mm	12.1	10.1
总体积/mm^3	14078.4	11864.8
线圈匝数	100	100
线圈电阻/Ω	2	2
弹簧预压量/mm	2.75	3.0
开启延迟时间/μs	124	100
关闭延迟时间/μs	68	74
结构因子	0.2168	0.2299
功率因子	0.0020	0.0015

由优化前后结构参数对比可知,优化后 GDI 喷油器的结构尺寸有所减小,其总体积约减小 15.7%,动态响应速度明显提高,虽然优化后关闭延迟时间约延长 8.82%,但开启延迟时间约缩短 19.35%,总动态响应速度约缩短 9.375%。

7.4 磁路结构优化结果分析

7.4.1 动态响应特性分析

图 7-8~图 7-10 所示分别为优化前后 GDI 喷油器工作过程中衔铁位移、电磁力变化和电流变化曲线的仿真分析结果。由图可知，采用 MOSA 算法优化后 GDI 喷油器的开启延迟时间由 0.124ms 缩短为 0.1ms，关闭延迟时间由 0.068ms 上升为 0.074ms，总的动态响应时间由 0.192ms 下降为 0.174ms，约缩短了 9.4%。最大电磁力和最大电流均有所上升。

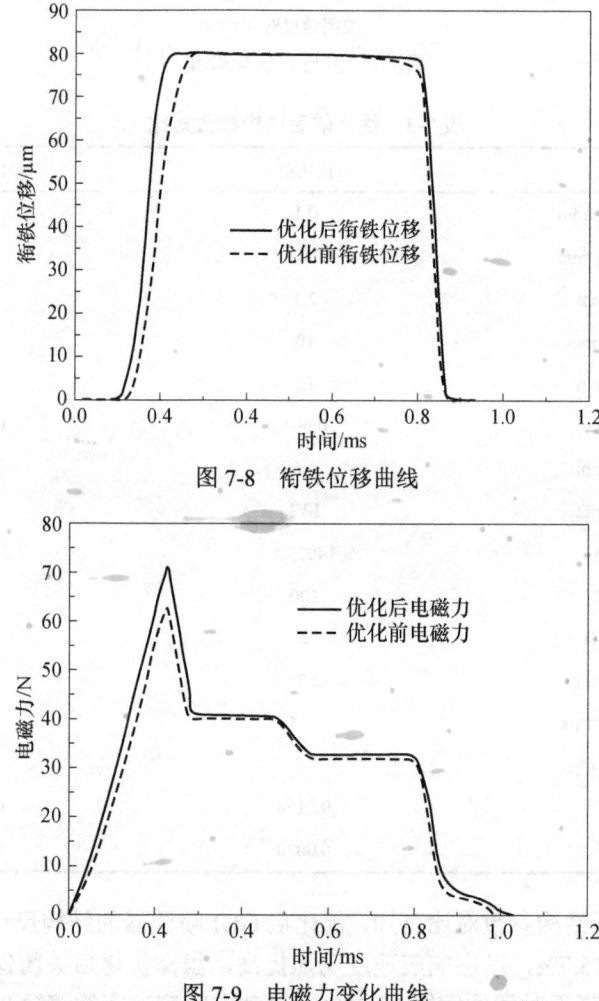

图 7-8 衔铁位移曲线

图 7-9 电磁力变化曲线

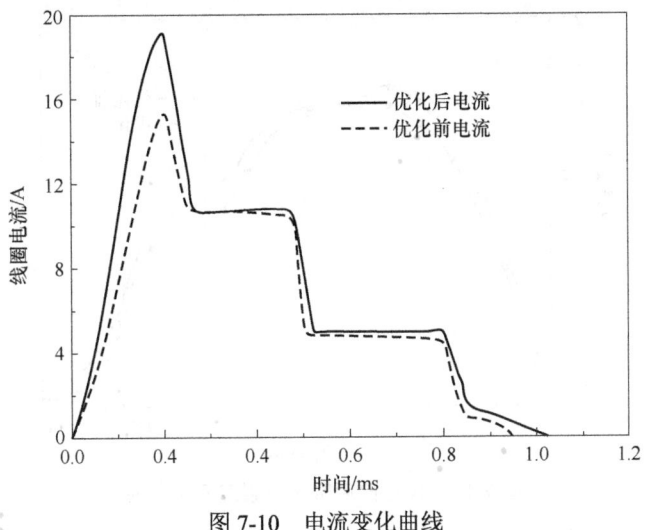

图 7-10 电流变化曲线

7.4.2 电磁特性分析

图 7-11 为 t=0.2ms 时优化前后的 GDI 喷油器磁感应强度分布云图。由图可知,优化后磁感应强度分布相对比较均匀,尤其是铁心部分,集肤效应和涡流效应明显减少,磁通量得到提高。由图 7-12 可知,优化后磁路中平均磁感应强度的上升速度有所提高,断电后磁感应强度的下降速度有所加快,这说明优化后的磁路结构有利于在较短的时间内建立磁场,并在断电后较短的时间内退磁。

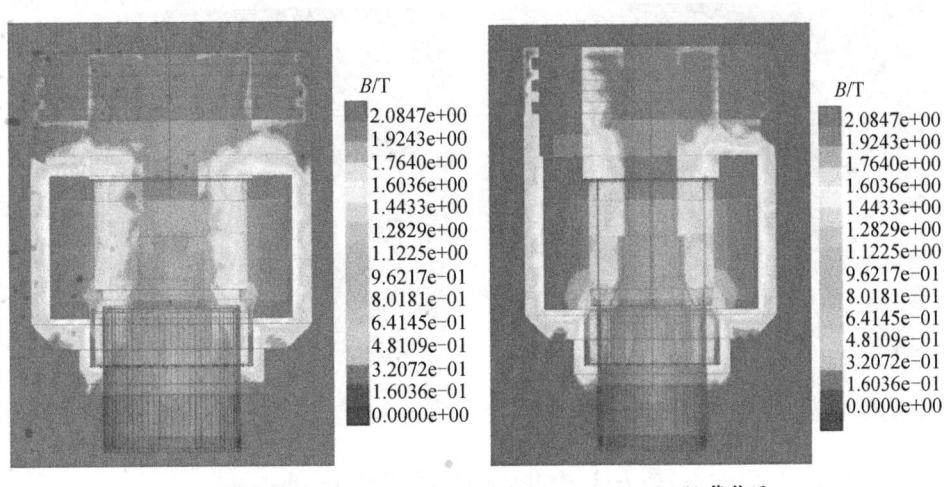

图 7-11 优化前后磁感应强度分布云图

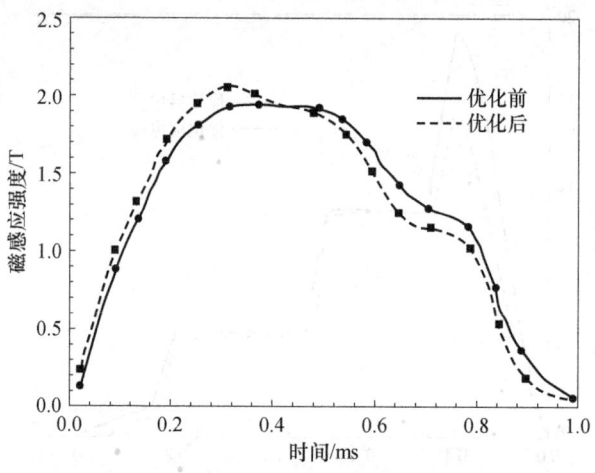

图 7-12 优化前后磁感应强度变化曲线

图 7-13 为 $t=0.2\text{ms}$ 时优化前后的电流密度分布云图。由图可知,优化后的平均电流密度略高于优化前,且电流密度分布较为均匀,这主要是因为磁路结构优化后集肤效应和涡流效应减弱,磁路中获得了更大的磁通量。由图 7-14 可知,优化后电流密度上升速度较快,断电后电流密度的下降速度几乎不变,这主要是因为优化后铁心及衔铁截面积减小,而磁路中储能较多,造成电流密度下降速度较慢,所以优化后 GDI 喷油器的关闭延迟时间并没有缩短,这与图 7-8 所示的结果相符。

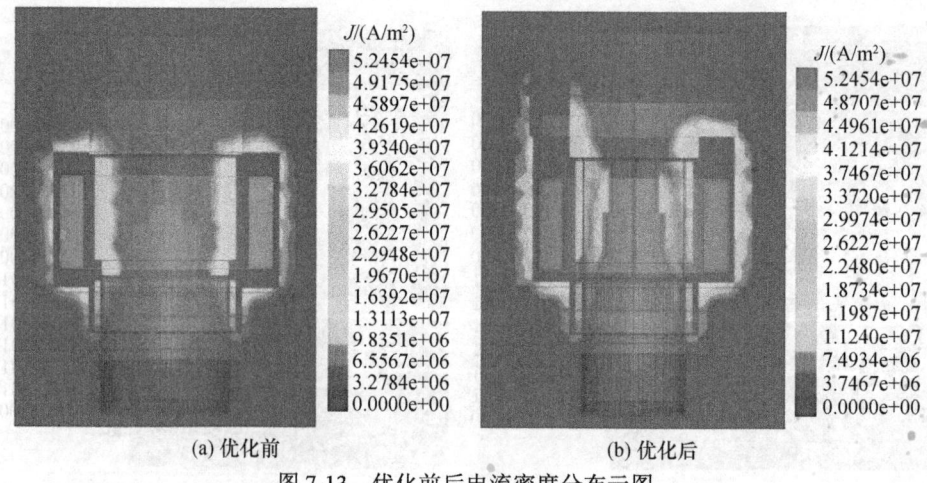

图 7-13 优化前后电流密度分布云图

图 7-15 为 $t=0.2\text{ms}$ 时优化前后磁路总损耗分布云图。由图可知,优化后有效降低了磁路中的损耗,尤其是涡流损耗和磁滞损耗,且降到了一个较低的水平。

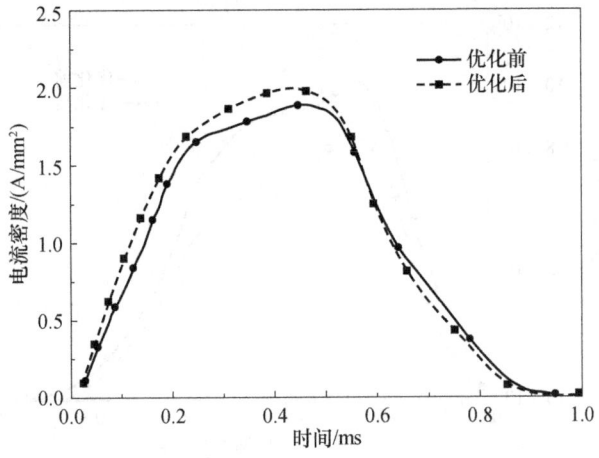

图 7-14 优化前后电流密度变化曲线

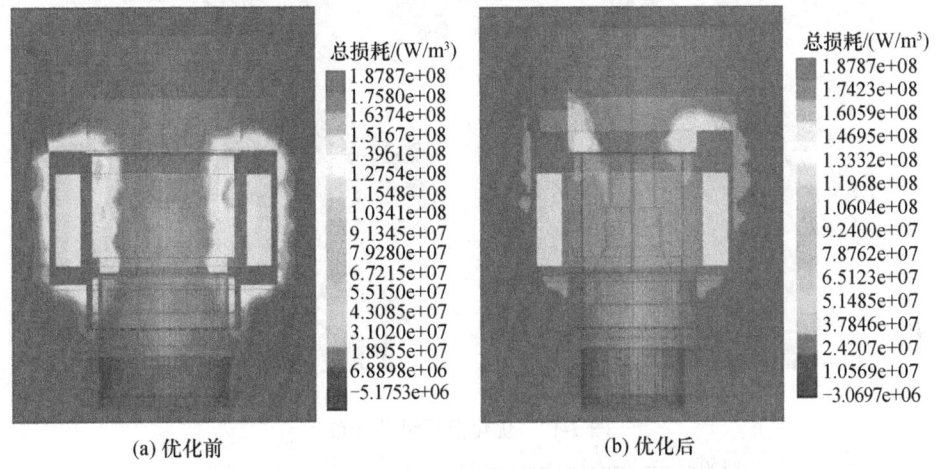

图 7-15 优化前后磁路总损耗分布云图

由图 7-16 可知，磁路中的总损耗明显下降，且在大电流时下降趋势更为明显，由此可知，优化后的磁路结构有利于提高电能转化为机械能的效率，降低 GDI 喷油器的本体温升。

7.4.3 温度特性分析

图 7-17 为 GDI 喷油器工作 360s 后的剖面温度分布云图。由图可知，优化后温度较高的区域为铁心和线圈，相对于优化前，其高温区域面积有所减小，同时最高温度由优化前的 144.86℃ 降低为 132.25℃，下降约 8.7%。由图 7-18 可知，优化后 GDI 喷油器本体温升上升速度明显慢于优化前，这说明优化后的磁路结构

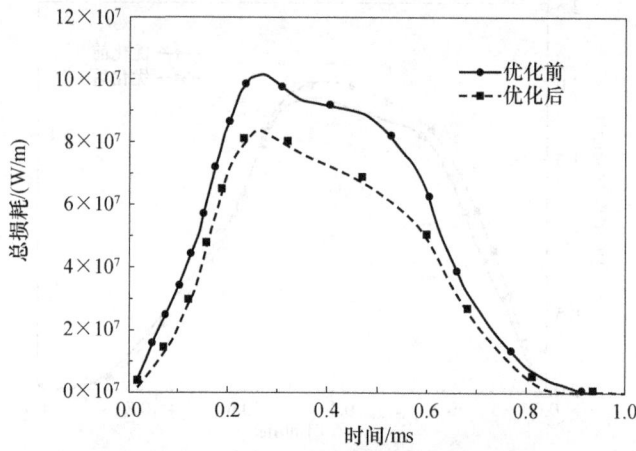

图 7-16　优化前后磁感应强度变化曲线

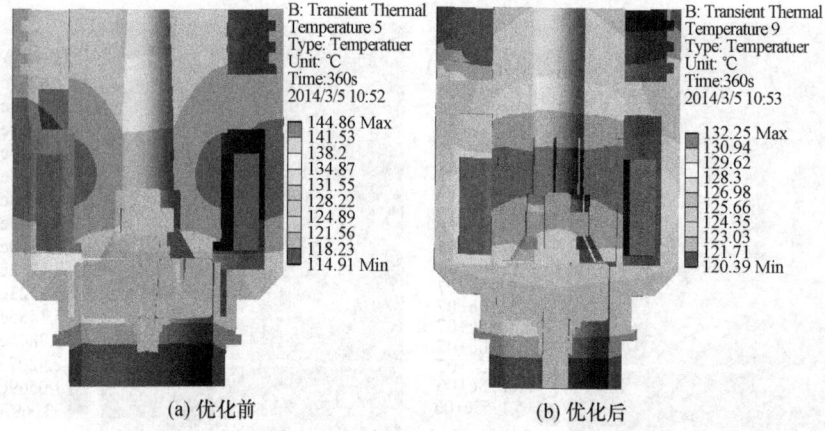

(a) 优化前　　　　　　　　　　(b) 优化后

图 7-17　优化前后温升分布

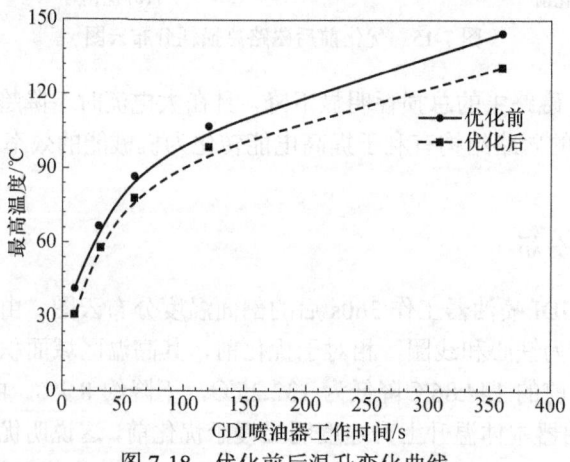

图 7-18　优化前后温升变化曲线

在降低能量损耗、提高能量的利用率方面有明显的优势。

综上所述，优化后的 GDI 喷油器由于磁路更加合理，降低了磁路中的集肤效应、涡流损耗和磁滞损耗，提高了动态响应速度和能量利用率，同时损耗的减少也使 GDI 喷油器的本体温升下降，有利于提高喷油器工作的稳定性、可靠性和耐久性。

7.5 基于正交试验法的喷孔结构优化

GDI 多孔喷油器的主要喷孔结构参数包括喷孔内圆倒角 R_0、喷孔长径比 L/D 和喷孔锥度 γ 等，受到流量系数、空间布置和喷雾分布范围的约束，其参数的优化过程是在封闭可行域内进行的，因此可以采用正交试验法对喷孔结构进行优化求解。

7.5.1 喷孔结构对孔内流动的影响

在进行 GDI 喷油器喷孔结构设计时，通常需要综合考虑喷油器的安装位置与燃烧室之间的关系，以便于喷油器的喷雾与空气形成混合气。本章所采用的 GDI 喷油器具体参数如表 7-4 所示，喷油器各喷孔呈非对称布置，喷孔中心线与气缸和燃烧室中心线存在一定的倾角，GDI 喷油器喷孔分布角度的定义如图 7-19 所示，其中 α_g 为喷孔圆周分布角度，β_g 为喷孔与喷油器轴线的夹角。

表 7-4 喷孔角度参数

角度	喷孔编号					
	1#	2#	3#	4#	5#	6#
$\alpha_g/(°)$	0	39	80	184	278	319
$\beta_g/(°)$	34	31	19	11	19	32

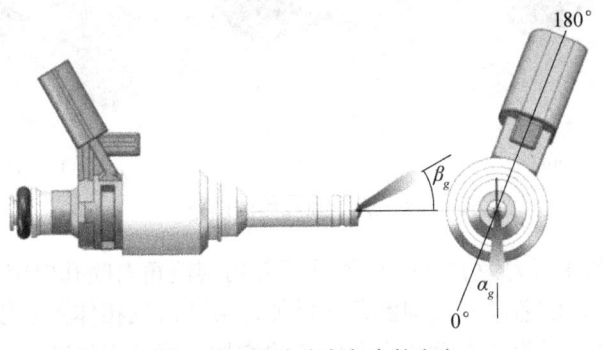

图 7-19 喷孔分布角度的定义

GDI 喷油器喷孔为台阶孔，喷孔的几何结构参数如图 7-20 所示。由于喷孔采用非对称布置，每个孔内的流动状态不同，这里以空穴现象最为明显的 4#孔为例进行说明。其中，喷孔内圆倒角是指喷孔入口倒圆角 R_0，长径比是指喷孔有效长度与喷孔直径之比 L/D，喷孔锥度定义为 γ。

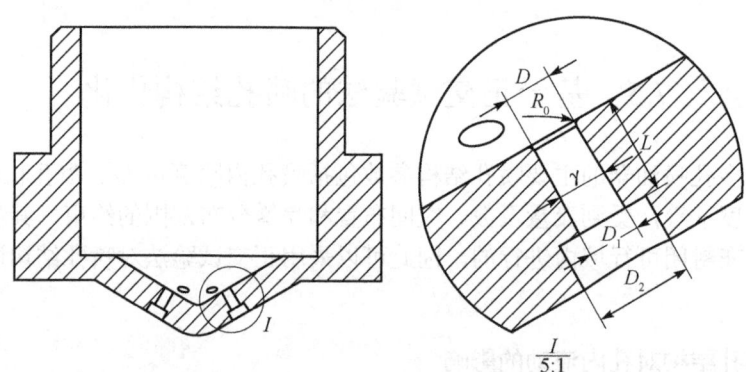

图 7-20　多孔 GDI 喷油器喷孔几何结构

1. 喷孔内圆倒角对孔内流动的影响

本章所研究的喷孔内圆倒角分别为 0mm、0.01mm 和 0.02mm，喷孔长径比为 2.0，喷孔锥角为 0°，具体形状如图 7-21 所示。

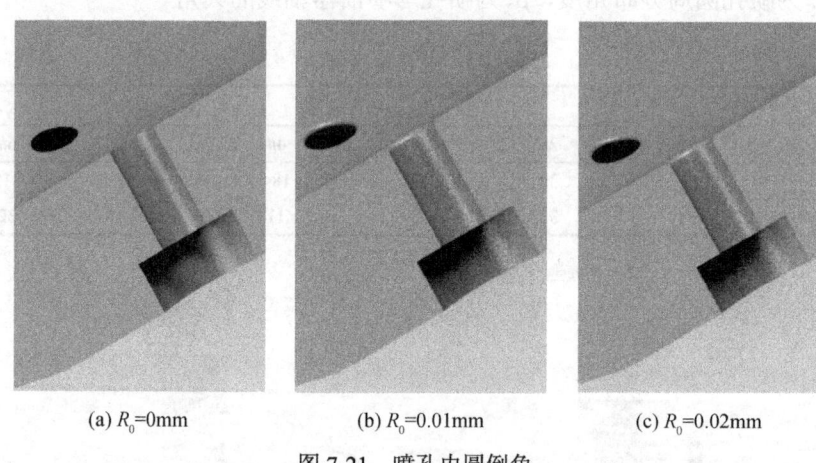

(a) R_0=0mm　　　　(b) R_0=0.01mm　　　　(c) R_0=0.02mm

图 7-21　喷孔内圆倒角

图 7-22 为燃油压力为 10MPa 时不同喷孔内圆倒角对喷孔内空穴现象的影响。从空穴现象来看，随着喷孔内圆倒角的增加，喷孔内气相体积分数变小，空穴现象明显减弱，这是因为随着喷孔内圆倒角的增加，流动损失减小，增强了孔内的湍流强度，提高了喷孔流量系数，减小了空穴区域面积。如图 7-23 所示，随着内

圆倒角的增加，喷孔出口流量增大，且由于各孔分布不同，空穴程度有所差异，各喷孔的流量也不相同。

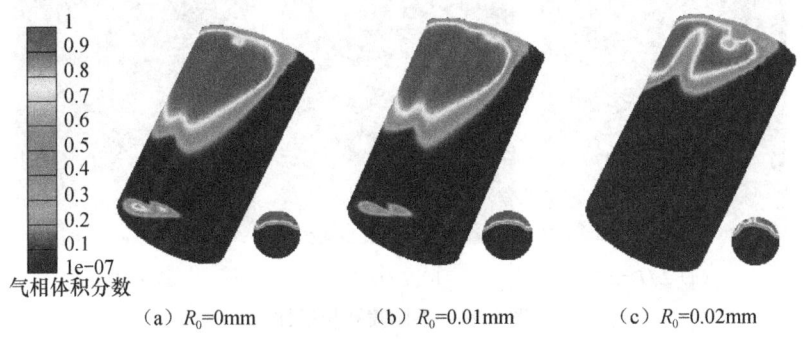

图 7-22　不同内圆倒角的气相体积分数

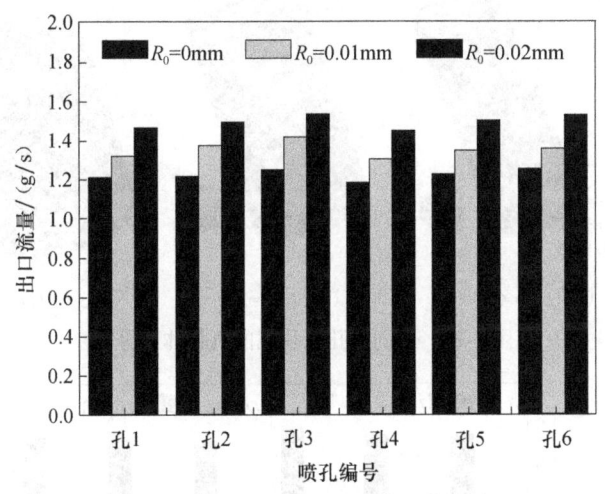

图 7-23　内圆倒角对喷孔流量的影响

2. 喷孔长径比对孔内流动的影响

本节中，长径比 L/D 分别为 1.5、2.0 和 2.5，喷孔内圆倒角为 0.01mm，喷孔锥度为 0°，喷孔长度保持不变，只改变喷孔直径。具体形状如图 7-24 所示。

图 7-25 为燃油压力为 10MPa 时不同长径比对喷孔内空穴现象的影响。由计算结果可知，空穴程度随着喷孔直径的增大而减小，这是因为空穴受压力与速度的影响最大，喷孔在其他参数固定的条件下，喷孔直径越小，孔中的流速越大；同时，孔内流道相对越狭窄，其进口处流线与孔壁的分离越明显，即流量系数减小，使局部流速进一步增大，从而导致空穴现象明显。从图 7-26 可以看出，喷孔长度对出口处流量的影响不是很大，只在小范围变动。

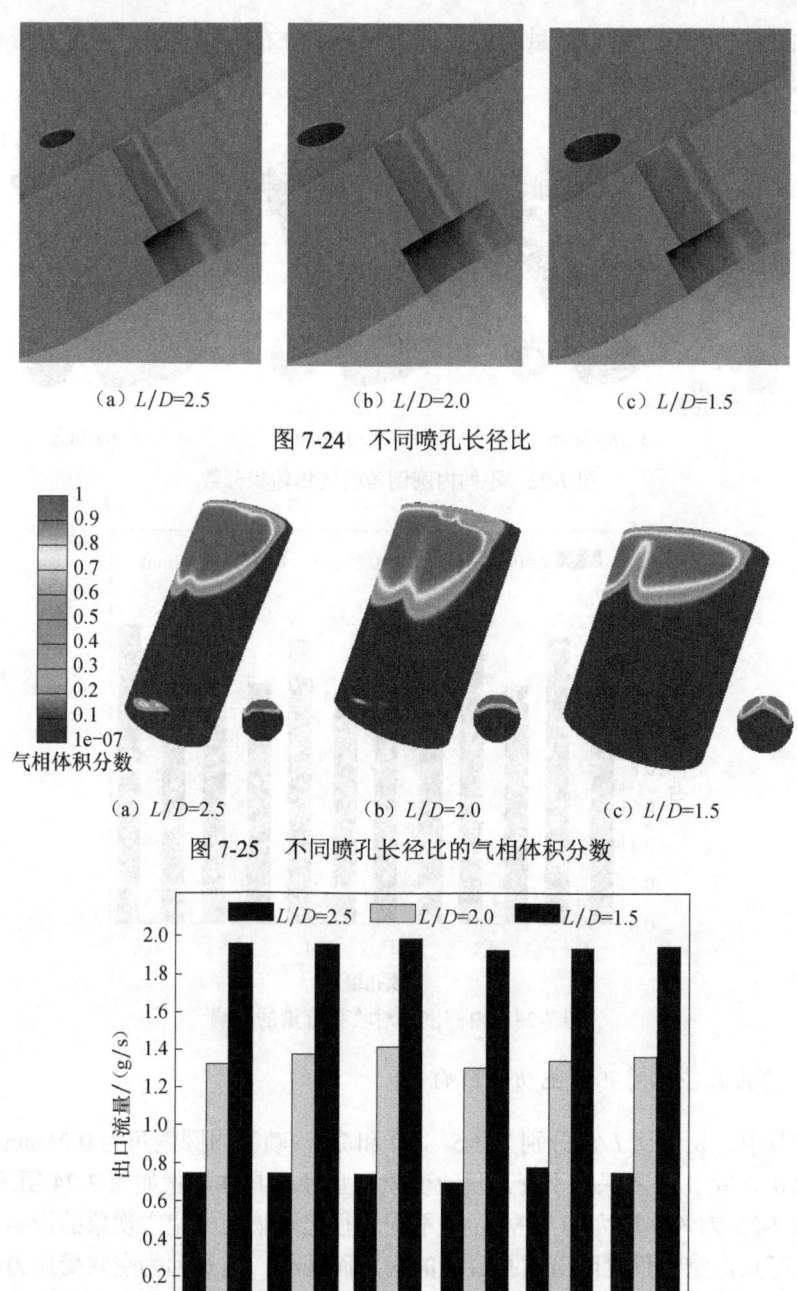

(a) L/D=2.5　　　(b) L/D=2.0　　　(c) L/D=1.5

图 7-24　不同喷孔长径比

(a) L/D=2.5　　　(b) L/D=2.0　　　(c) L/D=1.5

图 7-25　不同喷孔长径比的气相体积分数

图 7-26　长径比对喷孔流量的影响

3. 喷孔锥度对孔内流动的影响

为了研究不同喷孔锥角对流动和喷雾的影响,对喷孔锥角为$\gamma=0°$、2°和4°的喷孔结构进行研究,其中长径比 L/D 为 2.0,喷孔内圆倒角 R_0 为 0.01mm,其结构如图 7-27 所示。

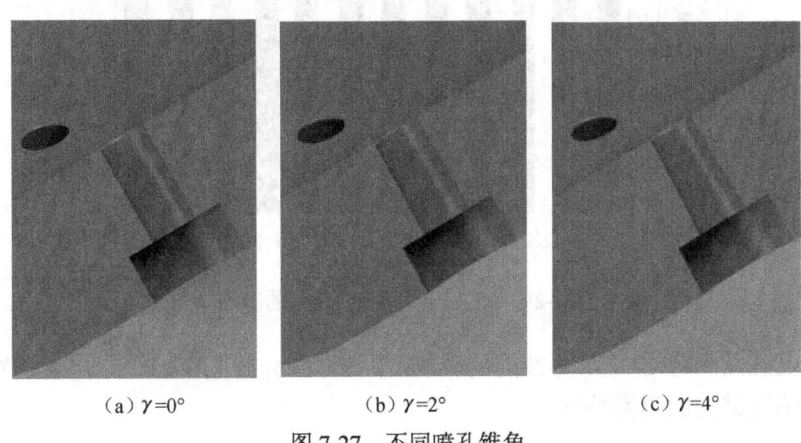

图 7-27 不同喷孔锥角

图 7-28 为燃油压力为 10MPa 时不同喷孔锥度的气相体积分数。从喷孔空穴现象的仿真结果来看,随着喷孔锥角的增加,空穴现象有所减弱,但是效果不明显,主要原因在于喷孔锥角的增大,减小了燃油进入喷孔的入射角,喷孔内湍流强度增大,造成空穴现象不显著,研究表明适当的喷孔锥度有利于抑制气穴现象的产生,提高其流量系数,如图 7-29 所示。

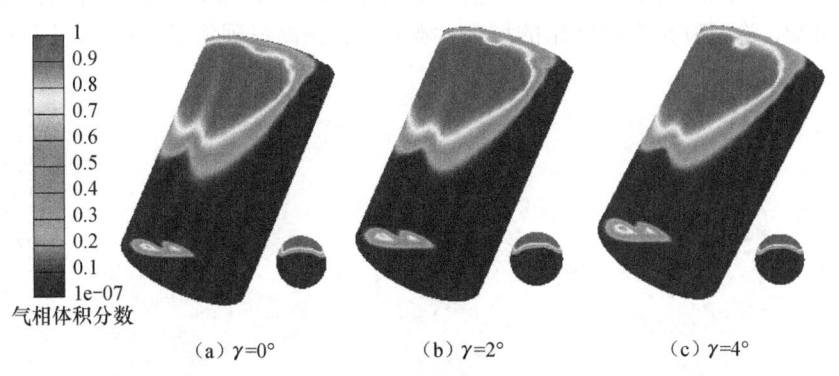

图 7-28 不同喷孔锥度的气相体积分数

7.5.2 喷孔结构对喷雾特性的影响

除了本体温升,喷孔结构是影响 GDI 喷油器喷雾特性的最直接因素。为进一

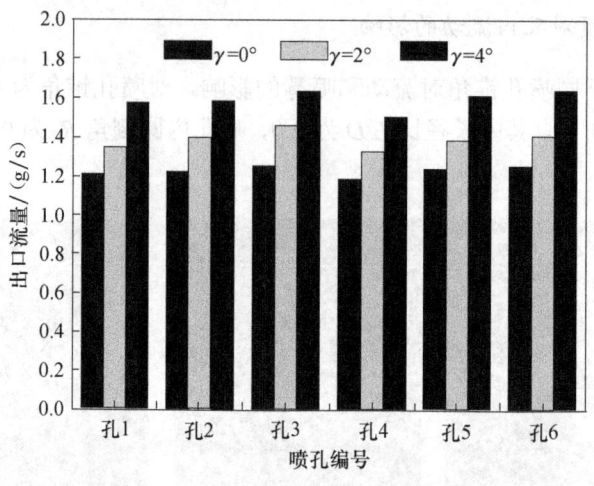

图 7-29 喷孔锥度对喷孔流量的影响

步分析喷孔结构对 GDI 喷雾性能的影响,下面分别介绍图 7-21、图 7-24 和图 7-27 所示的喷孔结构的喷雾特性。

1. 喷孔内圆倒角对喷雾特性的影响

图 7-30 为燃油压力为 10MPa、背压为 1.0MPa、喷油器本体温度为 25℃时,不同喷孔内圆倒角对喷雾特性的影响。为了对 GDI 喷油器的雾化质量进行定量分析,在仿真计算时将 SMD 作为评价喷雾质量的指标,对于 GDI 发动机,SMD 越小,说明油雾颗粒越细,破碎的油滴与周围空气接触的表面积越大,能加速燃油的吸热和气化过程,有利于燃油的充分燃烧,即 SMD 越小燃油雾化质量越高。由图可知,随着喷孔内圆倒角的增大,喷雾贯穿距离呈现增长的趋势,同时 SMD

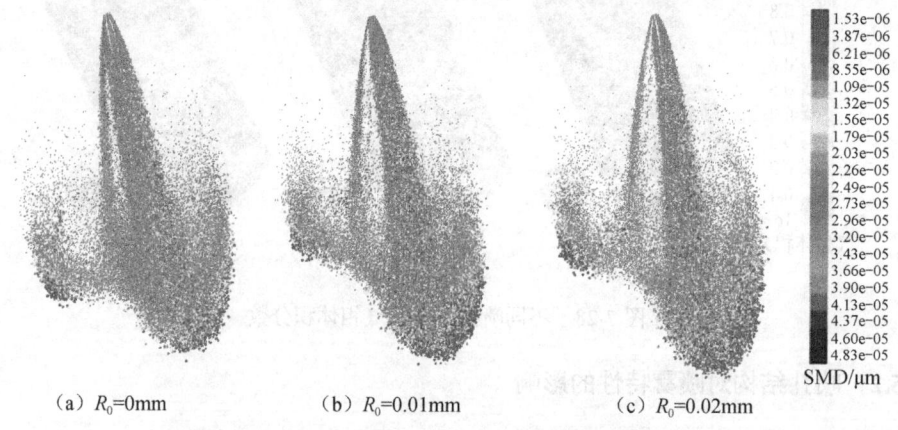

图 7-30 不同喷孔内圆倒角对 SMD 的影响

呈现变大的趋势。这主要是因为随着喷孔内圆倒角的增加，空穴现象减弱，湍流强度降低，喷孔内燃油流动速度加快，喷雾贯穿距离变长；同时，由于空穴现象的减弱，出口处流动状态比较有序，油束的破裂强度被削弱，喷雾颗粒直径稍有增加。

2. 喷孔长径比对喷雾特性的影响

图 7-31 为燃油压力为 10MPa、背压为 1.0MPa、喷油器本体温度为 25℃时，不同喷孔长径比对喷雾特性的影响。由图可知，在喷孔长度不变的情况下，长径比越大，燃油的喷雾角度越小，SMD 呈现增加的趋势，而喷雾贯穿距离并未发生较大的变化，这是因为长径比越大，喷孔直径越小，喷孔内的液相燃油速度加快，但是由于空穴现象和湍流强度加强，空穴气泡的溃灭与混合作用加强，从而促进了出口燃油的破碎。当长径较小时，喷孔直径较大，喷孔内液相的流速相对较慢，但是由于空穴现象和湍流强度减弱，喷孔内的紊流强度减弱，喷孔出口处的燃油不易破碎，造成喷雾颗粒直径增大。

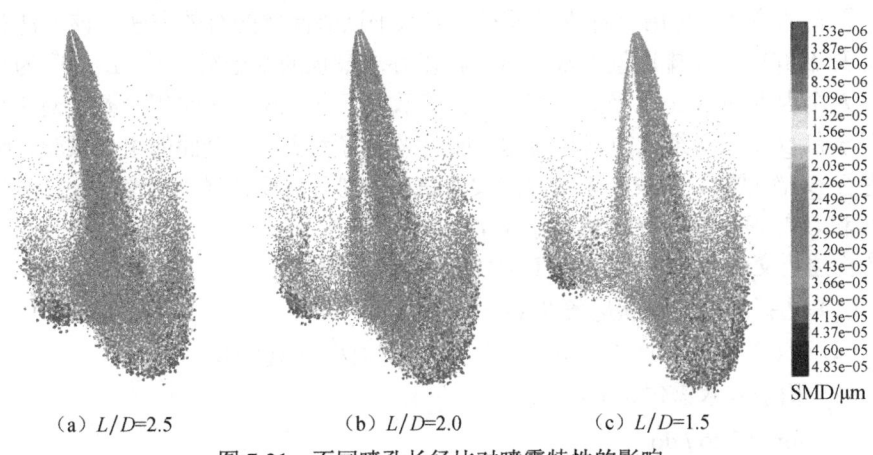

(a) $L/D=2.5$ (b) $L/D=2.0$ (c) $L/D=1.5$

图 7-31　不同喷孔长径比对喷雾特性的影响

3. 喷孔锥度对喷雾特性的影响

图 7-32 为燃油压力为 10MPa、背压为 1.0MPa、喷油器本体温度为 25℃时，不同喷孔锥度对喷雾特性的影响。由图可知，随着喷孔锥角的增大，油雾的分布范围变广，喷雾角度增大，喷雾颗粒直径减小，但贯穿距离稍有缩短。这是因为随着喷孔锥角的增大，入口液相流体突变程度增强，有利于流体与孔内壁面发生分离，同时也阻碍了上游高压的传递，使得喷孔内的整体压力较低，空穴气泡的生长速度加快，且延缓了气泡的溃灭，极大地加强了空穴效应，因此随着喷孔锥角的增大，喷雾贯穿和喷雾颗粒直径都减小。

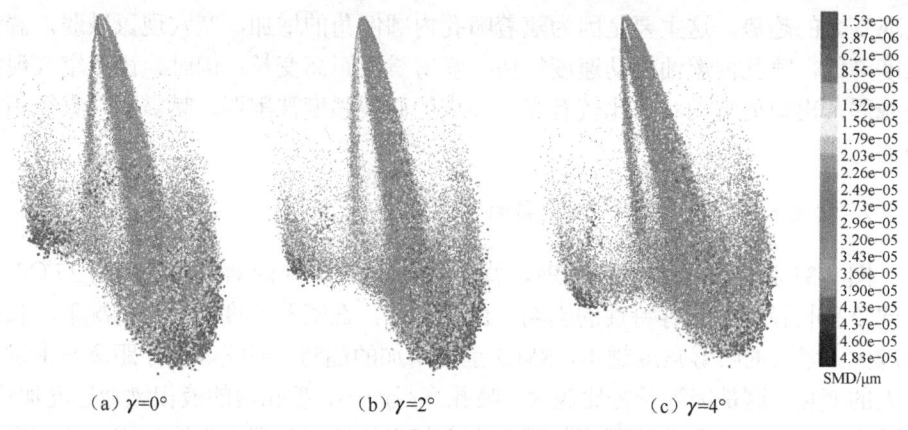

图 7-32 不同喷孔锥角对喷雾特性的影响

7.6 正交试验设计

正交试验是一种用于解决多因素、多水平试验问题的有效方法,该方法利用正交表 $L_M(Q^F)$ 来安排适量次数的试验,以寻求最优的水平组合[3]。$L_M(Q^F)$ 为一个具有 F 个因素和 Q 个水平的正交表,L 表示拉丁方,M 为水平组合数。对于由 F 个因素和 Q 个水平组成的试验问题,如果采用穷举法进行全面的组合试验,则需要进行 Q^F 次试验,而按照正交表来安排试验,则只需要选择 M 个组合进行试验,当 F 和 Q 都很大时,M 通常远小于 Q^F。

构建正交表 $L_M(Q^F)$ 的 MATLAB 伪代码如下所示。

(1) 选择最小的 J 满足条件 $(Q^J-1)/(Q-1) \geqslant F$;

(2) if $(Q^J-1)/(Q-1)=F$, then $F^t=F$, else $F^t=(Q^J-1)/(Q-1)$;

(3) 构造基本语句如下:

```
for k=1 to j do
    j=(Q^{k-1}-1)/(Q-1)+1;
    for  i=1 to Q^J do
        a_{i,j} = |(i-1)/(Q^J-1)| mod Q;
    else for
end for
```

(4) 构造基本语句如下:

```
for k=2 to j do
```

$$j = \frac{Q^{k-1}-1}{Q-1}+1;$$

for $s=1$ to $j-1$ do
  for $t=1$ to $Q-1$ do
    $a_j + (x-1)(q-1) + t = (a_s \times t + a_j) \mod Q$
  end for
end for

(5) $a_{i,j}$ 加 I，$1 \leqslant i \leqslant M, 1 \leqslant j \leqslant F'$；

(6) 删除最后 $L_{Q'}(Q^{F'})$ 中的 $F'-F$ 语句，得到 $L_M(Q^F)$，其中 $M=Q^J$。

$L_{Q'}(Q^{F'})$ 为了进一步说明正交试验在降低资源消耗、节约试验成本以及最优参数组合方面的优势，以正交表 $L_9(3^3)$ 为例进行说明，其正交表如表 7-5 所示。如果依据正交表 $L_9(3^3)$ 进行试验，则只需进行 9 次试验即可；如果采用穷举法进行全面组合试验，则需要 $3^3=27$ 次试验。由此可知，采用正交试验可以显著减少重复试验的次数，且因素和水平越大，该方法具有优越性。

表 7-5 正交表 $L_9(3^3)$

试验号	水平		
	1	2	3
1	1	1	1
2	1	2	2
3	1	3	3
4	2	1	2
5	2	2	3
6	2	3	1
7	3	1	3
8	3	2	1
9	3	3	2

根据喷孔参数的取值，分别选择喷孔内圆倒角 R_0 为 0mm、0.01mm 和 0.02mm，喷孔长径比 L/D 为 1.0、1.5、2.0，喷孔锥度 γ 为 0°、2°、4° 的喷孔结构进行仿真计算，绘制 $L_9(3^3)$ 正交表，如表 7-6 所示。

表 7-6 GDI 喷油器喷孔结构 $L_9(3^3)$ 正交表

方案	因素		
	内圆倒角 R_0/mm	长径比 L/D	喷孔锥度 $\gamma/(°)$
1	0	1.0	0
2	0	1.5	2
3	0	2.0	4
4	0.01	1.0	2
5	0.01	1.5	4
6	0.01	2.0	0
7	0.02	1.0	4
8	0.02	1.5	0
9	0.02	2.0	2

正交表将传统需进行 27 组试验简化为只需进行 9 组试验，大大减少了试验次数，降低了试验成本。在 GDI 喷油器喷孔结构参数优化中采用正交试验法具有以下优点：

（1）喷孔内圆倒角 R_0、喷孔长径比 L/D 和喷孔锥度 γ 三种因素对应的每一列均满足"均匀分散，整齐可比"的要求。

（2）不同因素下所对应的水平都有出现，使得部分试验能够涵盖所有因素和所有水平，降低了全面试验所需的组合次数。

（3）不同因素下对应的各水平出现的次数相等，同时任意两列间所有水平组合出现的次数也相同，保证了同一因素下各水平的试验条件相同，因此能最大程度地排除其他因素的干扰，提高试验的可靠性。

当采用正交试验法对喷孔结构进行参数匹配时，需建立约束条件，在保证某些参数不发生较大改变的前提下，优化关键性能参数。本章以 Bosch HDEV 5.1 型 GDI 多孔喷油器为对象，对其性能参数进行测试，并根据测试结果，确定优化目标。

为了全面分析不同喷孔结构在不同压力条件下的流动及喷雾状态，这里分别分析了燃油温度为 25℃、60℃、90℃、120℃、150℃和 180℃情况下的空穴系数、喷孔质量流率、喷雾颗粒直径和喷雾贯穿距离，具体仿真结果如表 7-7～表 7-10 所示。

为了分析不同结构参数对 GDI 喷油器流动及喷雾性能的影响，这里采用统计产品与服务解决方案软件 SPSS（statistical product and service solutions）对表 7-7～表 7-10 中的数据进行分析，分析结果如表 7-11 所示。

表 7-7 不同 GDI 喷油器本体温升条件下的空穴系数

空穴系数		GDI 喷油器本体温升/℃					
		25	60	90	120	150	180
试验方案	1	1.32	1.27	1.42	1.36	1.35	1.26
	2	0.57	0.82	0.75	1.57	1.74	1.89
	3	0.04	0.02	0.05	0.04	0.03	0.02
	4	0.71	0.32	0.22	0.65	0.21	0.21
	5	0.41	0.70	0.80	0.76	0.88	0.85
	6	1.37	1.78	1.80	1.80	1.90	1.90
	7	0.89	0.85	0.82	0.87	1.09	1.41
	8	1.00	0.74	0.53	0.75	0.69	0.72
	9	0.03	0.07	0.11	0.13	0.15	0.15

表 7-8 不同 GDI 喷油器本体温升条件下的喷孔质量流率

质量流率		GDI 喷油器本体温升/℃					
		25	60	90	120	150	180
试验方案	1	0.01195	0.01312	0.01389	0.01508	0.01672	0.01743
	2	0.00932	0.01054	0.01293	0.01379	0.01486	0.01521
	3	0.00623	0.00704	0.00746	0.00801	0.00853	0.00896
	4	0.01125	0.01246	0.01328	0.01453	0.01514	0.01678
	5	0.00901	0.00965	0.01046	0.01103	0.01154	0.01287
	6	0.00642	0.00703	0.00795	0.00841	0.00912	0.00984
	7	0.01014	0.01124	0.01231	0.01313	0.01396	0.01421
	8	0.01023	0.01176	0.01287	0.01394	0.01469	0.01566
	9	0.00563	0.00614	0.00709	0.00750	0.00814	0.00893

表 7-9 不同 GDI 喷油器本体温升条件下的喷雾颗粒直径

喷雾颗粒直径		GDI 喷油器本体温升/℃					
		25	60	90	120	150	180
试验方案	1	34	32.6	31.2	30	28.8	28
	2	32.3	31	30.4	29.6	29.4	28.6
	3	30.5	29.4	28.8	28	27.2	26.4
	4	32.5	31.2	30.5	29.2	28.6	27.6
	5	30.8	30.2	29	27.8	26.8	26
	6	35	34.1	33.2	32.4	31.6	30.8
	7	31.5	31	29.3	28.4	27.6	26.8
	8	35.8	34.5	33	31.6	30.4	29.6
	9	34	33.2	31.8	30.6	29.4	28.2

表 7-10 不同 GDI 喷油器本体温升条件下的喷雾贯穿距离

喷雾贯穿距离		GDI 喷油器本体温升/℃					
		25	60	90	120	150	180
试验方案	1	68	70	73	76	79	81
	2	72	75	79	83	87	90
	3	75	78	82	86	90	94
	4	75	77	80	83	88	91
	5	74	76	79	81	84	88
	6	78	81	85	88	90	94
	7	81	84	88	92	95	98
	8	77	79	82	85	87	89
	9	81	83	87	90	93	96

表 7-11 喷孔结构参数对燃油流动及喷雾特性的统计

参数	因变量	Ⅲ型平方和	df	均方	F	显著性水平 Sig	偏 eta 方
喷孔内圆倒角	空穴系数	1.162	2	0.581	72.28	0.001	0.282
	喷雾颗粒直径/μm	26	2	13	36.84	0.000	0.983
	喷雾贯穿距离/mm	78	2	39	26.215	0.000	0.653
	喷孔质量流率/(g/s)	0.926	2	0.463	7.814	0.000	0.984
长径比	空穴系数	0.856	2	0.428	7.846	0.000	0.352
	喷雾颗粒直径/μm	24.5	2	12.25	7.543	0.000	0.421
	喷雾贯穿距离/mm	83	2	41.5	11.258	0.035	0.247
	喷孔质量流率/(g/s)	0.863	2	0.432	1.964	0.000	0.706
喷孔锥度	空穴系数	1.832	2	0.916	52.176	0.000	0.715
	喷雾颗粒直径/μm	25.5	2	12.75	35.46	0.015	0.832
	喷雾贯穿距离/mm	79	2	39.5	8.947	0.000	0.164
	喷孔质量流率/(g/s)	0.906	2	0.453	11.205	0.000	0.761
误差	空穴系数	1.264	40	0.0316	—		
	喷雾颗粒直径/μm	2.5	40	0.0625	—		
	喷雾贯穿距离/mm	3.6	40	0.09	—		
	喷孔质量流率/(g/s)	0.208	40	0.005	—		

由分析结果可知，GDI 喷油器喷孔结构对其流动状态和喷雾特性都有显著的影响，但不同因素对其流动和喷雾的影响程度不同。由统计结果可知，对空穴现象影响最为显著的是喷孔内圆倒角 R_0（F 值为 72.28），其次是喷孔锥度 γ（F 值为 52.176），影响最小的是长径比 L/D（F 值为 7.846）。长径比 L/D 对燃油在喷孔内的流动速度影响最大，因此对贯穿距离和出口处的质量流量的影响也最大；R_0 与 γ 都对喷雾颗粒的影响较为显著（显著度指标小于 0.05）。

7.6.1 喷孔内部流动对比分析

根据以上分析,在喷孔一定的情况下,长径比越小,越有利于提高燃油在喷孔内的流动速度,从而提高流量系数;适当的 R_0 有利于抑制空穴现象,提高出口处的质量流量,但是过大的 R_0 会削弱液相主流的突变程度和湍流强度,降低雾化效果;适当的 γ 有利于加强空穴气泡在孔内的溃灭,对主流液相产生较大的扰动,促进燃油的破碎,但过大的 γ 会降低出口流速,从而缩短喷雾贯穿距离。为此,选择 L/D=1.5、R_0=0.02mm、γ=2°的喷孔作为优化结果。

图 7-33～图 7-35 分别为燃油压力为 10MPa、背压为 0.1MPa、喷油器本体温升为 25℃时,优化前后喷孔内气相体积分数、燃油流速和湍流强度在 z=0 截面上

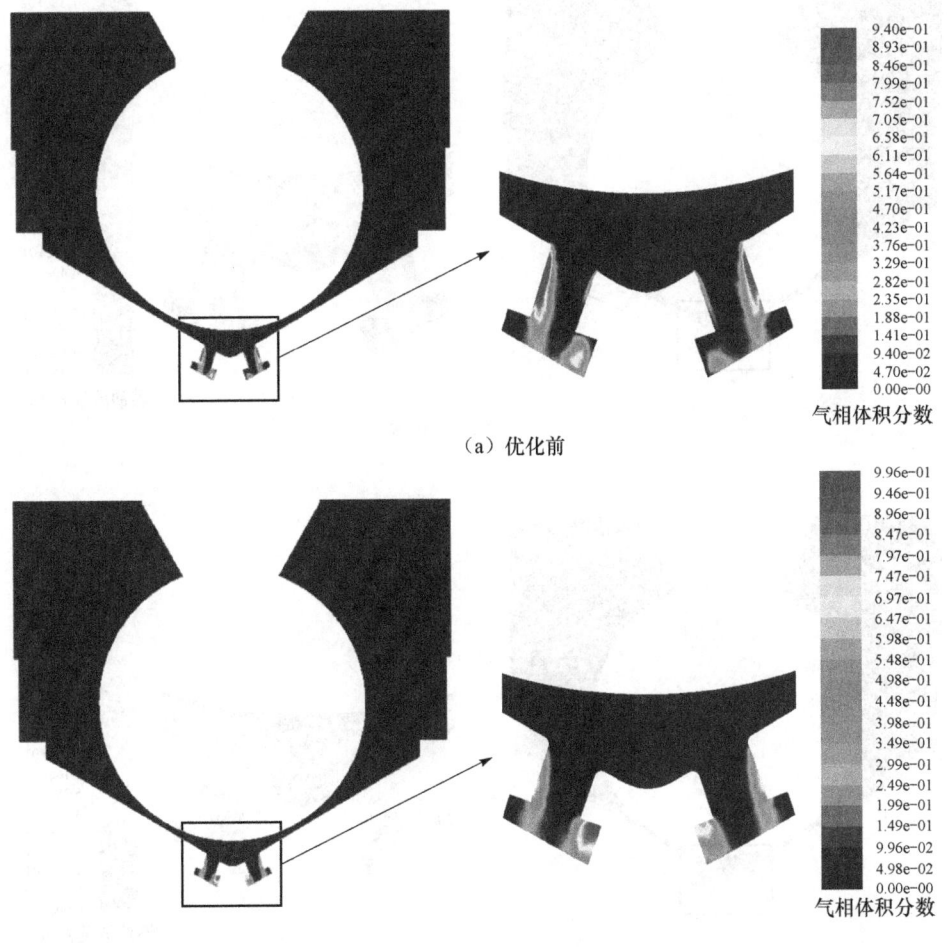

(a) 优化前

(b) 优化后

图 7-33 优化前后喷孔内气相体积分数

的分布云图。由图 7-33 可知，优化后喷孔内空穴现象明显减弱，气泡由较细的喷孔转移到较大的台阶孔，这样可以防止空穴现象的存在而导致喷孔出口处的流速降低，同时又可以利用空穴现象促进燃油破碎。由图 7-34 可知，优化后喷孔出口处的燃油速度明显快于优化前。由图 7-35 可知，优化后的喷孔除了在燃油入口的圆角处有较大的湍流强度，喷孔内的整体湍流强度有下降的趋势，这也是优化后喷雾贯穿距离增长、流量系数增加的主要原因。

为了进一步研究 GDI 喷油器本体温升对优化前后喷孔内部流动的影响，对燃油压力为 10MPa，背压为 0.1MPa，本体温升为 25℃、60℃、120℃、150℃、180℃

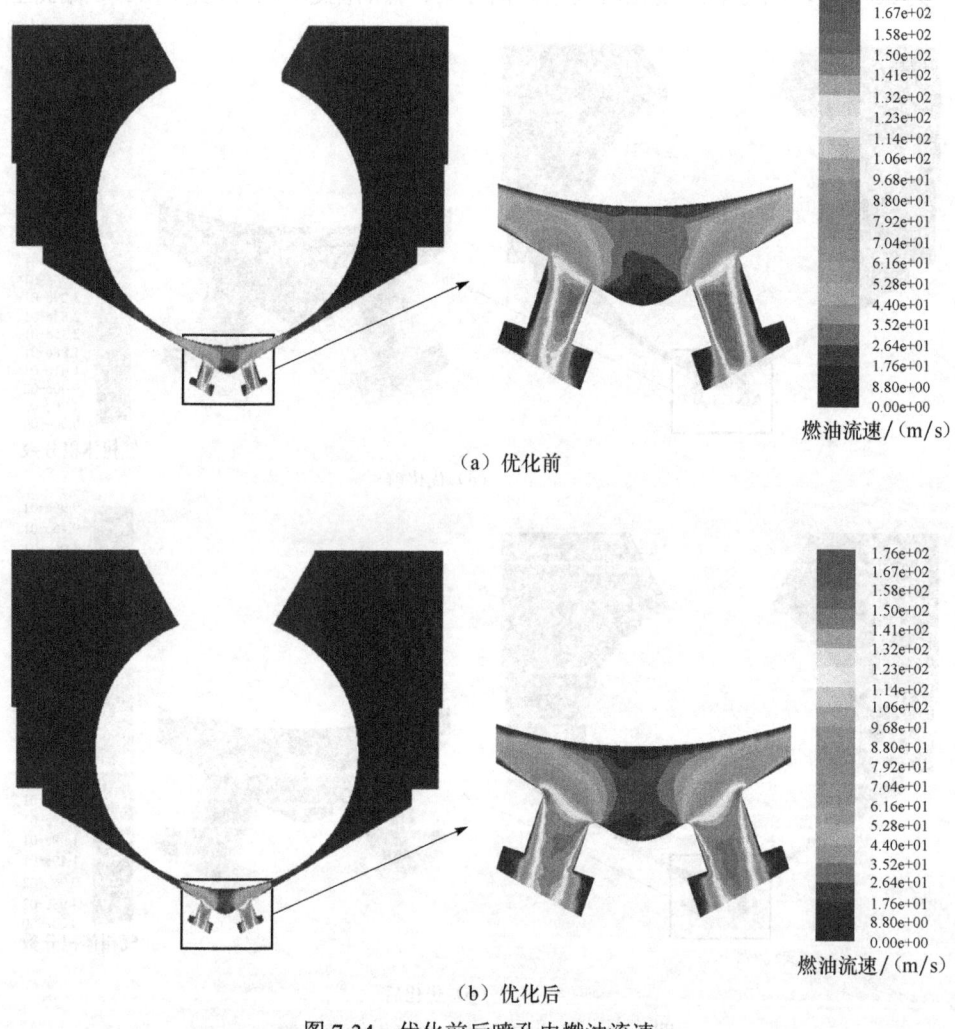

(a) 优化前

(b) 优化后

图 7-34 优化前后喷孔内燃油流速

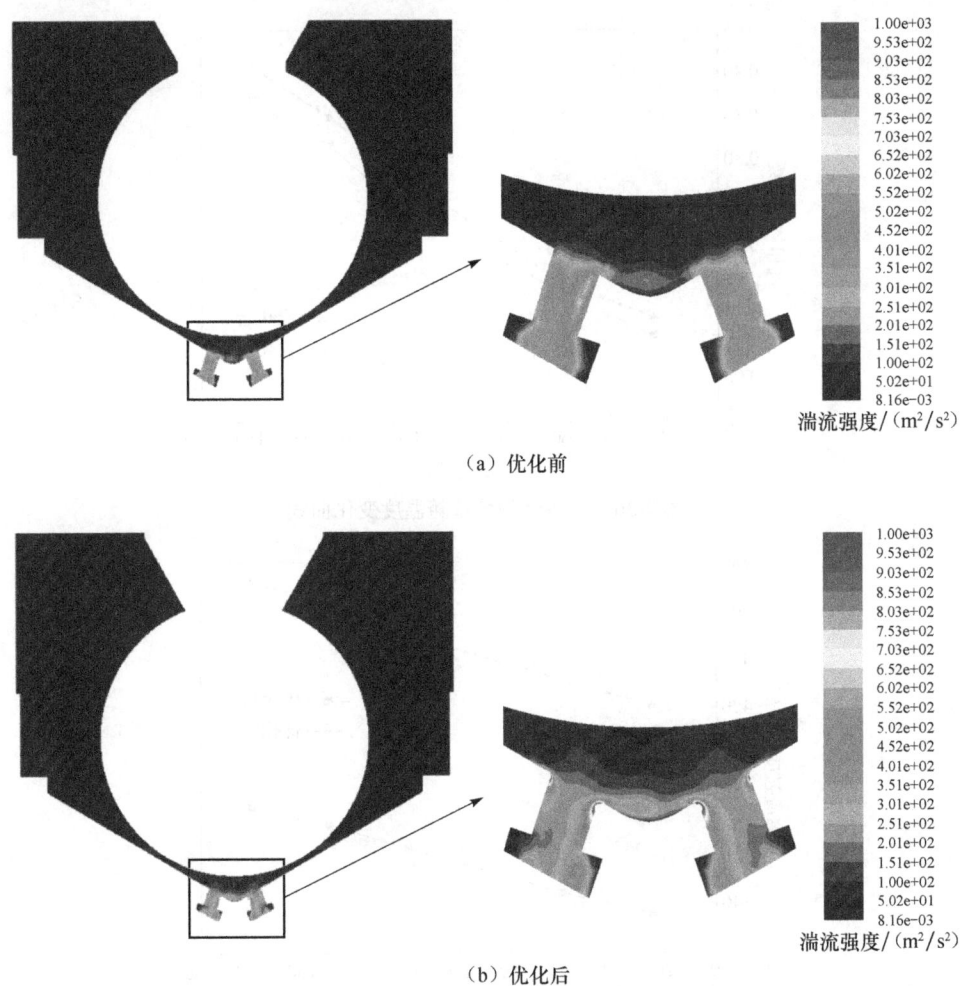

图 7-35 优化前后喷孔内湍流强度图

时喷孔内的平均气相体积分数和湍流强度进行仿真分析,结果如图 7-36 和图 7-37 所示。随着 GDI 喷油器本体温度升高,喷孔内气相体积分数和湍流强度逐渐增加,喷孔内的空穴现象加剧,气泡的生成和溃灭速度加快,造成湍流强度加强,但优化后的气相体积分数和湍流强度明显小于优化前,这说明优化后的喷孔结构有利于抑制空穴的发生,减小湍流强度,能有效提高喷孔流量系数和出口处的燃油速度。

7.6.2 喷雾特性对比分析

优化后 GDI 喷油器的动态响应特性和喷孔结构参数都发生了变化,因此其喷

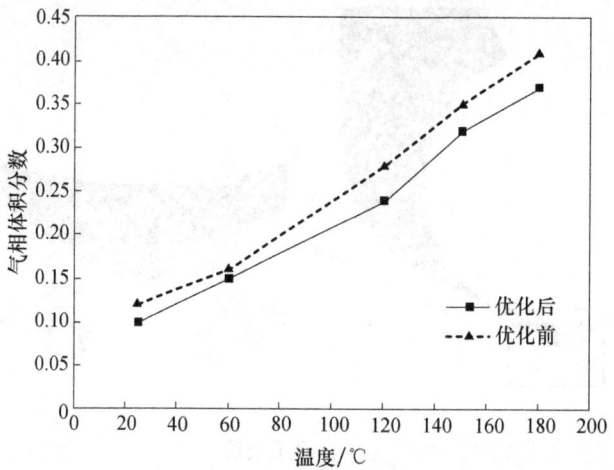

图 7-36　气相体积分数随温度变化曲线

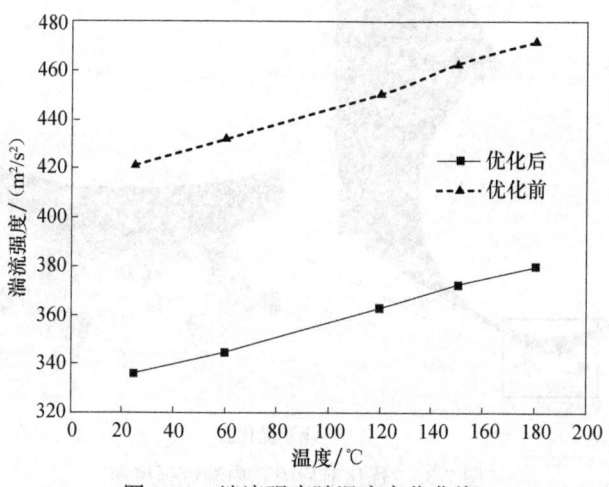

图 7-37　湍流强度随温度变化曲线

雾特性也发生了较大的变化，如图 7-38 所示。从燃油颗粒速度分布来看，优化后燃油速度比优化前稍快，燃油速度最快区域在油束的中部，随后在空气阻力的作用下逐渐减速，并向上卷起，卷起后的燃油颗粒速度基本上降为 0。由喷雾停留时间可以看出，最早喷出来的燃油（红色）不是在油束的最前端，而是在卷起的部分。

如图 7-39 和图 7-40 所示，从喷雾贯穿距离来看，随着喷孔内圆倒角和相对喷孔锥角的增大，相对长径比减小，喷孔喷雾贯穿距离稍有增加。从仿真结果来看，喷雾贯穿距离增加幅度不大（约 5%），原因是喷孔内圆倒角系数对喷雾贯穿距离的影响比其他结构特征参数更大，虽然喷孔锥角增大会使燃油进入喷孔的入射角减

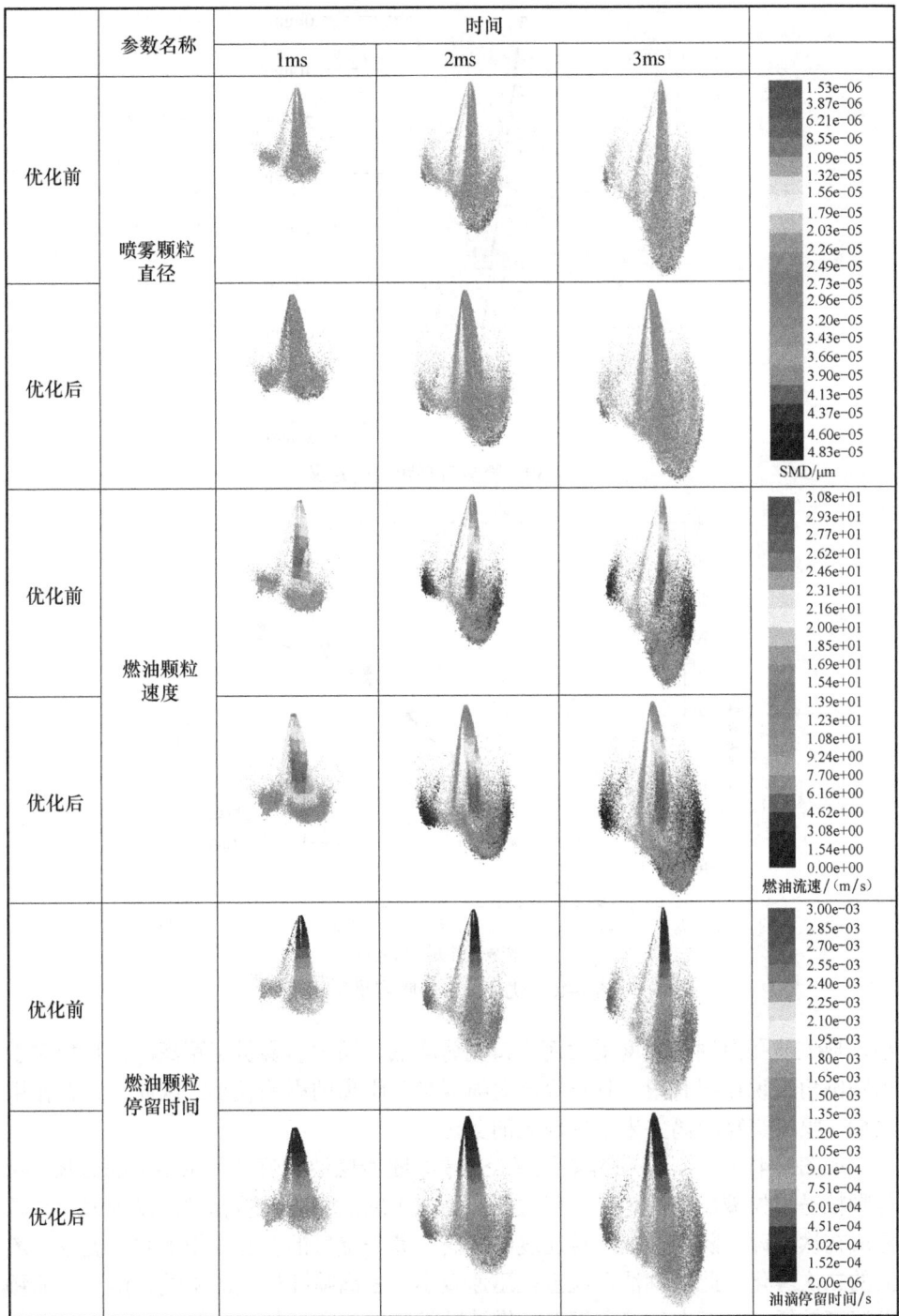

图 7-38 优化前后的喷雾特性

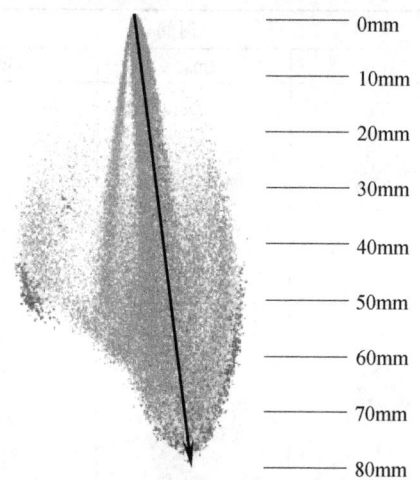

图 7-39 喷雾贯穿距离的定义

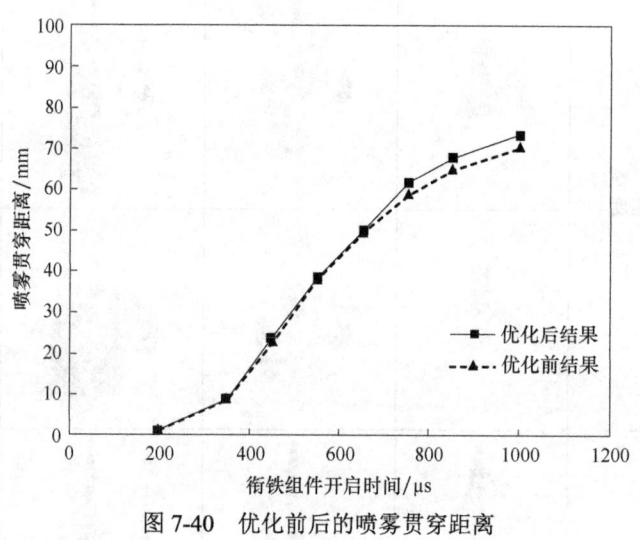

图 7-40 优化前后的喷雾贯穿距离

小,导致喷孔内湍流强度增大而出口流速降低,缩短喷雾贯穿距离,但是相对于内圆倒角来说作用有限,且长径比对喷雾贯穿距离的影响较小。因此,综合作用之后,喷雾贯穿距离并未发生较大的变化。

如图 7-41 所示,从喷雾颗粒直径来看,随着燃油到喷孔测试距离的延长,喷雾颗粒呈现先减后增的趋势,其主要原因在于燃油刚离开喷孔时,以较大的颗粒完成初次破碎,随着燃油颗粒速度的提高,其与空气的相互作用加强,促进了燃油的二次雾化,此时燃油颗粒直径迅速减小,在离喷孔较远的末端,由于燃油颗粒速度较低,且存在碰撞和聚合,燃油颗粒直径有所增加。

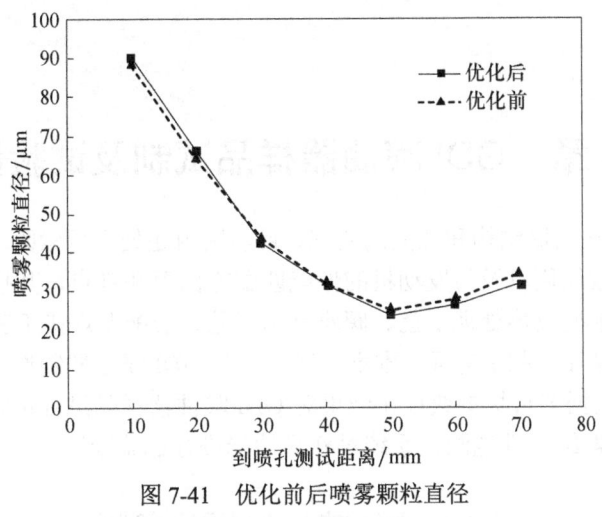

图 7-41 优化前后喷雾颗粒直径

7.7 本章小结

本章根据 GDI 喷油器磁路及喷孔结构参数的不同耦合特点和耦合机理，建立了多目标参数分步优化策略；同时在仿真分析的基础上，分别对比分析了优化前后的电磁特性、动态响应特性、流动特性和喷雾特性，验证了仿真算法在提高 GDI 喷油器整体性能方面的有效性。

（1）采用 MOSA 算法对 GDI 喷油器进行了磁路结构优化，优化后磁感应强度、电流密度和电磁损耗等分布更加合理，提高了能量的转化效率，降低了温升速度和热平衡温度，总体积减小约 15.7%，动态响应时间缩短 9.375%。

（2）针对长径比 L/D、内圆倒角 R_0 和喷孔锥角 γ 建立 $L_9(3^3)$ 正交表，通过仿真分析平台对不同参数组合进行仿真，利用统计学原理分析不同参数对喷孔内部流动和外部喷雾的影响规律，实现喷孔结构参数的优化配置。

参 考 文 献

[1] He Z X, Zhong W J, Wang Q, et al. Effect of nozzle geometrical and dynamic factors on cavitating and turbulent flow in a diesel multi-hole injector nozzle[J]. International Journal of Thermal Sciences, 2013, 70(4):132-143.

[2] 郭孔辉, 孔繁森, 宗长富. 模拟退火优化技术在汽车结构参数优化中的应用[J]. 中国机械工程, 2001, 12(6):712-715.

[3] 蔡自兴, 江中央, 王勇, 等. 一种新的基于正交实验设计的约束优化进化算法[J]. 计算机学报, 2010, 33(5):855-864.

第8章 GDI 喷油器样品试制及试验研究

对于 GDI 喷油器结构和性能的研究，目前国内还处于探索阶段。除了在工作机理、结构参数优化以及与发动机的性能匹配方面存在难点，其技术难度还体现在关键材料的选型及热处理工艺、阀座磨削工艺、装配及焊接工艺、微孔加工及测量技术等产品加工制造方面。本章在深入研究 GDI 喷油器制造、加工和装配工艺的基础上，根据多目标参数优化结果对 GDI 喷油器样品进行试制，并利用所研制的 GDI 喷油器综合性能测试系统对样品性能进行试验验证。

8.1 GDI 喷油器样品试制

本节根据多目标参数优化及仿真计算的结果，对 GDI 喷油器进行样品试制。样品试制涉及零部件加工、检验、装配和性能测试等方面，为了保证试验研究的可靠性，对样品进行多次重复、分时测试，并择优选用稳定性、一致性和可靠性好的样品作为试验研究的对象。

8.1.1 关键材料选型

用于制造 GDI 喷油器磁路零件的材料属于软磁材料，要求具有较高的磁导率、饱和磁感应强度以及较低的矫顽力和剩磁，同时还要求在高频工作时具有较小的涡流和磁滞损耗。软磁合金性能通常采用 B-H 曲线来表示，其性能与材料成分、加工方法、工作频率、热处理工艺和切割方向等因素有关，并呈现出较强的非线性特征。目前常用的软磁合金材料及其性能参数如表 8-1 所示。

表 8-1 常用软磁合金材料及其性能参数

性能参数	软磁合金		
	430Fr	1J50	DT4
相对磁导率 μ_i/(mH/m)	4800	3750	200
最大磁导率 μ_{max}/(mH/m)	75000	64000	7500
矫顽力 H_c/(A/m)	1.2	12	96
剩余磁感应强度 B_r/T	0.9	0.95	0.2
饱和磁感应强度 B_s/T	1.85	1.7	1.5
电阻率 ρ_b/(μΩ·m)	90	56	10
居里温度 T_c/℃	550	400	220

软磁合金材料的磁学性能受外界温度、材料自身的纯度和机械加工时表面应力的影响较大，因此需要采用退火工艺消除或减小杂质含量和表面应力，降低矫顽力，提高磁导率[1-5]。具体退火工艺、退火后的材料性能参数如表 8-2 和表 8-3 所示。

表 8-2 软磁合金退火工艺

软磁合金	430Fr	1J50	DT4
加工工艺	金属注射成形技术	车削加工	车削加工
退火工艺	410℃，保温 1～3h，预退火处理，随后经 480℃退火处理，低于 100℃出炉，用纯氢气（或真空）保护	1150℃，保温 3～6h，以 100℃/h 冷却，低于 300℃出炉，用纯氢气或真空保护	1050℃，保温 3～6h，以 150℃/h 冷却，低于 200℃出炉，用纯氢气（或真空）保护

表 8-3 退火后软磁合金的性能参数

性能参数	430Fr	1J50	DT4
相对磁导率 μ_i/(mH/m)	6000	4000	245
最大磁导率 μ_{max}/(mH/m)	90000	70000	9000
矫顽力 H_c/(A/m)	0.3	10	40
电阻率 ρ_b/(μΩ·m)	25	40	10
剩余磁感应强度 B_r/T	0.3	0.25	0.88
饱和磁感应强度 B_s/T	2.05	1.6	1.87

对比表 8-1 和表 8-3 的软磁特性参数可知，经退火后软磁合金材料的相对磁导率、最大磁导率、饱和磁感应强度都有所提高，矫顽力、剩余磁感应强度和电阻率有所降低，可见采用合理的热处理工艺是提高软磁合金材料软磁特性的有效手段之一。由表 8-3 可知，退火处理后的 430Fr 材料在软磁合金综合性能方面具有突出的表现，因此选择 430Fr 作为样品试制的材料。

8.1.2 关键零部件加工

1. 阀座加工

GDI 喷油器的工作压力远高于 PFI 喷油器，因此密封性成为制约样品成功试制的关键因素。为了完成阀座样品的试制，本章采用金属注射成形（metal injection molding, MIM）技术对阀座毛坯进行一体注射成形。MIM 技术工艺过程主要由粉末及黏结剂的准备、混炼、注射、脱脂和烧结五个阶段组成[6]，如图 8-1 所示。采用 MIM 技术对阀座进行加工制造主要考虑到阀座体积小、结构复杂和精度要求高，而 MIM 技术作为一种近终成形技术，与传统成形技术相比，不仅能制造形状更复杂的零件，而且能在一定程度上克服传统技术存在的密度、组织和性能不均的现象,提高零件精度、加工效率和材料利用率等。

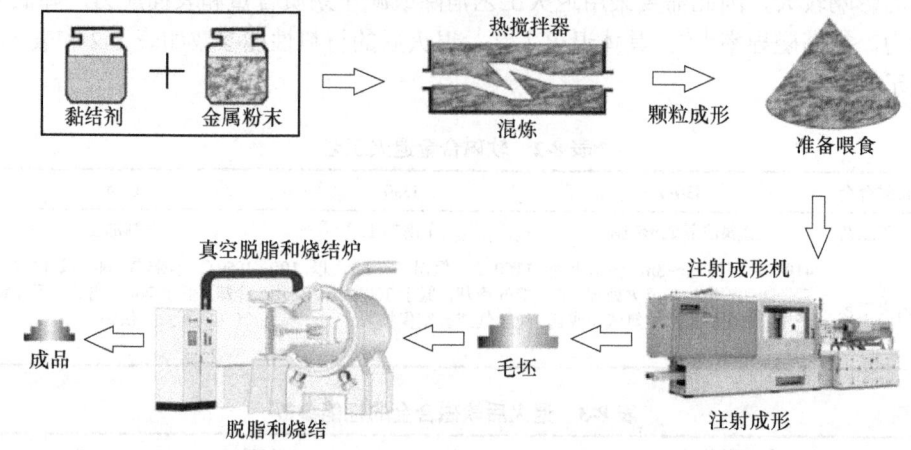

图 8-1 MIM 技术工艺过程

阀座毛坯成形之后,需对阀座密封面进行精密磨削,根据设计要求,其密封配合面圆度需达到 0.5μm,表面粗糙度 R_a<0.2μm,因此对磨床本身的精度和磨削工艺提出了很高的要求。本节采用瑞士 Peter Wolters 公司生产的 Voumard 130 CNC 磨床对阀座进行磨削,该磨床的基本性能参数如表 8-4 所示。

表 8-4 磨床的基本性能参数

性能指标	性能参数
磨削内径/mm	0.5~36
最大夹持直径/mm	40
最大磨削深度/mm	80
工作台行程/mm	150
十字滑台行程/mm	2×250
输出功率/kW	0.4~5.0
转速/(r/min)	45000~180000
加工圆度/μm	<0.2
表面粗糙度 R_a/μm	<0.2

2. 喷孔加工

GDI 喷油器的喷孔要求具有非常高的尺寸精度、表面粗糙度和一致性,喷孔加工也是 GDI 喷油器样品试制的难点之一。本节采用电火花加工技术(electrical discharge machining, EDM)配合液体挤压研磨技术对喷孔进行加工和后处理。为了保证试验样品的精度和一致性,选用 POSALUX Microfor HP4 EDM 电火花喷孔钻床作为喷孔加工设备,其加工过程如图 8-2 所示。Microfor HP4 EDM 是专门针对喷油器喷孔加工而设计的一款机床,采用六轴自动控制,包括三个转动轴、三个位移轴,可加工喷孔任意分布的喷油器,其基本参数如表 8-5 所示。

图 8-2　POSALUX Microfor HP4 EDM 加工过程图

表 8-5　电火花喷孔钻的基本性能参数

性能指标	性能参数
加工直径范围/mm	0.05～1.8
最大锥度/(μm/mm)	150
表面粗糙度/μm	0.2
脉冲电流控制时间/μs	0.5～100
电流大小范围/mA	1～100
工位数	4

为了分析喷孔加工质量,这里采用光学显微技术对喷孔内部进行测试,其内部结构测试结果如图 8-3 所示。

图 8-3　喷孔加工内部结构

8.1.3　装配及焊接技术

由 GDI 喷油器的结构可知,其装配过程主要包括压装、工作气隙调整、弹簧预压力调整、焊接和注塑等过程，其中工作气隙和弹簧预压力调整及焊接技术是保证 GDI 喷油器一致性与稳定性的关键。为了提高装配精度，专门设计了一套满足 GDI 喷油器装配精度要求的工装夹具。

1. 压装及焊接

GDI 喷油器的零部件大多是回转体，且按轴线方向排列，因此主要采用压装方式进行装配，两个零部件之间一般采用过盈配合，压装工序完成之后，需采用光纤传输激光对接焊进行固定。

采用光纤传输激光焊接主要是考虑到 GDI 喷油器精度高、尺寸小的特点，因此要求焊接机的发射频率和功率稳定、光斑小、热能集中且热辐射小。光纤传输激光焊接机采用激光功率实时反馈控制系统对激光发生器进行控制，能解决因电网波动、水温变化和氙灯老化等环境因素引起的激光不稳定现象，可有效保证焊接的一致性和稳定性。激光焊接机及功率反馈控制过程如图 8-4 所示。GDI 喷油器所需焊接部位如图 8-5 所示。

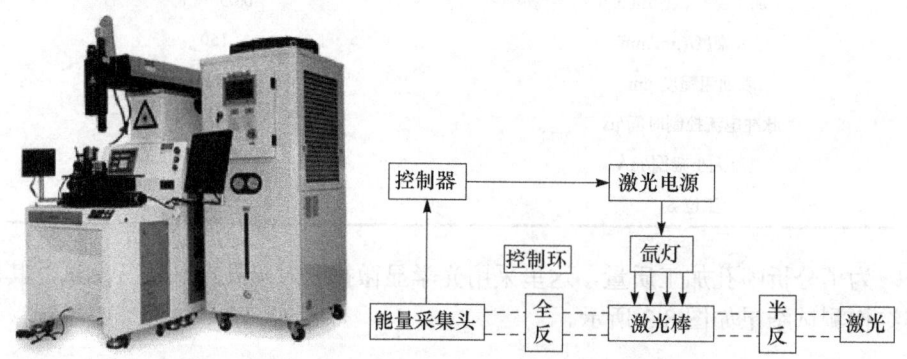

图 8-4　激光焊接机及功率反馈示意图

2. 工作气隙调整

工作气隙是 GDI 喷油器的关键参数之一[7,8]，在进行 GDI 喷油器试制时，必须严格控制其装配精度，保证样品的一致性和稳定性。为了达到精确控制 GDI 喷油器工作气隙的目的，专门开发了一套 GDI 喷油器工作间隙调整装置，选用日本 Dyvoce 公司的 Dyvoce-200 激光干涉微位移传感器实时检测工作间隙的大小，并设计了相关工作台和工装，如图 8-6 所示。位移传感器的频率响应可达到 100kHz，量程为±1mm，测量精度为±30nm，转换电压为 100μm/V，由于 GDI 喷油器的工作气隙为 0.1～0.2mm，精度要求为±5μm，该工作间隙调整装置可用于工作气隙的调整。GDI 喷油器关键零部件及装配完成后的结构如图 8-7 和图 8-8 所示。

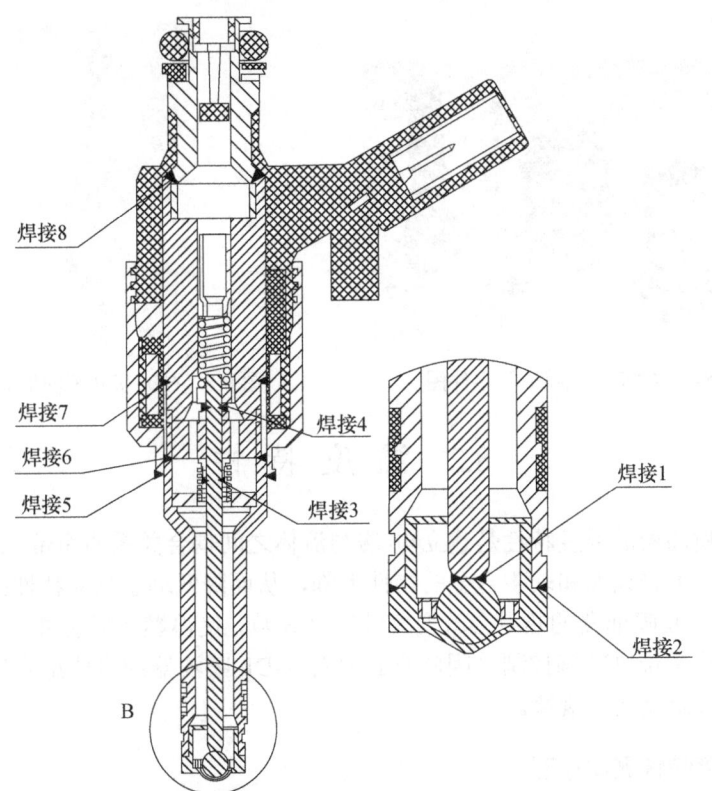

图 8-5　GDI 喷油器零件焊接图

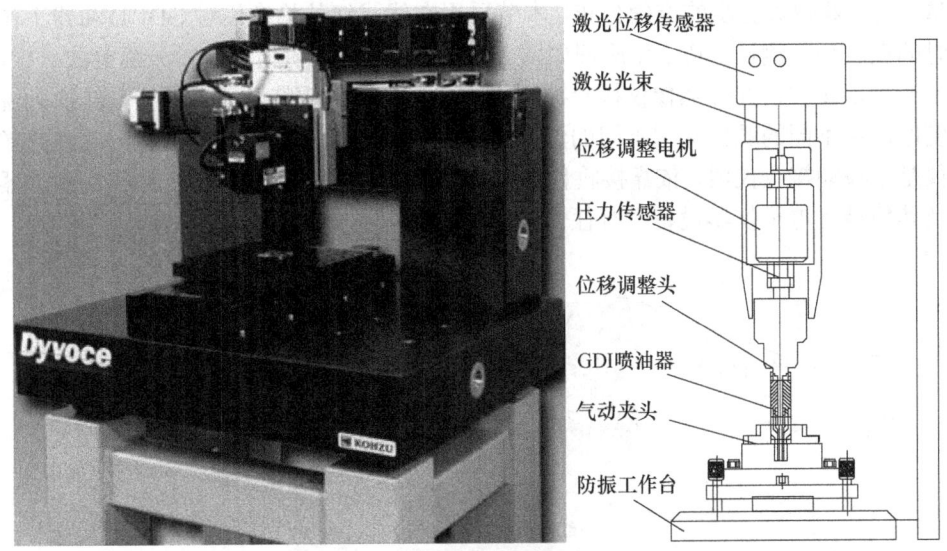

图 8-6　工作气隙调整装置及工作原理

图 8-7　GDI 多孔喷油器零件图

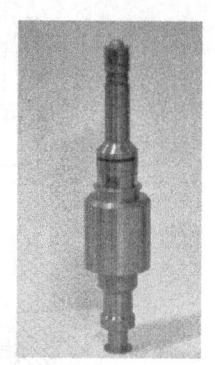
图 8-8　GDI 多孔喷油器装配图

8.2　温度特性

GDI 喷油器的温度特性是建立电-磁与流体之间耦合关系的纽带,其本体温升一方面会使电磁线圈和软磁合金的物性下降,从而降低动态响应特性;另一方面燃油吸收 GDI 喷油器的热量会改变燃油物性参数,使得燃油喷射量、内部流动和燃油雾化质量难以精确控制,因此有必要对 GDI 喷油器的本体温升进行试验研究,分析其温度变化规律。

8.2.1　温度特性测试原理

GDI 喷油器体积较小,难以布置传统的温度传感器对其温度分布进行精确测量,为了获得其温度的准确分布,本节采用在线式红外热像仪对 GDI 喷油器工作时的温度进行测试,其工作原理如图 8-9 所示。红外辐射与光波和无线电波一样,是一种电磁波,红外热像仪接收被测物体各部位辐射的红外能量,将其转换为温度值,用不同的颜色标识不同的温度,以热像图方式在液晶屏上显示。红外热像仪是全被动接收仪器,依靠接收目标自身辐射的红外信号工作,对于 GDI 喷油器及其他精密电子仪器设备没有任何干扰,因此它不会对测试结果造成不利影响。

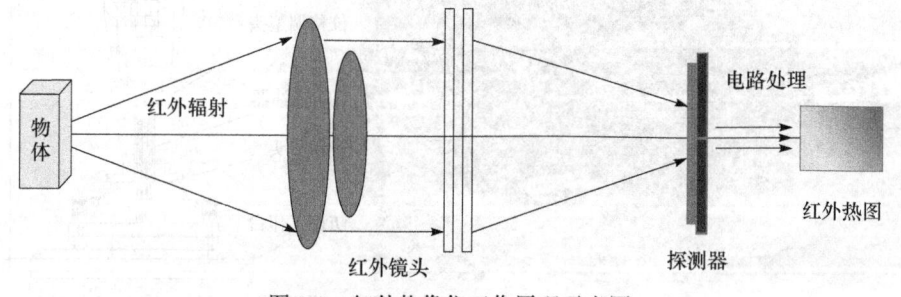
图 8-9　红外热像仪工作原理示意图

这里采用德国 DIAS 公司的 PI400 型在线式红外热像仪，响应速度快，高达 80Hz 帧频，应用范围广，有多种镜头可选，可满足不同的工程应用和试验研究。该设备的基本技术参数如表 8-6 所示。

表 8-6 PI400 型在线式红外热像仪基本技术参数

参数名称	参数范围
光谱波长范围	8~14μm
测温范围	0~250℃
测温误差	±2%或±2℃
测量频率	内部 50Hz
响应时间	内部 40ms
测量模式	十字坐标灵活取点，选定区域自动显示最大、最小或平均温度，热区冷区自动搜寻，温度分布，等温线展示
显示内容	参考色标、柱状图、测量区域温度数字显示
色板	铁灰、彩虹、黑白、黑白反向

8.2.2 GDI 喷油器温升影响因素分析

在磁路结构和材料一定的情况下，影响 GDI 喷油器温升的主要因素包括线圈通电时间、加载电压和燃油压力[9]。其中，线圈的通电时间和加载电压对其温升的影响最大，其次是燃油压力，燃油压力越大，越有利于降低其本体温升。为了深入了解 GDI 喷油器本身温升的变化规律，本节采用红外热像仪分别研究了优化前后燃油压力、保持电流、保持脉宽对 GDI 喷油器温度的影响规律。表 8-7 为试验时的环境参数和驱动电流。

表 8-7 环境参数与驱动电流

参数名称	数值
环境温度/℃	25
加载油压/MPa	0、10
保持电流 i_{b1}/A	6、7、8
保持电流 i_{b2}/A	2.5
喷油周期/ms	20
峰值脉宽/ms	0.2
保持脉宽 t_{p1}/ms	8、10、12
保持脉宽 t_{p2}/ms	2
喷油器工作时间/s	360

图 8-10 为优化前后燃油压力对 GDI 喷油器温升的影响情况，其中测试条件包括：保持电流 i_{b1} 为 8A，保持脉宽 t_{p1} 为 10ms。由图 8-11 可知，在空载（即燃

油压力为0MPa）时，GDI 喷油器温度上升非常快，连续运行 120s 温度达到 200℃ 左右，热平衡温度甚至超过 200℃，优化前后的温度变化规律一致，但是优化后的温度上升速度略慢，且热平衡温度下降 7.95%左右；加载 10MPa 的燃油后，温度上升速度明显减慢，且热平衡温度在 200℃以内，这说明燃油带走了一部分热量，造成喷油器本体温升下降，通过计算可知，带走的热量约占总发热量的 19.6%。由测试结果可知，优化后使 GDI 喷油器的本体温升控制在 200℃以内，有利于提高其动态响应特性、稳定性和可靠性，同时降低燃油温度对燃油物性的影响，提高燃油喷射的精确性。

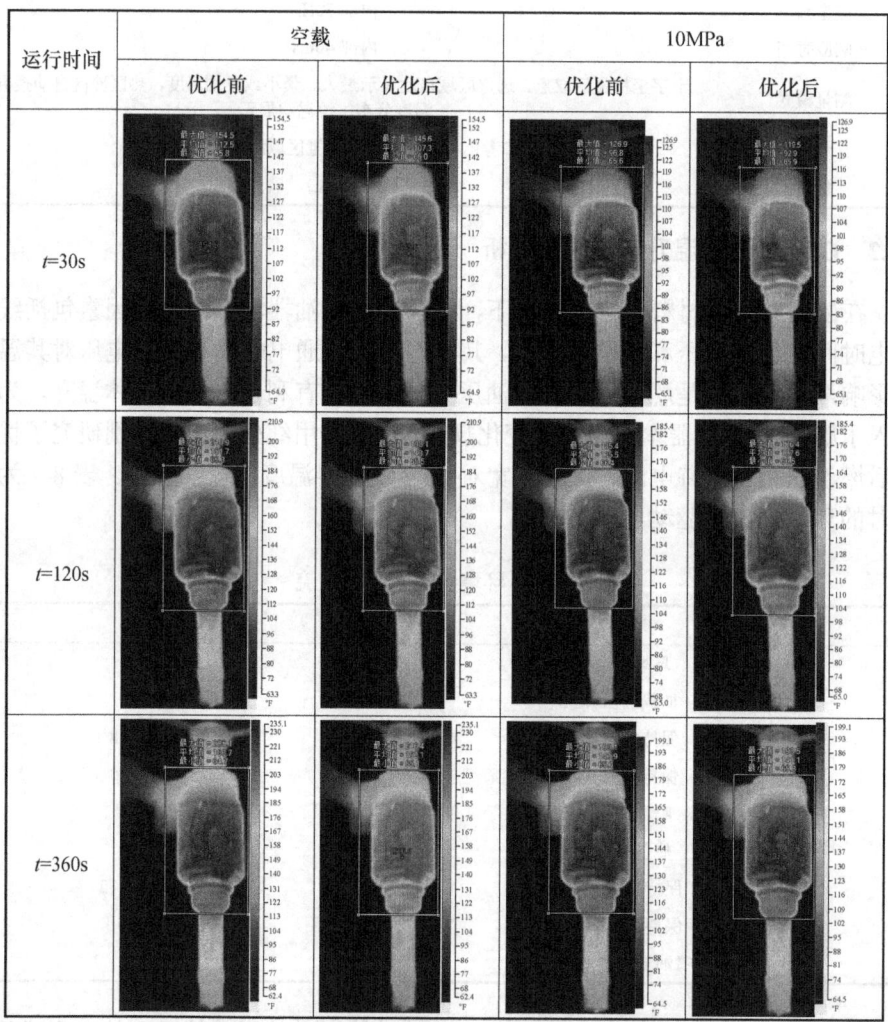

图 8-10　优化前后燃油压力对 GDI 喷油器温升的影响

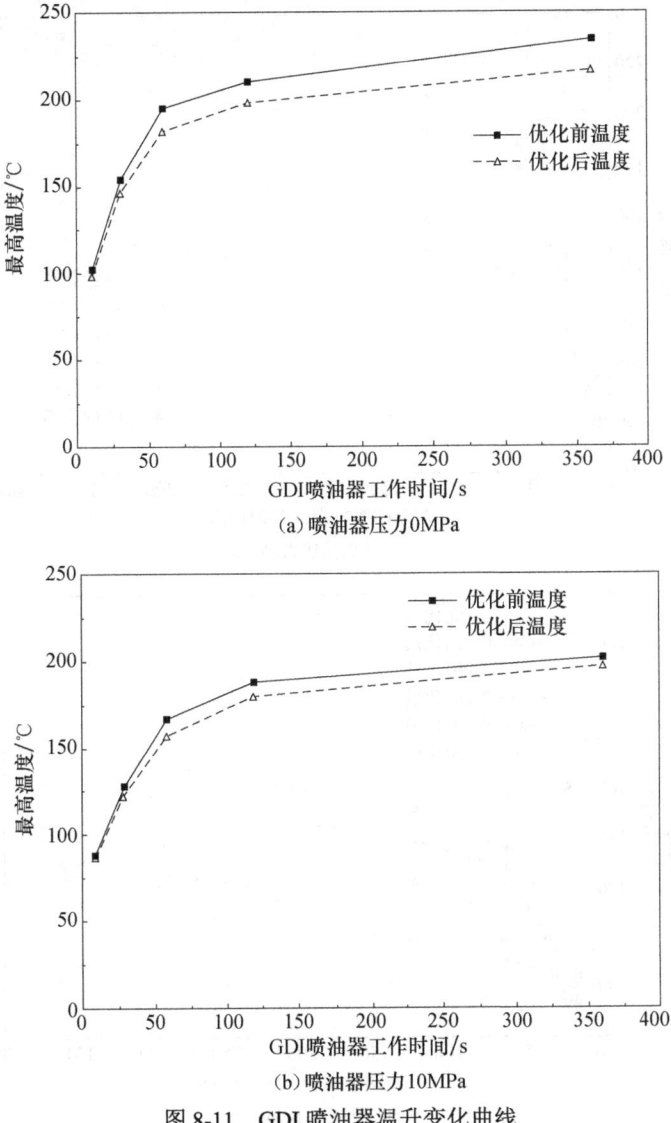

图 8-11 GDI 喷油器温升变化曲线

在保持脉宽 t_{p1} 为 10ms 时，不同保持电流 i_{b1} 对 GDI 喷油器本体温升的影响如图 8-12 所示。随着电流的增加，GDI 喷油器本体温升速度加快，热平衡温度升高，优化后温升变化规律一致，但温升变化速率减慢，热平衡温度下降。由图可知空载电流为 8A 时，优化后的热平衡温度比优化前下降 7.04%，加载后温度下降 7.49%。造成加载后温度下降更多的原因是优化后动态响应速度和喷孔的流量系数有所提高，相同周期和脉宽条件下燃油的喷射量增加，带走的热量也增加。

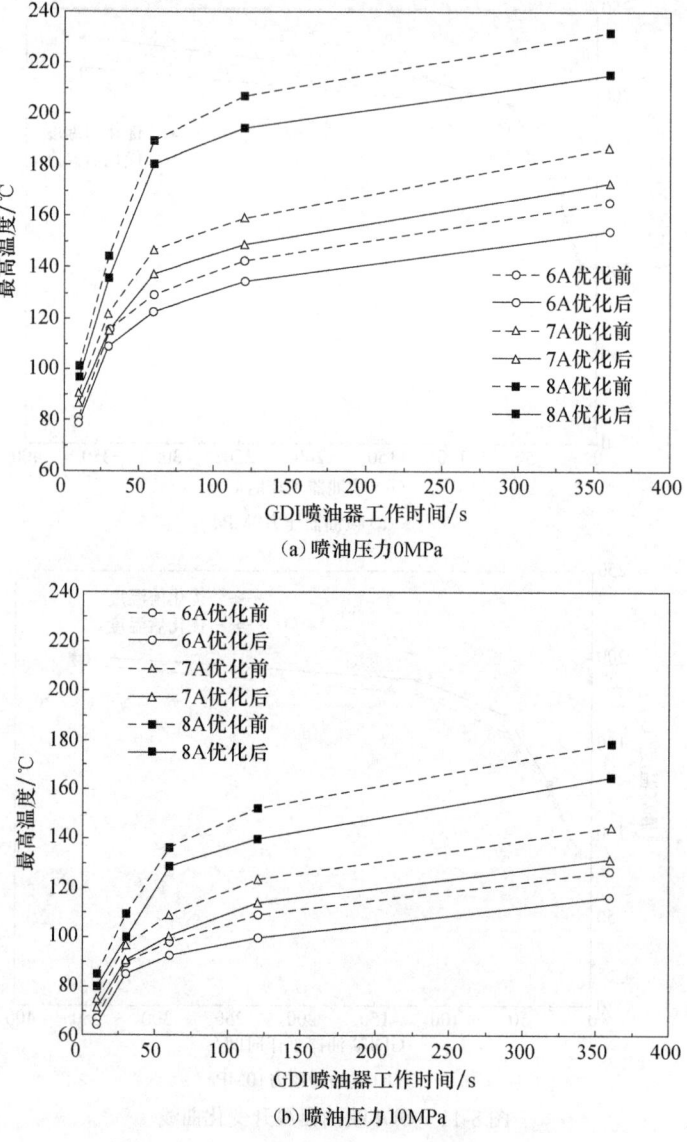

图 8-12 不同保持电流 i_{b1} 对线圈温度的影响

在保持电流 i_{b1} 为 8A 时，不同保持脉宽 t_{p1} 对 GDI 喷油器本体温升的影响如图 8-13 所示。随着保持脉宽 t_{p1} 的增加，GDI 喷油器本体温升速度加快，热平衡温度升高，这主要是因为随着保持脉宽 t_{p1} 的增加，电流作用时间加长。优化后温升变化规律基本一致，但温升变化速率减慢，热平衡温度下降。由图可知空载保持脉宽 t_{p1} 为 12ms 时，优化后的热平衡温度比优化前下降 8.32%，加载后下降 8.55%。

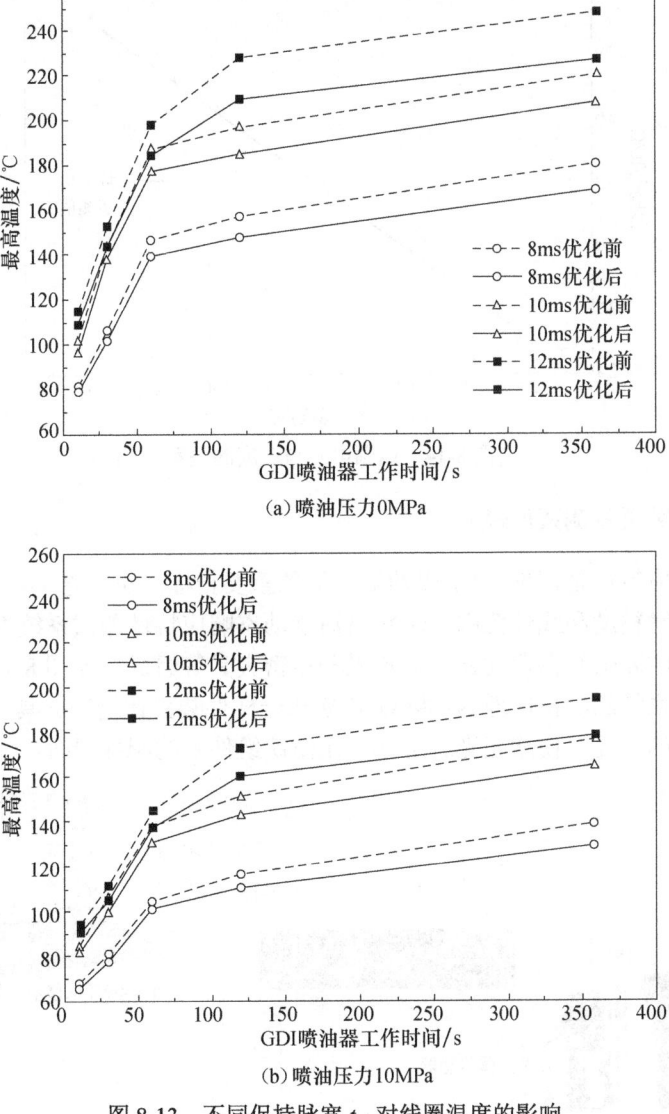

图 8-13　不同保持脉宽 t_{p1} 对线圈温度的影响

8.3　动态响应特性

GDI 喷油器本体温升可造成线圈电阻升高、软磁合金性能下降，如图 8-14 所示。GDI 喷油器本体温度越高，线圈电阻越大，软磁零件的磁导率越低、饱和磁感应强度越小，这会引起饱和电磁力下降，导致 GDI 喷油器的动态响应性能恶化。为此，本节通过动态响应性能参数测试系统来分析温升对动态响应特性的影响规律。

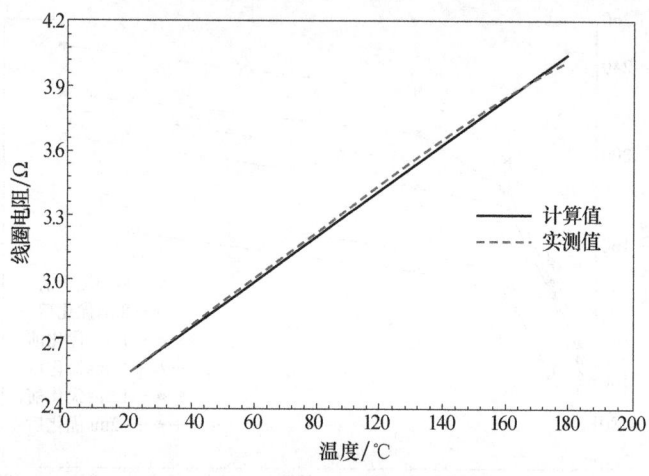

图 8-14 线圈电阻与温度的关系

8.3.1 测试装置及测试原理

动态响应特性是评价 GDI 喷油器性能的重要指标，决定着 GDI 喷油器燃油喷射量的控制精度和线性范围。GDI 喷油器动态响应特性测试系统主要由激光位移传感器、GDI 喷油器驱动器、计算机和精密夹具等组成，如图 8-15 所示。

该测试系统的测试原理为：将 GDI 喷油器样件装夹在精密夹具上，调整激光位移传感器的高度，使激光光斑平行打在衔铁组件中的阀杆端面。GDI 喷油器驱

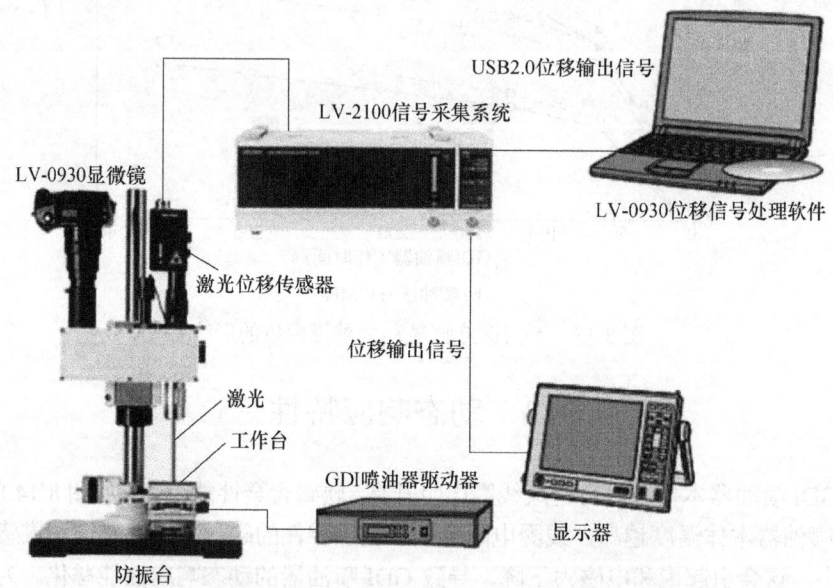

图 8-15 GDI 喷油器动态响应特性测试示意图

动器驱动衔铁组件运动，激光位移传感器对衔铁组件的位移进行动态测试，测试信号经降噪处理，可获得光滑平顺的动态位移测试曲线。激光位移传感器采用高精度和高响应频率的 Microtrak 3 系列激光三角位移传感器，其测试结果不受被测物表面材质、颜色和发射光源的影响，其主要技术参数如表 8-8 所示。

表 8-8 激光位移测试仪技术参数

参数名称	参数值
激光能量	<5mW
激光级(IEC 60825)	3R
响应频率	>20kHz
采样频率	40kHz
工作适应温度范围	0~40℃
工作适应湿度范围	10%~95%
温度稳定性	0.05%FSR/℃
测试精度	0.1μm
线性度	±0.05%
模拟量输出	0.25μm/mV
测量光斑大小	30μm

注：FSR 指满量程；0.05% FSR/℃表示温度每变化 1℃，满量程电压会发生 0.05%的变化。

8.3.2 动态响应特性测试结果分析

图 8-16 所示为温度为 25℃空载时优化前后 GDI 喷油器衔铁组件的位移曲线。优化前 GDI 喷油器的开启延迟时间约为 0.212ms，优化后开启延迟时间约为 0.176ms，开启延迟时间提高 16.98%，关闭延迟时间由 0.072ms 变为 0.08ms，关闭延迟时间约延长 11.1%，但总体动态响应时间由 0.282ms 变为 0.256ms，约缩短 9.22%，因此优化后动态响应特性明显提高。究其原因包括：①磁路结构优化后，降低了涡流损耗和磁滞损耗，提高了能量转换效率，使动能增加；②弹簧预压量与衔铁质量的匹配更加合理，可有效缩短开启延迟时间。

图 8-17 所示为空载的 GDI 喷油器本体温升为 25℃、120℃和 200℃时优化后的 GDI 喷油器衔铁组件移曲线。随着喷油器本体温度升高，开启时间和关闭时间延长，动态响应速度变慢。这主要是由于一方面温度升高，电磁线圈电阻变大，而驱动电压保持不变，造成驱动电流减小，电磁力减小，开启时间延长；另一方面随着温度升高，软磁合金材料的磁导率、饱和磁感应强度下降，而矫顽力、剩磁上升，造成关闭延迟时间延长。25℃时开启延迟时间和关闭延迟时间分别为 0.180ms 和 0.082ms，200℃时开启延迟时间和关闭延迟时间分别为 0.216ms 和 0.096ms。200℃时动态响应时间比 25℃时延长了 19.08%。由此可知，GDI 喷油器本体温升对其动态响应特性的影响非常大，需要有效控制 GDI 喷油器温升的提

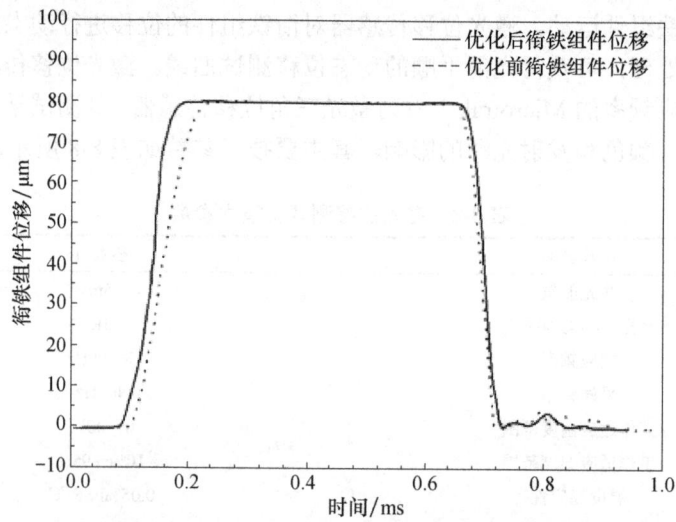

图 8-16 优化前后 GDI 喷油器衔铁组件位移曲线

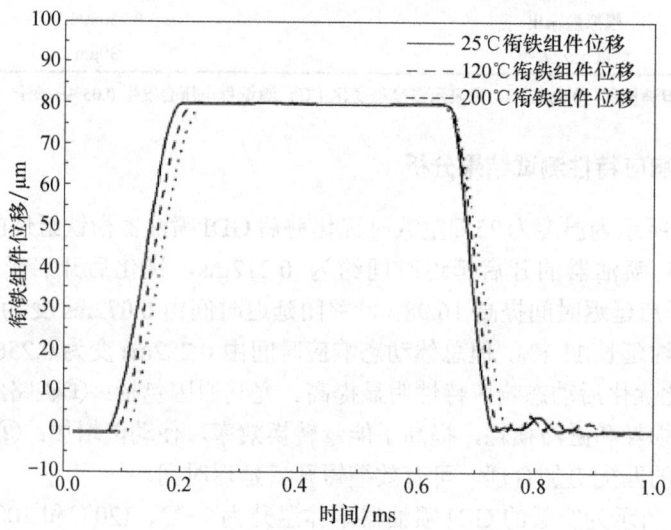

图 8-17 温度对衔铁组件位移的影响

高速度,才能使其能够稳定、可靠、精确地工作。

在有燃油流动的情况下,激光位移传感器无法对 GDI 喷油器衔铁组件的位移曲线进行测量,因此将不同燃油压力下的燃油作用力转化为弹簧预压力,通过调整弹簧预压量来间接测量燃油压力对衔铁组件动态特性的影响。图 8-18 为温度 25℃ 条件下不同燃油压力下的 GDI 喷油器衔铁组件的位移曲线。由图可知,随着燃油压力的升高,GDI 喷油器的开启延迟时间变长,关闭延迟时间缩短。这主要是因为燃油升高,电磁力所需要克服的合力增大,故开启加速度变慢,而关闭时液压力与衔铁组件运动方向一致，有利于缩短关闭延迟时间。由测试结果可知，燃油压力为 5MPa 时，衔铁组件开启延迟时间和关闭延迟时间分别为 0.192ms 和 0.078ms；燃油压力为 15MPa 时，衔铁组件开启延迟时间和关闭延迟时间分别为 0.218ms 和 0.070ms。燃油压力为 15MPa 时的动态响应时间比 5MPa 时延长了 6.7%。由此可见，燃油压力对衔铁组件动态响应特性的影响并没有温度的影响那么大。

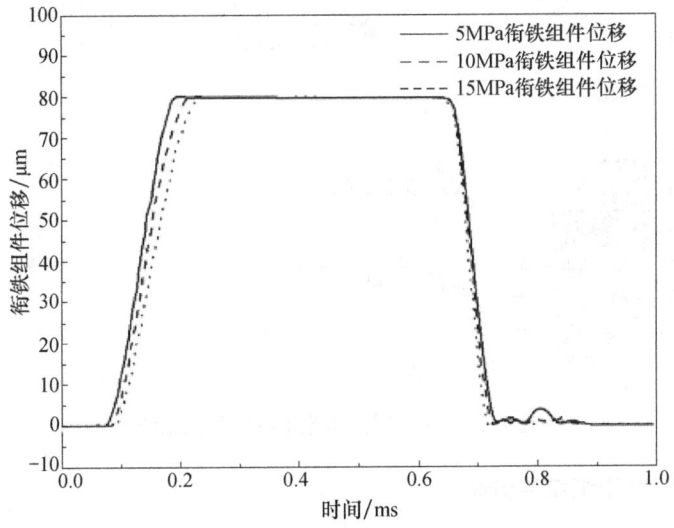

图 8-18 燃油压力对衔铁组件位移的影响

8.4 流量特性

8.4.1 流量特性测试系统

GDI 喷油器流量特性测试系统如图 8-19 所示，主要由恒温油箱、高-低压燃油泵、GDI 喷油器驱动仪和精密电子天平等组成。采用油温控制箱对燃油温度进行精确控制，减小燃油温度变化对测试结果的影响；低压燃油泵将燃油从油箱输入高压燃油泵，此时泵油压力约为 0.8MPa，再由高压油泵对燃油进行升压，使压力根据不同的工况保持在 1~15MPa；GDI 喷油器驱动仪采用 Boost 升压电路对喷油器进行驱动控制，通过调节喷油脉宽和喷油周期来控制燃油喷射量；燃油从 GDI 喷油器喷出后，采用称重法对不同喷油脉宽和周期的燃油喷射量进行称重测量，测量数据通过计算机进行处理，形成流量特性曲线。为了保证测量的准确性，燃油喷入精密电子天平上的密闭容器。

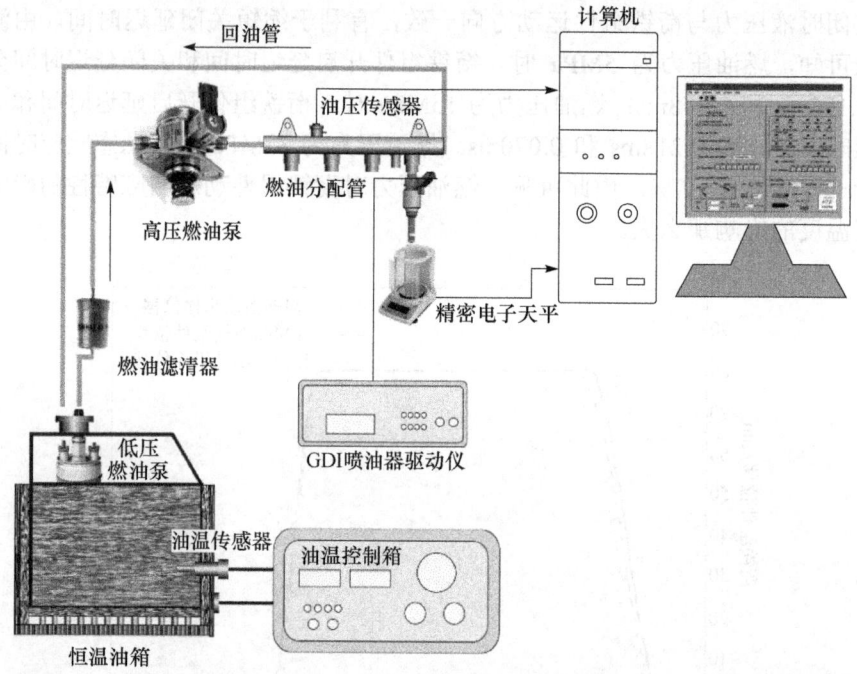

图 8-19　GDI 喷油器流量特性测试系统

8.4.2　流量特性测试结果分析

图 8-20 所示为温度 25℃、燃油压力为 15MPa 时优化前后 GDI 喷油器的喷油

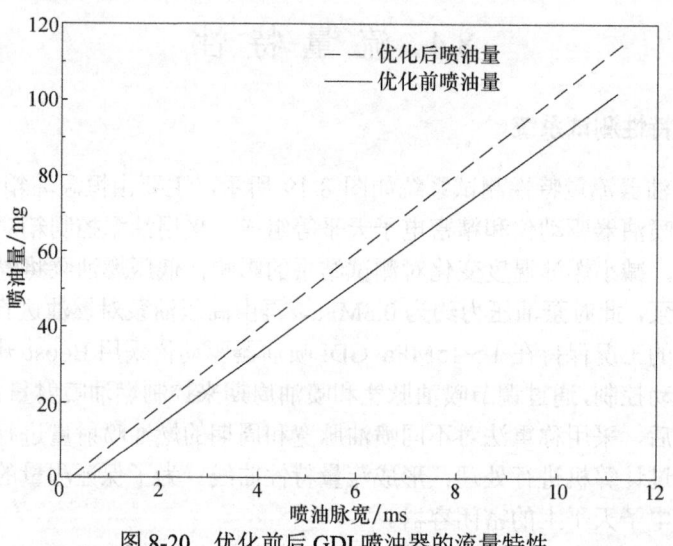

图 8-20　优化前后 GDI 喷油器的流量特性

量变化曲线。由图可知，喷油量与脉宽几乎呈线性关系，优化后 GDI 喷油器的流量范围比优化前明显增大，拓宽了 13.7%，启喷时间缩短 12.4%左右。该性能的提升有利于增大 GDI 喷油器的工况适应范围、提高燃油喷射量的控制精度。

图 8-21 所示为燃油压力为 15MPa 时不同喷油器本体温升的流量特性的影响曲线。随着喷油器本体温度的升高，其流量范围缩小，喷油量减少。这主要由三个原因造成：①随着 GDI 喷油器本体温度升高，燃油密度下降，造成相同体积的燃油质量下降；②温度升高，饱和蒸气压上升，使空穴现象更加明显，降低了流量系数；③温度升高造成动态响应速度变慢，有效喷油时间有所减少。

图 8-22 所示为喷油器本体温升为 25℃时不同燃油压力下的流量特性曲线。由

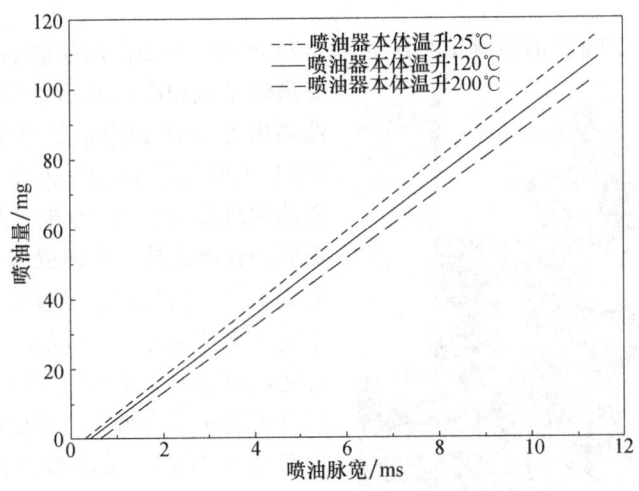

图 8-21 喷油器本体温升对流量特性的影响

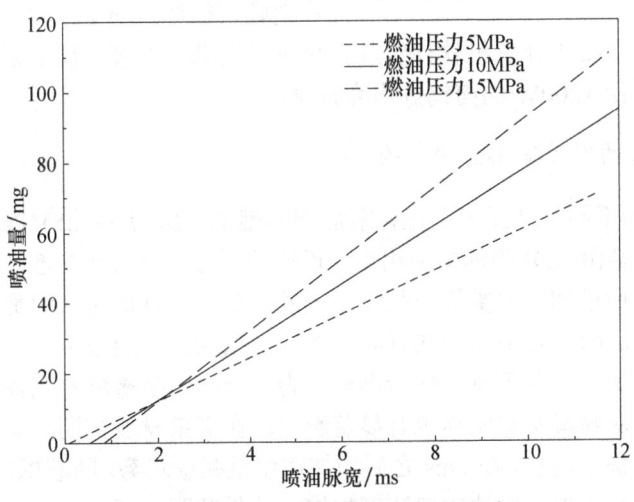

图 8-22 燃油压力对流量特性的影响

图可知,随着燃油压力的升高,喷油器的启喷时间延长,但喷油速率加快,因此其喷油量随压力的升高而明显增加。

8.5 喷雾特性

GDI 喷油器的喷雾特性测试包括喷雾形态测试和雾化颗粒测试。喷雾形态测试通常采用高速摄影技术对 GDI 喷油器燃油喷射过程中的喷雾形态进行拍摄记录,雾化颗粒测试采用激光颗粒测试技术对燃油的雾化效果进行定量评估。

8.5.1 喷雾形态测试系统及结果分析

GDI 喷油器喷雾形态测试系统如图 8-23 所示,主要由高压燃油喷射系统、高速摄像系统和图像显示系统组成。高压燃油喷射系统控制燃油的燃油压力和喷油时刻,主要由低-高压燃油泵、压力调节阀、燃油共轨管、燃油压力传感器和 GDI 喷油器驱动仪等组成。高速摄像系统主要由高速摄影仪、弧光灯和定容装置等组成,其中定容装置可模拟发动机气缸内压力的变化,通过改变输入定容装置中的高压氮气量实现正压力调节,通过控制真空泵实现负压的调节。高速摄像机采用由美国 Vision Research 公司生产的 Phantom 系列高速数字摄像机 Antomv7.3,高速摄影仪

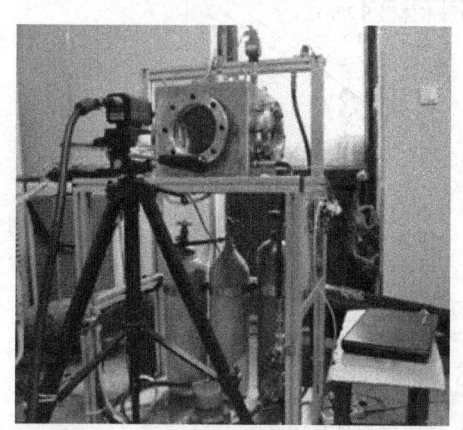

图 8-23 GDI 喷油器喷雾形态测试系统

图像显示系统主要由计算机软件实现。高速摄像机在拍摄过程中采用阴影法获取喷雾图像,采用 1200W 的卤钨灯作为背景。

1. 燃油压力对喷雾形态的影响

图 8-24 为不同燃油压力下优化前后同一燃烧室压力(0.25MPa)的喷雾形态变化过程。喷雾由 GDI 喷油器喷出后,迅速朝下方两侧方向扩散。优化后喷油器的贯穿距离有所增加,喷雾锥角基本上未发生变化,且优化后的雾化效果比优化前有明显提高。随着喷油压力的升高,燃油油束的雾化的效果明显增强,外围的褶皱也显著增加。由此可见,随着燃油压力的升高,喷雾颗粒直径减小。

燃油压力对喷雾贯穿距离也有显著影响。在雾束发展初期,喷雾贯穿距离随时间的增加而快速增加,在 2ms 之后增加速度呈减缓趋势。随着燃油压力的增加,燃油的动量也在增加,燃油出口速度加快,故贯穿距离延长。当燃油压力持续增

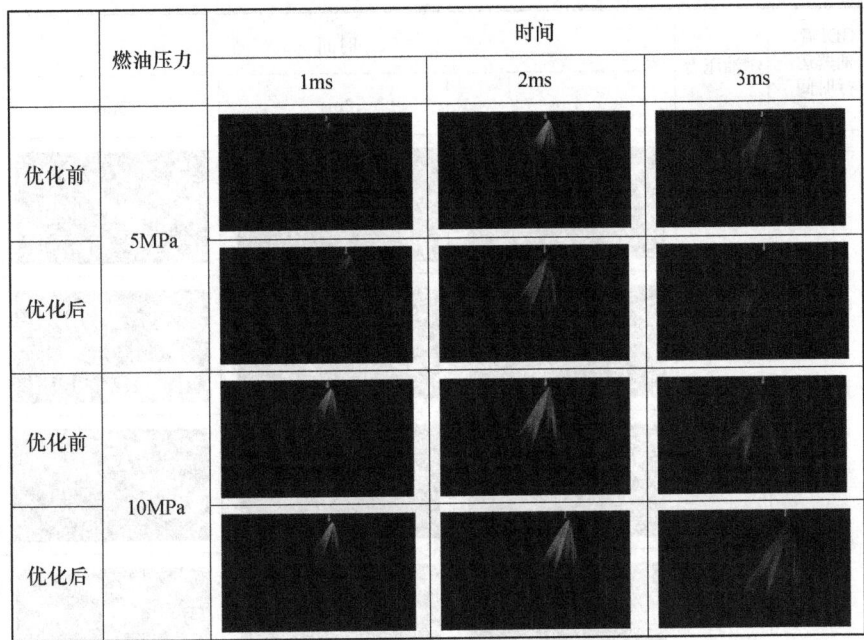

图 8-24 燃油压力对喷雾形态的影响

大时,由于燃油的破碎程度加剧,喷孔内湍流强度和空穴现象显著增强,且油雾与空气间的相互作用加强,使得喷雾后期燃油贯穿距离并没有显著延长。

2. 本体温升对喷雾形态的影响

图 8-25 显示了燃油压力为 5MPa、燃烧室压力为 1MPa 时优化前后不同 GDI 喷油器本体温升对燃油喷雾形态的影响。由图可知,随着 GDI 喷油器本体温度的升高,喷雾贯穿距离逐渐缩短,燃油雾化效果增强。

当 t=0s 时,GDI 喷油器本体温度约为 25℃,燃油液滴的蒸发速度较慢,燃油呈现清晰的束状;当 t=60s 时,GDI 喷油器本体温度约为 200℃,燃油液滴的蒸发速度明显加快,束状燃油逐渐模糊,呈现出云状。优化后喷油器的喷雾形态变化相对较小,主要是因为一方面优化后 GDI 喷油器本体温升提高速度较慢,燃油吸收的热量减少;另一方面优化后燃油的流速加快,动能增加,因此,减小了温度对其喷雾性能的影响。

8.5.2 喷雾贯穿距离分析

图 8-26 显示了燃油压力为 5MPa 和 10MPa、背压为 0.1MPa、本体温升为 25℃时优化前后 GDI 喷油器的喷雾贯穿距离。优化后 GDI 喷油器的喷雾贯穿距离稍有增大,且衔铁组件刚开启时,燃油的喷雾贯穿距离相差不大,但在 600μs

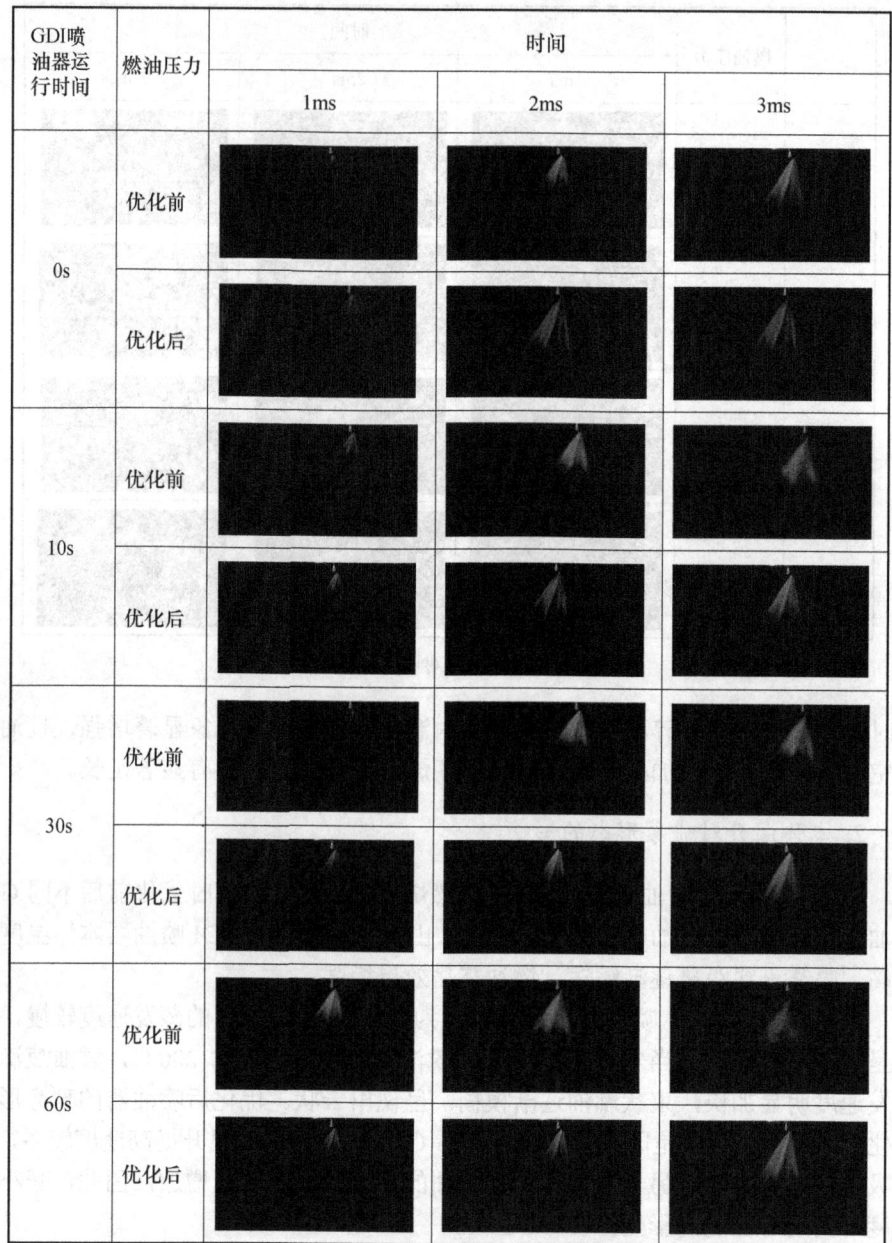

图 8-25 喷油器本体温升对喷雾形态的影响

以后，喷雾贯穿距离之间的差距逐渐拉开，这主要是因为优化后喷孔的空穴程度和湍流强度减弱，喷孔出口处的燃油流速加快，使得燃油喷雾贯穿距离延长。另外，随着燃油压力的升高，喷雾贯穿距离延长。

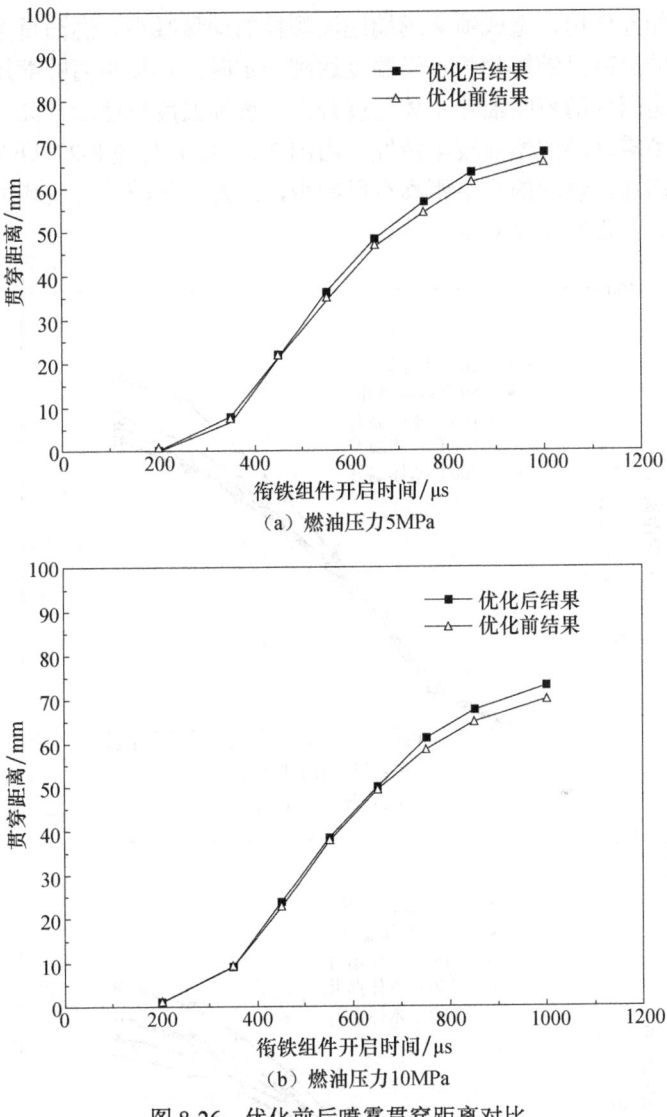

图 8-26 优化前后喷雾贯穿距离对比

图 8-27 所示为定容弹背压分别为 0.1MPa 和 0.2MPa 时不同 GDI 喷油器本体温升下喷雾贯穿距离随时间的变化曲线。衔铁组件开启后的喷雾贯穿距离大致可分为三个阶段，第一阶段为 200~400μs，此时衔铁组件基本处于运动阶段，由于钢球与阀座间隙处的节流作用，喷雾贯穿距离发展很慢；第二阶段为 400~800μs，随着衔铁组件完全开启，喷雾贯穿距离增长速度较快，此时喷雾远端射流速度快，燃油液滴动量较大，造成喷雾贯穿距离迅速增大；第三阶段为 800μs 至喷射结束，此时喷雾贯穿距离的变化速度趋于平缓，这是因为喷雾远端燃油和空气之间存在

动量交换和相互作用，造成喷雾远端燃油颗粒的动量减小。燃油贯穿距离随喷油器本体温升的提高呈缩短趋势，当温度达到一定时，贯穿距离的缩短趋势越来越不明显，这是因为随着喷油器本体温度升高，燃油温度也逐渐升高，其蒸发速度加快，造成喷雾远端的燃油较早蒸发。由图 8-27（a）与图 8-27（b）相比可知，随着背压的增加，燃油的贯穿距离有所减少，这是由于随着背压增加，燃油颗粒运动阻力上升，贯穿距离减少。

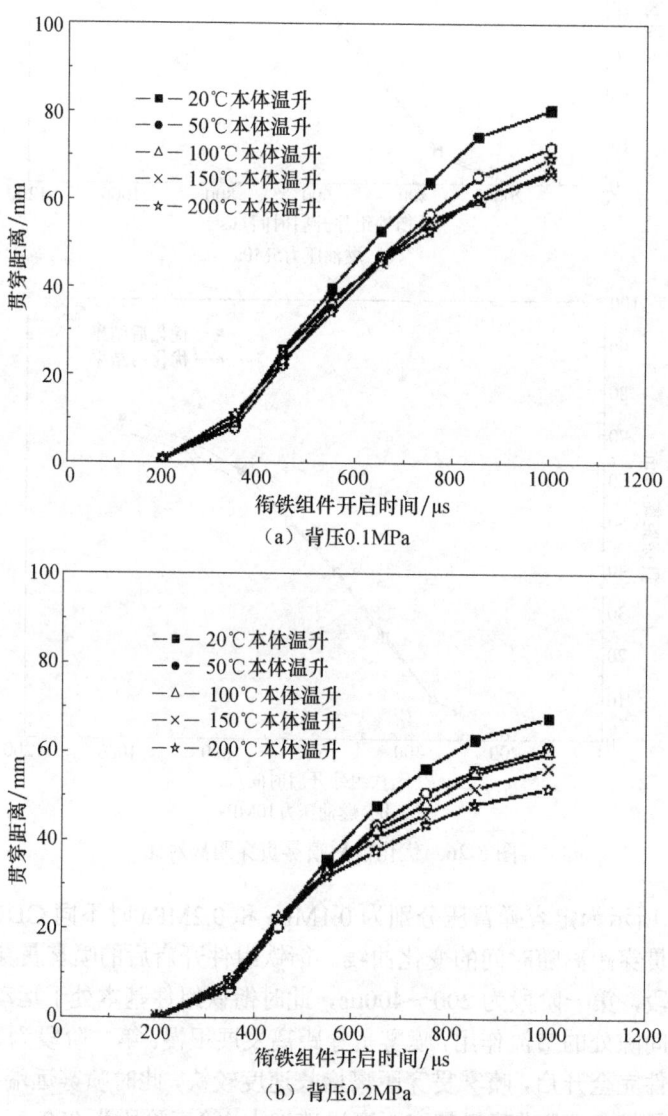

图 8-27　不同背压条件下本体温升对喷雾贯穿距离的影响

图 8-28 所示为燃油压力分别为 5MPa 和 10MPa 时不同 GDI 喷油器本体温升条件下喷雾贯穿距离随时间变化的关系。衔铁组件开启后，喷雾贯穿距离变化的三个阶段与不同背压条件下的变化规律基本一致。当燃油压力由 5MPa 上升到 10MPa 时，喷雾贯穿距离并没有增加很多，这主要是因为多孔喷油器喷孔直径较小，随着压力上升，喷孔对喷雾射流的节流作用加强，且喷雾发展初期环境气体对于喷雾射流的阻碍作用也会增强，造成喷雾贯穿距离的增加幅度随燃油压力升高并不十分明显。

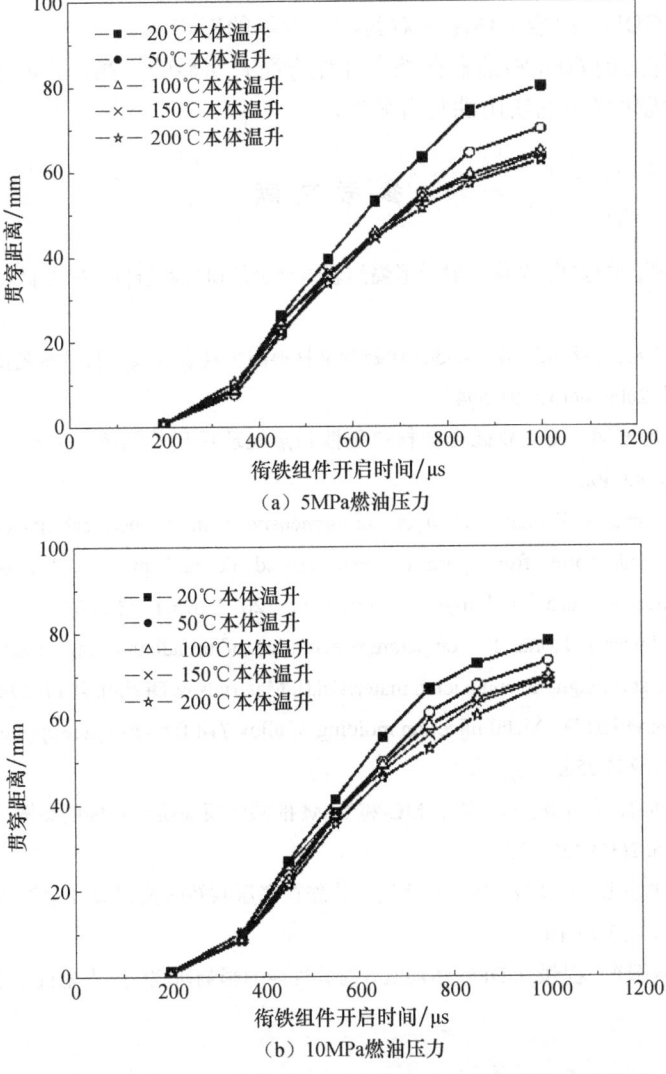

图 8-28 不同燃油压力条件下本体温升对喷雾贯穿距离的影响

8.6 本章小结

本章在深入分析 GDI 喷油器材料特性、技术要求和性能特点的基础上，采用先进的加工设备、加工工艺和装配方法对优化前后的 GDI 喷油器进行样品试制；利用所研制的试验设备对优化前后 GDI 喷油器的温度特性、动态响应特性、喷雾形态、喷雾颗粒直径和流量特性进行对比分析，所得如下结论：

（1）通过对 GDI 喷油器样品电、磁、热、流等物理场进行系统的试验研究，尤其验证了 GDI 喷油器本体温升对其综合性能的影响。

（2）优化后的 GDI 喷油器在综合性能方面有明显的提高，验证了多物理场耦合和多目标优化算法的实用性与有效性。

参 考 文 献

[1] 李平, 敖晖, 曲选辉. 金属注射成形烧结软磁合金的研究状况[J]. 磁性材料及器件, 2004, 35:8-10.

[2] 李凤辉, 王群, 郭红霞, 等. Sendus 软磁合金材料磁损耗研究及器件的制备[J]. 功能材料与器件学报, 2009, 6(15):591-594.

[3] 孙军艳, 汤健明. 提高软磁合金材料磁性和热处理后尺寸精度的方法[J]. 有色金属, 2011,1(63):43-46.

[4] Dobák S, Füzer J, Kollár P, et al. A comprehensive complex permeability approach to soft magnetic bulk cores from pure or resin coated Fe and pulverized alloys at elevated temperatures[J]. Journal of Alloys and Compounds, 2017, 695:1998-2007.

[5] Dobák S, Füzer J, Kollár P. Temperature evolution of broadband magnetization behavior in dual-phase soft magnetic compacted materials[J]. Materials & Design, 2017, 114:383-390.

[6] Ott E A, Peretti M W. Metal injection molding of alloy 718 for aerospace applications[J]. JOM, 2012, 64(2):252-256.

[7] 段炼, 胡林峰, 袁寿其, 等. 基于 MC 和 RSM 的共轨喷油器一致性的参敏分析[J]. 内燃机工程, 2015, 2(36):132-138.

[8] 李少鹤, 张宗杰, 邓晓龙, 等. 统计尺寸公差在高压共轨喷油器设计中的应用[J]. 现代车用动力, 2004, 3:13-16.

[9] 谢乃流, 张振东, 程强. GDI 喷油器温升对其性能的影响研究[J]. 内燃机工程, 2016, 37(5): 246-252.

第9章 加热型 GDI 喷油器

化石燃料的过量消耗所造成的能源紧张问题，为生物燃料在缸内直喷发动机上的应用带来了巨大机会。然而，与化石燃料相比，生物燃料有着不同的化学和物理性能，这对喷雾、蒸发和燃烧都有很大的影响。因此，发动机需经过重新设计才能使用这种燃料。GDI 喷油器作为缸内直喷汽油机的核心部件，决定了燃油喷雾、蒸发和混合质量，最终影响燃烧和排放。提高喷雾特性最有效的方法之一就是重新设计 GDI 喷油器。不同的燃料具有不同的气化潜热和热值，例如，乙醇的气化潜热高于标准汽油，而其低热值小于汽油，因此在工作期间存在气化不良和缸湿等问题。对黏度高和热值低的生物燃料来说，在喷射前提高温度是至关重要的。喷射前的预热是为了改变燃油特性、提高雾化质量和加快蒸发速率。在提高燃油温度改善喷射雾化方面，许多研究者围绕燃料温度的上升和喷射雾化开展了研究工作。Joonsik 等[1]通过高速摄影技术研究了燃油温度从 243K 到 313K 变化对宏观喷雾特性和燃烧特性的影响，发现在宏观喷雾特性方面，温度较低的燃油具有较长的喷雾贯穿距离和较小的喷雾锥角。燃油的雾化性和蒸发特性随着燃油温度的升高而增加，高温燃油燃烧时具有更高的火焰温度、压力上升峰值和较短的点火延迟。Fajgenbaum 等[2]通过试验对不同燃油（汽油和乙醇）、不同温度下（16～55℃）的压力漩流雾化喷雾特性进行了研究，发现液滴索特平均直径和液滴速度对燃油温度的变化很敏感，液滴直径随着燃油温度的增加而减小，燃油压力的小幅度增加会引起索特平均直径的显著降低和速度场的显著增加，随着温度的增加，汽油比乙醇具有更好的雾化特性。

为了适应巴西市场需求，Bosch 等公司开发了可对乙醇燃料进行快速电加热的灵活燃料喷油器。调查结果表明，加热型喷油器可减少使用各种汽车燃料时的有害排放[3-7]。加热喷油器既可用于汽油发动机，也可用于柴油发动机。Königsson 等[8]利用双燃料柴油机（diesel dual fue, DDF）研究了导致喷油器末端温度过高的影响因素以及喷油器吸热和散热机理。Leuthel 等[9]通过数值方法研究了加热型柴油喷油器中的热流相互作用机理，结果表明，热性能的不同会极大地影响燃料的喷雾特性和气化过程。

最近的一些研究表明，与非闪沸喷雾相比，闪沸喷雾具有不同的燃油破碎与雾化过程[10,11]。闪沸是一种当过热燃油压力突然降低到饱和压力以下时会产生气泡的现象，喷雾角度随着过热度的增加而增加，当继续增加过热度时，多束喷雾坍塌成为单油束结构，通常发生在采用早喷模式的缸内直喷发动机的均质充量燃烧过程。相对于非闪沸喷雾，闪沸喷雾具有更小的液滴尺寸及更好的气化过程，这与缸内直喷发动机优化混合气形成的期望相吻合。

为了定量揭示闪沸喷雾的热传递机理及宏观喷雾特性，本章研究了加热标准汽油、正戊烷、异辛烷和乙醇对喷雾特性的影响。新型加热式直喷喷油器通过对常规 GDI 多孔喷油器改造设计得到，燃料温度限制在 120℃，燃油喷射到环境压力和温度分别为 0.5bar（1bar=0.1MPa）与 25℃的静态空气中，这些限制可确保能够利用常规监测技术研究过热燃油喷射过程。

9.1 加热型 GDI 喷油器的结构及驱动方法

9.1.1 加热型 GDI 喷油器的结构和工作原理

加热型 GDI 喷油器的剖视图如图 9-1 所示，主要包括电磁线圈、铁心、衔铁组件、弹簧、轭铁、喷孔和加热器等部件。当电磁线圈收到从 ECU 发出的喷油信号时，电磁力会迅速克服液压力、弹簧力等，衔铁组件离开阀座向铁心方向运动，燃料从喷孔喷出。当喷油器线圈断电时，衔铁组件在液压力、弹簧力的作用下迅速向阀座方向运动，喷油结束。

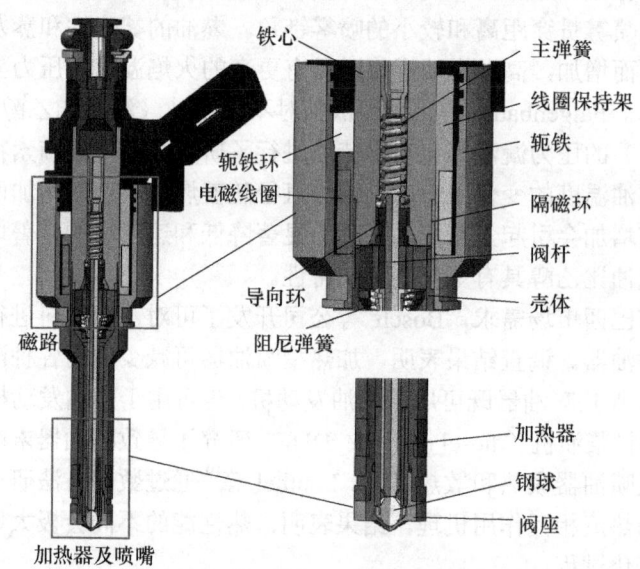

图 9-1 加热型 GDI 喷油器剖视图

9.1.2 喷孔的几何形状和分布

喷雾油束的轴向角度如图 9-2 所示。该喷油器属于 6 孔型喷油器，喷雾角度和位置参数如表 9-1 所示。

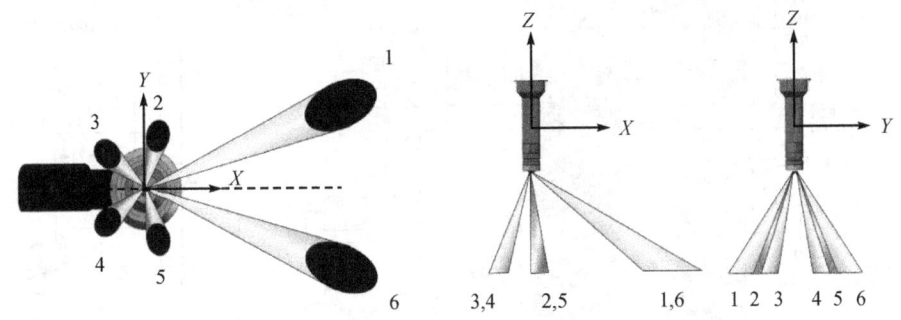

图 9-2 喷雾油束角度编号

表 9-1 GDI 喷油器喷雾参数

喷孔编号	坐标值/mm			偏离角	喷雾角		Z=50 面分布角
	X	Y	Z				
1	77.54	28.89	50.00	58.9	6-1	40.9	20.4
2	5.30	19.00	50.00	21.5	1-2	54.0	74.4
3	-17.77	13.70	50.00	24.2	2-3	68.0	142.4
4	-17.77	-13.70	50.00	24.2	3-4	75.3	217.6
5	5.30	-19.00	50.00	21.5	4-5	68.0	285.6
6	77.54	-28.89	50.00	58.9	5-6	54.0	339.6

喷孔的主要设计参数包括喷孔长度 L、喷孔锥角 γ 和长径比 L/D，具体结构如图 7-20 所示。L/D 是 GDI 喷油器的一个重要参数，它影响燃油在喷孔出口处的内部流动并最终影响喷雾特性。在研究过程中，$L/D=0.22/0.2=1.1$，$Q_s=11.4$mg/ms，其中 Q_s 表示喷油器使用标准汽油在喷油压力为 100bar（10MPa）时的静态质量流量。

9.1.3 驱动电路

加热型 GDI 喷油器的驱动电路由两部分组成，一部分用于驱动电磁线圈，另一部分用于驱动加热器。控制器以单片机为核心构建，用于管理不同条件下的电磁线圈和加热器的电流参数，如图 9-3 所示。控制器通过 RS422 串口与外部 PC 主机相连，按照设定的运行模式及参数工作。控制器的最终参数配置存储在非易失性存储器内，除非对配置参数进行重新设置，否则即使关闭或复位控制器也不会对存储器内的参数造成影响。由电流测量、控制和安全电路所确定的控制信号驱动功率开关并控制喷油器的工作。两个输入信号线以及相应的可视化界面用于驱动控制器工作。

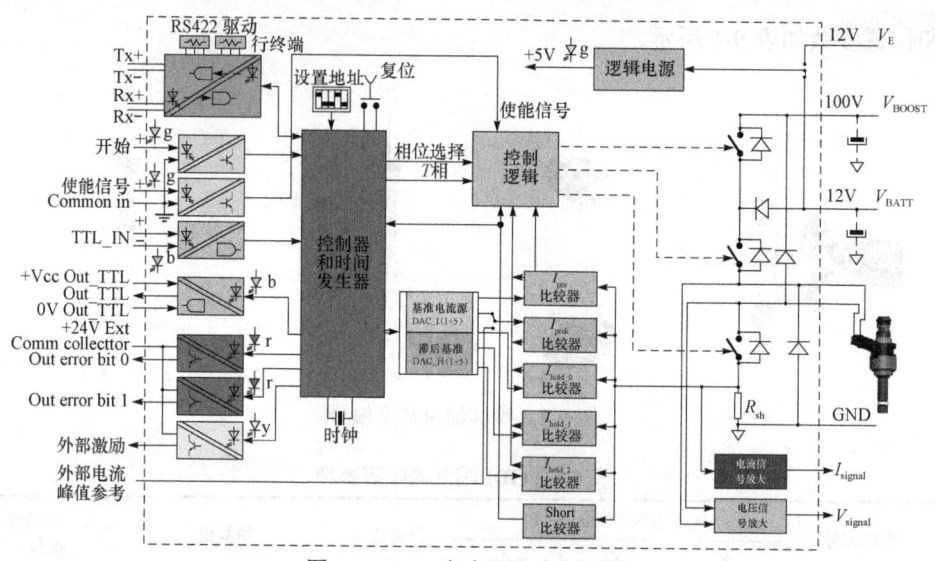

图 9-3 GDI 喷油器驱动电路图

利用一个特殊的输入信号给系统施加一个外部同步信号。控制器需要两个外接电源：一个为 V_{BOOST} 引脚提供 20~100V 电压，另一个为 V_{BATT} 引脚提供 11~16V 电压。在研究过程中，为 V_{BOOST} 引脚提供的电压为 70V，为 V_{BATT} 引脚提供的电压为 12V。采用峰值-保持方式控制 GDI 喷油器的喷射过程，峰值电压设置为 70V，保持电压设置为 12V。利用 PWM 信号控制加热器的温度，加热电压和 V_{BOOST} 电压相同，均为 70V。喷油器及加热器驱动策略如图 9-4 所示。

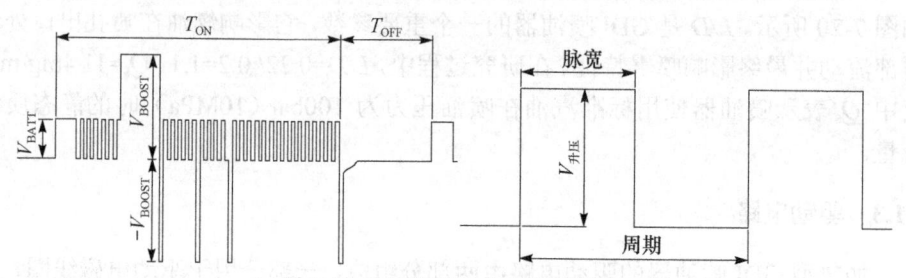

图 9-4 喷油器及加热器驱动策略

9.2 热 分 析

9.2.1 能量损耗模型

GDI 喷油器的能量损耗包括欧姆损耗、铁心损耗、涡流损耗、固体损失和滞留损失等，这些能量损耗均对 GDI 喷油器的综合性能产生密切影响。能量损耗的公式表达如下：

$$P_{\text{ohmicloss}} = \int_{\text{vol}} \frac{J \cdot J^*}{2\sigma} \, \text{dvol} \tag{9-1}$$

$$P_{\text{coreloss}} = p_h + p_c + p_{\text{eddy}} = K_1 B_m^2 + K_2 B_m^{1.5} \tag{9-2}$$

$$P_c = k_c (f B_m)^2 \tag{9-3}$$

$$P_h = k_h f_2 B^2 \tag{9-4}$$

$$P_{\text{eddy}} = k_e (f B_m)^{1.5} \tag{9-5}$$

$$P_{\text{solidloss}} = \frac{1}{\sigma_2} \int_{\text{vol}} \Omega_a^2 \cdot \text{dvol} \tag{9-6}$$

式中，J^* 为电流密度的复共轭；δ_2 为电导率；k_c、k_h、k_e 分别指涡流损耗系数、磁滞损耗系数和过度损耗系数；f_2 为驱动信号的频率；Ω_a 为材料的导电性。

9.2.2 热力学模型

在缸内直喷喷油器中有两个热源，分别为电磁线圈和加热器。不同驱动模式所对应的电流、频率和占空比不同，导致发热量和温升也不同。假设穿过线圈和加热器截面的电流是均匀的，根据电流值可计算线圈和加热器产生的热量，即

$$T_s = \frac{P_i + P_{\text{eddy}} + P_h}{K_T(S_{\text{out}} + \alpha_s \cdot S_{\text{in}})} \tag{9-7}$$

$$T_H = \frac{P_{Hi}}{K_H(S_{\text{Hout}} + \alpha_{Hs} \cdot S_{\text{Hin}})} \tag{9-8}$$

式中，K_T、K_H 指线圈表面和加热器表面的传热系数；S_{out}、S_{Hout} 指线圈和加热器的外表面面积；S_{in}、S_{Hin} 指线圈和加热器的内表面面积；α_s、α_{Hs} 指内表面和外表面散热条件的多样化因子。

根据热力学第二定律，基于圆坐标的三维暂态传热方程可表达如下：

$$\frac{\partial^2 T}{\partial r^2} + \frac{\partial^2 T}{\partial z^2} + \frac{\partial^2 T}{r \partial r} + \frac{\partial^2 T}{r^2 \partial \theta^2} = \frac{Q(r,\theta)}{\lambda_3} \tag{9-9}$$

式中，λ_3 为热传导率；$Q(r,\theta)$ 为热流量；温度 T 在周期内为定值或均匀分布。

热传递方式分为热传导、热对流和热辐射三种类型。由于主要通过空气与燃油进行热交换，GDI 喷油器和外部环境之间的传热类型以自由对流为主。根据牛顿冷却定律，对流换热可表示为

$$q = h_c A_s \Delta T \tag{9-10}$$

式中，A_s 为 GDI 喷油器的外表面面积；ΔT 为 GDI 喷油器与外部环境的温差。

对流系数可由经验公式求得，即

$$h_c = C_m \frac{\lambda_3}{D_5}(GrPr)^n = C_m \frac{\lambda_3}{D_5}\left(\frac{\beta_2 g \Delta t \rho_e D_5^3 C_p}{vk}\right) \quad (9\text{-}11)$$

式中，Gr 为格拉晓夫数；Pr 为普朗特数；β_2 为体积膨胀系数；ρ_e 为传热介质的密度；v 为运动黏度；D_5 为特征尺寸（对于气缸是指直径）；C_p 为在恒定压力下质量的热容量。

C_m 和 n 的值可由 $GrPr$ 表求得，对 GDI 喷油器来说，$GrPr$ 的值为 1.753×10^7，相应的 C_m 和 n 的值分别为 0.315 和 1/3。因此，内部对流换热系数 $h_c=152.76\text{W}/(\text{m}^2\cdot\text{K})$，外部对流换热系数 $h\approx 9\text{W}/(\text{m}^2\cdot\text{K})$。

9.2.3 热模拟

利用 ANSYS Workbench 软件对加热型 GDI 喷油器的多物理场进行耦合，计算出电磁线圈及加热器产生的能量损失，导入流场与热场的计算过程可得到温升。为了保证仿真结果的准确性，采用实际参数作为仿真的边界条件，仿真参数如表 9-2 所示。

表 9-2 仿真参数

参数	取值	参数	取值
V_{BOOST}/V	70	加热时间 T_{HEATER}/ms	可调整
V_{BATT}/V	12	频率/Hz	500
V_{HEATER}/V	70	绕组/匝	120
T_{BOOST}/ms	0.4	线圈电阻/Ω	1.5
T_{HOLD}/ms	1.6	加热功率/W	150

为了验证仿真结果的准确性，将不同条件下温度分布的仿真结果与试验结果进行对比，如图 9-5 所示。当加热型 GDI 喷油器在无燃料情况下工作 12s 时，其最高温度可超过 180℃，而在 10MPa 的燃油压力下工作时，最高温度降低到大约 118℃，这说明燃料从 GDI 喷油器本体吸收了热量。燃料吸热会使其温度上升，并造成燃料的密度、黏性、表面张力以及饱和蒸气压力等物理特性发生变化，结果导致燃油流量和喷雾特性发生变化。从温度分布情况对比可见，仿真结果与试验结果具有相似的变化趋势，二者偏差保持在 5% 以内。

当 GDI 喷油器在不同条件或使用不同的燃料工作时，加热器占空比是控制 GDI 喷油器温升的最有效方法之一。图 9-6 显示了在不同加热器占空比（80%、60%、40%、20%、10%、0%）下喷油器在没有燃料情况下工作 12s 时的温度分布。结果表明，加热器的占空比越大，加热器产生的热量也越多。GDI 喷油器的温度可控性对 GDI 发动机的冷启动是至关重要的，特别是在低温区域和使用灵活燃料时更是如此。

第 9 章　加热型 GDI 喷油器

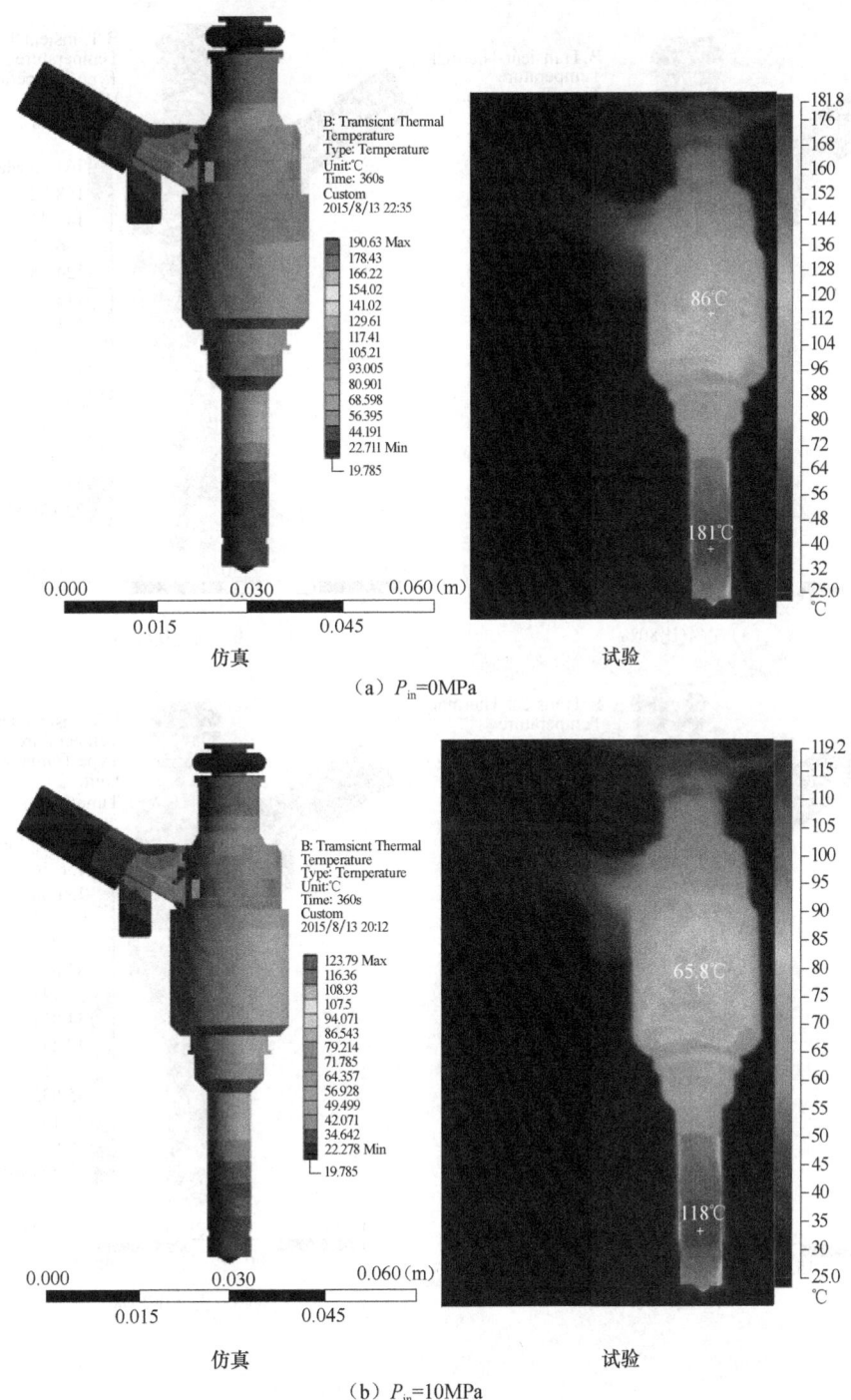

(a) P_{in}=0MPa

(b) P_{in}=10MPa

图 9-5　仿真和试验的温度分布的比较

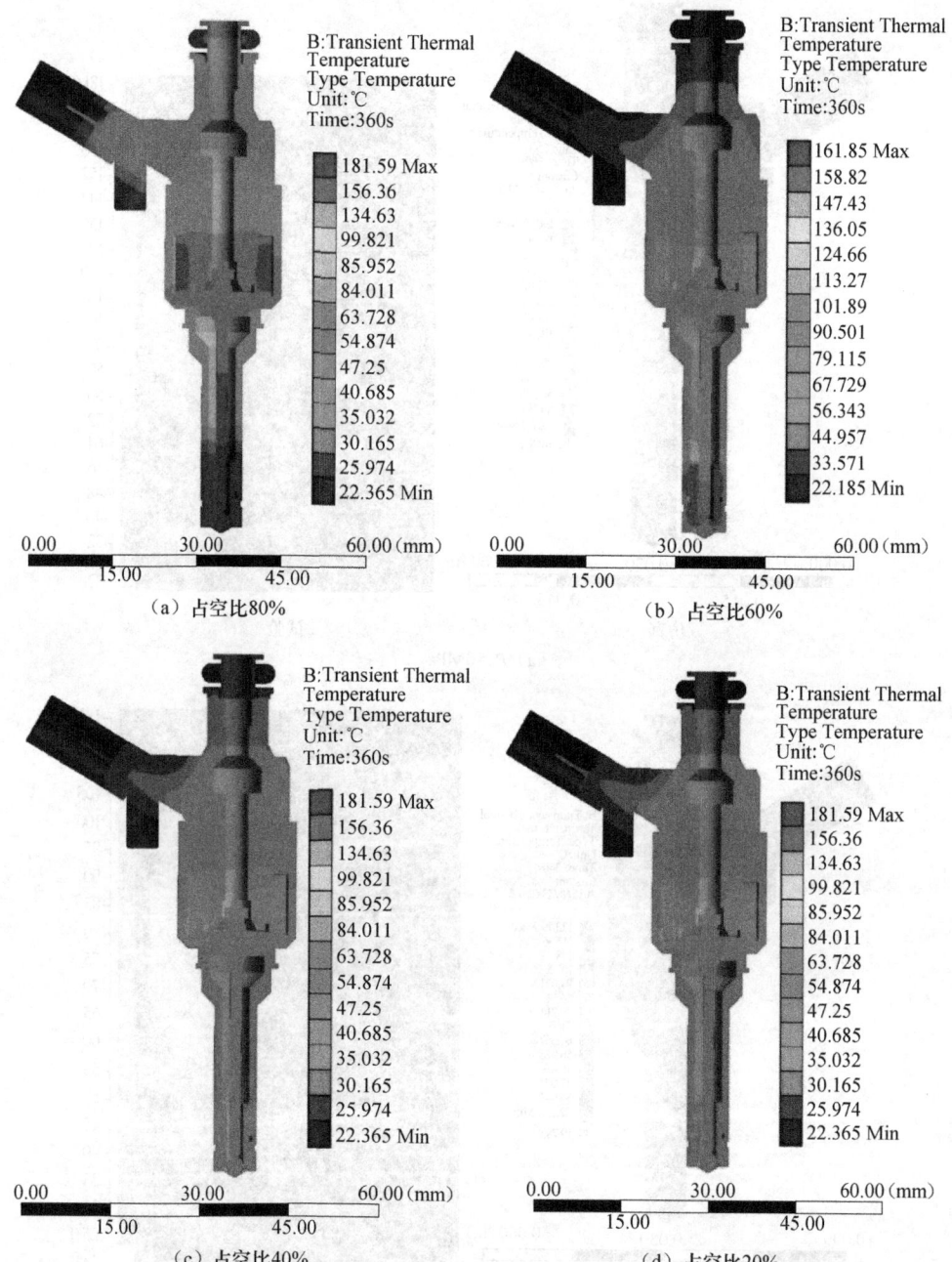

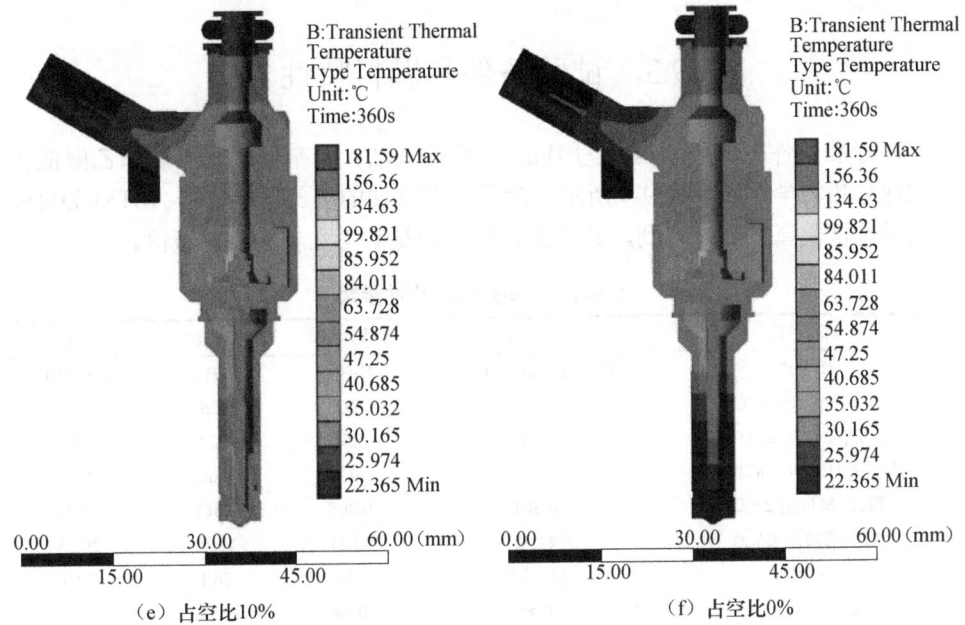

(e) 占空比10% (f) 占空比0%

图 9-6 加热器占空比对温度分布的影响

在不同加热器占空比（没有和有燃油压力）下平均温升的变化趋势如图 9-7 所示，占空比越大，温升提高速率越快，最终的平衡温度越高；同时，占空比越大意味着更多的热量被燃料吸收。对比图 9-7（a）和图 9-7（b）可以发现，当占空比为 80%、燃料压力为 10MPa 相对于无燃油时，温升下降约 60℃。然而，当占空比为 0% 时，温升只下降约 30℃。上述结果进一步验证了温度控制方法的有效性。

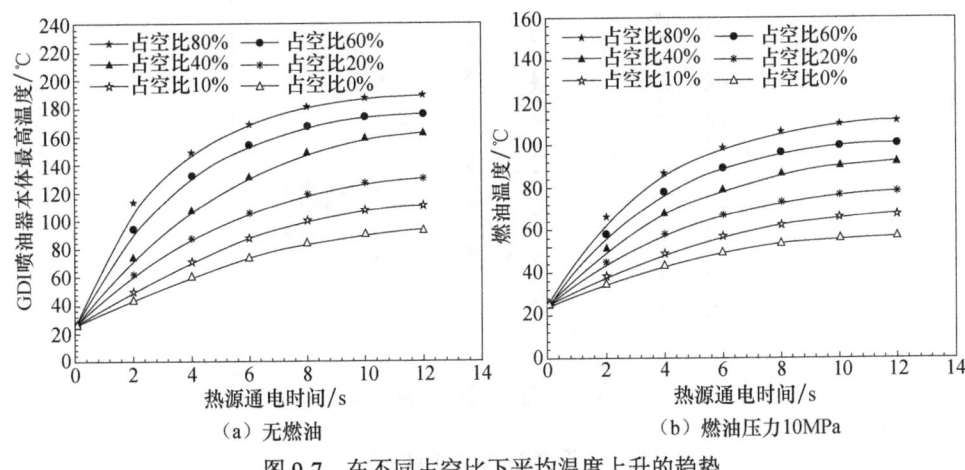

(a) 无燃油 (b) 燃油压力10MPa

图 9-7 在不同占空比下平均温度上升的趋势

9.3 试验条件和燃料特性

在标准条件下（环境压力为1bar），标准汽油、异辛烷、正戊烷和乙醇的主要物理与热力学性质如表9-3所示。除了标准汽油的蒸气压力依据ASTM D5190标准通过试验直接测试得到，其他燃料性能均是参考文献［12］获得。

表9-3 不同燃料的物性参数

燃油特性	标准汽油	标准异辛烷	正戊烷	乙醇
化学式	$C_{6.75}$–$C_{12.99}$(C_4–C_{12})	C_8H_{18}	C_5H_{12}	C_2H_5OH
密度/(kg/m³)(20℃)	719	692	626	794
黏度/(10^{-3}Pa·s)(25℃)	0.4~0.8	0.51	0.24	1.08
表面张力/(mN/m)(20℃)	25.8	14.7	15.82	22.4
潜热/(MJ/kg)(25℃)	0.364	0.305	0.363	0.902
能量密度/(MJ/kg)	44,32	45,31	48,30	29,23
沸点/℃	30~190	99.8	36.1	78.5
雷德蒸气压/bar	0.56	0.14	1.08	0.16
H：C,O：C	1.92,0	2.25,0	2.4,0	3,0.5
折射率(25℃)	1.427	1.388	1.358	1.362

由图9-8和图9-9给出的不同燃料蒸馏曲线和蒸气压力可知，单组分燃料（标准异辛烷、正戊烷、乙醇）与多组分燃料（标准汽油）在蒸馏温度方面存在差异，说明燃料的蒸气压力具有温度依赖性，挥发性较高的燃料在低温下具有更高的蒸气压力。

为进一步表明燃料性能的温度依赖性，图9-10和图9-11给出了Shell Global公司计算的不同燃料的起泡点和露点压力。

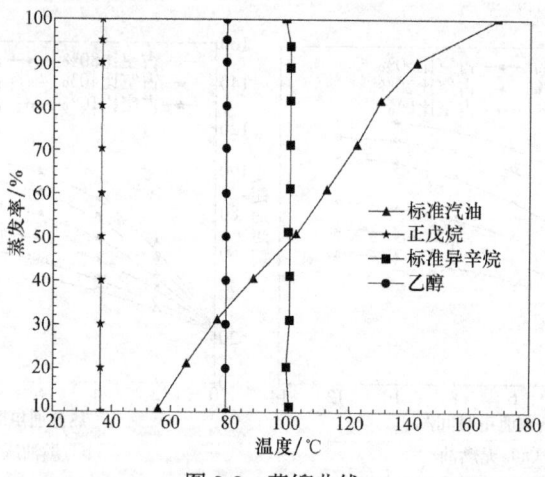

图9-8 蒸馏曲线

第9章 加热型 GDI 喷油器

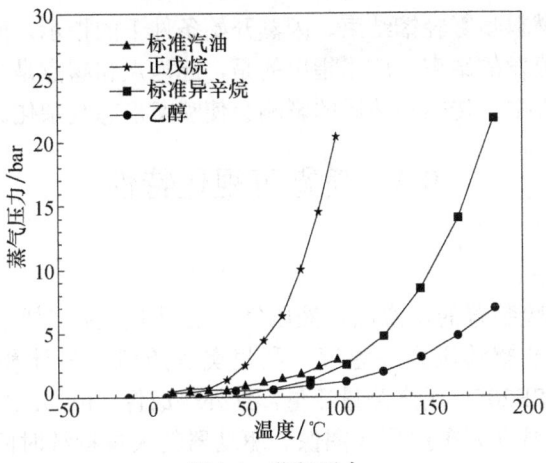

图 9-9　蒸气压力

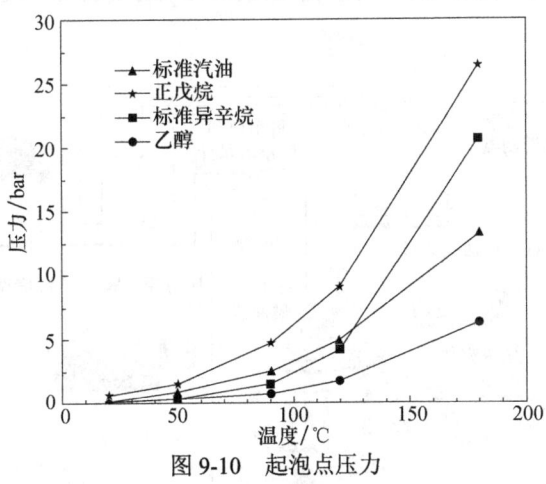

图 9-10　起泡点压力

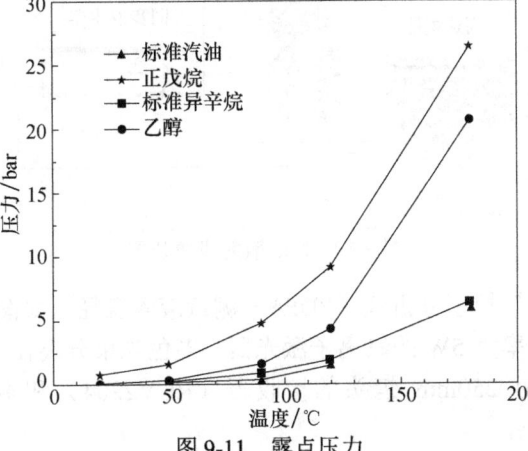

图 9-11　露点压力

起泡点是在燃料喷雾轻馏结束、闪蒸开始条件下的指示,而露点是指示来自液滴重馏的最终蒸发的结束。应当指出的是,起泡点和露点是平衡的概念,在喷雾发展的瞬态过程中,传热与传质的影响会使喷雾形态复杂化。

9.4 喷雾可视化特性

9.4.1 试验系统

图 9-12 为试验装置的示意图。液压气动泵用于产生高燃油压力,压力和温度调节器用来调节燃油压力和温度,科里奥利质量流量计和高精度电子天平(Mettler Toledo XPE205)用来测量流量,红外热成像(FLUKE FLIR T640)用来把 GDI 喷油器的温度分布拍摄成图像。驱动器的大量持续时间和脉冲是用于驱动 GDI 喷油器产生高温。激光传感器(Micro Epsilon optoNVDT 1605-10)用于测量衔铁的位移。

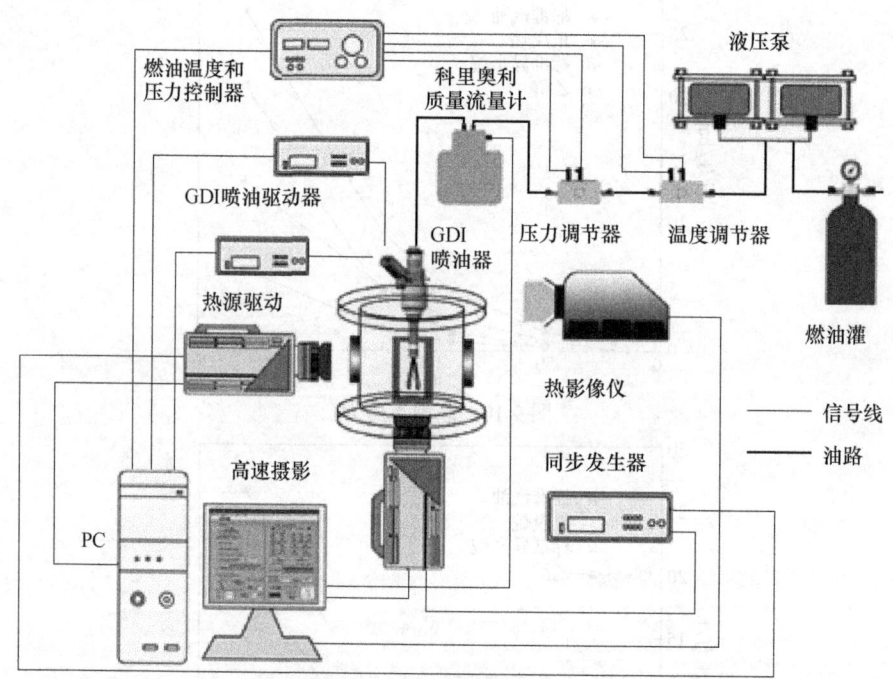

图 9-12 Mie 散射成像装置

利用相位多普勒粒子分析仪(PDPA)测量液滴直径。如图 9-13 所示,测试系统由最大输出功率为 5W 的氩离子激光器、多色光束分离器(FBL-2)、发射器(TM250)、焦距为 250mm 镜头的接收器(RCV2204)和多普勒信号分析仪(FSA4000)等组成。

9.4.2 喷雾特性分析

本节参考了文献 [13] 和文献 [14] 的研究方法及成果。图 9-14～图 9-17 给出了喷油器使用不同燃料，本体温度为 25℃、120℃和环境压力为 0.5bar，在喷射开始后（after start of injection，ASOI）0.8ms 和 1.6ms 时的喷雾图像。当喷油器本体温度为 25℃时，所有四种燃料具有相似的喷雾结构。然而，燃料的喷雾结构在较高的喷油本体温度下呈现出很大不同，"闪急沸腾"在喷油器本体温度为 120℃时发生，因此会出现典型的"坍塌"式喷雾形态。在这种情况下，喷孔内的燃油压力迅速下降到低于其饱和蒸气压，产生的燃油蒸气克服喷射液滴的径向动量被拉向中心低压区。

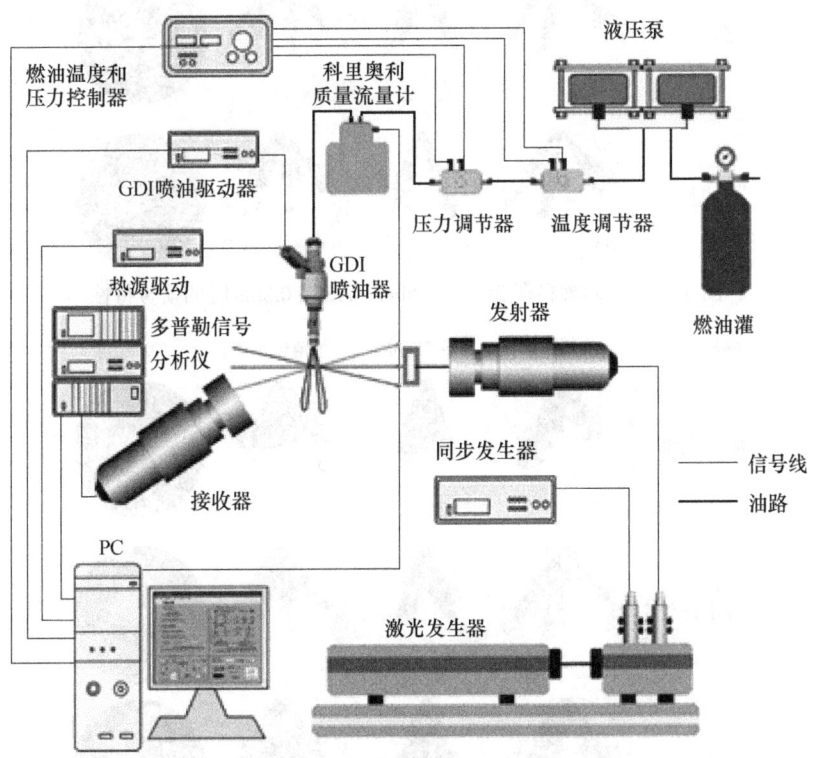

图 9-13　GDI 喷油器综合性能的测量装置

根据图 9-14~图 9-17 给出的不同燃油温度条件下标准汽油、标准异辛烷、正戊烷和乙醇喷雾结构的 Mie 散射图像，可观察到 120℃时标准汽油、乙醇和正戊烷发生了闪急沸腾。然而，标准异辛烷的喷雾维持了一种多孔流结构且未出现明显的坍塌。这种喷雾结构特征与四种燃料的饱和压力不同的特点相吻合，其他方面的影响机理涉及瞬态传热传质方面，喷孔内部的相变（如产生气穴等）很可

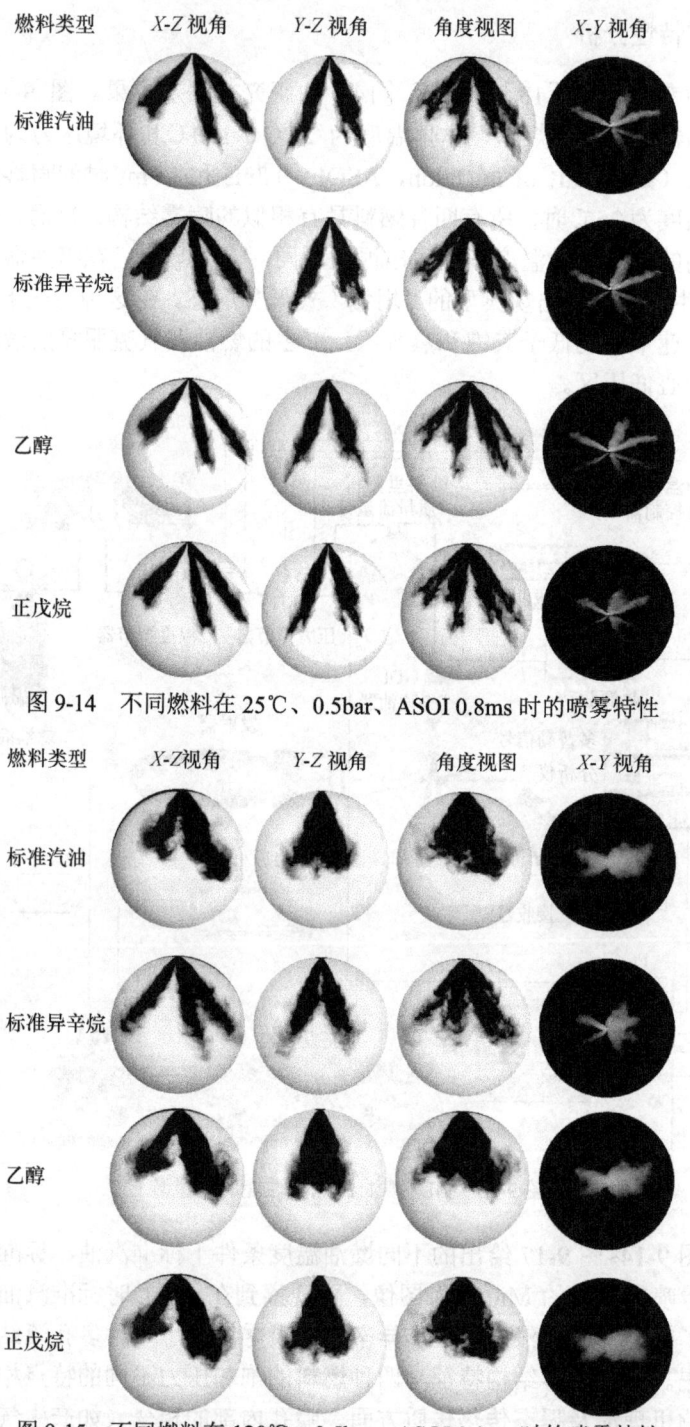

图 9-14 不同燃料在 25℃、0.5bar、ASOI 0.8ms 时的喷雾特性

图 9-15 不同燃料在 120℃、0.5bar、ASOI 0.8ms 时的喷雾特性

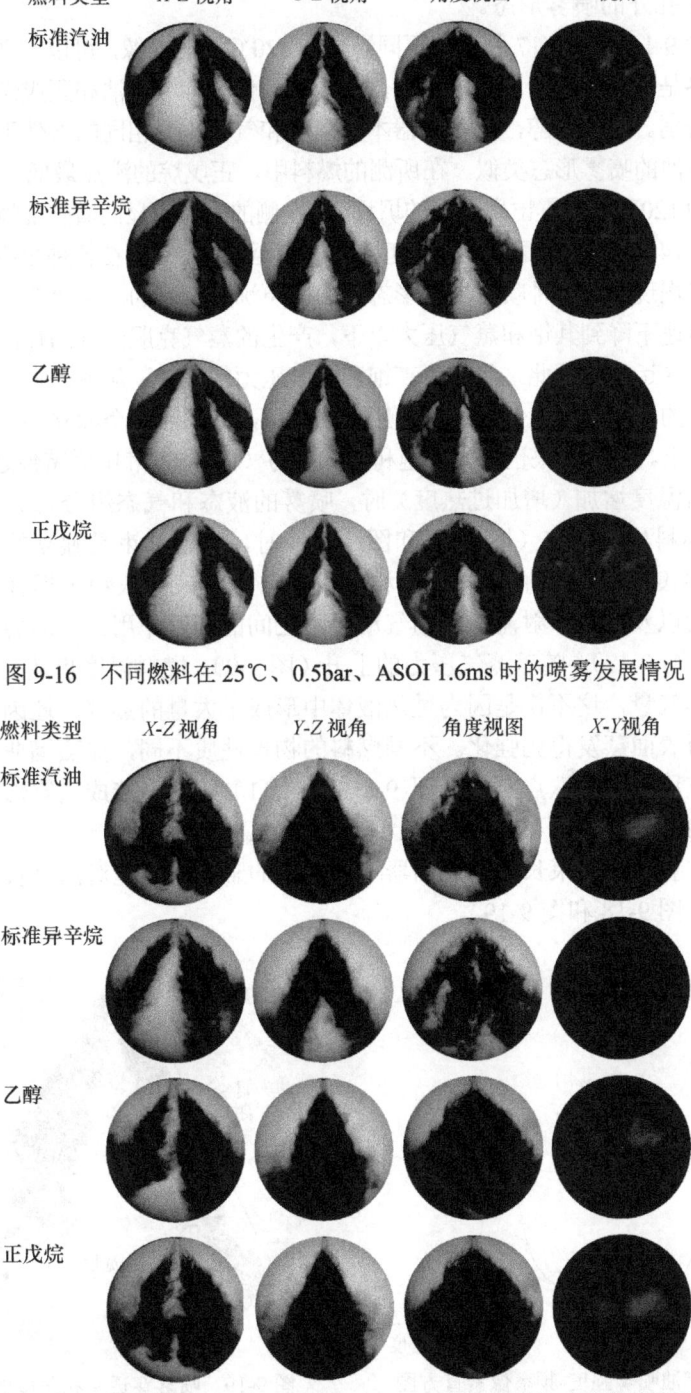

图 9-16 不同燃料在 25℃、0.5bar、ASOI 1.6ms 时的喷雾发展情况

图 9-17 不同燃料在 120℃、0.5bar、ASOI 1.6ms 时的喷雾发展情况

能会影响喷孔外的喷雾形态。

考查图 9-15 和图 9-17 所示的不同燃料在 120℃下的图像，可以发现标准异辛烷的油束边界是清晰可辨的，与之相比，在同样条件下标准汽油和正戊烷的各自喷雾边界不能辨别。对于乙醇，在喷油器本体温度和气体压力相同的条件下，其喷雾形态与标准汽油的喷雾形态类似。在所测的燃料中，正戊烷的沸点最低（36.1℃），在本体温度为 120℃时喷雾出现最强的坍塌，其左侧的喷雾明显向着喷油器轴线方向集中。由图 9-14～图 9-17 可知，当温度从 25℃升至 120℃时，在各种角度和燃料中都能观察到坍塌现象。这种喷雾坍塌形态是由闪急沸腾引起的。当燃料由喷孔中喷出后，压力迅速下降到其饱和蒸气压力以下，产生的蒸气克服液滴的径向动量向下朝着中心低压区运动。因此，具有更高饱和蒸气压力的燃料，从各个喷孔中喷出的油束是可分辨的，而具有较低饱和蒸气压力的燃料，紧邻的四个独立的油束会聚合成一个燃料油束。这些结果也证实了饱和蒸气压力（图 9-9）和喷雾特性之间的关系。

当燃料温度增加（增加过热度）时，喷雾的液态和气态组分都会发生急剧的变化。当燃料处于冷态（图 9-14 和图 9-16）时，燃油油束是独立的，其喷注角度小、贯穿度高以及燃油的蒸发率相对较低。喷雾破碎依赖于惯性力、表面张力、黏性力以及作用于射流表面的气动阻力之间的相互作用。在闪急沸腾条件下（图 9-15 和图 9-17），随着蒸气压力的上升（图 9-9），燃料温度也随之上升，会产生更多的蒸气量，这不仅是因为过热液体中形成了大量的蒸气，还因为雾化效果的改善使得表面蒸发得到强化。不同燃料的物理性质不同，如蒸馏曲线、蒸气压力、气泡点压力和水珠点压力（图 9-8～图 9-11）等，会造成喷雾形态结构、蒸发速度和液滴分布情况不同（图 9-14～图 9-17）。

为了定量分析油束长度和喷油器本体温度的影响，这里对油束长度进行编程自动测量（图 9-18 和图 9-19）。

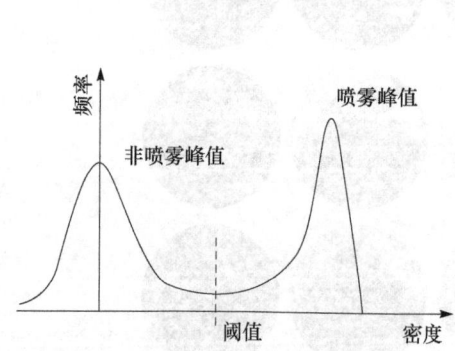

图 9-18　燃油喷雾强度-频率像素直方图

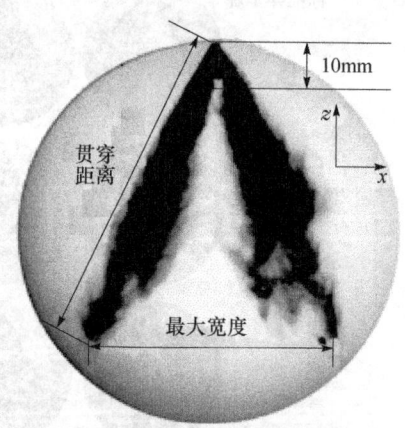

图 9-19　喷雾穿透率和角度的定义

在喷油器开启后,当喷油器本体温度为 25℃、环境压力为 0.5bar 时,所有测试的燃料均具有相似的喷雾贯穿率,如图 9-20 所示。当喷油器本体温度为 120℃、环境压力为 0.5bar 时,可观察到非坍塌油束的末端贯穿距离略有增加,如图 9-21 所示。随着燃油温度的增加,由于温度没有过多超过异辛烷的沸点,异辛烷的贯穿距离增加得最小。在喷油器本体温度为 120℃时,正戊烷的末端油束蒸发速率高,导致油束呈现完全坍塌状态,相对于其他燃料的非坍塌油束,正戊烷的末端油束贯穿距离大大减小。

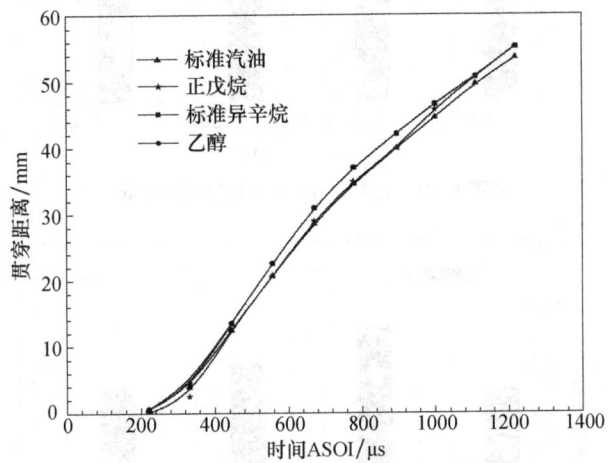

图 9-20 25℃、0.5bar 时的喷雾贯穿距离

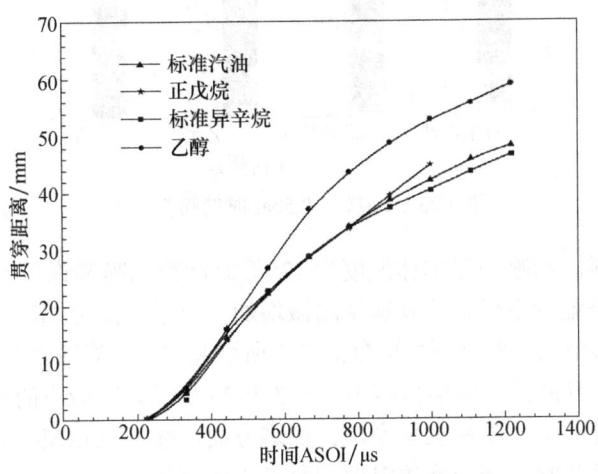

图 9-21 120℃、0.5bar 时的喷雾贯穿距离

图 9-22 和图 9-23 给出了不同方向和不同喷油器本体温度时的喷雾角,所有燃料均具有相似的喷雾锥角,这体现在这个条件下所有喷雾具有相似的喷雾形态。

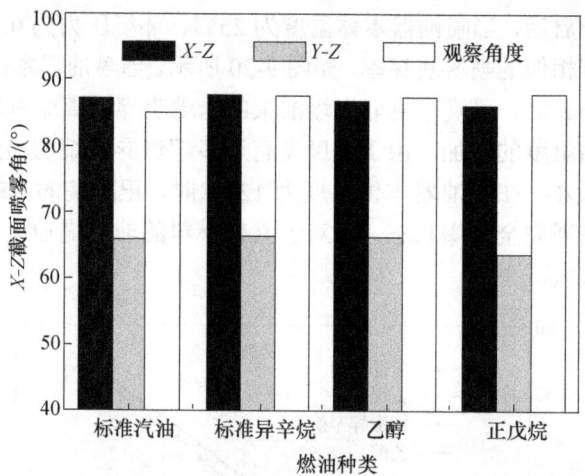

图 9-22　25℃、0.5bar 时的喷雾角度

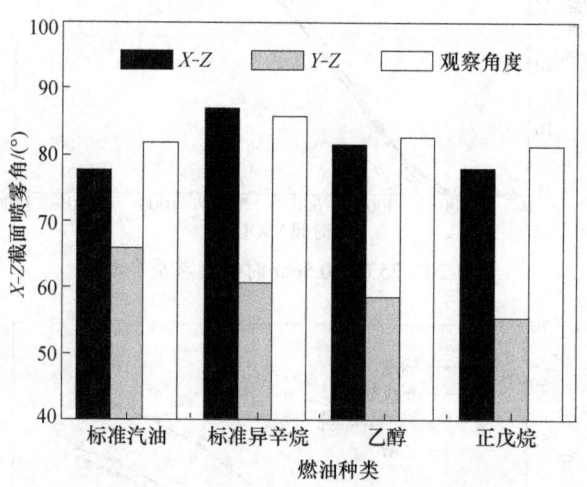

图 9-23　120℃、0.5bar 时的喷雾角度

对于大多数燃料,当喷油器本体温度为120℃时测得的喷雾锥角比25℃时略有减小,表明在这个温度下燃料蒸发速率略微增加。对于多成分燃料,这可能是由燃油温度超过燃料中的一些高挥发成分的沸点所引起的。当喷油器本体温度为120℃时,测得的标准汽油的喷雾锥角减小,如图9-23所示,其减小的程度小于具有中等挥发度的乙醇,更小于标准异辛烷。在这方面,喷雾锥角减少的趋势直接反映出喷雾收敛程度与喷油器的本体温度和蒸气压力有关。

在$Z=50mm$处,喷雾中的瞬时液滴尺寸与喷雾破碎速率和初始液滴大小有关。液滴大小的变化速率和潜在的液滴破碎机制由当前运行条件下的燃油特性决定。因此,为了获得完整的喷雾特性,需要知道液滴的尺寸大小以及喷雾形成和破碎机制，可使用 PDPA 测试喷雾液滴的尺寸分布情况，图 9-24 和图 9-25 给出了在 Z=50mm 处的瞬时液滴尺寸。

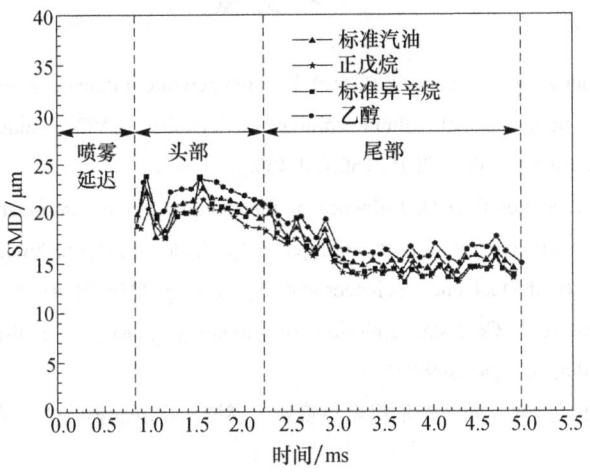

图 9-24　25℃、0.5bar 时的 SMD

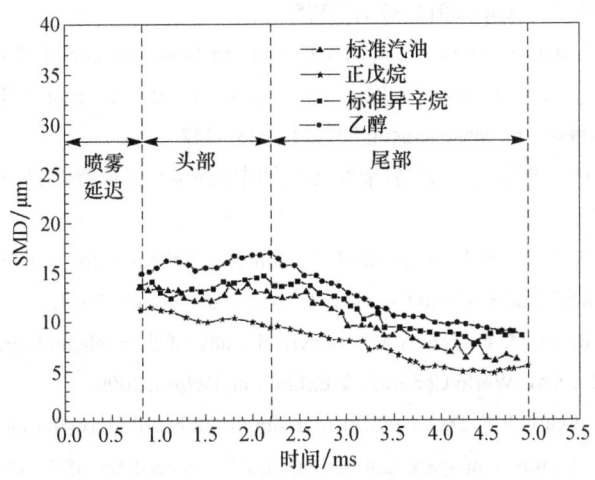

图 9-25　120℃、0.5bar 时的 SMD

9.5　本章小结

本章分析了加热型 GDI 喷油器的结构组成和工作原理，设计了喷油器驱动电路以及喷油、加热驱动策略，通过试验并结合仿真研究了 GDI 喷油器在不同工作条件下的温度分布特性；搭建 GDI 喷油器综合性能测试系统，研究了标准汽油、标准异辛烷、乙醇和正戊烷等燃料的喷雾特性随燃油温度、背压等参数变化的规律。

参 考 文 献

[1] Joonsik H, Youngsoo P, Choongsik B, et al. Fuel temperature influence on spray and combustion characteristics in a constant volume combustion chamber (CVCC) under simulated engine operating conditions[J]. Fuel, 2015, 160:424-433.

[2] Fajgenbaum R, Santos R G D. Influence of fuel temperature on atomization parameters in a pressure-swirl atomizer from a port fuel injector by shadowgraphy technique[J]. Journal of the Brazilian Society of Mechanical Sciences and Engineering, 2016, 7(38):1877-1892.

[3] Iodice P, Senatore A. Cold start emissions of a motorcycle using ethanol-gasoline blended[J]. Energy Procedia, 2014, 45:809-818.

[4] Chen G. 燃油温度对直喷式柴油机燃料喷射、燃烧和排放的影响[J]. 国外内燃机车, 2009, (6):23-29.

[5] Carlos L, Sales M, Sodré J R. Cold start emissions of an ethanol-fuelled engine with heated intake air and fuel[J]. Fuel, 2012, 95:122-125.

[6] Huang Y H, Hong G. Investigation of the effect of heated ethanol fuel on combustion and emissions of an ethanol direct injection plus gasoline port injection (EDI+GPI) engine[J]. Energy Conversion and Management, 2016, 123:338-347.

[7] 王建昕, 闫小光, 程勇, 等. 乙醇-柴油混合燃料的燃烧与排放特性[J]. 内燃机学报, 2002, 3(20):225-229.

[8] Königsson F, Stalhammar P, Angstrom H E. Controlling the injector tip temperature in a diesel dual fuel engine[C]. SAE World Congress & Exhibition, Detroit, 2012.

[9] Leuthel R, Pfitzner M, Frobenius M. Numerical study of thermal-fluid-interaction in a diesel fuel injector[C]. SAE World Congress & Exhibition, Detroit, 2009.

[10] Chang D L, Lee C F F. Development of a simplified bubble growth model for flash boiling sprays in direct injection spark ignition engines[J]. Proceedings of the Combustion Institute, 2005, 30:2737-2744.

[11] 余敬周, 张煜盛, 姜光军, 等. DME/柴油混合燃料闪急沸腾喷雾特性的试验与数值模拟[J]. 内燃机学报, 2010, 4(28):324-330.

[12] Yaws C L. Yaws Handbook of Thermodynamic Properties of Hydrocarbons and Chemicals. Houston: Gulf Publishing Company, 2006.

[13] van Romunde Z R. Factors affecting the development of sprays produced by multihole injectors for direct-injection engine applications[D]. London: University College London, 2011.

[14] Aleiferis P G, van Romunde Z R. An analysis of spray development with iso-octane, n-pentane, gasoline, ethanol andn-butanol from a multi-hole injector under hot fuel conditions[J]. Fuel, 2013, 105:143-168.

第 10 章　金属注射成形技术在喷油器上的应用

电控喷油器作为电喷汽油机的核心部件，其功能是形成喷雾并对燃油进行精确计量，因此对其精确性、一致性和稳定性的要求很高[1]。我国对电控喷油器的自主研究起步较晚，关键核心技术尚处于探索阶段。传统上电控喷油器关键零部件主要采用软磁合金棒料进行切削加工，其加工效率较低、材料利用率不高、一致性较差，且加工过程产生的切削应力会造成软磁合金材料磁导率下降、矫顽力增加、损耗增加。金属注射成形（MIM）是一种新型近终成形技术，可快速制造高密度、高精度和高强度的零件，被誉为当今最为热门的零部件成形技术[2-4]。经过近二十年来的发展，MIM 技术以其高产量、高精度和高性能等优势，在航天、兵器、汽车、工具、牙齿材料、医学材料、国防和民生工业方面得到广泛应用[2,5]。近年来，我国 MIM 产业化进程发展迅速，北京有色金属研究总院、中南大学、北京科技大学和清华大学等单位均开展了对于 MIM 技术的研究，且取得了一定的成果，也涌现出不少具有实力的 MIM 产品生产企业[6,7]。

10.1　MIM 技术

MIM 技术的基本工艺过程可分为四个阶段，即喂料制备、注射成形、脱脂和烧结[6]，其具体工艺流程如图 10-1 所示。

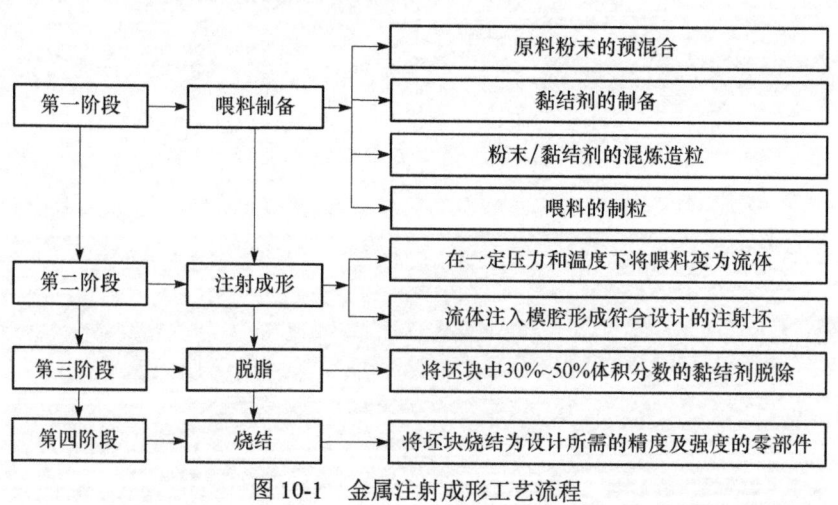

图 10-1　金属注射成形工艺流程

各种金属成形技术的适用范围如图 10-2 所示。由图可知，MIM 技术在解决复杂程度高和产量大的零部件方面独占优势，同时对于中等数量的精密铸造复杂零件和需后续机加工的粉末冶金小零件，MIM 技术也有较强的竞争力。另外，MIM 技术特别适合壁薄、体积小、形状复杂的近终型零件的生产，其工艺特性特别适合电控喷油器的磁路零部件的生产要求，可以充分发挥其技术特点，降低生产成本。

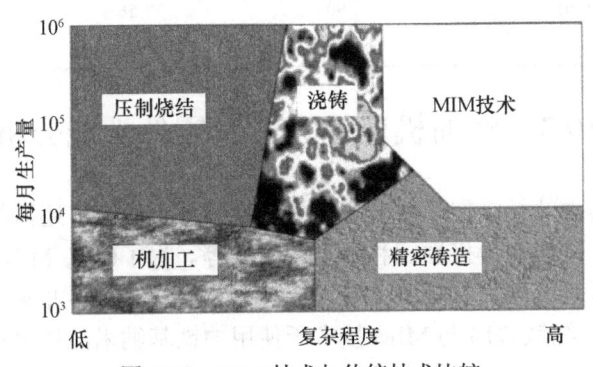

图 10-2　MIM 技术与传统技术比较

10.2　MIM 技术在电控汽油喷油器中的应用

PFI 电控喷油器由 20 多个零部件组成（图 6-1），其中铁心、衔铁、导磁片和导向体等构成汽油喷油器的磁路结构，这些部件都由软磁合金材料加工而成。由于电控汽油喷油器工作时，电流通过电磁线圈产生电磁场，驱动磁路结构中的衔铁组件运动，从而控制燃油的喷射。因此，磁路结构中零部件的磁学性能、结构特点和加工精度等直接影响电控喷油器的精确性、一致性和稳定性。

电控喷油器的磁路材料要求具有高饱和磁感应强度、高磁导率、低损耗和低矫顽力等软磁特性，而目前常用的软磁合金材料，如电工纯铁 DT4、坡莫合金 1J50 等，虽然具有较高的饱和磁感应强度 B_s，但磁导率低、矫顽力大、损耗高，这会造成电控喷油器开启延迟以及落座延迟时间较长、线圈发热量大、燃油喷射量控制精度下降。

20 世纪 80 年代末问世的铁基纳米晶软磁材料，在性能上兼有高饱和磁感应强度、高磁导率和低损耗等特点，在软磁材料发展史上首次实现了集常规软磁材料的性能优势于一体，综合软磁性能十分优异[8]。根据汽油机电控喷油器的性能要求及 MIM 的技术特点，本章选择典型的铁基纳米晶软磁合金 $Fe_{73.5}Cu_1Nb_3Si_{13.5}B_9$（简称铁基纳米晶）粉末作为生产电控喷油器零件的材料。表 10-1 为目前汽油机电控喷油器生产中常用的软磁合金材料及其软磁性能。

表 10-1　汽油机电控喷油器常用软磁合金材料及其软磁性能[8]

性能参数	铁基纳米晶	1J50	DT4
μ_i/(mH/m)	4800	3750	200
μ_{max}/(mH/m)	75000	64000	7500
H_c/(A/m)	1.2	12	96
B_r/T	0.9	0.95	0.2
B_s/T	1.25	0.7	0.5
ρ_m/($\mu\Omega \cdot$ m)	90	56	10
T_c/℃	550	400	220

10.3　汽油机电控喷油器零件性能分析

电控喷油器中的关键零件除了需具备较高的软磁性能，还需具备较优的综合性能，如强度、硬度、焊接性能和耐腐蚀性能等。为了研究 MIM 技术与传统加工技术之间的区别，本节将传统 PFI 电控喷油器生产中常用的两种材料——坡莫合金 1J50 和电工纯铁 DT4 与 MIM 技术所使用的铁基纳米晶软磁材料进行了综合性能对比分析。

10.3.1　退火后的软磁特性分析

软磁合金材料的磁学性能受到外界温度、材料自身的纯度和机械加工时表面应力的影响较大，因此需要采用热处理退火工艺消除或减小杂质含量和表面应力，降低矫顽力，提高磁导率[9]。为了提高软磁合金的综合性能，本节对加工后的零部件进行了退火处理。具体退火工艺及退火后软磁合金材料的磁学性能分别如表 10-2 和表 10-3 所示。

表 10-2　几种软磁合金退火工艺[9]

软磁合金	铁基纳米晶	1J50	DT4
加工工艺	MIM 技术	车削加工	车削加工
退火工艺	410℃，保温 1~3h，预退火处理，随后经 480℃退火处理，低于 100℃出炉，用纯氢气（或真空）保护	1150℃，保温 3~6h，以 100℃/h 冷却，低于 300℃出炉，用纯氢气（或真空）保护	1050℃，保温 3~6h，以 150℃/h 冷却，低于 200℃出炉，用纯氢气（或真空）保护

表 10-3　退火热处理后软磁合金材料的磁学性能

性能参数	铁基纳米晶	1J50	DT4
μ_i/(mH/m)	6000	4000	245
μ_{max}/(mH/m)	90000	70000	9000
H_c/(A/m)	0.3	10	40

续表

性能参数	铁基纳米晶	1J50	DT4
$\rho_m/(\mu\Omega \cdot m)$	25	40	10
B_r/T	0.3	0.25	0.88
B_s/T	2.05	1.6	1.87

对比表 10-1 和表 10-3 的软磁特性参数可知，经退火后的软磁合金材料相对磁导率、最大磁导率、饱和磁感应强度都得到提高，矫顽力、剩余磁感应强度、电阻率则降低，可见采用合理的热处理工艺是提高软磁合金材料软磁特性的有效手段之一。本章后面的分析都采用热处理退火工艺后的磁学性能参数。

10.3.2 理化性能分析

电控喷油器零部件在加工制造时，要求材料具有易切削、易焊接等特点，而在工作过程中易受到高频冲击、振动、高温和高压等恶劣环境的影响，要求电控喷油器零部件具备高强度、耐腐蚀和膨胀系数小等特性。对采用不同材料及工艺加工的样品进行理化性能测试，测试结果如表 10-4 所示，可知采用 MIM 技术加工的铁基纳米晶零部件比传统切削加工的零部件具有更高的综合性能。

表 10-4 不同材料及工艺下喷油器零部件的理化性能[5]

软磁合金	铁基纳米晶	1J50	DT4
加工工艺	MIM 技术	切削加工	切削加工
屈服强度 $\sigma_{0.2}$/MPa	118~172	126~204	98~166
疲劳强度 σ_N/MPa	98~126	112~158	86~114
硬度（HB）	115~135	90~110	120~150
切削性能	无要求	好	一般
焊接性能	好	一般	好
耐腐蚀性	好	好	差
热膨胀系数 $a_l/(10^{-6}/℃)$	10.3	9.2	12.5
密度 $\rho_m/(g/cm^3)$	7.75	8.2	7.85

10.4 电控汽油喷油器性能对比分析

10.4.1 材料特性测试

在对电控喷油器进行仿真计算时，需要对电控喷油器零部件的磁化曲线（B-H 曲线）进行测试。本节首先采用波形记忆法对其 B-H 曲线进行快速测量，然后用美国国家仪器（National Instruments, NI）公司生产的 LabVIEW 软件进行虚拟仪器的面板和程序设计，最后用 NI 公司的 NI5102 数字示波器进行数据采集。$B\text{-}H$ 曲线的测试过程如图 10-3 所示，测试结果如图 10-4 所示。由图 10-4 可知，铁基纳米晶软磁材料具有较高的磁导率、饱和磁感应强度。

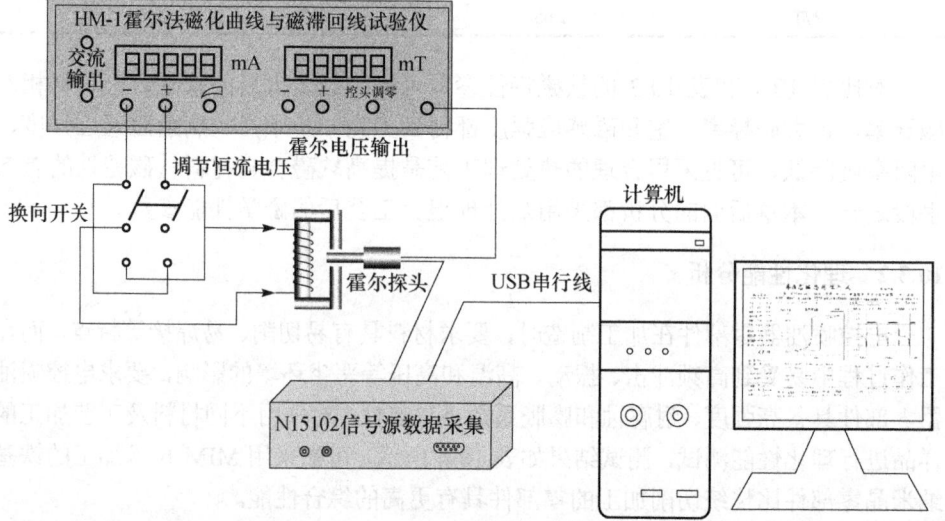

图 10-3 软磁合金 $B\text{-}H$ 曲线测试过程示意图

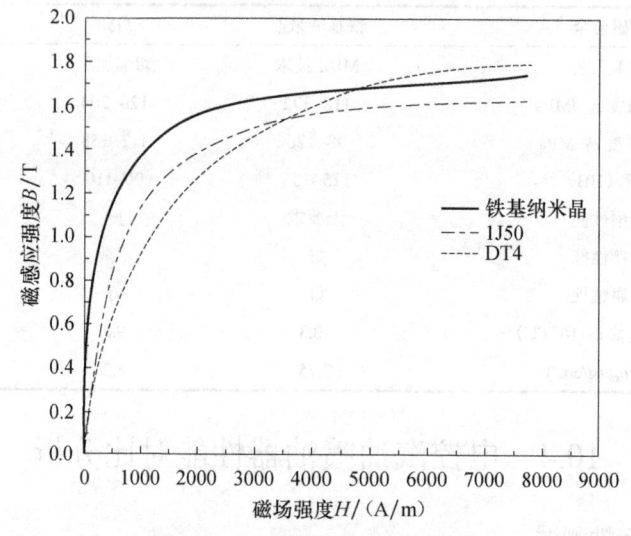

图 10-4 三种软磁合金 $B\text{-}H$ 曲线

10.4.2 基本参数设定

本节选取国内生产的某款 PFI 电控喷油器作为原型，由于影响电控喷油器性能的参数较多,为了充分反映改进前后的材料及加工工艺对其性能的影响,在仿真过程中,其基本参数(如表10-5所示)与电控喷油器原型的对应参数保持一致。

表 10-5 仿真计算基本参数设置

参数名称	数值	参数名称	数值
驱动电压/V	12.0	线圈高度/mm	10.0
线圈匝数	400	工作气隙/mm	0.1
线径/mm	0.15	弹簧刚度/(N/mm)	1.665
线圈内径/mm	9.2	弹簧预压量/mm	3.0
线圈外径/mm	13.0	衔铁质量/g	6.0

10.4.3 电磁性能仿真验证

本节借助 Ansoft Maxwell 软件建立 PFI 电控喷油器的磁路模型,由于该电控喷油器的磁路为轴对称结构,为了减少计算量,只对其 1/4 模型进行仿真计算,并对比分析改进前后电控喷油器电磁性能的变化规律。

由图 10-5 和图 10-6 可知,当线圈通电时间为 1.5ms 时,采用 MIM 技术制作的电控喷油器样品相对于其他两种采用常规工艺制作的样品其漏磁明显减少,同时磁通密度和磁场强度明显提高。

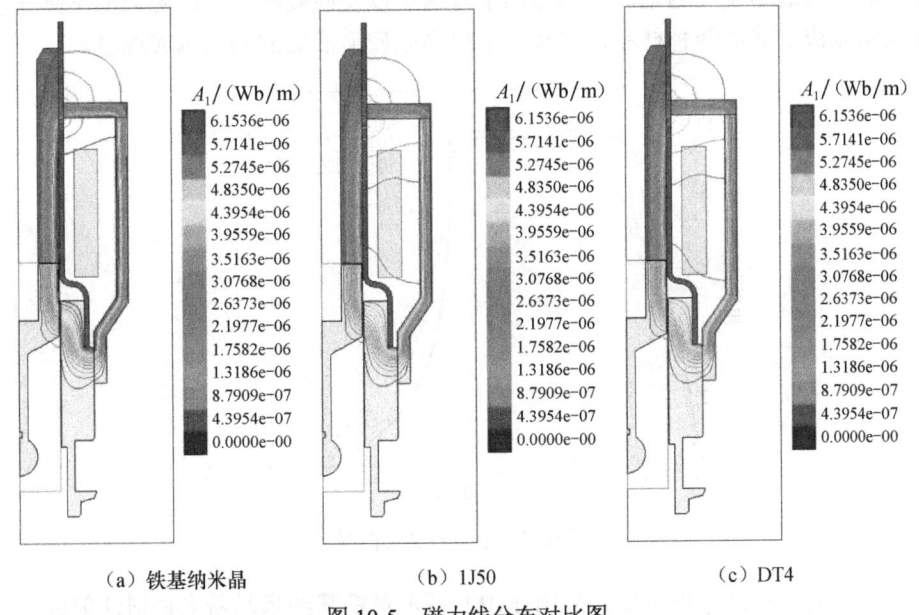

(a) 铁基纳米晶　　　　(b) 1J50　　　　(c) DT4

图 10-5 磁力线分布对比图

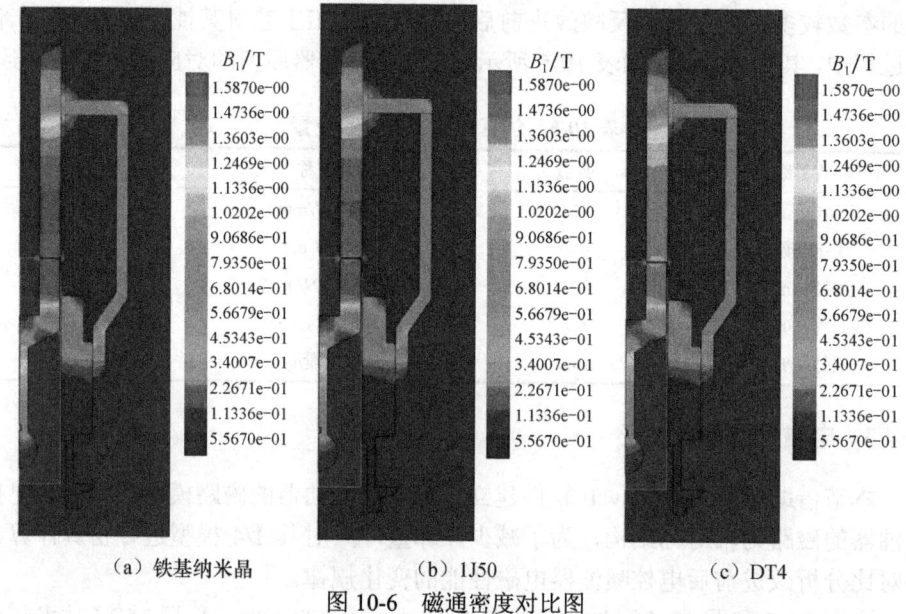

(a) 铁基纳米晶　　　　　(b) 1J50　　　　　(c) DT4

图 10-6　磁通密度对比图

在一个喷油周期内电控喷油器电磁力的变化曲线如图 10-7 所示。由图可知，虽然采用 MIM 技术制作的电控喷油器样品的最大电磁力略小于 DT4 样品的电磁力，但在喷油器线圈通电后电磁力的上升速度以及线圈断电后电磁力的下降速度方面明显快于其他两种样品，这有利于提高电控喷油器的动态响应速度。

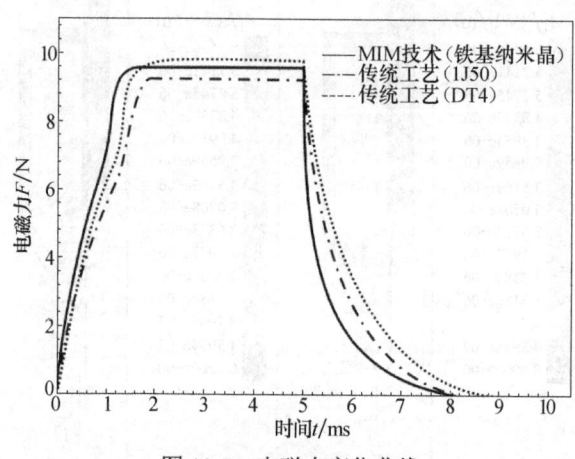

图 10-7　电磁力变化曲线

通过上述对比分析可知，采用 MIM 技术对铁基纳米晶粉末材料注射成形的方法适合用于电控喷油器磁路零件的制造，在提高零件加工效率的同时，铁基纳米晶所具备的优良磁学性能能够进一步改善电控喷油器的电磁特性。

10.4.4 试验结果对比分析

为了进一步考核不同材料及加工技术对电控喷油器性能的影响,本节通过试验对比测试了三种样品的动态响应特性和动态流量特性。电控喷油器综合性能测试装置如图 10-8 所示。

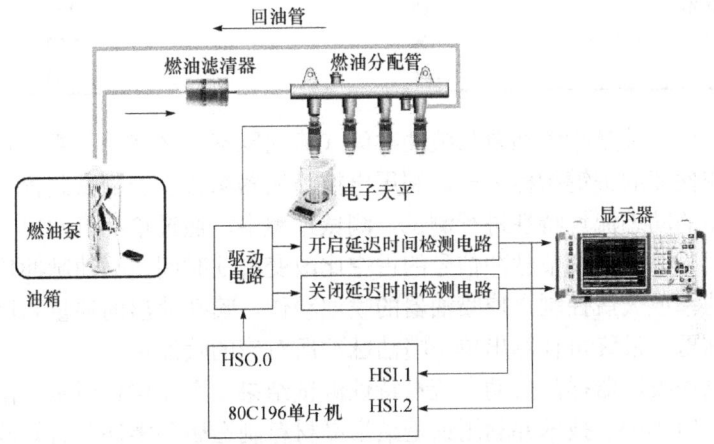

图 10-8 电控喷油器综合性能测试装置示意图

动态响应时间参数采用基于线圈电流曲线的测试方法[10],在衔铁组件完全开启及完全落座时刻线圈电流曲线会出现极值,利用检测电路对线圈电流信号进行采样、放大和微分等处理,将极值点信号转换成脉冲信号,借助单片机记录极值点脉冲出现的时刻,再结合线圈通电及断电时刻,可计算出衔铁组件开启延迟时间和关闭延迟时间。

三种样品在相同驱动条件下的线圈电流变化曲线如图 10-9 所示。由图可见,

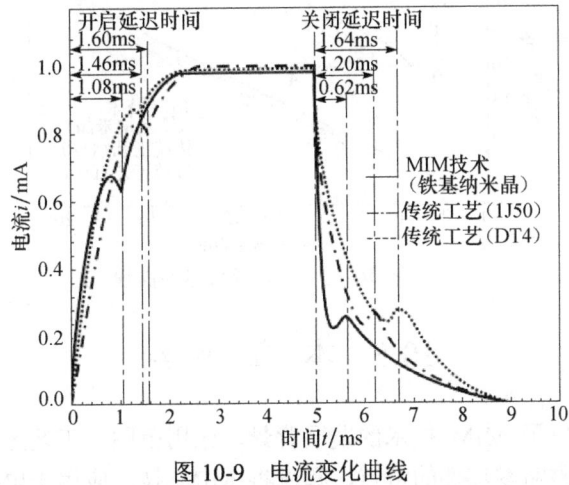

图 10-9 电流变化曲线

基于 MIM 技术的电控喷油器样品的开启延迟时间和关闭延迟时间相对于其他两种样品明显缩短。不同样品的动态响应时间对比情况，如表 10-6 所示。

表 10-6 动态响应时间对比

样品类型	开启延迟时间/ms	关闭延迟时间/ms
MIM 技术	1.08	0.62
1J50	1.60	1.20
DT4	1.46	1.64

动态流量特性是指喷油量与喷油时间（喷油脉宽）之间的关系，是反映电控喷油器工作性能的关键指标之一。利用电控喷油器综合性能测试装置采用称重法对不同样品的动态流量特性进行测试，测试过程中，通过单片机发出一定数量的喷油脉冲信号，通过调节脉冲信号的占空比改变喷油时间，喷油脉冲信号经驱动电路进行功率放大后控制电控喷油器的喷油动作，喷孔喷出的油量利用精密电子天平进行称重，最终可计算出单个喷油脉冲所对应的喷油量。

不同电控喷油器样品的动态流量特性测试结果如图 10-10 所示。由图可以看出，由于采用 MIM 技术并利用铁基纳米晶材料制造磁路零件可有效改善电控喷油器的电磁性能并大幅缩短衔铁组件的开启及关闭延迟时间，基于 MIM 技术的电控喷油器样品的动态流量特性明显优于其他两种样品，其主要优点表现为：在相同喷油时间下的喷油量更大；动态流量曲线的线性范围更宽；在小喷油脉宽时的喷油量波动更小。这些优点对于提高不同工况下汽车发动机空燃比的控制精度及低速、小负荷工况的运行稳定性都特别有利。

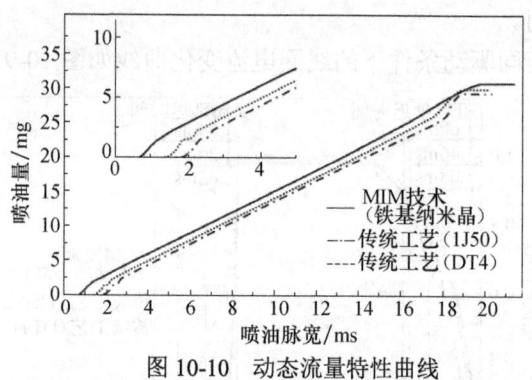

图 10-10 动态流量特性曲线

10.5 本章小结

本章综合分析了 MIM 技术的发展背景、应用范围、工艺过程和技术特点，结合电控喷油器磁路零部件的特点，阐述将 MIM 技术应用于电控喷油器磁路零件的过程。根据电控喷油器的性能要求，以铁基纳米晶粉末为原料，利用 MIM 技术加工了电控喷油器磁路零件，并采用合适的热处理退火工艺，提高了磁路零件的软磁特性。结果表明，采用铁基纳米晶粉末并结合 MIM 技术加工电控喷油器的磁路零件，可使电控喷油器的综合性能得到有效改善，利用 MIM 技术加工的样品在电磁性能、动态响应特性和动态流量特性等方面比采用传统材料和工艺加工的样品有显著提高。

参 考 文 献

[1] Cvetkovic D, Cosic I, Subic A. Improved performance of the electromagnetic fuel injector solenoid actuator using a modeling approach[J]. International Journal of Applied Electromagnetics and Mechanics, 2008, (27):251-273.

[2] Ott E A, Peretti M W. Metal injection molding of alloy 718 for aerospace applications[J]. JOM, 2012, 64 (2): 252-256.

[3] German R M, 黄坤祥. 美国 MIM、PIM 及相关 PM 技术之现状[J]. 粉末冶金技术, 2006, 5(24):384-387.

[4] Li D X, Hou H T, Tan Z Q, et al. Metal injection molding of pure molybdenum[J]. Advanced Powder Technology, 2009, (20):480-487.

[5] 石庚辰. 可用于 MEMS 加工的金属粉末注射成型工艺[J]. 探测与控制学报，2010, 2(3): 1-5.

[6] 段柏华, 曲选辉, 林冰涛, 等. MIM 用金属粉末的现状及发展[J]. 粉末冶金工业, 2008, 18(4): 31-35.

[7] 韩凤麟. 金属注射成形——21 世纪的金属零件成形工艺[J]. 粉末冶金工业, 2012, 22(2): 1-9.

[8] 李智勇, 陈孝文, 张德芬, 等. 非晶纳米晶软磁材料的发展及应用[J]. 金属功能材料, 2007, 14(4):28-31.

[9] 周磊, 金自力, 何峻, 等. 非晶、纳米晶软磁材料退火工艺研究进展[J]. 金属功能材料, 2009, 1(16):32-36.

[10] 郭辉, 张振东, 程强, 等. 一种电控喷油器动态时间参数测试方法[J]. 中国机械工程, 2012, 23(5):626-628.